儒学评论

（第十一辑）

中国人民大学孔子研究院　编

河北大学出版社

·保定·

出 版 人：耿金龙
责任编辑：王红梅
装帧设计：王占梅
责任校对：王亚薇
责任印制：靳云飞

图书在版编目（CIP）数据

儒学评论．第十一辑 / 中国人民大学孔子研究院编．-- 保定：河北大学出版社，2019.4
ISBN 978-7-5666-1481-0

Ⅰ．①儒… Ⅱ．①中… Ⅲ．①儒家－文集 Ⅳ．①B222.05-53

中国版本图书馆CIP数据核字（2019）第081772号

出版发行：河北大学出版社
地址：河北省保定市七一东路2666号　邮编：071000
电话：0312-5073033　0312-5073029
邮箱：hbdxcbs818@163.com　网址：www.hbdxcbs.com
印　　刷：保定市北方胶印有限公司
幅面尺寸：170 mm × 240 mm　1/16
印　　张：19
字　　数：310千字
版　　次：2019年4月第1版
印　　次：2019年4月第1次印刷
书　　号：ISBN 978-7-5666-1481-0
定　　价：68.00元

目 录

□ 儒学与正义

□ 儒学与治政

□ 儒学与现代

□ 儒道关系

儒学与正义

正义与和合

中国人民大学孔子研究院院长　张立文

正义与和合既是中华优秀传统文化的精髓，也是当代时代价值的体现。中华民族自古以降，就崇尚正义与和合，对非正义的价值追求和道德行为深恶痛绝。正义与和合是人之所以为人的基本品质和崇高选择，是主体在行为活动实践中所追求的真善美的道德价值，是主体自我尊严维护的道德规范和原则，是群体内聚力的活水和追索实现群体奋进目标的动力。①

一

确立正义与和合的规范、原则的理论前提，必须体认当今世界之所以不正义、不和合的因缘，然后才能从根基上予以化解。目前人类共同面临着人与社会的冲突和人与人的冲突，进而造成社会人文危机与道德危机，其中凸显的是利益集团与非利益群体的冲突，金融集团与非金融集团的冲突，以及权力集团与人民大众的冲突，进而造成社会与人际间不公平、不正义、不和合的危机，是人际分离、社会动乱、生命财产不保的重要原因。

纵观当今世界，利益集团是一个复杂的概念。在工具理性膨胀，市场经济、网络经济、影子银行泛滥的情境下，既给非利益群体带来一定的方便，也损害了非利益群体的利益，给社会带来不公平、不和合的后果。利益集团利用自己拥有的无限制的能量，渗透到社会经济、政治、文化、军事、企业各个领域，以实用工具理性使其利益最大化。利益集团通过各种方法，控制所有制各个部门，使所有制的生产、分配、消费、流通都统摄在利益集团之下，在工业、农业、交通、能源、金融等领域形成利益垄断格局。

---

① 关于正义的标准，自古希腊以来就有论争，善、神、理性、自由、平等、幸福、财富、安全、秩序等随时代的变迁而有不同的标准。有些人认为，当代则以自由、平等、公平、效益为标准。但哈贝马斯认为，这四者只具有相对有效性，正义要求绝对有效性。

在经济转型过程中，利益集团通过收买、贿赂、威胁等手段，以及勾结权力集团，非法占有各种生产要素，土地、资金而被低价、无偿使用，并通过银行贷款获得市场准入特殊待遇。利益集团利用经济、政治权力腐蚀政府。弗朗西斯·福山说："在华盛顿，利益集团和游说团体的爆炸式增长是惊人的，游说企业的数量从1971年的175家增加到10年后的大约2500家，到了2009年，13 700名说客花费约35亿美元。通常情况下，利益集团和说客们的作用不是刺激新政策的出台，而是让现有的法律更糟。"① 甚至获得治外法权。这些利益集团既不从事创造社会财富的活动，也不参与有利于公共利益的经济活动，反而利用政治经济的特殊权为自己谋取利益，最终侵犯非利益群体的利益，社会贫富差距不断拉大，社会的平等被撕裂，正义被埋葬，和合被破坏，社会陷入不断的动乱与战争之中。

经济学家曼库尔·奥尔森对利益集团政治对经济增长以及最终对民主所造成的不利影响提出了一个最著名的论断。他认为，在和平与稳定的时代，民主国家往往会积聚越来越多的利益集团。这些利益集团非但不从事创造财富的经济活动，反而利用政治制度为自己谋取利益或寻租，这些租金对于集体来说是无益的，对于整体公众来说是有成本的……其结果是随着时间的推移，能量渐渐向寻租活动转移，最终只有被大的冲击如战争或革命终止。② 这便加剧了利益集团与非利益群体的冲突，而与正义、和合相悖。

与正义、和合相悖的形势突出表现为金融集团与非金融群体的冲突。21世纪是金融资本发展到垄断的世纪，换言之是金融资本的时代。金融资本以各种方式渗透到政治、经济、文化、军事、环保等不同领域，使其方方面面金融化。它无处不在，加速了与非金融群体的冲突。这个冲突体现在资源占有和财富分配制度的不公平上。托马斯·皮凯蒂认为："2008年开始的金融危机的真正原因是美国财富分配制度的不公。冷战结束后，自由市场经济让高收入人群收入的增加远远超出了经济的增长速度……美国

① ［美］弗朗西斯·福山：《衰落中的美国》，载美国《外交》双月刊9/10月号，《参考消息》2014年8月22日转载。弗朗西斯·福山是美国斯坦福大学民主、发展与法治研究中心高级研究员。

② 参见［美］弗朗西斯·福山《衰落中的美国》，载美国《外交》双月刊9/10月号所转引，《参考消息》2014年8月22日转载。

财富分配的不平等才是导致美国经济和金融系统脆弱的最重要原因。”① 金融集团既可以使资本增值，也可以使经济破产；既可以制约资本的自由放任，也可以加强全球范围合作，加强金融透明度和市场调节。金融集团这种两面性，在不同时期扮演不同角色，起着不同作用。

金融集团制约政治，收买政府，操纵竞选，支配意识形态，真可谓“衙门八字开，无钱莫进来”，“钱不是万能，但无钱却万万不能”。中国晋代鲁褒写过一篇《钱神论》，他认为世人以钱为神宝，“钱之所在，危可使安，死可使活。钱之所去，贵可使贱，生可使杀。是故忿诤辩讼，非钱不胜。孤弱幽滞，非钱不拔。怨仇嫌恨，非钱不解……钱能转祸为福，因败而成”②。他改子夏讲的“死生有命，富贵在天”为“死生无命，富贵在钱”。社会把有钱与无钱分为两个不平等阶层，有钱可使鬼推磨，无钱穷困待死，是为两重天。贫富差距无限扩大导致财富不平等加大。

在当今世界，“即使不发生信贷泡沫，在工资上涨缓慢的背景下，货币宽松也会导致资产价格大幅度上涨。这种政策会拉大贫富之间的差距，使得财富更加集中到富人手中”③，其结果必然会激化金融集团与非金融群体的冲突，酿成金融危机。特别是主权财富资金不断膨胀以及对经济、政治命脉的掌控，而形成对财富的寡头垄断，仍将是引发新一轮金融危机的定时炸弹。

虽然美国金融监管机构颁布了“沃尔克规则”，旨在使吸收储蓄的金融机构回归其原本角色，重新承担起吸收存款、发放贷款等“效用银行”的功能，而不走向“赌博银行”、不支持实体经济的发展之路，为金融市场增加多重风险。④ 但这个规则能否起到监管金融资本和金融寡头的违规活动，还有待审视。

无论是利益集团，还是金融集团，都需要权力集团的支撑或开绿灯，否则利益集团的利益最大化和金融集团的金钱游戏横行和金融庞大化就会遭到打击，因此利益集团、金融集团必然与权力集团构成联盟。

权力集团是集一个国家政治、经济、文化、军事、外交、法律、制度、环保、意识形态的规则、原理的制订者与实施者于一身的集团，这些

① 应强：《用数据勾画财富不平等历史——专访〈21世纪资本论〉》，《参考消息》2014年6月12日。

② 见严可均辑《全晋文》卷113。

③ ［日］福田慎一：《发达国家面临无法回避的增长极限》，《经济学人》周刊8月19日第1期，《参考消息》以《西方发达国家面临增长极限》为题，于2014年8月22日转载。

④ 参见窦海阳《美国金融监管机构颁布“沃尔克规则”》，《光明日报》2014年9月21日。

规则、原理的制订者首先是贯彻、实行权力集团的利益，他们只重权力利益，而罔顾人民大众。弗朗西斯·福山认为："美国又重新'世袭化'了……政客们通常不会把工作岗位回报给家族成员，而是代表这些家族做坏事，从利益集团手中拿钱，从游说集团手中拿好处，从而确保他们的孩子能够上名校。"① 其实权力集团对拿过钱和好处的对象，都会以各种方式加以回报，或以不同形式大开方便之门，或在派驻各国大使上首先考虑等。"世袭化"的政治制度，就无可避免地形成"一朝天子一朝臣"的政治格局，权力集团就国家重要部门的官职给予自己党派或观点、立场一致的精英分子，而不会给予真正代表广大人民大众利益的党派和精英分子。这种"世袭化"政治权力结构，已远离人民大众的利益，其间冲突也逐渐加深、激化，以致出现各种形式的抗议活动或动乱状况。

正如弗朗西斯·福山所说："美国的政治制度已经随着时间的推移走向衰败，因为传统的制衡制度越来越根深蒂固，越来越僵化。在政治两极化的背景下，这种权力分散的制度越来越难以代表大多数人民的利益，而是使利益集团和社会组织的观点获得过多的表达。"② 在这种情境下，权力集团与利益集团、金融集团的联盟更紧密，换言之，其勾结更广泛、更深层化，而与非利益群体、非金融群体、人民大众的冲突也更尖锐、更深刻，这就戕害了社会正义、公平、和合的价值秩序。③

再者，全球化与民族主义的冲突在某些地区趋于激化。全球化在商业、金融、技术等方面互相紧密渗透，你中有我、我中有你的命运共同体以及互联网快捷的跨界沟通下，传统的国界被模糊或淡化。但全球化所带来的冲突与上述三大冲突结聚，刺激了民族主义的升温，加上一些地区破坏正义、和合的动乱和战争，制造了大量的难民与移民，强化了民族主义的国界意识。领土、主权的认同感将是持久的，其所造成的动乱对于正义、和合的威胁也将是持久的。愿正义、和合的巨舰顺利驶过错综复杂的暗礁，人们将翘首以待。

---

① ［美］弗朗西斯·福山：《衰落中的美国》，载美国《外教》双月刊9/10月号，《参考消息》2014年8月22日转载。

② ［美］弗朗西斯·福山：《衰落中的美国》，载美国《外交》双月刊9/10月号，《参考消息》2014年8月22日转载。

③ 上述观点获得著名经济学家杜厚文教授的帮助。

二

化解当前所面临正义、和合上述种种情境，究其产生的元根源，是与人的本性相关。首先，是“人不为己，天诛地灭”为己之私性的膨胀，物欲横流，贪得无厌，以致丧失人之为人的最基本的人性与品质，而与禽兽无甚分别。孟子虽讲人与禽兽的差分只有“几希”，但以此箴告人不要沦溺为禽兽。荀子认为人与动植物的基本区别是义。他说：“水火有气而无生，草木有生而无知，禽兽有知而无义，人有气，有生，有知，亦且有义，故最为天下贵。”① 如果说水火、草木、禽兽只具有物性、自然性的话，那么人则具有人性、社会性。作为人性和社会性的义，蕴含了道德理性。尽管人的力气不如牛，走路不如马，但是人能合群，合群又有分工，分工合作，而达和合，“义，故义以分则和”②。和合而力强，力强而胜物，这样人性而化物性，人的物性消而德性长，社会性长而自然性消。

“天地之生，人为贵。”人之所以贵，是因为“人者，其天地之德，阴阳之交，鬼神之会，五行之秀气也”③。人是天地、阴阳、鬼神、五行的德秀之气的和合交会，所以“惟人也，得其秀而最灵”④。最具聪明智慧。其珍贵性，价值性体现为道德性，“恻隐、羞恶、恭敬、是非，唯人有之，而禽兽所无也。人之形色足以率其仁义礼智之性者，亦唯人则然，而禽兽不然也”⑤。四德四端的道德理性唯有人所具，构成人存在的和合性与合理性。

人的和合性与合理性需要人的自主性来体现。唯有爱人，“泛爱众”，博爱大众，尊重人，人的自主性才得确立。博爱是由主体出发而施于客体活动或行动之中的一种情感，它并不蕴含着既定的功利目的和特有的条件。“君子学道则爱人。”学道爱人是人的自我觉醒和自我肯定，亦是人的自我尊重与相互尊重人的主体意志。“政之所兴，在顺民心；政之所废，在逆民心。”⑥ 顺逆人民意志、愿望，是国家兴衰、存亡的根本。

---

① 北京大学《荀子》注释组：《王制》，《荀子新注》，北京：中华书局，1979 年，第 127 页。

② 北京大学《荀子》注释组：《荀子新注·王制》，第 127 页。

③ 郑玄注，孔颖达疏：《礼记正义·礼运》，阮元校刻：《十三经注疏》，北京：中华书局，1980 年，第 1423 页。

④ 周敦颐：《太极图说》，《周子全书》卷 2，上海：商务印书馆，1937 年，第 19 页。

⑤ 王夫之：《孟子·告子上》，《读四书大全说》卷 10，北京：中华书局，1975 年。

⑥ 黎翔凤撰，梁运华整理：《管子校注·牧民》，北京：中华书局，2004 年，第 13 页。

人的珍贵性、价值性、和合性、合理性、自主性，造就了人的公平性、互尊性、正义性，然而人的利己性、贪婪性、物欲性，却形成了社会政治、经济、权利的不平性、冲突性、不义性和垄断性，使三大冲突严重失控。

人的珍贵性在于追求善。善的价值是社会、人际、心灵普遍期盼的。社会政治善就施德政，而公平、正义；经济善就施诚信，而无假冒伪劣；人际善就行仁爱，而无杀人奸淫；心灵善就具不忍人之心，而无害人之心。善是人之所以为人的责任和义务，是人性应具的本质。孟子主张人性向善。“人性之善也，犹水之就下也。”① 人的善性如水往下流一样，是自然的，而非外加的。荀子与孟子相对，主张性恶。“人之性恶，其善者伪也。”② 人性是恶的，善是后天的人为。荀子之人为，是讲人性贪图私利，顺着这种本性，就会出现互相争夺而丧失辞让；人性有忌妒憎恨心，顺着这种心性，就会伤害忠信；人性喜好声色，顺着人性的这种喜好，就会产生淫乱，而礼义制度和道德规范便荡然无存。这样便破坏了社会的安定和正义，以及社会秩序与和合。

《左传》认为，“善不可失，恶不可长”③。要以农民除草绝根的精神去恶，使善得到发扬，“彰善瘅恶”，造就为善的道德风气。孔子对季康子说：“子为政，焉用杀？子欲善而民善矣，君子之德风，小人之德草，草上之风，必偃。”④ 你从善政治理国家，人民亦会从善，领导人的政风、德风是改变社会风气的引领者。孟子认为，应“尊德乐义”，士人穷困时不失义，发达时不离道；得意时惠泽善于百姓，不得意时，修身养性。这就是说“穷则独善其身，达则兼善天下”⑤。从穷到达，从独善到兼善，从个体到群体，从殊相到共相，形成社会互惠体系和程序正义的雏形。

三

在化解利益集团、金融集团、权力集团与非利益群体、非金融群体、人民大众的冲突和危机方面，应依据和合学的价值原理，建构社会正义结

① 朱熹：《孟子集注・告子上》，《朱子全书》第6册，上海：上海古籍出版社，合肥：安徽教育出版社，2002年，第395页。

② 北京大学《荀子》注释组：《荀子新注・性恶》，第389页。

③ 杨伯峻：《春秋左传注・隐公六年》，北京：中华书局，1981年，第50页。

④ 朱熹：《论语集注・颜渊》，《朱子全书》第6册，第174页。

⑤ 朱熹：《论语集注・尽心上》，《朱子全书》第6册，第428页。

构。罗尔斯为实现社会正义，曾提出“完善的程序正义”“不完善的程序正义”及“纯粹的程序正义”三种正义，以便建立一种伦理关怀的有效的社会正义体系，但事实上这并没有给人带来财富，或者对于权力不平等、不自由现象的消除，尤其是给“那些最少受惠的社会成员带来补偿利益”①。换言之，这没有给社会弱势群体以利益。因此，罗尔斯《正义论》受到各方面的挑战。

中华传统文化中对义、正义的诠释与西方有异。“正利而为谓之事，正义而为谓之行。”② 为正当的利益去做，这称为事业；为正义而做，这叫作德行。正义的行为是符合道德的。杨倞注：“苟非正义，则谓之奸邪。”正义与奸邪相对，奸邪便是非正义的行为。为正当利益去做的事业，是为道，亦是符合正义的行为。荀子认为，一般庸俗的人，以富利为崇高，是没有正义精神的。“不学问，无正义，以富利为隆，是俗人者也。”③ 正义是需要人通过后天学习而获得的思想，而不是先验的。

从文字学上说，汉许慎《说文解字》：“正，是也。从止，一以上。”饶炯《说文部首订》：“正，下云是也。是，下说直也，义即相当无偏之谓……《书》云：‘无偏无党，王党荡荡；无党无偏，王道平平，无反无侧，王道正直。’亦是意也。”正就是正，正是无偏无党、无反无侧的正道、直道、中道。郝懿行《尔雅义疏·释诂下》：“《考工记·辉人》注：‘正，直也。’《文选·东京赋》注：‘正，中也。’中、直皆是之义也。”正中、正直、公正符合正义伦理道德规范的价值标准。如孔子说：“晋文公谲而不正，齐桓公正而不谲。”④ 晋文公好耍权术阴谋而不公正，齐桓公公正而不使诡诈手段，体现了正义原则。

义为宜，适宜。《释名·释言语》：“义，宜也。裁制事物使合适也。”《尚书·康诰》：“用其义刑义杀。”孔传：“义，宜也。用旧法典刑宜于时世者以刑杀。”裁制事物使之合适、合情、合理，便意味着公平、公正。《孔子家语·执辔》记载：“以之道则国治，以之德则国安，以之仁则国和，以之圣则国平，以之礼则国安，以之义则国义。”王肃注：“义，平也，刑罚当罪则国平。”罪依法得到公平、公正的裁决，而无偏无党，这是合宜的。

---

① ［美］约翰·罗尔斯：《正义论》，何怀宏、何包刚、廖申白译，北京：中国社会科学出版社，1988年，第14页。

② 北京大学《荀子》注释组：《荀子新注·正名》，第367页。

③ 北京大学《荀子》注释组：《荀子新注·儒效》，第105页。

④ 朱熹：《论语集注·宪问》，《朱子全书》第6册，第191页。

正与义，其义有重合之处，既明正义之义，又明和合之义。怎样建构正义与和合，以化解当代三大冲突和危机呢？

第一，积善成德。改造人性中的物性、自然性，以及其中所蕴含的利己性、贪婪性、物欲性。荀子说："积善成德，而神明自得，圣心备焉。"① 坚持不懈地做善事，养成高尚的道德，自然达到神明的智慧，就具备了圣人的精神境界。善被普遍地认为是正义的价值标准或原则。

正义之正，便具有善的意思。《礼记·士冠礼》记载："三加曰，以岁之正，以月之令，咸加尔服。"郑玄注："正，犹善也。"正义之义，亦犹善。《诗·大雅·文王》："宣昭义问，有虞殷自天。"毛传："义，善。"中国传统文化所谓正义之举，如洪迈《容斋随笔》卷8记载："与众共之曰义，义仓、义社、义田、义学、义役、义井之类是也。"从事公益性的事业称为义举，民间称之为做善事。

义举和善事都属无私的、不计报酬的，出于一种善心、良心、正心、公心，或不忍人之心。"今人乍见孺子将入于井，皆有怵惕恻隐之心，非所以内交于孺子之父母也，非所以要誉于乡党朋友也，非恶其声而然也。由是观之，无恻隐之心，非人也。"② 这种不忍人的恻隐之心，即具有高尚道德情操的仁义之心，是人所应有的人性品德。孟子说："大舜有大焉，善与人同，舍己从人，乐取于人以为善……取诸人以为善，是与人为善者也。故君子莫大乎与人为善。"③ 朱熹诠释说："善与人同，公天下之善而不为私也。"偕同别人一起行善，这是公天下之善的最高尚纯洁的德行，其推己及人、及物、及社会，即使社会私欲膨胀、物欲横流，仍要坚守廉明公正的廉正，清白高洁的廉洁，清廉知耻的廉耻，树立"澄清天下之志"，使社会的污泥浊水得以澄清，正义之风得以横扫腐败贪污的歪风，和合之华得以弘扬中华道德精髓。

第二，建设诚信。正义之正，义含诚实、诚信。朱骏声《说文通训定声》："正，叚借为诚。"《管子·心术下》："正心在中不可匿。"俞樾评议："正心者，诚心也。《论语·述而篇》：'正唯弟子不能学也。'郑注曰：'鲁读正为诚。'是正与诚古得通用。诚心在中，则自不可得匿矣。"正与诚通，正便具诚义。"诚者，天之道也；诚之者，人之道也。诚者不勉而中，

---

① 北京大学《荀子》注释组：《荀子新注·劝学》，第5页。
② 朱熹：《孟子集注·公孙丑上》，《朱子全书》第6册，第289页。
③ 朱熹：《孟子集注·公孙丑上》，《朱子全书》第6册，第291页。

不思而得，从容中道，圣人也。诚之者，择善而固执之者也。”① 诚是形上的天道，达到诚是人道，真实无妄的人，不用努力就可以获得中道，不用思考就能晓得中道。从容中道，便能无过不及，不偏不倚，意蕴着正义原则。“义者，宜也，断决得中也。”② 判断、裁决事物皆能公正、恰到好处，便是得中。从容与中道符合，便达圣人境界。朱熹说：“未至于圣，则不能无人欲之私，而其为德不能皆实，故未能不思而得，则必择善，然后可以明善，未能不勉而中，则必固执，然后可以诚身，此则所谓人之道也。”③ 诚的真实无妄，就是不欺骗、不虚伪、不作假、不冒牌、不坑人，而讲真诚、真心、真言、真行、真实。现今世界未至诚，充塞着贪心、嗔心、痴心、诳心、嫉心、害心、私心等，以至行为不端，品德不善，谋利害义，邪气弥漫，诚信沦丧。诚信是为人的根本，是一切道德价值的基石，是人文化成的利器，是真善美的和合。

第三，义无不和。义是一种中道、公正、适宜的决断、裁制，以使之达到和合的标准。在私欲、私利充塞世界的情境下，如何融合义与利成为重要问题。儒家并不简单排斥利，而是肯定正当的利和欲望。孔子说：“富而可求也，虽执鞭之士，吾亦为之。”④ 富贵如果可以求得，虽身为贱役，吾亦去做。荀子说：“义与利者，人之所两有也。虽尧舜不能去民之欲利，然而能使其欲利不克其好义也。”⑤ 董仲舒认为利以养体，义以养心，两者各有功效。

据此，两者并非绝对对立，而可以和。古人认为：“利者，义之和也。”⑥ 利物、利他，各得其分，或各得其所之利，便是和。朱熹说：“义之和，只是中节。盖义有个分至，如亲其亲，长其长，则是义之和。”⑦ 凡一切事务处理得合宜，都符合一定的节度，无过不及的中，这便是义与利的和处。“义则无不和，和则无不利矣。”⑧ 然而，小人只理会得利，把利者义之和，从中间半截处做，遗了上面一截义，便落入唯利，而坏了“利者义之和”。“义之和只是中节”，符合正义和合的原则。

---

① 朱熹：《中庸章句》，《朱子全书》第 6 册，第 48 页。

② 班固：《白虎通德论・性情》卷 3，杭州：浙江人民出版社，1984 年。

③ 朱熹：《中庸章句》，《朱子全书》第 6 册，第 48 页。

④ 朱熹：《论语集注》，《朱子全书》第 6 册，第 123 页。

⑤ 北京大学《荀子》注释组：《荀子新注・大略》第 456 页。

⑥ 杨伯峻：《春秋左传注・襄公九年》第 965 页；另见《周易文言传》，《朱子全书》第 1 册，第 146 页，作“利物足以和义”。

⑦ 黎靖德编，王星贤点校：《朱子语类》卷 68，北京：中华书局，1986 年，第 1704 页。

⑧ 黎靖德编，王星贤点校：《朱子语类》卷 68，第 1705 页。

第四，舍生取义。孟子说："生亦我所欲也，义亦我所欲也。二者不可得兼，舍生而取义也。"① 生命是我想要的，义也是我想要的，如果两者不能兼有，就牺牲生命而要义。因为我有比生命更想要的，这就是义。义是人要走的路，放弃正路而不走，丧失了善心而不去找回来，悲哀得很呀！正路犹正义之路，正义比生命更可贵。若违反正义，就会失败，"多行不义，必自毙"②。正义是道德价值的标准，"苟非德义，则必有祸"③。行动没有德义，必遭祸殃。孔子说："君子之于天下也，无适也，无莫也，义之与比。"④ 康有为解释说："言君子于天下之事之人，无所以必偏往，无所以必禁绝，但于义之合宜者，则亲附而从之。盖非从人也，从公理也，从事宜也。事宜者，其地与人合宜，其时与人合宜，则施之恰当。"⑤ 于义合宜，其地其时与人合宜，实施恰当，这便是从事宜。"从公理"蕴含着从正义之意。

第五，正义社会。建立天下之人之事都从公理的正义社会，其所以可能，是因为人大多具有一种不忍人的善心，一种四德四端的道德本性，建立在此基础上的正义观念，是建立正义社会的坚固的支柱。荀子说："义之所在，不倾于权，不顾其利，举国而与之不为改视，重死而持义不桡，是君子之勇也。"⑥ 正义社会不屈服于权势，不顾虑于利益，坚持正义原则而不改变，虽然珍爱生命，也要坚持正义而不屈从，这是君子的品德。若能如此，正义社会就可能实现。

正义社会亦是和合社会，和合社会是正义的社会、美善的社会、包容的社会、道德的社会，是太和、中和、保和社会。"乾道变化，各正性命，保合太和，乃利贞，首出庶物，万国咸宁。"⑦ 天道世界不断变化，万物各正其性命，才能保和大和，有利于正道，万物开始生长，万国都安宁太平。和合社会是多元冲突融合而和合的社会。当今世界冲突不断，其出路与导向，唯有对话、谈判、互利、共赢，唯有和生、和处、和立、和达、和爱，而达和合社会。1993 年在美国芝加哥召开的世界宗教议会大会发布的《全球伦理普世宣言》中有四条"金规则"：不要杀人，即要尊重生命；

① 朱熹：《孟子集注·告子上》，《朱子全书》第 6 册，第 404 页。
② 杨伯峻：《春秋左传注·隐公元年》，第 12 页。
③ 杨伯峻：《春秋左传注·昭公二十八年》，第 1493 页。
④ 朱熹：《论语集注·里仁》，《朱子全书》第 6 册，第 95 页。
⑤ 康有为：《论语注》，北京：中华书局，1984 年，第 50 页。
⑥ 北京大学《荀子》注释组：《荀子新注·荣辱》，第 39 页。
⑦ 朱熹：《周易象上传》，《朱子全书》第 1 册，第 90 页。

不要偷盗，即要诚实公平；不要撒谎，即言行应该诚实；不要奸淫，即要彼此尊重，相亲相爱。为人类的正义、自由、公正、和平及文明的延续、地球的保护、善心的发扬、邪恶的消除，一个正义和合的美好世界将要呈现。如此，当今世界利益集团、金融集团、权力集团与非利益、非金融群体及人民大众的冲突也可以得以化解。

儒家视域中的正义与和合对重建国际秩序的意义

欧洲文教基金会会长　朱高正

儒家视域中的“正义”，其实可以概括为“己所不欲，勿施于人”，也就是《大学》所提的“絜矩之道”：“所恶于上，毋以使下；所恶于下，毋以事上；所恶于前，毋以先后；所恶于后，毋以从前；所恶于右，毋以交于左；所恶于左，毋以交于右。”传统儒学虽然没有“正义”或“公平”这个词，但却有相应的词义，“正义”两字是从柏拉图、亚里士多德的iustitia转译过来的，“正”有正直且不偏不倚的意思，“义”则是合宜、恰当的意思。在儒学中，仁、义、礼、智并重，而仁则为诸德之首，义乃仁的裁制，礼为仁的节文，智为仁的明辨。孔子以仁为主，而义、礼、智就涵括在“仁”之中；孟子则标榜“仁义”，强调“亦有仁义而已矣”，其实，礼、智也就涵括在“仁义”之中。“义”字中，自然包含“正”与“公平”的意思。至于“和合”则源自《周易·彖传》：“乾道变化，各正性命，保合大和，乃利贞。”“变”是“化”的完成，“化”是“变”的过程，物所受于天的为“性”，天所赋予的为“命”。“大和”，指阴阳合洽的冲和之气。“大”通“太”。“各正”，指受得于有生之初；“保合”，指保全于已生之后。也就是说，乾道变化，无所不利，而万物各得其性命以自全。“各正性命”，指各得其性命的正理。“保合大和”，指保合这个大和的生生之理。易言之，儒家视域中的正义与和合强调互相尊重，共存共荣。以此来检视当前的国际秩序，就极具意义了。

事实上，西方殖民帝国主义主导了近现代世界最近五百年的发展。而近年中国崛起，意味着儒家价值观的复兴，也则意味着对“西方文化中心主义”的质疑与挑战，同时也给包括阿拉伯世界，以及相对穷困的亚、非、拉丁美洲等非西方国家对另类选项的期待。

其实，自15世纪末以来，欧洲的冒险家在一些王公贵族的支持下开始了“大航海时代”，随之而来的是漫无限制的、赤裸裸的烧杀掳掠，竞相抢夺世界原材料供应与市场的控制权，这就是五百年来非西方世界悲惨命运的根源。伴随武力征讨之后的是，天主教、基督教改革派的宣教活动，以强势文化的姿态散播“福音”，宣传西方的意识形态，蛊惑非西方世界的知识阶层。

1624到1661年，台湾就是荷兰东印度公司口中的一块肥肉。而马六甲的历史，更是一页中国的王道政治与西方的强权政治的鲜明对比。1405年，明成祖朱棣册封流亡在马六甲的三佛齐（今印度尼西亚巨港）王子拜里迷苏剌为国王，使满剌加王国与满者伯夷（今爪哇）、暹罗（今泰国）平起平坐。15世纪可说是马来亚历史上最为风光的时代，那正是正义与和合的落实。那时，马六甲海峡几乎成为满剌加王国的内海，其版图除了马来亚外，也拥有苏门答腊的一半，俨然与满者伯夷、暹罗鼎足而立。那时郑和率领世界最大规模的宝船舰队，一路从东海、南海，跨越印度洋，直到东非，所到之处，无不抑强扶弱，敦睦邦谊。当时大明王朝由于郑和七下西洋，维护了国际正义，肃清了广大水域的海盗，促进了海上贸易，也促进了区域的繁荣。

一、马来亚、菲律宾与中国台湾地区的悲惨遭遇

后来由于对外政策的转变，明朝不再派遣宝船舰队敦睦西洋各国，也就意味维护正义与和合力量的退出，这个广大的水域就沦为西方新兴殖民帝国的俎上肉，而首先出现的就是葡萄牙人。1508年葡萄牙消灭了满剌加王国，于马六甲建立殖民政权，奴役当地人民。17世纪初，荷兰东印度公司在马六甲击败了葡萄牙，取而代之。18世纪末，欧洲爆发了拿破仑战争，荷兰为了抵抗拿破仑的军队，抽调所有的海外兵力回国助战，遂将马六甲委托给英国代管，不料英国却把它据为已有。与当时英国窃占马六甲的丑行相比，美国殖民菲律宾的过程也不遑多让。

其实，美国出于战略考虑，一直想在西太平洋建立一个根据地，早在1853年就看上了中国的台湾地区。因为台湾控制了台湾海峡，这是欧洲国家通往中国内陆的主要水道，再加上台湾拥有丰富的煤矿资源，足可作为美军船舰在西太平洋的补给站。但后来因为国内的黑奴问题爆发了南北战争，使美国无暇顾及远东的利益，不得已只能调整其西太平洋政策。既然在现实形势下美国不能占有台湾岛，却也不能坐视欧洲列强得手，所以就打算协助日本取得台湾。甲午战败之后，由李鸿章负责对日《马关条约》的谈判，而他所聘请协助谈判的美籍顾问，却是刚卸下美国国务卿职务的

佛斯特，这个人正是主导协助日本取得台湾的政策执行者，这是何等的可悲！

二、中国自有一套极其宏伟的政治哲学

古希腊的柏拉图是主张集权、反民主的代表，从其经典性的著作《国家论》（通称为《理想国》）可以得知，他主张共产，甚至共妻，反对不同阶级间的流动；他的门生亚里士多德也主张贵族政治、精英政治；中世纪的士林哲学也一向主张神权政治与后来“君权神授”的君主制。一直到18世纪，西方世界仍然盛行专制主义。

而中国如果用历史的长镜头来看，中国自有一套极其宏伟的政治哲学，这套国家哲学来自前古圣王，总结于《大学》之中，所谓“大学之道，在明明德，在亲民，在止于至善……古之欲明明德于天下者，先治其国；欲治其国者，先齐其家；欲齐其家者，先修其身；欲修其身者，先正其心；欲正其心者，先诚其意；欲诚其意者，先致其知；致知在格物……自天子以至于庶人，壹是皆以修身为本”。中国人自有一整套政治哲学的价值观，这套理论早就渗透进整个民族的骨髓里，郑和只是把《大学》的要求运用到现实的外交中而已。

三、中西双方对人性的了解大有不同

中国传统的政治哲学与西方的根本差别，在于双方对人性的基本了解有所不同。在传统儒家，孔子虽没有直接主张人性本善，而且很少论及性、命与天道，但孔子作为儒家的创始人，他的确是性善论的奠基者。在《六经》之中，就蕴含着大量关于人性本善的材料。如《尚书·尧典》就提到“克明峻德”，要我们发扬吾人不假外求的崇高德行；周公册封康叔时所作的文诰也说“克明德”（《尚书·周书》），希望康叔能保有光明的德行。《诗经》中的《关雎》歌颂的是文王后妃们幽闲贞静的美德；《麟趾》则是歌颂文王子孙们仁爱忠厚的家风。而《周易》的经、传更处处显示天人合一的观点，要人与天地万物为一体。而性善论最有代表性的莫过于《复》卦，所谓“复，其见天地之心乎”！天地之心就是生生不已的仁德，仁德乃万善之本，仁德可以统贯仁、义、礼、智、信这“五常之性”。《复》卦初九的爻辞《象传》说：“不远之复，以修身也。”因为《复》卦

为一阳处于五阴之下，最下面的初九是阳爻，阳爻则象征君子之道，凡事必先有所失，才有所复，当偏离正道未远、尚没有形显之过时，马上回复善道，就不至于后悔，此乃大善而吉的修身之道。孔子在《论语》也说："仁远乎哉？我欲仁，斯仁至矣。"又说："为仁由己，而由人乎哉？"可见，仁是每个人与生俱有的德行。孟子的性善与仁义理论其实是孔子仁说的继承与发展。

四、公平的契约关系是从不曾存在的

西方世界由于深受基督教文化的影响，因此"原罪"的观念根深蒂固，使得性善论在西方很难发展，而人性本恶倒成为主流。如近代西方政治哲学的名家、英国的霍布斯（Thomas Hobbes，1588—1679）在其代表作《利维坦》中就主张人性本恶，认为在"前国家状态"，也就是"自然状态"，社会处在"一切人对一切人的战争"之中，这与禽兽在丛林中的掠杀、抢食无异。

东方圣人，不论孔子或是朱子，一位是儒学的开创者，一位是集新儒学之大成，他俩都主张人性本善。而西方的基督教世界向来就主张"原罪"，他们对人性的认识可总结为"信任固然好，但制衡更好"。这种思维深刻影响西方近现代的政治哲学，因此西方社会向来崇尚"法治至上"。契约论之所以在西方深入人心，成为当代民法典债权的主要内容，与"法治至上"脱不了关系。契约论，其实是私法自治的体现，人与人之间不是像中国靠"仁、义、理、智、信"来维系，而是靠双方意思表示的合致来规范双方的外在关系，其结果是连国家的正当性到最后都要靠契约论来论述。然而契约论的背后，则隐藏着人与人之间的极度不信任。法治的流弊就是对契约文本拥有解释权的强者对弱者可以依法有据地任意欺凌与剥削，公平的契约关系是从不曾存在的。尤其是达尔文1859年于英国发表《物种原始》之后，斯宾塞（Herbert Spencer）却硬要将达尔文的生物演化学说引进社会哲学的领域，从而发展出残酷无情的"社会达尔文主义"（Social Darwinism），反对以任何社会安全政策来保障弱者的生存权与工作权，认为这将妨害社会演化的自然进程。这种社会达尔文主义对资本殖民帝国主义起了推波助澜的作用，从而加深了西方世界的内部矛盾，也给非西方世界人民带来深重的灾难。最近五百年西方世界内部的斗争愈演愈烈，同时在非西方世界所犯下的种种罄竹难书的滔天罪行，无不与这种西方的人性观、政治哲学及社会达尔文主义有关。

五、中国的崛起与改革开放是分不开的

现代中国的崛起与改革开放是分不开的。要不是告别教条主义，就没有中国的崛起；要不是解放思想、实事求是，就没有中国的崛起。马克思主义不仅要中国化，而且我们要以当代的中国为主体，西为中用，古为今用。我们最为熟悉的优秀传统文化，一百多年来遭到过度的贬抑与诋毁，朱子学从 13 世纪以来一直是东亚文化圈的主流思想，但由于西方殖民帝国主义的冲击，朱子学随着整个传统文化淹没在"现代化"的洪流中。只是由于东亚地区人民坚韧不拔的努力，从战后日本的复兴及其他亚洲经济体的发展奇迹，以及中国的崛起，这些都让世界对东亚文明刮目相看，而朱子学正是这个东亚文明的灵魂。显然，中国的崛起，意味着中国终于走出自己发展的一条道路，是一条有中国特色的道路。中国所走出的这条迈向全面复兴的道路，对包括俄罗斯在内的非西方国家都有极为深刻的意义。

六、中国特色社会主义要以优秀传统文化为基础

过去三百年来，由于殖民的资本帝国主义主导着西方世界，盲目追求经济增长，以致过度开发，严重破坏自然环境。而非西方国家，在二战以后，也急起直追，其结果是一起加入了破坏生态环境的行列，这使得地球变暖问题愈益严重，各种自然灾害频发，已经成为全人类不得不严肃面对的重大课题。儒学在这方面也可以提供极其宝贵的意见，来调节资本主义、殖民主义、帝国主义带给生态环境的灾难。《易经》早就强调"天地之大德曰生"，天地有让万物各遂其生的仁德。所谓"大哉乾元，万物资始"，"至哉坤元，万物资生"。乾坤，也就是天地，其最伟大的作用在于创生万物，长养万物。依照儒学的观点，人与万物同样都是阴阳二气化生而成，如张载《正蒙·太和》"游气纷扰，合而成质者，生人物之万殊"。只是人得气之正，而物得气之偏，不可说物与人不共有此天道、天命、天理。人只是得到气之全、气之正，所以才能成为五行之秀，万物之灵。诚如北宋大儒程颢所言"仁者，以天地万物为一体，莫非己也"，岂敢不爱惜物命啊！

而《礼记·礼运·大同》所描述的境界，自古以来，可说是中国知识

分子的“理想国”。《大同篇》开宗明义说：“大道之行也，天下为公。”是指天理至道真正落实下来，天下乃天下人之天下，非一人、一姓、一族或某一阶级所得私有。“选贤与能，讲信修睦”，要使有贤德、有才干的人各得其所，各尽其能，尊崇诚信，敦劝和睦。“故人不独亲其亲，不独子其子”，人际关系中最密切的莫过于亲子关系。务必要让每个人先做到“亲其亲，子其子”之后，再进一步做到“亲人之亲，子人之子”，由亲及疏，由近及远，而使“天下为一家，中国为一人”。“使老有所终，壮有所用，幼有所长”，让所有老年人皆能安享晚年，有工作能力的人都能有合适的工作，年幼的人都能得到充分的长养与适当的教育。“矜寡孤独废疾者，皆有所养”，让所有的鳏夫、寡妇、孤儿、没有兄弟的人，以及残废、有疾病的人都能得到照顾，不再孤苦无依。“男有分，女有归”，适婚年龄的男女都有合宜的婚配，使社会不再有旷男怨女。“货恶其弃于地也，不必藏于己。力恶其不出于身也，不必为己。”有用的财货只怕弃置于地，不必坚持要“藏于己”，而为己所有，如此财货就不可胜用了。多余的劳力只怕闲置于身，不必坚持“为己”，而为己所用，如此劳力就不患不足了。“是故谋闭而不兴，盗窃乱贼而不作。故外户而不闭，是谓大同”，这么一来，任何不良的图谋自然烟消云散，无由兴起，而盗窃财物、占山为王、落草为寇等悖乱做贼之事也无由而起。大家入夜之后，户外的大门也用不着关闭上锁，这就是大同世界。这种源自儒家的大同社会理想，与批判资本主义起家的社会主义理想一比，自有其自然从容、光明正大的一面。

七、《礼记·礼运·大同》与《周易·比·九五》的王道政治

把大同世界的思维模式推广到整个世界，那将对改善目前的国际秩序起到极大作用。事实上，《易经》第八卦《比》讲的就是人与人的亲比之道。《比》卦由下坤与上坎两卦组成。从卦象来看，坤为地，坎为水，流水行于地上，与地亲密无间，所以有亲密比辅之象。从爻象来看，九五（即一卦从下面算起来第五爻为阳爻，阳为九）为一阳统领群阴，且九五以阳刚居尊位（即上卦之中位），而为群阴所亲辅，而上亦亲下，故为比。九五的爻辞为“显比，王用三驱，失前禽，邑人不诫，吉”。“显”为显明之意。“显比”为显明人君亲比天下之道。“三驱”，古时天子狩猎不合围，只合左、右、后三面，而前开一路，舍逆取顺，以示天子仁民爱物之德。

舍逆是指“前禽”上六（最上面的阴爻）任其逃离而不追捕；取顺是指九五以下四阴，来者不拒。借田猎来显明人主亲比天下之道。前禽失而不追，邑人居而不诫。远去者若不知有王者之亲，乃所以为亲之至也；近附者若不知有王者之尊，乃所以为尊之至也。为人主能以此道亲比天下，理应得吉。程颐在其《伊川易传》中对显比之道有所发挥：“人君比天下之道，当显明其比道而已。如诚意以待物、恕己以及人，发政施仁，使天下蒙其惠泽，是人君亲比天下之道也。如是，天下孰不亲比于上？若乃暴其小仁，违道干誉，欲以求下之比，其道亦已狭矣，其能得天下之比乎？王者显明其比道，天下自然来比。来者抚之，固不煦煦然求比于物，若田之三驱，禽之去者从而不追，来者则取之也。此王道之大，所以其民皞皞而莫知为之者也。非惟人君比天下之道如此，大率人之相比莫不然。”显比之道讲的是人主亲比天下之道，强调要以公心正道来显明其亲比之道，而忌讳“暴其小仁，违道干誉”，想借此让百姓来与自己相亲比，这种心态私而不公，邪而不正，怎能得到天下兆民真心诚意前来亲比？将这种亲比之道推扩到敦睦邻邦的关系，则是王道政治在国际政治上的体现。事实上，中国自古以来与四邻的国家往来就是遵循“三驱，失前禽”的原则。简言之，国与国交往的原则就是先把自己的分内事做好，比如“诚意以待物”“恕己以及人”。“诚意以待物”就是说先要以内积至诚的心意来对待邻邦，示天下以不欺；“恕己以及人”则是推恕己之心以及邻邦，示天下以无私。发于外交的政策施为无不出于仁心，使邻邦诸国无不蒙其恩惠福泽，如此邻邦焉有不来与中国相亲比的呢？郑和七下西洋，中国非但未侵占任何一国的领土，相反却还抑强扶弱，肃清海盗，主持国际正义。这种来自《大学》《礼记》《周易》等儒家经典的国际交往的王道政治，比起近现代西方殖民帝国主义的强权政治要文明多了。

其实，中国传统的王道政治，也就是立足于儒家正义与和合的普世价值，确实可以促使人们在未来建立一个更合理、更公正的国际秩序与维护世界各国和平相处的基本原则。

八、充分尊重各国的历史文化、现状与自主选择发展道路的权利

首先，要充分尊重各国的历史文化。凡是人无不是“天地储精”，得到“五行之秀”。但由于出生在不同的经纬度等各种原因，各自发展出不

同的风俗习惯、生活方式与社会、经济、政治制度，创造出各色各样的历史文化。吾人相信，不管肤色如何，大家同样是天父地母所生，同样具有仁、义、礼、智、信五常之德，同样具有恻隐、辞让、羞恶、是非之心。儒学中对人性本善的确信，无疑是未来大同世界的必要条件。只有这种确信，才能根治所谓“白种人负担”“劣等民族”等充满罪恶的偏见。也只有这种确信，才能为各个民族创造互相尊重甚至互相欣赏的条件。

其次，要充分尊重各国的现状。各国的现状无不是以各国的历史文化为基底，而在面临外来的刺激时，不断地做出反馈，在这个试误过程中，肯定是颠簸不断，连带会打破原系统的平衡状况，如此内外交互、激荡不止，直到找到下一个平衡点为止。其实，任何一个文化系统不可能是封闭的。自从有人类以来，文化系统本身就不断在调整，也许是面临新的自然条件，也许是面临与别的文化系统的互动。但更重要的是，不同文化系统之间，会一直不断地互动，不论是武力的兼并还是自然的融合，这是一个漫长的过程，渐渐形成共同的语言、风俗、习惯、信仰。但不可否认的，最近这五百年来，西方殖民帝国主义对非西方世界而言，是有史以来最强烈的外在刺激。当前非西方国家的现状，与它们和西方殖民帝国主义接触前的现状，是极其不同的。这段时期的殖民统治对非西方世界人民的自尊与自信的伤害是难以用笔墨形容的，大多数国家要到二次大战之后才能摆脱殖民统治，争取到政治独立的地位。但是由于精英阶层深中“西方文化中心主义”的剧毒，因而经济命脉大多仍掌控在原殖民地母国的手中。因此，表面上政治独立，事实上原殖民地母国及其代理人仍是牢牢在文化上、经济上控制着非西方世界。它们经常对非西方国家颐指气使，只不过是透过类似世界银行、亚洲开发银行提供贷款或经济援助的方式，用隐晦一点、文明一点的手法，继续操控非西方国家。要建立一个能长久和平共处的国际社会，就应尊重各国的现状，尤其西方国家应该尽快终止对非西方国家的操控，还给它们应有的尊严与自主决定的权利。

再次，要充分尊重各国自主选择发展道路的权利。依照儒家立场，孟子就说：“何人也，予何人也，有为者亦若是。”任何人只要下定决心，人人可成圣贤。其实，圣贤就是天下第一等人，就是能管得住自己的人，也就是自主的人。反之，管不住自己，那就要别人来管，他就不是自己的主人了。凡是人都希望能当自己的主人，而不愿当别人的奴隶。同样，每个国家都希望能当自己的主人，希望自己选择发展的道路，因为只有它最了解自己。就算选择错了，它也愿意自己来承担做出错误决策的后果。但长期以来，西方国家在它们国内懂得这个道理，尤其在启蒙运动期间，新兴资产阶级努力要打破的就是那种“家长式政权”。西方国家近现代的民主化，从某个角度来看，其实就是唾弃“家长式政权”的过程。但荒唐的是，西方国家老是把非西方国家当成“未成年子女”。讲好听是，我都为你们好；讲难听是，我根本不相信你有能力辨别什么是对的！中国的崛起是一个强有力的事实，证明一个非西方国家完全可以不要有西方国家这种“家长”的指导而走出自主发展的道路。中国可以做得到，意味着其他非西方国家也可能做得到。重要的是，千万不可以将中国的经验照搬，而是要实事求是，要针对各国各自的具体情况制定发展策略。非西方国家一方面非但不可照搬西方国家的经验，也不可照搬中国经验；另一方面不但要借鉴中国的经验，也要借鉴西方国家的经验，尤其是应该努力在自己的历史文化传统中找出对现代化有利的新元素。

最后，各国之间要保持良好的、平等的交流与对话。长期以来，国家间的交流，受到西方殖民帝国主义的影响，无不以维护国家利益为原则。其结果是，只有强国不断在扩大自己的利益，而且往往是以牺牲弱国的利益为代价。两次世界大战，其实就是西方世界内部势力消长的全面冲突而已，也就是后来居上的强国不满原来强国所安排的规矩。至于非西方国家则从来没有讨价还价的余地，只能默默承受强国的意志。其实依照儒学，孟子早就说了，“亦有仁义而已矣”。如果国与国的交往只讲“利”，而不讲“义”，其结果必然是强凌弱，众暴寡，两次世界大战的教训难道还不够吗？国与国的交往就像人与人交往一样，要依循普遍有效的道德法则，而不是依循赤裸裸的利益原则。孔子最高的理想就是“仁”，“仁”其实是指上应天理、下顺人心的“二人”，亦即“人”与“人”的关系。儒家讲的就是“亲亲”“仁民”而“爱物”的义理。所以“人各亲其亲，然后能不独亲其亲”，要推广到视别人的亲子犹如自己的亲子，做到“推父母之心于百姓”，“视四海之民如己之子”，最后是要求仁者要“以天地万物为一体”。张载在《西铭》中所发挥的“民吾同胞，物吾与也”，就是这个义理。将这种思维推扩到国与国的关系，那就是视别国犹吾国，以天下为一家。中国自古以来，虽自视为“天朝上国”，但对于四邻前来朝贡者皆赏赐有加。对于藩属的内政从不主动过问、干涉，只有基于对方的请求，才会提供相关的协助。中国也从不曾将中国的礼俗、文物、典章、制度强加在藩属之上。倒是很多藩属羡慕“天朝上国”，自主派人前来学习，像日本的遣唐使与大化革新就是众所周知的例子。中国这套思维对重建一个更公平、更合理的国际秩序，无疑是极其珍贵的。只有依循这个思路，发展中国家与发达国家间真正平等的对话才有可能，也唯有如此，双方之间真正平等的交流才能实现。

从“天下为公”到“民胞物与”

——传统公平与博爱观一瞥

中国人民大学国学院　向世陵

《礼记·礼运》托孔子之口提出的“大道之行也，天下为公”的理想，虽然被接续其后的“大道既隐，天下为家”的私有现实所取代，但作为一种思想资源和政治范型，始终存在于中国社会，并实际发挥着对不同王朝的道德引领和政治制约的作用。因为贯穿于其中的主线，就是讲求公平的政治原则和与此相适应的博爱观念。

一、“天下为公”与博爱

“大道之行”的具体内容，《礼运》分层次予以了表述。其中，“选贤与能，讲信修睦”，实即后来社会一直推崇的选聘才俊、崇尚德行、讲求诚信、亲爱和睦的政治原则及其制度规范；而“人不独亲其亲，不独子其子；使老有所终，壮有所用，幼有所长，矜寡、孤独、废疾者皆有所养”，可以联系到礼制社会所推崇的敬老如父、慈幼如子、人皆发挥其用和关爱弱势群体的良好道德风尚。至于老有所终、壮有所用、幼有所长及弱势者皆有所养，固然表现了差别之爱，但差别的实质在给不同人群以各自所需的关爱，故也具有公平的意义，贯穿其中的是博爱的精神，这尤其是对于那些老幼弱势的人群。用当代的语言来说，就是“它们应该有利于社会之最不利成员的最大利益（差别原则）”①。由此来看大同与小康、公天下与家（私）天下，就不是两个前后断裂的阶段，而是后者不断拿前者来调节自身、以公平的理念来制约不公平的现实的实际历史过程。

在此意义上的“天下为公”，刘泽华据孙希旦《礼记集解》之“天下为公者，天下之位传贤而不传子也”推论说：“天下为公”与君位禅让大致是相通的，还可以推出政治普遍参与的结论，诸如臣民谏议、庶民议

① ［美］约翰·罗尔斯著，姚大志译：《作为公平的正义》，北京：中国社会科学出版社，2011年，第56页。

政、传贤与能等。[①] 由此，“天下为公”就主要是说公平的政治参与权和贤能者的被选择权。这或许也正是“选贤与能，讲信修睦”紧接在“大道之行也，天下为公”之后的缘故。

同时，贤与能是否被恰当选用，涉及机会、过程和结果本身的公平与否，其中还关联着正义的原则。由此来看“天下为公”的政治，重点就落在了“平”字上。《春秋·元命苞》说：“公者，为言平也，公平正直。”[②] 以“平”释“公”而言公平正直，可谓公平的基本价值蕴含。许慎著《说文解字》，或许对此有所取，而曰：“公，平分也。”

那么，“公”字在这里，都是跟“平”相关联的，只是一则是讲公平正直，一则是讲平分。这对施予者来讲是责任，即维护公平；对享有者来说则是权利，即享受公平。就公平正直论，重点在公正而不私袒。[③] 但相应的问题，是公平无私何以可能？在古代社会，人类自己的制度由于现实存在的不平等性，实际是无法提供保障的。但是，人世的缺陷可以由天道的公平来弥补。客观天地的无私爱在思想家眼中，似乎都是理所当然的。《管子·形势解》说：“天公平而无私，故美恶莫不覆；地公平而无私，故小大莫不载。无弃之言，公平而无私，故贤不肖莫不用。故无弃之言者，参伍于天地之无私也。”“公平”在这里作为事实描述，与主体的“无私”相互关联，天不私爱美而嫌弃恶，地不私爱大而嫌弃小，天地不偏不倚，对万物都能够普遍地覆载。所谓“无弃之言”，是指“言而语道德忠信孝弟者”，也就是说，儒家的道德忠信孝悌具有普遍的价值，同天覆地载一样，都是公平无私的。此说虽出于《管子》，但无疑属于儒家思想。以“无私”反衬“公平”，彰显了儒家公平博爱天下的特色。这可与《礼记·孔子闲居》载孔子之“三无私”联系起来。所谓“天无私覆，地无私载，日月无私照，奉斯三者以劳天下，此之谓‘三无私’”。

以“无私”发明公平，在先秦诸子是通行的做法。如《庄子·大宗师》言“天无私覆，地无私载，天地岂私贫我哉？求其为之者而不得也”！

---

① 参见刘泽华《春秋战国的“立公灭私”观念与社会整合》，刘泽华、张荣明等著：《公私观念与中国社会》，北京：中国人民大学出版社，2003年，第25页。

② 见《礼记正义·王制》，孔颖达疏，阮元校刻：《十三经注疏》，北京：中华书局，1980年，第1321页。

③ 陈乔见统计了先秦时期“公”“私”概念的含义，并概括说：“先秦诸子确实大都‘贵公’‘崇公’，但‘公’皆为价值层面的公正无私之义，‘贵公’与‘崇公’的本质是‘尚贤’以及实现政治的公正、公平。若就公私的实然义而言，只有法家主张‘崇公（君国）抑私（臣民和个体）。’”见《公私辨：历史衍化与现代诠释》，北京：生活·读书·新知三联书店，2013年，第94页。

《吕氏春秋》亦称："天无私覆也，地无私载也，日月无私烛也，四时无私行也，行其德而万物得遂长焉。"① 联系《管子》和《礼记》，从"二无私""三无私"到"四无私"，中心都在申明天道运行的客观公正性。不过，《庄子》与《吕氏春秋》的理论基点，是老子的天地、圣人"不仁"说，即从自然无为去立论，与《礼记》孔子所言圣王的"劳天下"——为天下百姓操劳的博爱精神是不相同的。因而，天道的基础固然是重要的，但更重要的不是天地日月的"无私"本身，而是在这一基础上生成的圣王以天下为己任而务求平等施爱的崇高境界和德行。正是因为如此，"奉三无私以劳天下"的三王（之德），虽然人在"家天下"的礼制社会，但其德行却与"公天下"的大道流行时代相通，故也具有天下为公的公平正直性质。

如此，圣人自身应当是公平正直的，否则不可能奉行"三无私"。如此的公平对于被其所爱的天下苍生来说，那就是平分了圣人之爱，你不多我不少，公平正直与"平分"也就关联了起来。如何理解"平分"，沟口雄三以为仍需与天联系起来。但由于"王者以民为天，民以食为天"，最终又归结到"食"，即生存。他称："根据《庄子》所说的'天无私覆'之天来看，可以推测民的生存指的是'平分'的生存，即可以看成是万民的均等生存。在没有私覆之天的背景下，'平分'被作为共同性的原理附加于公。"② 进一步，"在恶劣的自然条件下，对于被迫过着流动生活、生存不断受到威胁的人民来说，这样的原理是他们生存所必要的条件。这就是说'均''平分'原理是'公'概念中不可缺少的，王者遵循于它才能成为王者的认识"③。由此，作为平分的公平，所涉及的是民之生存权的问题，民能公平地生存，社会便能够正常运转，从而必然要求作为社会的管理者的君王，需要以公天下的心态去治理国家和调节社会。

可以说，"公平"作为"公"与"平"的复合词，"公"依于天或天子，"平"则在万物或百姓，双方是前提和结果的关系，即由"公"而达致"平"。那么，"三王之德"能够参于天地，正在于他们治理天下的公平正直实际将天人之德贯通了起来。用《吕氏春秋》的话来说，就是与"阴

① 见《孟春纪·去私》。

② ［日］沟口雄三：《中国思想史中的公与私》，见佐佐木毅、金泰昌主编《公与私的思想史》，刘文柱译，北京：人民出版社，2009 年，第 41 页。

③ ［日］沟口雄三：《中国思想史中的公与私》，见佐佐木毅、金泰昌主编《公与私的思想史》，第41—42 页。

阳之和，不长一类；甘露时雨，不私一物”相呼应的“万民之主，不阿一人”。① 客观天道的和谐运行为王道的公平政治提供了最好的范本。

不过，“王道”政治本身并不为《吕氏春秋》所赞同，它糅合儒道各家而以老子为“至公”，着眼的是“万物皆被其泽，得其利，而莫知其所由始”的道之无为，所谓“圣人不仁，以百姓为刍狗”也，并没有接纳进儒家的仁爱。但即便如此，其所提出的“天下非一人之天下也，天下之天下也”的观点本身，却是以《尚书·洪范》论王道政治的“无偏无党”“无偏无陂”说为依据的②，因而它也是对儒家公平思想的吸取。对儒家来说，“平”体现为主动性的福利普施和利益均沾的均平主义。《周易》乾卦《文言》称：“云行雨施，天下平也。”孔颖达疏为：“言天下普得其利，而均平不偏陂。”③ 上天博爱万物，均平其所施，万物得天之爱，共享其利，公平法则通过利益均平和物皆获得满足得到了充分的展示。可以说，在均平意义上的“天下为公”，“是民的生存权、所有权等自然权无偏颇地得到满足的状态”。④

不过，对由《尚书》到《周易》讲究博爱普施的无偏私、无阿党说，学者却有着不同的意见。刘泽华先生对以《洪范》为代表的“无党”论给予了明确的批判，认为公而无私与公而无党是同一问题的两种表述，以“公”否定“党”存在的合理性，是古人步入的一大理论误区，它适应了君主专制的需要，君主是唯一可以摸得着和体现“公”的政治实体。⑤ 简而言之，结党是营私，为王权（公）不容，故立公就要反对结党。

从反王权专制的角度来说，刘先生的分析自有其合理性的一面。但却不能因此而否认无偏无党的正面价值。因为“无党”在这里不是独立的，它是与无偏无陂的公平执政理念整合在一起的，而不必一定要归结到君主专制主义的特定制度上。事实上，以《洪范》为代表的“无党”论能作为“当时以及其后两千余年的公论”，正在于它还有更为一般的公平正直之义，要求人君无偏私无陂曲，不能乱为私好行赏罚，从而使得贤能之人有一个被选拔任用的相对均等的机会，而机会的平等本来是当代讲究公平正

① 见《孟春纪·贵公》。

② 见《孟春纪·贵公》。对于“无党”论，先秦诸子多有表述，儒道法各家均不讳言，但就其渊源说，《尚书》应当是最初的源头。

③ 孔颖达：《周易正义·乾》，阮元校刻：《十三经注疏》，第 17 页。

④ ［日］沟口雄三：《中国的公与私·公私》，郑静译，北京：生活·读书·新知三联书店，2011 年，第 65 页。

⑤ 参见刘泽华《春秋战国的“立公灭私”观念与社会整合》，《公私观念与中国社会》，第 32—33 页。

义的一个重要原则。这就不难解释，“选贤与能”事实上一直是古代社会人才选拔和任用的指导方针，特别是在隋唐以后科举制普遍实施的情况之下。

《尚书·蔡仲之命》说过，“皇天无亲，惟德是辅”。人们通常会关注到“惟德是辅”的以德行为上天辅助之必要条件的告诫，但对于更重要的前提——“皇天无亲”，往往只是从上天对人无有亲疏的层面去理解。其实，另一层理解可能更为要紧，那就是透过上天“无亲”或“无私”表达出来的公平——人人平等意识。上天抛开了人情世故等，才能专以德行为考量而给予辅助。那么，“无偏无党”“无偏无陂”的公平执政正好是对“皇天无亲”的现实发明。

同时，所谓“皇天无亲”，并不意味着上天不爱，而只是不私爱，爱是公正普遍的社会黏合剂，君王只有体贴关爱天下生民，才可能享有天下。孟子继《尚书》而阐发说：“《书》曰：‘汤一征，自葛始。’天下信之，东面而征，西夷怨；南面而征，北狄怨，曰：‘奚为后我?’民望之，若大旱之望云霓也。”[①] 民之“怨”，“怨”在君王的恩德为何不普遍地播撒；而在君王，本来是体恤民之疾苦，救民于水火，可谓博施济众的真切实践，博爱在这里不是口号，而是历史的过程。

正是因为如此，不论是“天无私覆”“云行雨施天下平”，还是“皇天无亲”，贯穿其中的都是公平和博爱的观念。博爱不是要抹杀差别，而是将差别限定在公众可以接受的尺度之内。《礼记·礼运》讲“以天下为一家，以中国为一人”，《论语》说“四海之内皆兄弟”，关系繁杂的天下国家和上下人等，被视为一家人甚至一人而得到关爱；但一家也有父母长幼，一人也有耳目心官，差别本是客观的存在。孟子曾以“兼所爱”来处理一人之身小体与大体的关系，强调“无尺寸之肤不爱焉”[②]，不应对身体各部厚此薄彼，公平贯彻到一人之身。可以说，从《尚书》《论语》《孟子》到《礼记》，都体现了博爱的精神。但天下何以是一家、四海之人何以为兄弟尚没有给予恰当的说明。

这一问题换一角度来思考，便是天下之人毕竟是由不同的等级和身份构成，他们想要公平地享有上天或君主所爱，需要提供何以应当如此的理由。因为社会和经济的不平等是客观的现实，想要打破不同人等的社会级差是不可能的，唯一的解决办法是，不是从人的社会存在，而是从人的自

---

① 《孟子·梁惠王下》。

② 《孟子·告子上》。

然生成出发，以求跳越现实具体的差别，寻求观念和抽象的平等。《礼记·礼运》对此已有朦胧的意识，它揭示了何为“中国一人”的“人”的构成，即“故人者，其天地之德、阴阳之交、鬼神之会、五行之秀气也”。郑玄注此为“言人兼此气性纯也”，孔颖达发挥说：“故人者天地之德，阴阳之交，是其气也；鬼神之会，五行之秀，是其性也，故注云‘兼此气性纯也’。”① 人之能生，一是气，二是性，缺一不可，故曰“兼此气性纯”。这就为后来者提供了一种思路，即如果要考量儒家理论的基础——“人”，可以从气与性结合的层面去下手，但这在当时并没有引起足够的注意。直到宋明新儒学——理学兴起，对这一问题的认识才有了真正的进展。

二、同气同性的“大家”

宋代理学兴起，气化的普遍性、仁心的包容性和天理的统一性成为最明显的标志。正是它们为公天下理念和博爱情怀的深化推广以及在形上层面阐扬其价值蕴含，奠定了最为重要的本体论的基石。

从理论的推进来说，北宋张载提出的“民胞物与”说走出了至关紧要的一步，它使公平和博爱跨越血亲“小家”而走向了同气同性的“大家”。张载曰：

> 乾称父，坤称母；予兹藐焉，乃混然中处。故天地之塞，吾其体；天地之帅，吾其性。民吾同胞，物吾与也。大君者，吾父母宗子；其大臣，宗子之家相也。尊高年，所以长其长；慈孤弱，所以幼吾幼。圣其合德，贤其秀也。凡天下疲癃残疾、茕独鳏寡，皆吾兄弟之颠连而无告者也。②

在“以天下为一家”的美好愿望和关爱弱势群体的博爱情怀传扬了上千年之后，张载给予了它形而上的理论支持。在这里，父母就是天地，君臣长幼都是兄弟，所以能如此，在于以气化代血脉，以禀性定人生。气性之和合而生人对所有人都是公平的，其特点即在以公共性替换个别性。在此前提下，既然我之气即天地间气，我之性即天地之性，“民胞物与”就

① 郑玄注，孔颖达疏：《礼记正义·礼运》，阮元校刻：《十三经注疏》，第1423页。

② 张载：《正蒙·乾称》，《张载集》，北京：中华书局，1978年，第62页。该引文所在的《乾称》首段，又称《订顽》，在思想史上则以《西铭》闻名。

是必然的结论。同时，人既生于天地，就需自觉地与天地合德，圣贤便是如此践履的典范，生成论的客观根据与道德论的主观自觉联系了起来。结果是生存状态各异的老幼、孤寡、残疾等不同族群，都享受到了公正的关爱。张载并非由此而泯灭了差别，而是差别被整合进家庭成员之爱的平和气氛之中。

在这里，张载也强调了个人尽孝的义务，但冲破的却是严格服从关系的上下等级。君民成为兄弟，本来的兄弟血缘被一体相连的气性所取代，如此同气同性的“亲情”，使得博爱成了发自本心的意愿。“民胞物与”不否认不同个体之气凝结形成的差异，也并不抹杀父子长幼之间的差别，但对此差别也可以有平等的理解。即凡人均有对上事亲、对外敬长的情感和义务，无人可以超越，如果人人都践行自己的道德义务，人人都处于爱亲敬长的公平氛围之中。气性和合的公平原则说明，性既无差别地存在于所有人身，非为“我之得私”，便自动具有“公”的价值，并实际构成为张载公平兼爱观的形上基础。他称：

> 性者万物之一源，非有我之得私也。惟大人为能尽其道，是故立必俱立，知必周知，爱必兼爱，成不独成。彼自蔽塞而不知顺吾理者，则亦末如之何矣。①

万物共享“一源”之性，本性一致；“私”则属于“我”之形气，气聚有别，人要与天地合德，就要突破气的蒙蔽而走向普遍的天性——“天所性者通极于道，气之昏明不足以蔽之”②。大人尽道即在尽性，突破我私即在为公，故己立则人俱与立，己知则人均有知，己爱则人皆相爱，己成则人人有成。当然，这不包含那些自蔽于我之形气而不能因循公天下性（理）之人。这充分体现了张载在尽道尽性基础上的新型的博爱观。

可以说，人均平等地享有公共之性，以此为本而产生的情感——爱，便是打破人物间隔的普遍之爱，“自蔽塞”是气之私，破蔽塞则是性之公，一旦奠定了性的公共性根源，也就从形而上的层面抛弃了物我之私，公天下之爱就在情理之中。“选贤与能”亦能站在公天下的立场上而不循私见。孟子讲过“汤执中，立贤无方”，张载发挥为“‘立贤无方’，此汤所以公

---

① 张载：《正蒙·诚明》，《张载集》，第 21 页。
② 张载：《正蒙·诚明》，《张载集》，第 21 页。

天下而不疑”①。在孟子看来，商汤只是秉持中道而任贤不循常规，到张载则突出了商汤任贤的公天下而无私之心，所以能使民众信服而天下安定。当然，从心理的层面来说，公平就是不能有偏好或成见，心虚就是必然的要求：“心既虚则公平，公平则是非较然易见，当为不当为之事自知。”②心虚而不执着任何利益方，自然能循守中道，最“公平”地论断是非，什么事当做什么事不当做完全了然于胸。

那么，公天下于君子，就不仅是一种政治的期待，也是立足于自我的德性的关怀。前者可以说是原则，后者则属于美德。君子的德性修养境界直接影响着博爱情怀的落实。他说：

> 君子于天下，达善达不善，无物我之私。循理者共悦之，不循理者共改之。改之者，过虽在人如在己，不忘自讼；共悦者，善虽在己，盖取诸人而为，必以与人焉。善以天下，不善以天下，是谓达善达不善。③

君子之于天下，善是一个基本的评价尺度。如果做到无物我之私，无论对于善还是不善，都能虚静平和地予以看待：人有善循理，己与人共悦；人有不善不循理，己与人共改。因而，过虽在人犹如己犯，善虽在己而归功于人。善与不善，一概以天下而不是以己为立场。在此立场上，善与不善的事实本身并不重要，重要的是与人为善的公天下的博爱情怀。

如此情怀的生成，在传统儒学只能归之于个体的道德素质和圣人的教诲，但却缺乏必然的效力，张载则向前大大推进了一步，将其建立在了人物同气同性的本体论基础之上。人与我既然是天性一致，对人的公平关怀就是理所当然的。

张载又说：

> 以责人之心责己则尽道，所谓“君子之道四，丘未能一焉”者也；以爱己之心爱人则尽仁，所谓“施诸己而不愿，亦勿施于人”者也；以众人望人则易从，所谓“以人治人改而止”者也；此君子所以

① 张载：《正蒙·作者》，《张载集》，第38页。
② 张载：《经学理窟·学大原上》，《张载集》，第280页。
③ 张载：《正蒙·中正》，《张载集》，第29页。

责己、责人、爱人之三术也。[1]

张载所引之三段话，源自《礼记·中庸》载孔子之言。第一段，是孔子省视自身，以为作为君子品格的四道——“所求乎子以事父，未能也；所求乎臣以事君，未能也；所求乎弟以事兄，未能也；所求乎朋友先施之，未能也”，即事父、事君、事兄和先施之朋友四道，孔子一件也未做到。孔子之语固然体现了谦逊之德，张载的引用却不是停留于此而是进行了新的发掘。他将孔子言“未能”的君子四道整体作为条件，以说明“以责人之心责己则尽道”的结果。君子之道的能与不能，不是看其人的自我评价，而是看其有无责己的自觉心态，一旦具有这样的责任理性，本身就是尽道的证明。

同时，能以责人之心责己，前提是人与己的平等，故不仅是责人如责己，而且是爱人如爱己。这便是第二段，即《中庸》的“施诸己而不愿，亦勿施于人”。人之与人本性均一，己所不愿却要施与人，爱己却不爱人，根本就是不公平的。张载将“己所不欲，勿施于人”的所谓消极道德律或黄金法则转换为积极的方式[2]：做到“以爱己之心爱人”——即爱人如己，就充分彰显了仁的内核，所以说是“博爱之为仁”也。就此，公平和博爱就是密切关联的。

第三段，君子“以人治人改而止”。生于同一本性的人道，本来无彼此之别，君子治人，应以常人能知能行之道去调理，人一旦改正，便就此止步，不再提要求。张载以众人比望人，意在贯彻他的平等理念，即不以圣人君子的崇高典范去强求人，突出了调治之方的普遍性、公正性和有效性。“以众人望人”是张载“尽仁”之方的平民化实践，结果自然是容易听从和追随。

张载将《中庸》主要讲人与道关系的这一章的主旨重新概括，并归结为责己、责人和爱人的“三术”，中心是体现在人己关系中的公平原则和博爱情怀。而且，公平和博爱不仅有天地同气同性的本体论基础，也符合人的最大利益——保身成身。张载说：

① 张载：《正蒙·中正》，《张载集》，第32页。

② 按罗斯特所说：“黄金法则具有积极与消极两种形式。例如，基督耶稣的教义‘无论何事，你们愿意人怎样待你，你也要怎样待人’被视为积极的，儒家的教导‘己所不欲，勿施于人’则被视为是消极的。”见《黄金法则》，［美］H. T. D. 罗斯特著，赵稀方译，北京：华夏出版社，2000年，第12页。

爱人然后能保其身，（寡助则亲戚畔之。）能保其身则不择地而安。（不能有其身，则资安处以置之。）不择地而安，盖所达者大矣；大达于天，则成性成身矣。①

爱人是宽广的道德情怀和国家政治最重要的考量，保身则是个体利益的最大需要。二者之间，在张载有一个先后轻重的顺序关怀，这就是爱人先于保身成身。② 按张载自己的注解，这已经超越了个人动机，是放眼于天下国家的管理，实际反映的是民心的向背。孟子当年讲过："得道者多助，失道者寡助，寡助之至，亲戚畔之；多助之至，天下顺之。"③ 由此，保身的前提是多助，多助之可能则在爱人：爱人者，人必恒而爱之。④ 自身亦从而得保。"身"在这里，既包括君子的生命身体，也包括他所在的权位和职责。人与己如能放在同一公平尺度上予以考量，德性的关爱普遍播撒，定会得到天下民心的呼应和顺从，也就根本不需要择地以安身。

在这里，值得讨论的一个问题是《中庸》的"施诸己而不愿，亦勿施于人"，在《论语》中的表述是更为经典的"己所不欲，勿施于人"⑤，并被归结为恕道。但张载所要表达的思想与孔子却有所差别。他以为：

"己所不欲，勿施于人"，能恕己以仁人也。"在邦无怨，在家无怨"，己虽不施不欲于人，然人施于己，能无怨也。⑥

"己所不欲，勿施于人"的含义，涉及对"恕己"与"仁人"的解释。"仁人"语义清楚，就是爱人或"泛爱众"。"恕己"则不甚清楚，张载仅有有限的几次提及"恕"，而"恕己"则只此一处。但是，大致作推己及人解还是可以的。⑦ 由此推出的"在邦无怨，在家无怨"，既是指因自己工作负责，处事公平，而使国家民众没有怨言，同时又加上了他人以己所不

① 张载：《正蒙・至当》，《张载集》，第 34 页。

② 爱人先于保身，亦即爱人先于爱己，后者是传统博爱观自产生起便有的观念，最早出现于《国语》所引已逸古礼书《礼志》，随后在郭店竹简等文献中得到继续。

③ 《孟子・公孙丑下》。

④ 参见《孟子・离娄下》："仁者爱人，有礼者敬人。爱人者，人恒爱之；敬人者，人恒敬之。"

⑤ 见《论语・颜渊》《论语・卫灵公》。

⑥ 张载：《正蒙・有德》，《张载集》，第 45 页。

⑦ 明中叶关学学者刘玑解释说："'恕己以仁人'，即能推己以及物也。'无怨'，谓非己以不欲之事施之于人，乃人以不欲之事施之于己，而无怨也。"见林乐昌《〈正蒙・有德〉集释》，《正蒙合校集释》，北京：中华书局，2012 年，第 649 页。

欲之事施之于己，自己仍然没有怨恨之心的义涵。因为在张载的公平观念中，怨人即是怨己，所以需要“恕己”。

不过，从后来的继承者来看，朱熹虽然推崇张载推己及人的仁爱说，但他并不同意“恕己”的讲法，而认为这是与张载同时代的范纯仁（谥忠宣，范仲淹次子）所说，并以为其和张载的思想是对立的。《朱子语类》记载说：

或问：“范忠宣‘以恕己之心恕人’，此语固有病。但上文先言‘以责人之心责己’，则连下句亦未害。”曰：“上句自好，下句自不好。盖才说恕己，便已不是。若横渠云：‘以爱己之心爱人，则尽仁；以责人之心责己，则尽道。’语便不同。盖‘恕己’与‘爱己’字不同。大凡知道者出言自别。近观圣贤言语与后世人言语自不同，此学者所以贵于知道也。”①

范纯仁的“以责人之心责己，以恕己之心恕人”二句，前一句与张载相同，是否取于张载不得而知；后一句“恕己”的要求与张载一致，但“恕人”的表述及语句重心有不同。张载的“恕己”是手段而目的在于爱人，范纯仁的“恕己”是前提以引出“恕人”即宽宥他人的结果。“恕”固然也浸润着爱意和平等，但它的特点在推己及人及物，“恕己”若没有仁爱或忠诚之心为依据，便失去了原则。因为恕道的根本，是人凭借自己的德性和智慧去践行仁道，所处理的是己与上下左右之他人的关系。而“恕己”对自我的关系是不能体现推己及人及物的仁道实质的。所以范纯仁就是不知道者。

从朱熹认可张载论仁道二句看，张载应属于“圣贤”或知道者的范畴，但朱熹并未言及张载自己的“恕己”，是没有注意到还是有意回避不好确定。就张载本人而言，他讲仁爱或博爱，自身是一个切近的下手处，但眼光则是向外。从自身出发去推度，其方向和目的在天下国家。他说：

仁道有本，近譬诸身，推以及人，乃其方也。必欲博施济众，扩之天下，施之无穷。必有圣人之才，能弘其道。②

① 黎靖德编，王星贤点校：《朱子语类》卷十六，北京：中华书局，1986年，第358页。
② 张载：《正蒙·至当》，《张载集》，第34页。

践行人道是有始终的，始之于身，就近取譬，以己心推度人心而恕己，就是行仁之方。在这里，推己及人之爱人，不只是精神的感通，也是物质的施与，这集中表现在“博施济众”的物资关爱上。后者包括空间上扩充到天下和时间上的持续无穷尽。显然，此“仁道”即便有圣人之才，也未必能真正落实，这里需要的是物质生活资料的极大丰富。

回到本题，“己虽不施不欲于人”是孔子的本义，“人施于己，能无怨也”则是张载进一步的扩展，他将老子的“报怨以德”[①] 吸收进来，表明了张载的推己及人观所呈现的“忍辱负重”的色彩。其“民胞物与”说所阐明的“不弛劳而底豫，舜其功也；无所逃而待烹，申生其恭也。体其受而归全者，参乎！勇于从而顺令者，伯奇也”[②]，正是他的这种“恕己”思想最为悲切也最为真实的写照。西方基督教的博爱除了“爱上帝”“爱人如己”之外，还有所谓“爱仇敌”的说教[③]，但在张载的博爱情怀中，并没有所谓“敌”的概念——一切本来是我的同伴朋友，其“忍辱负重”所承接的是《周易·象辞》“厚德载物”以来的博大胸怀。在此意义上，公平就不是从动机，而是从效果——疏通执滞、宽慰心灵而最终“太和”的角度去理解的。

“厚德载物”是张载博爱要极力体现的品格。张载名“载”，字“（子）厚”，说明其父辈正是以“厚德载物”作为对张载的深切期待和关爱的。“厚”本来可以理解为厚爱（厚待），但以厚言爱，突出了物质层面的生存关照，所以张载有“世禄之荣，王者所以录有功，尊有德，爱之厚之，示恩遇之不穷也”[④] 的策问。《正蒙·乾称》又有“富贵福泽，将厚吾之生也”的告诫，可能将《尚书·大禹谟》的“厚生”之义也吸收了近来。得到了恩遇和厚爱，民生得以遂适，也就能安心其所遇。故云：“安土，乐其所自生，不得其生，非忠厚之道也。”[⑤] 爱本来是一种厚重的情感，“厚道”一定是民能得其生。民之欢乐，就乐在有自己能得以生之田土生计，所以张载极力主张井田和均田，并以此为天下平的唯一道路。[⑥]

生计厚重，民安其居、乐其土，便能敦厚其仁爱之德。《周易·系辞

---

① 《老子》六十三章。

② 张载：《正蒙·乾称》，《张载集》，第 62 页。

③ 参见《马太福音·论爱仇敌》（5.43—48）；《路加福音·论爱仇敌》（6.27—38）。

④ 张载：《文集佚存·策问》，《张载集》，第 355 页。

⑤ 张载：《横渠易说·系辞上》，《张载集》，第 186 页。

⑥ 张载云：“治天下不由井地，终无由得平。周道止是均平。”见《经学理窟·周礼》，《张载集》，第 248 页。

上》提出了“安土敦乎仁，故能爱”的观点，张载发挥说：“安所遇而敦仁，故其爱有常心，有常心则物被常爱也。”① “遇”本身是客观的存在，就人安心于所遇的环境说，也具有一定的公平性质。如能敦厚和弘扬内在的仁性——“仁通极其性”②，爱便会彰显出来。张载不仅讲爱，而且讲爱有常心。内在仁性恒常不变，外在的爱心也就常在不灭。有常心爱人爱物，己亦会被人物常爱，爱的公共性和互惠性品格在这里充分彰显出来。

结　语

在儒家的思想体系中，爱人一直被置于国家政治运作的优先地位。《礼记·哀公问》引有孔子之言说：“古之为政，爱人为大。不能爱人，不能有其身。不能有其身，不能安土。不能安土，不能乐天。不能乐天，不能成其身。”所谓“成身”，按孔颖达疏为：“言成身之道，不过误其事。但万事得中，不有过误，则诸行并善，是所以成身也。”意味人与万事协和，无过不及，德行圆满，便是“成身”的最好发明。此境界虽高，一切为政之君子仍应向此看齐。因为其下手处就是切近之爱人，从而保有自身，乐天安土。即张载所说“乐天安土，所居而安，不累于物也”③。爱心周流浸润，天下之物皆吾度内，己物和谐，这是从主体道德实践的角度验证了“天地之塞，吾共体；天地之帅，吾其性”的天下一体观。人心自觉上遂而体验天地本性的心灵境界，与实际安身成身的功利效果实现了最完美的统一。

可以说，“爱人”是为政之首务，“天下”则是从量上来彰显其仁心之公平。如他所说：“大人所存，盖必以天下为度，故孟子教人，虽货色之欲，亲长之私，达诸天下而后已。”④ 圣人存心爱人，本以天下为度量，故孟子教人，循循善诱，从好货好色之欲、亲亲敬长之私入手，推广到天下无所不爱的大公而后已。譬如齐宣王之好货好色，如能做到“与百姓同之”，平分或共享其生存条件，王实行仁政而统一天下就不会有什么困难。⑤ 就公私关系而论，这里不是背私为公，而是由私入公，私爱融合于公天下的情怀之中。

---

① 张载：《正蒙·至当》，《张载集》，第 34 页。
② 张载：《正蒙·至当》，《张载集》，第 34 页。
③ 张载：《正蒙·至当》，《张载集》，第 34 页。
④ 张载：《正蒙·中正》，《张载集》，第 32 页。
⑤ 参见《孟子·梁惠王下》相关论述。

尽管孟子的劝导和张载的设想不一定为君王所采纳，但按儒家政治理念培育起来的汉以后的官制体系，始终是将公天下作为其政治理想的①，而博爱由于其内含的人己关系的公平，为公天下注入了最为深厚的情感资源。当初子夏云“四海之内皆兄弟”时，至多只是一种感情的疏解和劝慰，发展到张载“民胞物与”的“大家”说，则将其奠定在了同气同性的本体论基础之上。

① 张分田说：“无论统治思想的代言人，还是持不同政见者，无论帝王将相，还是庶民百姓，都在不同程度上认同公天下论。历代著名思想家更是自觉地把公天下作为自己政治理论体系的重要组成部分，把政治之公作为自己的政治诉求。在中国古代，除了少数昏聩暴虐的帝王及阿谀之徒外，几乎找不到公然反对公天下的人。就连许多阴谋家、野心家也往往打着公天下的旗帜牟取私利，装潢门面。这表明，‘天下为公’的若干基本信条获得普遍的认同。”见《公天下、家天下与私天下》，刘泽华、张荣明等：《公私观念与中国社会》，北京：中国人民大学出版社，2003年，第309页。

我们时代的问题与儒家的正义论

山东大学儒学高等研究院　黄玉顺

我感到很荣幸，能有机会在这里同各位交流思想。我想，我们之所以来这里进行对话，是因为：一方面，我们共同感受到当今社会、当今世界出现了一系列严重问题，这些问题必须由我们共同来面对才能解决；另一方面，我们对这些问题有一些不同的想法，这就需要沟通。

一

当今社会，问题丛生，林林总总，难以尽言。当然，人类社会从来不是没有问题的，人类向来都是在不断地解决问题中前进的。但是，我们这个时代的问题自有其特别之处，我们这里不妨一言以蔽之：礼崩乐坏。这是中国儒家的表达方式，意谓既有的社会规范体系正在坍塌，道德规范、伦理规范、政治规范、经济规范、家庭规范、行业规范等都正在被解构，社会日益陷入“失范”的乱象之中。

为什么会这样？儒家还有一种表达方式：人心不古。人类社会的价值观念体系陷入了严重危机。我们看到一种相当普遍的倾向：利益成了当今时代的最高价值。为追逐利益，有人泯灭良知、藐视律法、践踏人权；为追逐利益，有人掠夺资源、侵犯主权、发动战争。许多人奉行着丛林哲学，实践着禽兽伦理学，唯利是图，无法无天。

那么，我们应当如何看待这种状况？我的理解是：这是一个社会转型的时代。中国已经进行了40多年并继续深入的改革，就是一个急剧的社会转型过程。其实，西方世界、国际社会也都处在某种社会转型之中。社会转型必然带来价值观念的激变，旧的规范和制度的解体，带来某种混乱。但是，人类的和谐生存总是需要秩序的，需要社会规范和制度。

既然是社会转型，那也就意味着：我们需要的显然不是恢复旧的秩序，而是建构一种新的秩序——重新建构社会规范及其制度。儒学的创始人孔子曾说过：礼有损益。（《论语·为政》）此所谓“礼”，就是说的社会规范及其制度。孔子的意思是说：随着社会生活方式的变化，社会规范及其制度也必当变革。

这样一来，我们也就进入了一个主题：如何进行制度建构？显然，社会规范建构及其制度安排需要遵从某种价值原则作为衡量的尺度。那么，这种价值原则何在？美国政治哲学家罗尔斯说："正义是社会制度的首要价值。"① 用孔子的话来说就是："义以为质，礼以行之。"（《论语·卫灵公》）这就是说，正义原则是规范与制度的本质，规范与制度是正义原则的实行。

这就是我今天要谈论的话题：正义论问题。

毫无疑问，正义是人类的一种共同价值。尽管人类分为不同的种族和国家，拥有不同的文化传统和信仰体系，但是，人类社会的任何族群都是追求社会正义的。这是一个基本的事实。中国的儒家也是这样，我们有一套完整的社会正义理论，那就是关于"义"或者"正义"的学说。

但这只是问题的一个方面。另一方面，尽管人类社会都追求正义，但是，不同的种族和国家、拥有不同的文化传统和信仰体系的族群，他们解决社会正义问题的方法却是有所不同的，甚至言说社会正义问题的话语乃至提出社会正义问题的方式也是有所不同的。这同样是一个基本的事实。中国的儒家也是这样，我们有自己的一套独特的正义话语，有其独特的提出正义问题的方式、解决正义问题的方法。

正因为有共同的价值，我们之间的对话才是可能的；也正因为文化和信仰之不同而对这种共同价值有不同的理解，我们之间的对话才是必要的。为此，我们才聚集在这里，倾听他人的观念，同时表述自己的观念。

因此，我今天在这里简要地讲述儒家的社会正义理论。

二

刚才谈到，当今转型时期的人类社会，陷入了唯利是图的泥淖之中。两千多年前，中国的大儒孟子也曾面对社会转型、礼崩乐坏、人心不古的同样状况。他指出："何必曰'利'？亦有仁义而已！"（《孟子·梁惠王上》）他的意思是：我们并不是要一概反对任何利益追求，而是主张在追求利益时必须以仁义为先导；唯有根据仁爱精神、正义原则，其所获得的

① ［美］约翰·罗尔斯：《正义论》，何怀宏、何包刚、廖申白译，北京：中国社会科学出版社，1988年，第3页。

利益才是正当的。

在社会规范及其制度问题上，儒家的看法同样如此：规范和制度的建构必须遵从正义原则，而正义原则的根据乃是仁爱精神。这就是儒家“仁—义—礼”的正义理论结构。

儒家所说的“礼”并不仅仅是说的礼仪。“礼”包含三层含义，即礼义、礼制和礼仪。礼制就是社会规范体系及其制度，诸如伦理规范、政治规范、经济规范、法律规范及其制度。礼仪只是礼制在仪式上的外在表现形式；而礼义则是礼制的内在价值根据。这就是儒家关于“礼”的“礼义—礼制—礼仪”语义结构。

礼制，亦即社会规范及其制度，是儒家所关心的基本问题。这个道理很简单：任何社会共同体的和谐生存都不能没有秩序；任何个人都必须生活于这种社会秩序之中。所以孔子才说：“不学礼，无以立。”（《论语·季氏》）

但是，我想在这里指出的一点是：人们往往片面地误解了孔子对“礼”或社会制度的看法。固然，任何个人和团体都必须遵从社会规范和制度，所以孔子主张“克己复礼”（《论语·颜渊》）；但正如我们刚才所提到的，孔子同时指出“礼有损益”，夏、商、周三代的礼制就是不同的，这表明人类的社会制度不是一成不变的。因此，孔子并不是保守主义者，儒家也绝不是“原教旨主义者”。儒家不仅强调社会秩序，而且一向主张社会进步。儒家认为，遵从规范和制度的前提是这种规范和制度本身是正义的。所以荀子主张：“从道不从君，从义不从父。”（《荀子·子道》）儒家所遵从的既不是制度本身，也不是任何权威，而是正义。

这样一来，我们也就面对一个问题：如何进行制度的“损益”。换言之，根据什么原则来进行制度的变革？什么是制度变革的价值根据？当今世界的人类社会，面临着同样的问题。

对于这个问题深入而系统的回答，就构成了儒家的社会正义论——中国正义论。[①] 这个理论的核心，就是追寻正义原则。

三

刚才谈到，儒家认为：规范建构、制度建设的价值根据，乃是某种正

① 黄玉顺：《中国正义论纲要》，《四川大学学报》（哲学社会科学版）2009 年第 5 期；人大复印资料《伦理学》2010 年第 1 期全文转载。

义原则。就此而论，中国儒家的理论和西方的正义理论是一致的。不过，究竟何为正义原则，儒家却有自己不同于西方正义论的看法。

儒家事实上有两条正义原则：正当性原则，适宜性原则。

正当性原则是一条动机论原则，是说：社会规范及其制度的建构必须是出于仁爱的，否则，这种规范和制度就是不正当的。

“正”是汉语“义”最基本的含义之一，所以孟子指出：“义，人之正路也。”（《孟子·离娄上》）这条“正路”出于仁爱，孟子谓之“居仁由义”（《孟子·尽心上》）。

说到这里，我们必须强调一点：对于儒家的仁爱观念，人们往往存在着严重的误解。许多人都以为，儒家所说的仁爱不是“博爱”，而仅仅是一种差等之爱，“施由亲始”（《孟子·滕文公上》）。有人甚至据此攻击儒家，以为根据这种差等之爱而做出的制度安排，总是根据血缘关系的亲疏而建立的等级制度，因而必然是不公正和不公平的。

我们承认，对儒家仁爱观念的这种理解并不是毫无根据的。就爱的情感本身来看，儒家确实认为，对亲人的爱必定超过对他人的爱、对人的爱必定超过对物的爱。这是尊重事实，亦即客观地承认人人都有的情感体验。难道我们对路人的爱超过对父母的爱吗？难道我们对动物例如鳄鱼的爱超过对人类的爱吗？

但是，仅仅这样理解儒家的仁爱观念却是片面的。儒家所说的仁爱还有另外一个方面，叫作“一体之仁”，或者叫作“一视同仁”。如孔子说“己欲立而立人，己欲达而达人”（《论语·雍也》），“己所不欲，勿施于人”（《论语·颜渊》）。这已经被世人普遍视为“道德金律”。孟子也说：“老吾老以及人之老，幼吾幼以及人之幼。”（《孟子·梁惠王上》）儒家认为，这同样是人类情感的实情。所以韩愈说：“博爱之谓仁。”（《原道》）

在这里顺便指出：用儒家的“博爱”这个汉语词语来翻译西方的“fraternity”，这其实是不对的。“fraternity”是说的兄弟情谊，犹如儒家所说的“四海之内皆兄弟也”（《论语·颜渊》）。但是，在儒家看来，兄弟情谊远不是人类仁爱情感的全部。例如，儒家决不会把父母和子女之间的爱混同于兄弟之间的爱。儒家所说的“博爱”不是“fraternity”，而是真正的“universal love”，这正如王阳明所说：“大人者，以天地万物为一体者也，其视天下犹一家，中国犹一人焉。”（《大学问》）

显而易见，儒家正义论的正当性原则的要求乃是：在社会规范建构及其制度安排中，我们必须超越差等之爱、追求一体之仁。这就是说，立法者的动机不应该是任何个人或利益集团的利益，而应该是一视同仁的、公正和公平的考量，否则，其规范和制度就是不正当、不正义的。

因此，尽管建立社会规范和制度的目的确实是调节利益冲突、制定一种利益分配办法，但是，如果一种制度程序的设计仅仅是为了提供一种利益博弈的机制，那么，在儒家看来，它的正当性就是值得怀疑的，是把唯利是图的价值观制度化了。当今世界的人类社会之所以出现种种问题，这种制度化的唯利是图价值观是难辞其咎的。

四

进一步说，即便一种制度是根据上述正当性原则来建构的，也不意味着这种制度就必定是正义的，因为“正义”不仅意味着“正当”，而且意味着“适宜”，即适应于人们的具体的生活方式，然而人类的生活方式不是一成不变的。例如，中国的汉武大帝通过董仲舒等所建立的皇权帝国制度，就与周公“制礼作乐”所建立的王权制度不同；[①] 现代新儒家所主张的现代制度，也与中国古代的制度不同。事实上，从来就没有永恒正义的制度，而且可以预见，将来也不会有什么永恒正义的制度。如果说，所谓“普世价值”是说的某种具体的社会制度，那么它就是一个虚妄的概念。没有什么具体制度是普适的，唯有正义原则可以是普适的。

所以，正当性只是制度正义的必要条件，但并非充分条件。在儒家看来，仅有正当性原则是不够的，还必须有适宜性原则。这正是汉语“义”的基本含义之一：“义者，宜也。”（《礼记·中庸》）如果说正当性原则是一条动机论原则，那么适宜性原则就是一条效果论原则。

适宜性原则的要求是：一个社会共同体的社会规范建构及其制度安排，必须适应这个共同体的生活方式；否则，这种规范和制度就是不适宜的。

应该说，这个道理是显而易见的。事实上，人类历史上曾经存在过的种种基本制度，都曾经或多或少具有适宜性，它们与当时人们的生活方式是密不可分的。不同时代的人类有其不同的生活方式，不同地域、拥有不同文化传统的人们也有其不同的生活方式，因此，他们的社会规范及其制度也是有所不同的。为此，中国的伟大经典《周易》提出了“时宜”和

---

① 黄玉顺：《大汉帝国的正义观念及其现代启示——〈白虎通义〉之“义”的诠释》，《齐鲁学刊》2008 年第 6 期；人大复印资料《中国哲学》2009 年第 1 期全文转载。

“地宜”的问题。① 这就是说，儒家正义论的适宜性原则包含两个方面的准则：

一方面是时宜性准则。一个社会共同体的规范与制度的建构，必须适合于该共同体生活方式的时代特征。

迄今为止，人类经历了前轴心期的上古时代、轴心时期的社会转型，后轴心期的古代社会、现代的社会转型，其间出现过一系列的社会制度，这些制度各自适应于其历史时代的生活方式。这正如大儒王夫之所说：“洪荒无揖让之道，唐虞无吊伐之道，汉唐无今日之道，则今日无他年之道多矣。”（《周易外传》卷五）凡是用一个时代的制度作为标准去衡量和否定另一个时代的制度的做法，都是幼稚可笑的。

我们记得，西方哲人柏拉图就反对民主制度，但这并不妨碍他的哲学的基本思想仍然适用于现代西方民主政治哲学；西方政治哲学家马基雅维利推崇君主专制制度，但这并不妨碍他被称誉为西方现代政治哲学的奠基人。他们是深知时宜性准则的先哲，但遗憾的是，他们的这种睿智似乎已经被今天的政治哲学家们所遗忘。

另一方面是地宜性准则。一个社会共同体的规范与制度的建构，必须适合于该共同体生活方式的地域特征。

影响地域特征的因素，最重要的就是该共同体的当下生活环境和历史文化传统。我们不能设想一个游牧民族采取农耕民族的制度，同样不能设想一个农业社会采取工业社会的制度。如果基督教文化传统的族群完全采取儒家文化传统族群的制度，那显然是不适宜的；反之亦然。

在今天这个民族国家的时代，可以区分出一些最基本的共同体，那就是其内部拥有较为一致的生活方式的民族国家，例如中国和美国，这些民族国家的生活方式有所不同，从而其社会规范和社会制度也有所不同。我们无法抽象地判定究竟用筷子进餐的礼仪和用刀叉进餐的礼仪哪一个更正当，穿汉服的礼仪和穿西服的礼仪哪一个更正当。

当然，事情还有另外一面。在这个“地球村”时代，整个人类社会正在结成一个有史以来最大的、基于全人类某些共同生活方式的全球性共同体，因此，不同族群之间存在着一些共同的现代价值观念，理当寻求一种共同的基本社会规范和基本社会制度，这些规范与制度不仅适用于民族国家内部，而且适用于国际社会。

---

① 黄玉顺：《制度规范之正当性与适宜性——〈周易〉社会正义思想研究》，《孔子学刊》第二辑，上海：上海古籍出版社，2011年。

所以，当代儒家拥有宪政民主的理念。这种理念源于中国人生活方式的现代性转型，源于当今中国人的某种程度的全球性生活方式。这种宪政民主理念不仅早在明清之际就由黄宗羲等大儒给予了初步表达，而且按照周公的思想，民主制度其实是儒家“民本”理念在现代生活方式中的一种具体表现形式。①

但尽管如此，我们仍不可忘记上述地宜性准则。例如今天的民主制度，我们知道，美国的民主制度和英国、法国、日本等国的民主制度就是有所不同的。这种不同，源于这些不同民族国家的不同生活方式，尤其是不同的生存环境和文化传统。为此，我们有必要区分单数的民主制度和复数的民主制度。应当承认，迄今为止，复数的民主制度存在着一些严重的甚至根本的缺陷，这些缺陷不仅包括前面提到的民主制度沦为利益博弈机制，即把唯利是图价值观加以制度化的问题，而且包括地宜性方面的问题，即未能充分尊重不同族群的生活方式。我们在某些地区所看到的“民主乱象”就是这种缺陷的表现。

五

以上几个方面，仅仅是儒家的社会正义论的要点。

儒家正义论是一个源远流长的传统，拥有博大精深的内容，其中既有可以穿透历史时空的仁爱精神和正义原则，也有适应于当时之生活方式的具体社会规范和制度。今天，儒家传统正在复兴，儒家的社会正义论也正在得到重新认识。面对这个“礼崩乐坏”的世界上所出现的种种问题，尤其是价值观问题，儒家正在重新拿出自己的解决方案。

女士们、先生们！或许我们之间的忧虑和思考是有所不同的，但是，中国先哲孔子说过：“天下何思何虑？天下同归而殊途，一致而百虑。”（《周易·系辞下传》）我相信，我们的忧虑和思考是殊途同归的，那就是人类价值观的重建、人类社会规范和制度的重建。

让我们一起来努力，通过对话，存异求同，在价值观念、正义原则、社会规范和制度问题上尊重异见，寻求共识，为最终缔造出一个和谐、幸福的新世界而贡献我们的才智。

---

① 黄玉顺：《“民本”的“人民主权”实质及其正义原则——周公政治哲学的解读》，《河北学刊》2010 年第 3 期；人大复印资料《中国哲学》2010 年第 7 期。

正、中、和

——儒家古典正义论的逻辑展开

中国人民大学国学院　韩　星

近几年研究儒家正义论的学者多集中在“义”字上，其实儒家思想是丰富的意义体系形成的复杂结构。古典正义论的价值基础是“仁”，“仁”落实在政治上就是“正”，而要“正”则须“中”，由“中”才能实现“和”。本文尝试以这一思路诠释儒家的古典正义论，敬请前辈大德批评指正。

一、人道为大，仁道为本：儒家古典正义论的价值基础

儒家古典正义论的逻辑前提是人道为大，仁道为本。《汉书·艺文志》：“儒家者流……于道最为高。”儒家把道是放在一个不可动摇的最高地位的，要求“士人”必须作为“道”的担当者、固守者。如《论语·子张篇》中孔子有两句话：“百工居肆以成其事，君子学以致其道。”君子要以学而达道。在这个基础上，孔子要求儒者：“笃信好学，守死善道。”（《论语·里仁》）“君子谋道不谋食。……君子忧道不忧贫。”（《论语·卫灵公》）“士不可以不弘毅，任重而道远。仁以为己任，不亦重乎？死而后已，不亦远乎？”（《论语·泰伯》）“人能弘道，非道弘人。”（《论语·卫灵公》）显然，孔子把道视为一种不可轻易放弃的理想价值。这一理想价值是孔子从历史文化中概括和提炼出来的，它不离百姓日用与社会人生，却又能够超越世俗具体利益，对社会具有裁定和评判的意义，因此也就成为儒者人生价值取向的根本依据。孔子要求士人们能够超越自己个体的和群体的利害得失，在“道”的基础上发展为对整个社会的深厚关怀。孟子在孔子的基础上有更进一步的发展，特别挺立儒者的独立人格。他希望儒者有高远的追求：“道在尔而求诸远”（《孟子·离娄上》），要求儒者无论穷达都不要背弃道：“士穷不失义，达不离道。穷不失义，故士得己焉；达不离道，故民不失望焉。”（《孟子·尽心上》）甚至要求儒者“天

下有道，以道殉身；天下无道，以身殉道。”（《孟子·尽心上》）荀子的“道”与孟子的高远和超越相比，就显得具体、实际多了，甚至有更多现实功利的考虑。如他说：“道者，非天之道，非地之道，人之所以道也，君子之所道也。”（《荀子·儒效》）其实，荀子并没有否定儒家之道非天道、非地道，而是强调在天地人三才之道中儒家是归本于人道。他说：“天有其时，地有其财，人有其治，夫是之谓能参。舍其所以参，而愿其所参，则惑矣！”（《荀子·天论》）儒家是在天地人三才构架下尊天重地、以人道为本的“道”，此即儒家之道。在儒家的观念中，天与地是不同的，是各有功能、不可替代的，孟子很有名的一句话：“天时不如地利，地利不如人和。”（《孟子·公孙丑下》）孟子又说：“是故诚者，天之道也；思诚者，人之道也。”（《孟子·离娄上》）。《易传》中《彖》《象》《文言》《序卦》《说卦》都以乾为天，以坤为地。《象》强调乾坤两卦代表天地，提出“天行健，君子以自强不息”，以乾为天之运动的刚健性质，要求君子取法于天行的健动不止，在个人的修养方面自强不息。《象》又提出“地势坤，君子以厚德载物”，以坤代表地的厚重顺承的性质，要求君子像大地一样，以博厚的德行待人待物。后儒还在此基础上发展出天父地母观念，王充《论衡·祭意篇》：“王者父事天，母事地，推人事父母之事，故亦有祭天地之祀。”张载《西铭》：“乾称父，坤称母。予兹藐焉，乃混然中处。”

儒者所坚守的“道”是儒家的核心价值理念，与西方学者所追求的真理、正义等价值有接近的地方，但更有终极依据和超越层面的诉求。约翰·罗尔斯在《正义论》中这样说：“正义是社会的首要价值，正像真理是思想体系的首要价值一样。一种理论，无论它多么精致和简洁，只要它不真实，就必须加以拒绝或修正。同样，某些法律和制度，不管它们如何有效率和有条理，只要它们不正义，就必须加以改造和废除。每个人都拥有一种基于正义的不可侵犯性，这种不可侵犯性即使以社会整体利益之名也不能逾越。”① 这就相对清楚地说明了正义在西方主要是一种社会核心价值，而儒家的“道”不仅仅是社会核心价值，而是源于对历史文化的反思，由古今之变而天人之际，形成了关注的是人根本存在的形而上的终极价值，以此为前提，在儒家思想体系中就形成了以道为最高价值统摄学、政、文、法等的立体网络结构，体现了“道”作为终极价值的基础性

① ［美］约翰·罗尔斯：《正义论》，何怀宏、何包钢、廖申白译，北京：中国社会科学出版社，1988年，第3页。

地位。

那么，儒家的“道”具体含义是什么？即仁。儒家经典《中庸》《孟子·尽心下》《礼记·表记》《孔子家语·哀公问政》都引用据说是孔子说的“仁者，人也”，这是说“仁”与“人”在基本内涵上是相通的。在此基础上，“仁道”与“人道”也就是相通的。《孟子·尽心上》载：“仁也者，人也；合而言之，道也。”疏云：“孟子言为仁者，所以尽人道也，此仁者所以为人也。盖人非仁不立，仁非人不行。合仁与人而言之，则人道尽矣。”这说明仁与人合起来就囊括了人道的含义。朱熹《孟子集注》说：“仁者，人之所以为人之理也。然仁，理也；人，物也。以仁之理，合于人之身而言之，乃所谓道者也。”仁是人之所以为人的根本道理。《易传·说卦传》：“立人之道，曰仁与义。”仁义是人道的主要内容。《礼记·丧服四制》：“仁义礼知，人道具矣。”仁义礼知就是孟子讲的四端，如果能够把这四端发挥出来，就具备了完整的人道。儒家“人道”的基本内涵包括仁者爱人、忠恕之道、仁政王道等。孔子之后，经过历代儒家的不断发挥，“人道”一词被赋予了更高的人文含义，成为儒家追求的基本价值，同时寄予了很高的价值理想。概而言之，“人道”就是一种人之为人的道德底线，是一种对做人的基本价值的追求，同时，也包含了追求更高价值理想的“仁道”。儒家多以“人”释“仁”，以“仁”作为人之为人的本质特征，其根本意义在于肯定人的价值，承认人的独立人格。

对此，徐复观从人文主义转向的视角梳理了儒家人道为大、仁道为本在中国文化基本精神转向过程中的意义，他认为中国传统文化大约从周公已经开始人文主义性格的建构，礼乐就是其标志，但这只是外在的人文主义。孔子使之转化为内发的道德的人文主义。经过此一转化，中国文化的道德性格才正在建立起来。“《论语》上所说的仁，是中国文化由外向内的反省、自觉，及由此反省、自觉而发生的对人、对己的要求与努力的大标志。”① 成中英先生说：“孔子之学名为‘仁学’，这是就其理想而言。就其现实而言，孔子之学则可名为‘人学’。但孔子是要用人的理想来启发和改造人的现实的，也就是要用人性之‘仁’来实现人生，使‘人’的现实转化为至善。故‘仁学’可以是‘人学’，而‘人学’也可以是‘仁学’，

---

① 徐复观：《释〈论语〉的仁》，《中国思想史论集续篇》，上海：上海书店出版社，2004年，第235页。

两者是密切关联着的。”①

人道为大、仁道为本是儒家一切思想学说与政治社会实践的基础。梁任公说：“儒家言道言政，皆植本于仁。”② 萧公权说：“就修养言，仁为私人道德。就实践而言，仁又为社会伦理与政治原则。孔子言仁，实已治道德、人伦、政治于一炉，致人、己、国、家于一贯。”③ 传统上，儒者们从仁道推衍出儒家的仁政。儒家的仁政理念，试图建立以仁道为根本的政治形态，张扬道统以与君主的政统抗衡。所以，人道为大、仁道为本就是中国古典正义论的价值基础。

二、人道政为大，政者正也——儒家古典正义论的核心内涵

《礼记·哀公问篇》载：

> 孔子侍坐于哀公。哀公曰：“敢问人道谁为大？”孔子愀然作色而对曰：“君之及此言也，百姓之德也。故臣敢无辞而对：人道政为大。”公曰：“敢问何谓为政。”孔子对曰：“政者，正也。君为政，则百姓从政矣。君之所为，百姓之所从也。君所不为，百姓何从？”公曰：“敢问为政如之何？”孔子对曰：“夫妇别，父子亲，君臣严。三者正，则庶物从之矣。”公曰：“寡人虽无似也，愿闻所以行三言之道。可得闻乎？”孔子对曰：“古之为政，爱人为大。所以治爱人，礼为大。所以治礼，敬为大。……弗爱不亲，弗敬不正，爱与敬，其政之本与？”④

孔子晚年回到鲁国后，非常受尊重和礼遇，这是他回答哀公提问说的话。从思想史和政治史角度看，这段对话的“人道政为大”“政者，正也”的观点都值得特别关注。在人道之中政最为重要，而政即正。正在人伦关系中指在上者首先要正，在一个国家中首先国君要正，老百姓才有所遵从。夫妇有别，父子有亲，君臣有义，社会中这三种基本的伦理关系摆正

① 成中英：《现代新儒学建立的基础》，《成中英文集》第二卷，武汉：湖北人民出版社，2006年，第402—403页。

② 梁启超：《先秦政治思想史》，北京：东方出版社，1996年，第81页。

③ 萧公权：《中国政治思想史》，北京：新星出版社，2005年，第41页。

④ 郑玄注，孔颖达疏：《礼记正义》，阮元《十三经注疏》，北京：中华书局，1980年，第1611—1612页。

了，一个社会才能有基本的秩序。而要摆正社会伦理关系，使政治走上正轨，必须从仁爱做起，所以“爱人为大”。在确立了爱人的前提下，维护社会基本秩序的就是礼了，而礼的基本精神是“敬”，所以“爱”与“敬”就是以正为政的内在精神。

儒家古典正义论集中体现在孔子“政者正也”上。《论语·颜渊篇》载季康子问政于孔子。孔子对曰：“政者，正也。子帅以正，孰敢不正?”什么是政治，孔子用一个“正”字概括，这就言简意赅地阐明了要正直、公正的为政理念和为官之道。汉代许慎的《说文解字》就用孔子的说法解释“政，正也”。从字源上说，“政”字是由“正”字孳乳而来。

孔子以正衡政，以正导政，指出“其身正，不令而行；其身不正，虽令不从”（《论语·子路篇》），是说当为政者自身端正、做出表率时，不用下命令，臣民也就会跟着行动起来；相反，如果为政者自身不端正，而要求臣民端正，那么，纵然三令五申，臣民也不会服从的。“身”在中国思想中有狭义的含义即形躯结构，就是我们的肉身躯干，广义则是指统摄形、气、心而为形神相合、身心一体的生命整体。也就是说，“身”不简单是形躯之身，更多时候是生命、人格的另一种表述。“苟正其身矣，于从政乎何有？不能正其身，如正人何?”（《论语·子路篇》）孔子把“正身”看作是从政为官的重要方面，是有深刻的思想价值的。“身正”或“正身”就是儒家的修身，而修身在孔子以“仁”为核心的思想体系中是一个“本”，即《大学》所说的“自天子以至于庶人，以是皆以修身为本”。“身正”或“正身”具体包含“心正、行正”两部分。“心正”是基础，“行正”是关键。所以《大学》强调“正心”：“欲修其身者，先正其心；欲正其心者，先诚其意。”因为“心正而后身修，身修而后家齐，家齐而后国治，国治而后天下平”。所以《大学》认为修身主要在于“正心”，“所谓修身在正其心者，身有所忿懥，则不得其正；有所恐惧，则不得其正；有所好乐，则不得其正；有所忧患，则不得其正”。“心不在焉，视而不见，听而不闻，食而不知其味。此谓修身在正其心”。心正是自身修养的前者和基础，自身修养好了才能齐家治国平天下。

在上位者的“正”对于在下位者有重要影响，孔子曰：“君子之德风，人小之德草。草上之风，必偃。”（《论语·颜渊篇》）孔子强调在上位者的德行很重要，会对下面的民众有决定性的影响。反之，上梁不正下梁歪，领导者的德行不好，上行下效，老百姓就不可能一心向善，整个社会就会道德滑坡。《孔子家语·王言》引孔子的话说：“凡上者民之表也，表正则何物不正?”凡是身居上位的人，都是百姓的表率，表率正，那么还有什么不正呢？反之，如果身居上位的人不能成为百姓的表率，那结果可想而知。《礼记·哀公问》也载：

> 公曰：“敢问何谓为政?”孔子对曰：“政者正也。君为正，则百姓从政矣。君之所为，百姓之所从也。君所不为，百姓何从?”

君正，老百姓就有所遵从；君不正，老百姓就会无所适从。《韩非子·外储说左上》引孔子的话：“为人君者犹盂也，民犹水也。盂方水方，盂圜水圜。”

《孟子·藤文公上》说：“上有好者，下必有甚焉者矣。君子之德风也。小人之德草也。草尚之风，必偃。”意思是说在上位的人有什么喜好，下面的人一定就会喜好得更厉害。为政者的德行是风，老百姓的德行是草。草受风吹，必然随风倒。领导人以身作则、上行下效是孔子反复申说的一个话题。孟子也同样继承了孔子的思想。这句话正是孔子在《颜渊》里面话语的翻版。由此可见，以身作则、上行下效是孔子、孟子都非常重视的政治领导原则。

孟子还说：“君仁，莫不仁；君义，莫不义；君正，莫不正。一正君而国定矣。”（《孟子·离娄上》）国君的道德修养很关键，君心一旦得正，则天下国家能够长治久安。孟子曾三见齐王而不和他讨论政事，弟子们疑惑不解。孟子说：“我先攻其邪心，心既正，而后天下之事可从而理也。”我先把他的偏邪之心纠正，他的心正了，然后天下的政事才能得到治理。

荀子继承了孔子“政者，正也”的思想，主张以正己为治国，《荀子·君道》也有类似的话：“君者，仪也，仪正而景正。君者，槃也，槃圆而水圆。君者，盂也，盂方而水方。”“君者民之源也，源清则流清，源浊则流浊。”君主就如同日晷，民众就如同影子，日晷端正影子端正；君主如同盆子，民众就如同盆子中的水，盆子是圆的那么盆子中的水也就是圆的。君主是民众的本源，本源纯净支流就纯净，本源浑浊支流就浑浊。“主者，民之唱也；上者，下之仪也。……故上者下之本也；上宣明则下治辨矣，上端诚则下愿悫矣，上公正则下易直矣。”（《荀子·正论》）君主是人民的倡导者，是臣下的榜样。所以，君主是臣民的根本，君主无有隐瞒，臣民就明确治理的方向；君主端正诚实，臣民就谨慎忠厚；君主公平公正，臣民就平易正直。总之，君主是天下万民的楷模，君为仪，民如影，君为声，民如响，仪正而影正，声起而响应。这些言论充分肯定了为政者“身正”对于下属及百姓的影响和示范作用，强调“正人先正己”的重要性。

以身作则，上行下效，才能得民心。《论语·子路》载孔子说：“上好礼，则民莫敢不敬；上好义，则民莫敢不服；上好信，则民莫敢不用情。夫如是，则四方之民襁负其子而至矣。”孔子把为政的要领归结为“礼、义、信”三个方面。礼者，礼制，其基本精神是敬；义者，道义，是社会基本的道德原则；信者，诚信也，即言行一致，开诚布公。为政者若能做到这三点，四面八方的老百姓就会背着自己的小孩来投奔，国家也会因此而强大。这就深刻地揭示了中国传统政文化中的大众心理，也说明了执政者的品德作风对广大民众所产生的心理效应。

董仲舒说：“为人君者，正心以正朝廷，正朝廷以正百官，正百官以正万民，正万民以正四方。四方正，远近莫敢不壹于正，而亡有邪气奸其间者。是以阴阳调而风雨时，群生和而万民殖，五谷孰而草木茂，天地之间被润泽而大丰美，四海之内闻盛德而皆徕臣，诸福之物，可致之祥，莫不毕至，而王道终矣。”（《汉书·董仲舒传》）是说王者施政，应当正心为先，渐次以正万民，这样才能远近俱正，出现风调雨顺、政通人和、万国来朝、保合太和的王道境界，这就是王道政治的理想。董氏认为，要想从根本上解决问题，必须以“正人心”作为最重要的突破口，并从最上层做起，层层向下，延及整个社会。

儒家的这些思想对后来的统治者有深刻的影响，开明的君主大都能够认识并自觉地践行，如《贞观政要·慎所好》中太宗对近臣说：“古人云：‘君犹器也，人犹水也，方圆在于器，不在于水。’故尧、舜率天下以仁，而人从之；桀、纣率天下以暴，而人从之。下之所行，皆从上之所好。”受儒家思想的影响，唐太宗认识到君主能否端正自身，上行下效，是国家治乱兴衰的关键。

三、中正无偏、由中致和——儒家古典正义论的实践途径

如何得正？守中行中乃可以得正。就中和正来说，《说文解字》释中徐铉本作“中，内也。从口；丨，下上通也。”段玉裁注：“内者入也，入者内也。然则中者别于外之辞也，别于偏之辞也；云下上通者，谓中直或引而上，或引而下，皆入其内也。”由此可知，中有上下贯通的特性，以

及别于偏和外的内涵。

《说文解字》释正："正，是也，从止，一以止。"《说文·是部》："是，直也。从日，正。"段玉裁《说文解字注》："直也。直部曰：'正见也。从日正。'十目烛隐则曰直，以日为正则曰是，从日正会意。天下之物莫正于日也。《左传》曰：'正直为正，正曲为直。'""是"的本意是"直"的意思，贾谊《新书·道术篇》："方直不曲谓之正，反正为邪。"所以，"正"的含义即是正直不曲的意思。又徐锴《说文系传》释正曰："守一从止也。"是说"正"引申有两重含义：一是守一，二是从止。守一，"一"就是"道"，引申为标准，"守一"是从正面来讲掌握标准；"从止"是从负面来说不逾越标准。由此可知，正有"正其不正，止其当止"之义。

中和正可以互训，古代文献常见中、正同义之说，如《商书·君牙》："尔身克正，罔敢弗正；民心罔中，惟尔之中。"此谓在上者身正行中，可为民作则，使民中正。《管子·法法》："是故圣人精德立中以生正，明正以治国。故正者，所以止过而逮不及也。过与不及也，皆非正也。""立中以生正""正者，所以止过而逮不及也"与孔子谓无过、不及之谓中义同，也可看出中与正同义。《礼记·儒行》："儒有衣冠中"，元人陈澔注云："中，犹正也。""中"指衣冠周正。又云："行必中正。"《淮南子·主术》："是以立中"，高诱注："中，正也。"

儒家把中与正常常连言，应是处中居正之意。如《商书·吕刑》："明启刑书，胥占，咸庶中正。"蔡沉集传："咸庶中正者，皆庶几其无过忒也。"这里中正就是得当、不偏不倚的意思。《尚书》里的"中"更多为中正之义，《盘庚中》："各设中于乃心"，孔传训中为"中正"。特别是《尚书》里与狱讼刑罚相关的"中"多为中正之义，《吕刑》有许多例子，如"士制百姓于刑之中"，"观于五刑之中"，"非佞折狱，惟良折狱，罔非在中"，"罔不中听狱之两辞"，若此诸"中"，孔传皆释为以"中正"。又《吕刑》："哀敬折狱，明启刑书胥占，咸庶中正"，此则径直以"中正"说折狱。这些说明，当时以中正作为断狱量刑的一个基本原则，是司法正义的体现。皇侃《论语义疏》："中，谓中正之道也。"①

《尚书·洪范》"皇极"，孔颖达《正义》释云："皇，大也；极，中也。"陈淳说："人君中天下而立，则身正以为四方之标准，故谓之皇

① 黄怀信：《论语汇校集释》下，上海：上海古籍出版社，2008年，第1715页。

极。”①具体体现为王道，并且做了如下描述：“无偏无陂，遵王之义。无有作好，遵王之道。无有作恶，遵王之路。无偏无党，王道荡荡。无党无偏，王道平平。无反无侧，王道正直。会其有极，归其有极。”可见，“王道”在本质上是指一种中正无偏之道。“九畴”之六为“三德”：“一曰正直，二曰刚克，三曰柔克。”这是要求执政者要克服刚柔失中之偏，而中正无偏之道。《尚书·大禹谟》也揭示了王道的精义：“人心惟危，道心惟微，惟精惟一，允执厥中。”这里“允执厥中”是其核心，指言行符合不偏不倚的中正之道。中正无偏即王道政治的正义原则和方法。

宋儒还把中、正与仁、义、礼、智联系起来，强调中正的实践功能。如周敦颐《太极图说》说：“圣人定之以中正仁义（圣人之道，仁义中正而已矣）。”②张载《正蒙·中正篇》说：“中正然后贯天下之道，此君子之所以大居正也。盖得正则得所止，得所止则可以弘而至于大。”又说：“学者中道而立，则有仁以弘之。无中道而弘，则穷大而失其居，失其居则无地以崇其德，与不及者同。”③王夫之在其所著《张子正蒙注》中说道：“倚之谓中，得其理而守之、不为物迁之谓正。中正，则奉天下之大本以临事物，大经审而物不能外，天下之道贯于一矣。”④邵雍《皇极经世书》：“至大之谓皇，至中之谓极，至正之谓经，至变之谓世。”朱熹说：“圣人立人极，不说仁义礼智，却说仁义中正者，中正尤亲切。中是礼之得宜处，正是智之正当处。”“中则无过不及，随时以取中；正则当然之定理。”⑤因此，中正无偏就是个人修身进而为政实践的基本途径。

中与和也可以互训。钮树玉《说文校录》云，《集韵》《类篇》《韵会》引《说文》“中”俱作“中，和也”。徐锴本《说文》亦作：“中，和也。”朱骏声《说文通训定声》、日人高田忠周《古籀篇》等采用“中，和也”的说法。⑥《白虎通义·五行》：“中，和也。”《论语·雍也》载孔子说：“中庸之为德也，其至矣乎！民鲜久矣。”皇侃疏曰：“中，中和也。”关于“中庸”，据《尔雅·释诂上》：“庸，常也。”《礼记正义》引郑玄说：“名曰中庸者，以其记中和之为用也。庸，用也。”在郑注的《礼记·中庸》

① 陈淳：《北溪字义》，北京：中华书局，1983年，第46页。

② 陈荣捷：《近思录详注集评》，上海：华东师范大学出版社，2007年，第1页。

③ 张载：《张载集》，北京：中华书局，1978年，第26—27页。

④ 王夫之：《张子正蒙注》，长沙：岳麓书社，2011年，第156页。

⑤ 朱熹：《朱子语类》第六册，王星贤点校，北京：中华书局，1994年，第2382、2384—2385页。

⑥ 转引自萧兵《中庸的文化省察——一个字的思想史》，武汉：湖北人民出版社，1997年，第4—5页。

里他又说："庸，常也。用中为常道也。"在《河南程氏遗书·第七》中，宋儒程颐说："不偏之谓中，不易之谓庸。中者，天下之正道，庸者，天下之定理。"朱熹在《四书集注·中庸章句》中说："中者，不偏不倚，无过不及之名。庸，平常也。"孔子在《论语·雍也》中视中庸为最高道德，并感叹这一至德在人群中很久见不到了。《礼记·中庸》引："子曰：天下国家可均也，爵禄可辞也，白刃可蹈也，中庸不可能也。"从《论语》《中庸》有关记载可以看出，孔子以中庸为最高德行，一方面把礼视为"中"，执中、用中是依存于礼的，执中即是执礼，中庸意即谨守礼制，不偏不倚，不激不随，恰当适中；另一方面把中庸的观念与"仁"密切地联系起来，以"中"来平衡"仁"与"礼"的紧张，提出克己复礼为仁，天下归仁。"天下归仁"就暗含了由中庸达到天下大治的太和理想。这都说明"中庸"是"中和"的具体运用，是强调"中庸"的实践操作性。所以，尽管孔子对"中庸之道"推崇备至，孔子所追求的最高境界还是"中和"。

《中庸》首章云："喜怒哀乐之未发，谓之中；发而皆中节，谓之和。中也者，天下之大本也；和也者，天下之达道也。致中和，天地位焉，万物育焉。"这可以看出，"中"是天下的本根，"和"是天下的归宿，由中致和，以实现天地万物各得其所，各正性命，万物和谐相处，生长繁育的保和太和境界，也就是"万物并育而不相害，道并行而不相悖"的境界。这就赋予"中""和"以及"中和"以最普遍的意义与最理想的状态。

"保和太和"源于《易传》，其中心法则也是中和之道。《易·乾·文言》："乾道变化各正性命，保合太和，乃利贞。"《程氏易传》释此说："天地之道，常久而不已者，保合太和也。""保合太和"之"太和"是中和的理想状态，既指寓天地人万物于一个有机的整体，又明示天地人万物只有在高度和谐统一中才能获得最佳的存在状态和发展方式。"太和"体现了天地人合一的思维方式和价值理想。

当然，我这里讲中、正、和，并没有忽视"义"的意思。余荣根先生说：

> 通常所说的"不轻不重""不高不低""不宽不严""无冤无滥""不枉不纵"等等，就是孔夫子主张的"无过无不及"，讲的都是要"守中""持中"的意思，都是一种"宜"的哲学、"度"的哲学。"中"就是有度、适宜。在儒家仁学体系中，"中"和"义"是相通的，互为表里。"仁义"存于心，"中和""中平""中节"发于外。

“中庸”“中”是实践正义的原则和方法。①

这个观点我很认同，我还可以继续找一些“中”与“义”、“正”与“义”、“和”与“义”贯通互补的例子，如《说文》释义：“己之威仪也。从我羊。”宋徐铉注云：“与善同意，故从羊。”《释名》：“义，宜也。裁制事物，使各宜也。”裁制事物使各得其宜就有中之意。《易·乾卦》：“利物足以和义。”孔颖达疏：“利者义之和者，言天能利益庶物，使物各得其宜，而和同也。”孔子“君子义以为上”（《论语·阳货》）、“君子喻于义，小人喻于利”（《论语·里仁》）、“不义而富且贵，于我如浮云”（《论语·述而》），由“义”的“合宜”引申出“应当”“正当”。孟子讲：“仁，人心也；义，人路也。”（《孟子·告子上》）“仁，人之安宅也；义，人之正路也。”（《孟子·离娄上》）义是人应当走的正路。《白虎通义·情性》：“义者，宜也，决断得中。”这些都是对孔子思想的发挥，是对儒家古典“正义论”的多向展现。

① 俞荣根：《儒学正义论与中华法系》，《法治研究》2014年第1期。

儒家视域中的人际正义及其实践性特征

中国政法大学政治与公共管理学院　林存光

人是一种道德性、伦理性的动物，在追求善的目的指引下，通过德性的践行与人际交往的良性互动构建并形成一种优良的人类关系模式与和谐的共同体生活秩序，乃是儒家思想的根本要义。本文将据此来审视和论述儒家视域中的人际正义问题。

诚如有的学者所指出，“政治哲学关注的正义”，可以在诸如共同体、国家和国际等三个不同的层面上发挥作用，在共同体层面上，正义主要被用来处理各种共同体内部成员之间的关系。① 我所谓人际正义，正是指被用来处理共同体内部成员之间关系的正义，即如何恰当地看待、处理和安排人与人之间的关系，如何正当合宜地在共同体成员之间分配善，乃至在此基础上形成的社会才是正义的。儒家对这一问题的思考，也就是儒家视域中的人际正义。

那么，儒家究竟是如何思考这一问题的呢？

一

对儒家来讲，人类最重要的生活共同体是家庭和家族，扩而大之则是乡里社群、国家与天下。家庭家族是人基于天然的血亲纽带和伦理情谊之上共同生活而自然形成的一种人类团体，乡里社会也理应是一个“出入相友，守望相助，疾病相扶持，则百姓亲睦”（《孟子·滕文公上》）性质的人类共同体。同样，国家的存在也是“一项协作性的事业”，为此，“所有的统治者和被统治者都必须共同理解其目的，享受其福利”②。极而言之，整个天下的事业亦如同家国一样，需要在人们协作性的共同努力下乃至每个人都能尽其名分与职责、践行其德性与义务的基础上实现其均平治理的目标，故孟子曰：“人之有道也，饱食、暖衣、逸居而无教，则近于禽

---

① 姚大志：《何谓正义：当代西方政治哲学研究》，北京：人民出版社，2007年，第14页。
② ［美］顾立雅：《孔子与中国之道》，高专诚译，郑州：大象出版社，2000年，第179页。

兽”，故须“教以人伦”以使之“父子有亲，君臣有义，夫妇有别，长幼有叙，朋友有信”（《孟子·滕文公上》）；又曰：“人人亲其亲，长其长而天下平。”（《孟子·离娄上》）可见，不管哪一个层面的共同体，其一以贯之的根基都在于人们对于德性的践行，而最为重要的德性便是仁、义、礼、智、信这“五常”之德性。

人的德性不是外铄性的，而是天赋内生所固有的①，不是现成的，而是潜存的，需要存养扩充而有待于实现和完善的。这体现了儒家对“‘人之何以为人’这个问题有着深刻的、真切的洞察”②。这一洞察不会导致一种肤浅的乐观主义，而是天然地决定了儒家是共同体主义者，因为就人类的本性来讲，人之为人，既具有天赋的良心善性，而其良心善性又是脆弱而易于迷失和陷溺的，当然，相反的观点亦同样可以成立，即人既具有自然生就的恶性，又具有改恶向善的潜质与可能。综合来讲，儒家意义上的人，说到底既不是神，也不是野兽，而是介乎二者之间。正因为人具有天赋的良心善性或者是具有改恶向善的潜质与可能，所以“人类不仅把自己组成家庭和部落，而且还组成更高级的群体；他们具有让这样的群体存在下去所必需的道德美德”③。拥有一种共同体归属感对于人来讲是至关重要的，反之，人必须在共同体生活中实现其德性，成就其人性，完善其人格。由于良心善性的易于迷失与陷溺，或者是自然生就之恶性的不可根除而只可节制转化，决定了人必须不断地付出相应的人为努力，以便去恶成善，维持共同体的优良生活与关系秩序。人为努力的程度不仅造成了人与人之间的道德分化与种种差异，而且也决定了正确地辨识、判断、分别善恶是非的能力对于维持和实现人际正义的根本重要性。

在儒家式的共同体中，优先考虑的不是个人的权利或追求利益的最大化，而是对他人的尊敬与关爱。“天地之性，人为贵”（《孝经·圣治章第九》），“人人有贵于己者”（《孟子·告子上》），这是说每个人都拥有一种天赋的道德尊严，即使是负贩之人，也自有其可尊之处（《礼记·曲礼上》）。同时，每个人都理应受到一视同仁的人道对待。然而，这并不意味着人在任何方面都是等同划一的，无差别地等同划一不是人际正义的德性，我们必须结合仁、义、礼、智、信等德性规范来综合考量儒家的人际

---

① 孟子曰：“仁义礼智，非由外铄我也，我固有之也。”（《孟子·告子上》）

② ［美］欧文·白璧德：《民主与领袖》，张源、张沛译，北京：北京大学出版社，2011年，第26页。

③ ［美］弗朗西斯·福山：《大分裂：人类本性与社会秩序的重建》，刘榜离等译，北京：中国社会科学出版社，2002年，第212—213页。

正义信念。要而言之，儒家的人际正义理念，即正当合宜地对待他人的态度、方式和行为准则，是由仁、义、礼、智、信等道德德性共同规范和界定的。

儒家“立人之道”的核心价值原则是仁与义，它们是两种既有区别而又密不可分的用来处理人际关系的最为重要的道德原则。对孔子而言，人其实是一种具有性近习远之特性且易于犯错的生物，而作为人类普遍适用的道德原则，仁之德性其实关涉着两个维度，一个维度首先指向个体自我，另一个维度才指向他人。一个人要想修养自己的仁德、成就君子的品格就必须时刻反省自己的过失并不惮乎改正，甚至宁愿遭遇不幸和穷困，也不做非义妄为之事。因此，作为一种德性，仁之为仁，实则意味着一种道德生命的和谐；作为一个人，只有做到“内省不疚”而“不忧不惧”地与自己生活在一起，他才能问心无愧地面对他人并与之共同生活，和谐相处。这一点与西哲苏格拉底的哲学立足点，即“只有知道如何与自己一起生活的人，才适合与他者共同生活”①，是颇为相似相通的。从指向他人的维度而言，孔子所谓的仁即指“爱人”，然而，孔子虽以“爱人”之义释“仁”，仁之德性却并不囿限于“爱人”，所谓“爱人”亦决非是一种情感偏私之爱。仁者之爱必须以对他人正确的好恶为前提，故孔子曰：“唯仁者能好人，能恶人。”（《论语·里仁》）而且，在实践上，仁者之爱也须以践行孝悌、亲亲之爱为先或以之为根本，故有子曰：“其为人也孝弟，而好犯上者，鲜矣。不好犯上，而好作乱者，未之有也。君子务本，本立而道生。孝弟也者，其为仁之本与!”（《论语·学而》）由孝悌而“立定根基发生去”（王夫之《读四书大全说》卷九《孟子·离娄上》），便可以渐进乎“泛爱众，而亲仁”（《论语·学而》）的道德境地。而作为一种最高的道德原则，仁之为仁，其根本之义便在于把人当作人看，尤其是把他人当作和自己一样的人对待。② 故孔子有“己欲立而立人，己欲达而达人”（《论语·雍也》）和“己所不欲，勿施于人”（《论语·颜渊》）之教。另外，孔子更以“忠信”之德教人，借用美国著名共同体主义哲学家桑德尔的说法，我们拥有“忠诚”和“信念”——对共同体的“忠诚”和“守死善道”的“信念”，这“同人对自己的理解是无法分开的”，正是这样的

① ［美］汉娜·阿伦特：《马克思主义与西方政治思想传统》，孙传钊译，南京：江苏人民出版社，2012年，第74页。

② 如郭沫若先生说：“这种所谓仁道……也就是人的发现。每一个人要把自己当成人，也要把别人当成人，事实是先要把别人当成人，然后自己才能成为人。”（《十批判书》，北京：东方出版社，1996年，第82页）

"忠诚"和"信念""确定了我们是这个家庭、共同体或国家的成员"。①

孔子以仁立教，可以说奠定和确立了儒家共同体主义的人际正义原则的根本"价值之源"与行为准则，而"孔子所谓义是泛指道德原则，并非具体的道德条目。《中庸》始以仁义并举，而以'宜'释义，更将义归结为'尊贤'，孟子以'敬长'说义"②。对孟子来讲，亲亲之仁与敬长之义可以"达之天下"而无不适用（《孟子·尽心上》），甚至认为有其至关重要的政治意义，即"人人亲其亲、长其长而天下平"（《孟子·离娄上》），然而，在国家治理的层面，仁爱的原则却与《中庸》"尊贤"之义相同，应以"亲贤"为急务，正所谓"仁者无不爱也，急亲贤之为务"（《孟子·尽心上》）。而且，更为重要的是，孟子由"亲亲"而推扩倡言"仁民"之政，重在"制民之产"、保障民生（《孟子·梁惠王上》），实意在强调和彰显国家之实行分配正义的政治功能。③ 另外，孟子既以"恻隐之心"释"仁之端"，又以"羞恶之心"释"义之端"，以"辞让之心"释"礼之端"，以"是非之心"释"智之端"（《孟子·公孙丑上》），或者直言"恻隐之心，仁也；羞恶之心，义也；恭敬之心，礼也；是非之心，智也"（《孟子·告子上》）。孟子不仅以发端于"恻隐之心"的仁德为核心来论述他的人际正义思想，而且对于发端于"羞恶之心""是非之心"的分别善恶、辨识是非的正义感和道德智性给予了特别的强调，这说明对孟子而言，人际正义的实现除了"恻隐之心"的存养和扩充之外，还必须要充分发挥"羞恶之心""是非之心"的分别善恶、辨识是非的能力。事实上，这种能力亦可以说正是心之"思"的功能的集中体现，人之所以缺乏或丧失其仁义礼智的天赋德性，人间恶行之所以发生，正是由于"思"的完全缺失所引起的④，故孟子曰："仁义礼智，非由外铄我也，我固有之也，弗思耳矣。""心之官则思，思则得之，不思则不得也。"（《孟子·告子上》）王夫之对此更有一精到的论述，其言道："思原是人心之良能"，"那胡思乱想，却叫不得思"，"凡为恶者，只是不思"。（《读四书大全说》卷四《论语·公冶长》）

① 姚大志：《何谓正义：当代西方政治哲学研究》，第232页。

② 张岱年：《中国古典哲学概念范畴要论》，北京：中国社会科学出版社，1987年，第165页。

③ 参见《中国古典和谐政治理念与治国方略研究》（林存光主编，北京：中国社会科学出版社，2013年）一书。

④ 阿伦特关于"思考与道德关切"的论述对于我们理解这一点有着非常重要的启发意义，参见氏著《责任与判断》，陈联营译，上海：上海人民出版社，2011年，第130—154页。

另外，孟子认为礼发端于“辞让之心”或“恭敬之心”，对此，王夫之亦有极好的发挥和阐述：

且言序者，亦因敬而生其序也。若不敬，则亦无以为序。盗贼之相总属，终叫作序不得。天下之序四：亲疏也，尊卑也，长幼也，贤不肖也。乃盗贼之有总属，于此四者，其何当也？凡其所奉为渠帅者，徒以拳勇狙诈相尚，而可谓天理自然之序乎？

若夫礼之有序者，如事父事兄之杀，此是胸中至敬在父，次乃敬兄，自然之敬而因生其序，序者敬之所生也。倘以敬父者敬兄，则是夷父于兄，而以敬兄者敬父矣。敬兄之杀于敬父而为之序者，乃所以专致其敬于父也。礼所谓以仁率亲、以义率祖、等上顺下，皆为至敬言也。然则礼之所以云礼者，以敬言而不以序言，审矣。

盗贼之有渠帅，有偻㑩，一般底尊卑之序，也恰象个礼。礼云礼云，拜跪、先后云乎哉？即不仁之人行礼，也须有序。于此正好看他别处。礼中自然之序，从敬生来，便是天理。盗贼之序，因畏故尔，便是人欲。以此思之，则凡修敬父、敬君之仪，而实以畏君父之威，及为法制清议所束缚，不敢不尔，皆与盗贼等，且终不知礼之云者也。（《读四书大全说》卷七《论语·阳货》）

就人伦关系秩序而言，不管是亲疏、尊卑之序，还是长幼、贤不肖之序，只有发端于“恭敬之心”的“礼中自然之序”才是正当而合理的，否则，基于强制和畏惧之上的秩序则是非自然而不合理的，那不过是强盗之序而已。

对荀子而言，义是人之所以为人的本质属性，礼是人际关系的根本准则和人类社群生活“群居和一”之道的核心原则。荀子对于礼之“养人之欲，给人之求”的功能（《荀子·礼论》）和“以礼分施，均遍而不偏”（《荀子·君道》）的优良治理秩序的论述亦包含着关于人际正义的丰富内涵，而且，荀子深信“行义以正”乃是人类事业成功的根本保证。（《荀子·赋》）

二

然而，仍有必要进一步思考的是，儒家的人际正义究竟具有一种什么样的实践性特征。兹以仁爱之德明之。

儒家仁者爱人的理念，往往被误解为只是将仁等同于爱，故如韩退之所谓“博爱之谓仁”（《原道》），只是简单地以“爱”释“仁”，凸显的只是情感之爱的广泛性与博大性。然而，儒家之仁爱不同于墨家无差别的“兼爱”和韩愈所谓“博爱”。作为一种公正之德性，儒家之仁爱不是情感偏私之爱，而是无私德性之爱。由于仁者之爱出于无私的德性，而非姑息的偏私情感，故曾子曰：“君子之爱人也以德，细人之爱人也以姑息。”（《礼记·檀弓》）宋儒程子以“公”释“仁”（《河南程氏遗书》卷九）与朱子以“爱之理，心之德”释“仁”（《论语集注·学而》），虽不尽相同，但其旨皆在强调仁并非是单纯的情感之爱，而是出于本性的德性之爱、理性之爱、公正无私之爱。仁虽发端于本性，为本原于天理之德性，但其终亦必表现为爱的行为。不管仅仅以出于情感的“爱”以释“仁”是否适当，或是否合乎儒家仁爱之本旨，但更为重要的或问题的关键却在于如何为仁或行仁。

儒家之仁爱虽以仁民爱物、万物一体为终，不失其广泛与博大，但在实践之次序上却首先必须以亲亲、孝弟为始基、为根本。以亲亲、孝弟为始，强调亲疏远近之别，决非出自偏私之心①，究其实，“唯斯二者（爱亲、敬长），痛痒关心，良心最为难昧”，根本于此而培养仁义之德性，方能深切著实，故孟子曰：“仁之实，事亲是也；义之实，从兄是也。”（《孟子·离娄上》）反之，“若一向在外面去做，却于二者有缺，则是心已不著在腔子里，与自家根本真心相体认，尽著外面推排，都是虚壳子撑架著”。因此，王夫之评之曰：“事亲方是仁之实，从兄方是义之实，知斯二者方是智之实，节文斯方是礼之实，乐斯方是乐之实。若不于斯二者尽得，则虽爱以为仁，敬以为义，明察以为智，习仪以为礼，娴于音律舞蹈以为乐，却都是无实；无实便于己不切，即非心德。孟子立言之旨，大概如此。”（《读四书大全说》卷九《孟子·离娄上》）

其次，儒家仁爱的实践性特征亦体现在必须就与我相交接者而施之。

---

① 如王夫之曰：“仁莫大于亲亲，非其私之之谓也。平夷其心，视天下之生，皆与同条共贯，亦奚必我父兄子弟之必为加厚哉？此固不可深求于物理，而但还验其心之所存、与所必发者而已。均之为人，必亲其亲者，谁使之然也？谓之天，而天未尝诏之；谓之道，而道亦待闻于讲习辩说之余矣。若其倏然而兴、怵然而觉、恻然而不能忘者，非他，所谓仁也。人之所自生，生于此念，而习焉不察耳。释氏斥之为贪爱之根，乃以贼人而绝其类。韩愈氏曰：‘博爱之谓仁。’言博也，则亦逐流而失其源也，博则其爱也弛矣。”（《读通鉴论》下册卷二十九《五代中》，舒士彦点校，北京：中华书局，1975年，第905—906页）

如孔子尝自述其志曰："老者安之，朋友信之，少者怀之。"（《论语·公冶长》）诚如王夫之所说，如果"不知者务恢廓以言其大，即此便极差谬。如以人之多少，功之广狭分圣贤，则除是空虚尽、世界尽、我愿无尽，方到极处，而孔子之言，亦眇乎小矣。繇此不审，乃有老者、朋友、少者'该尽天下人'之一说，迹是实非，误后学不浅"。又曰：

> 且勿论夫子言老者、少者，初非以尽乎天下之老少，必须其老、其少与我相接，方可施其安之、怀之之事。而所谓朋友者，则必非年齿与我上下而即可谓之朋友，则尤明甚。
>
> 同门曰朋，同志曰友。同门、同志，而后信以先施也。朋友既然，老少可知。不可与安者，亦不得而强安之；不可与信者，亦不得而强信之；不可与怀者，亦不得而强怀之。特圣人胸中，不预畜一不安、不信、不怀之心，以待此等，则已廓然大公矣。
>
> 安一老者亦安也，安天下之老者亦安也。怀一少者亦怀也，怀天下之少者亦怀也。而朋友之多寡，尤其不可强焉者也。时之所值不同，位之得为有别，势之所可伸者亦有其差等。圣人本兼小大、多少为言，而其不可施吾安、信、怀者，正如天地之化有所不能生成而非私耳。
>
> 特在为老、为少，则原为敬爱、哀矜之理所讬，故亲疏虽有等杀，而即在疏者，苟与吾以事相接，亦必酌致其安之、怀之之心。若其非老、非少，则非敬爱所宜加隆、哀矜所宜加厚者。其为途之人也，虽与我名相闻而事相接，终亦途之人而已矣。终为途之人，则吾忠告善道、鹤鸣子和之孚，自不容于妄投。故夫尽天下之人，苟非朋友，特勿虞勿诈而已足矣。信之者，岂但勿虞勿诈而已哉？言必以情，事必加厚，践之于终，必其循而无违于始也。
>
> 安、信、怀者，施之以德也，非但可想圣人气象与造化同其撰处。若云尽天下之人，非安即信，非信即怀，泛泛然求诸物而先丧其己，为墨而已矣，为佛而已矣。善观圣人气象者，勿徒为荒远而失实也。（《读四书大全说》卷四《论语·公冶长》）

上引船山所论，对于理解儒家仁爱的本旨及其实践性特征具有特别重要的意义，故详引于上。由船山之论可知，儒家仁爱不同于任情而发用、无亲疏等差之分别的墨家"兼爱"之精神、韩愈"博爱"之空论以及释氏

"慈悲"之情怀，既非"但见一孺子，便痛惜怜爱，忍禁不住，骨与俱靡"的"妇人之仁"（《读四书大全说》卷八《孟子·公孙丑上》），亦非"溺爱不明而陷于恶"的"呴呴之爱"（《读四书大全说》卷九《孟子·离娄上》。但儒家仁爱的实践必须基于对"心之德，爱之理"的深切身心体验，把心放在腔子里，而后由近及远、由亲及疏，不断扩充施行，功之大小虽有异，但一出于公正笃实之德性，非架空虚说者所能比。

总之，对儒家来说，人际正义就是指一种正当合宜地对待他人的态度、方式和行为准则，作为一种德性，它具有对等性、交互性、合宜性、推扩性等特点，其目的在维护和构建一种追求善的共同体生活。在这样一种共同体生活中，只有仁以爱他人、义以成事业、礼以制秩序、智以辨是非、信以处友道，一个人才能成为一个正义的人和有德性的人。

古典政治正义的两个维度

——以《孝经》的“至德”与“要道”为例

中国人民大学国学院　陈壁生

在现代生活中，“孝”纯为家庭道德，关涉的是父子之间的关系。同时，《孝经》被视为童蒙读物，旨在培养阅读者“孝”的德性。然而，如果回到经学体系，《孝经》便不是一本教孝格言的机械集合，而是一本首尾通贯的完整著作。《孝经》论孝与《论语》不同，《论语》中关于孝的格言，是孔子面向具体的弟子与时人，教之如何行孝，塑造个体道德；而《孝经》则与五经一样，不是孔子对弟子个人的教育，而是孔子对后世的立法，从“孔子之法”的意义上来理解《孝经》，那么《孝经》便不是面向每一个个体，教之如何行孝的伦理书，而是面向政治生活，教导如何安排政治，使每个阶层的人都能行孝的政治书。一言以蔽之，《孝经》的问题，即在于在一个“家天下”而非“公天下”的时代，政治如何开展的问题。而政治的本质，即是道德教化的普遍实现。

在《孝经》学史上，存世《孝经》注解，最近古义者莫过于郑玄《孝经注》。对于《孝经》的性质，郑玄在其《六艺论》中说：“孔子以六艺题目不同，指意殊别，恐道离散，后世莫知根源，故作《孝经》以总会之。明其枝流虽分，本萌于孝者也。”① 在郑玄看来，《孝经》的基础性地位，在其为六艺之道提供了一个共同的根源。《孝经·开宗明义章》云：“夫孝，德之本也，教之所由生也。”此为全经之纲领，也是经教之根本。但是，这里所说的“孝”，却不止于现代生活中子对父之德，而必须在古典政治生活中进行理解。《开宗明义章》云：

> 先王有至德要道，〔注〕至德，孝悌也。要道，礼乐也。以顺天下，民用和睦，上下无怨。〔注〕至德以教之，要道以化之，是以民

① 《六艺论》已佚，本句今存日本写本刘炫《孝经述议》，见林秀一《孝经述议复原に関する研究》，东京：文求堂，1953年，第20页。

用和睦，上下无怨也。①

在郑玄看来，至德指“孝悌”，要道指“礼乐”，在此揭示出《孝经》的两个维度，前者是道德的维度，后者是制度的维度。就前者而言，是言孔子的立法，必须植根于人心之自然而进行教化；就后者而言，是言教化活动的展开，必须依赖于政治制度。

一、至德以教

《孝经·开宗明义章》起首即言“先王有至德要道，以顺天下”，所谓“顺天下”，即因自然而立教。自然包括两个方面，一是天地之自然而然，一是人心之自然而然。天地之自然，如《圣治章》所云：“天地之性，人为贵。”天地生万物，人异于万物，故为贵，此为自然之事。人心之自然，如《孟子·尽心上》所云：“孩提之童，无不知爱其亲者。及其长也，无不知敬其兄也。”此皆不虑而知，不学而能，故为人心之自然也。所谓教化，即是要建立在自然的基础上，诱发人心固有的道德趋向而教之化之，不强人心之所难。这样的政教秩序才是“顺天下”的政教秩序。

而在《孝经》中，有两处谈及教化问题，皆用“其教不肃而成，其政不严而治”。《孝经·三才章》连郑注有云：

> 夫孝，天之经，〔注〕春秋冬夏，物有死生，天之经也。地之义，〔注〕山川高下，水泉流通，地之义也。人之行，〔注〕孝悌恭敬，民之行也。天地之经而民是则之，〔注〕天有四时，地有高下，人居其间，当是而则之。则天之明，〔注〕则，视也，视天四时，无失其早晚也。因地之利，〔注〕因地高下，所宜何等□种之。以顺天下，是以其教不肃而成，〔注〕以，用也，用天时，顺地利，则天下民皆乐之，是以其教不肃而成。其政不严而治。〔注〕政不烦苛，故不严而治。先王见教之可以化民也，〔注〕见因天地教化民之易也。……②

本段所述，依郑注之意，即“因天地教化民”之法。如果单看经文，很容易将这句话理解为：孝是天之经，又是地之义，也是民之行，正因为

① 皮锡瑞：《孝经郑注疏》，《师伏堂丛书》，光绪乙未刊本。
② 陈铁凡：《孝经郑注校证》，台北：“国立”编译馆，1987年，第79—85页。

是天之经地之义，所以下民法则之。事实上，《汉书·艺文志》的理解便是如此，并以此为书名之所由来。《艺文志》云："夫孝，天之经也，地之义也，民之行也，举其大者，故曰《孝经》。"① 但是，仔细推敲郑注，却与《艺文志》之说迥异。

郑注"天之经"为"春夏秋冬，物有死生"，注"地之义"为"山川高下，水泉流通"，那么，"天之经""地之义"便都不是接着"夫孝"作为比喻，而是实说。尤其是下文"民之行"，郑注"孝悌恭敬"，而不是专指"孝"，则"民之行"也不是接着上面的"夫孝"。此三语，皆是连接下文，与"天地之经，而民是则之，则天之明，因地之利，以顺天下"，共同构成了一个完整的意思。依郑注之意，"民之行"下决不能用句号，而只能用逗号，自"天之经"至"以顺天下"，意为：天之自然，是春生夏长，秋收冬藏；地之自然，是山川高下，水泉流通；人之自然，是孝悌恭敬。人生于天地之间，就要顺从天地的自然常道，根据天之四时以行事，根据地之高下以耕种，这样才能使天下大顺。皮锡瑞的《孝经郑注疏》注意到了这一问题，因此解释道："郑解此经天经地义，皆泛说，不属孝言，故以孝悌恭敬为民之行，亦不专言孝，盖以下文'天地之经而民是则之'当属泛说，此经与下紧相承接，亦当泛说。若必属孝，则与下文窒碍难通。"② 但是，皮氏并没有说明，此数语皆属泛说，如何承接开头的"夫孝"二字。

事实上，此经文以"夫孝"开头，这里的"孝"，并不是孝之德，不是孝之行，也不是孝之礼，而是孝之理，即孝的本质属性，乃是至顺之道。本章《三才章》，上承五等之孝，孔子讲完五等之孝，曾子喟叹曰："甚哉，孝之大也。"而孔子的回答，接着讲"孝"之何为大，何以能顺天下，因此回答曾子，言先王在立法之时已经看到，天地人皆有自然之道，在天为春夏秋冬的四时循环，生长收藏的更替，在地为五土高下的区别，在人为不教而知的孝悌恭敬，天地自然有常道，而人要法则这种常道，视天之四时而行事，因地之高下而耕作，这就是"孝"的至顺之道。通过这样的解释，此章名为"三才章"，才能得到合理的解读。三才者，天、地、人也，而此章言"孝"，则是孝通天地人也，孝只是人之行，然其可以通天、地、人者，在于孝乃至顺之道，天、地、人大顺，则天下顺矣。因此，"孝"之为大，不在于孝是天之经，是地之义，是人之行，而在于孝

① 班固：《汉书·艺文志》，北京：中华书局，2006 年，第 1719 页。

② 皮锡瑞：《孝经郑注疏》。

的本性，与天有四时，地有高下，人有德行一样，是自然而然的。先王正是看到用此至顺之道教化天下，才能做到“其教不肃而成，其政不严而治”。而且，上一章《庶人章》中云“用天之道，分地之利”，郑注曰：“春生，夏长，秋收，冬藏，顺四时以举，事天之道也。”① “分别五土，视其高下，若高田宜黍稷，下田宜稻麦。丘陵坂险，宜种枣栗。”② 郑注所理解的“天”，与《三才章》一样，都是指自然之天。

《孝经·圣治章》孔子讲圣人之德无加于孝，述周公严父配天之后云：

> 故亲生之膝下，以养其父母日严。〔注〕子亲生之父母膝下，是以养则致其乐。圣人因严以教敬，因亲以教爱。〔注〕因人尊严其父，教之为敬。因亲近于其母，教之为爱。顺人情之事。圣人之教不肃而成，〔注〕圣人因人情而教民，人皆乐之，故不肃而成。其政不严而治，〔注〕其身正，不令而行，故不严而治也。其所因者本也。〔注〕本，是孝也。孝道流行，故乃不严而治。③

在政治生活中，实行教化的先决条件，是寻找人性共通的道德情感，寻找那些能够普遍激发人们道德冲动的因素。因此，要讨论政治，首先要认识人心，要讨论政治的教化意义，首先便要认识人心的道德趋向。《孝经》强调“夫孝，德之本也”，《论语·学而》载有子之言，也说：“孝悌也者，其为仁之本与。”人类社会的文明发展到以“家”为基本单位的时代，孝便是在普遍生活经验中的自然情感基础上所产生的道德。在这种自然情感的基础上，可以建立合理的政教秩序。

在《孝经》中，言“圣人之教不肃而成，其政不严而治”的基础，并没有直接说“孝”，而是“爱”“敬”。“爱”“敬”在《孝经》中多次出现，《天子章》言“爱亲者不敢恶于人，敬亲者不敢慢于人”，郑注以此二句属泛言，则此二句为普遍原则。《士章》言：“资于事父以事母而爱同，资于事父以事君而敬同。故母取其爱，而君取其敬，兼之者父也。”是君臣、父子二伦，爱敬尽之矣。又《圣治章》有言：“故不爱其亲，而爱他人亲者，谓之悖德；不敬其亲，而敬他人亲者，谓之悖礼。”其意正与《天子章》相发。《孝经》之重爱、敬，表明《孝经》论述的背后，是建立在一

---

① 陈铁凡：《孝经郑注校证》，第 65 页。
② 陈铁凡：《孝经郑注校证》，第 67 页。
③ 陈铁凡：《孝经郑注校证》，第 134—138 页。

定程度的文明社会的基础之上，即有“家”以后，家成为社会组织的基本单位。人之初生，便首先是“子”的身份，子在家庭中成长，自然亲于其母，严于其父，正如《孟子》所云，爱其亲，敬其兄，皆不学而能，不教而知。这是“爱”与“敬”的自然基础。正像曹元弼《述孝》所说的：“性者，生也。亲生之膝下，是谓天性。惟亲生之，故其性为亲，而即谓生我者为亲。孩提之童，无不爱其亲也。亲则心严，孩提之童，其父母之教令则从，非其父母不从也。父母之颜色稍不悦则惧，非其父母不惧也。是严出于亲，亲者天性，严者亦天性也。亲、严其亲，是之谓孝。是孝者，性也，立教之本也。”① 圣人之治，正是植根于人心所固有的爱、敬，通过诱发这种爱、敬而建立良好的政教秩序。

但是《孝经》的爱、敬，又有所不同。子亲其母，故爱多而敬少，子严其父，故敬多而爱少，此亦自然而然之事。但《孝经》之教，既植根于人心之自然，又能超越人心之自然。爱、敬虽属自然，但两者对政治秩序之建构的意义并无不同。凡爱则易昵，敬则有别，所以，政治秩序的构建，敬更重于爱。《孝经·广要道章》云：“礼者，敬而已矣。”郑注云：“敬者，礼之本，又何加焉。”② 是言敬为礼之本也。《礼记·曲礼》开篇云：“毋不敬。”郑注云：“礼主于敬。”③ 是以敬而生礼也。

圣人因人心固有之严于其父，而教之为敬，因人心固有之亲于其母，而教之为爱，这种爱、敬之教，都是顺人心之固有而诱发之，使人日迁善而不知。所以，郑注“其所因者本”云：“本，谓孝也。孝道流行，故乃不严而治。”

对于好的政治秩序的认识，必然要基于对人普遍的心灵秩序的认识，从人心固有的情感出发，诱发人在生活中自然形成的道德冲动，并在政教秩序的构建中引导这种道德冲动。政治秩序的构建，只有契合于心灵秩序，才能使政治所塑造的共同体生活方式能够安顿生活在其中的心灵。反之，如果政治秩序的构建不基于心灵普遍的内在德性，而基于政治主导者的个人意志，或对自然、习俗的错误理解，不加节制地施行错误的政教，就会造成强权的暴政。

《孝经》作为政治书，其核心内容，是政治秩序的开展。正是在天道、

① 曹元弼：《述孝》，《复礼堂文集》，台北：文史哲出版社，1973年，第667—668页。

② 陈铁凡：《孝经郑注校证》，第175页。

③ 郑玄注，孔颖达疏：《礼记正义》，《十三经注疏》，台北：艺文印书馆，2007年，第12页。

人心的基础上，秩序得以建立。以天道而言，政治秩序的构建必须建立在自然法则的基础之上，而天道是政治的自然基础，“则天之明，因地之利”，便能够顺治天下。以人心而言，人类社会在以“家”为基本单位的时代，人天生对父母的感情是构建政治秩序的合理基础，将这种感情——爱与敬诱导出来，既可以使人爱敬其亲，并且可以使人在家之外也爱敬他人，从而达到“民用和睦，上下无怨”。

二、要道以化

《孝经》经文，言辞简约，郑玄之注，博征典礼。郑注《开宗明义章》“先王有至德要道”，言“要道，礼乐也”，已经可以看出郑注对礼乐的重视。而在注文中，郑氏更是博征典礼，以明经义。在郑注的理解中，《孝经》之所以成为五经的基础，正是因为《孝经》所涉及的不但是“夫孝，德之本也，教之所由生也”的理论，而且还有一系列重要的国家大典，包括朝聘、郊祀、明堂、辟雍等。

（一）朝聘

《孝治章》言孝治天下，涉及诸侯朝聘天子之礼，经文连郑注云：

> 昔者明王之以孝治天下，不敢遗小国之臣，〔注〕昔，古也。古者诸侯岁遣大夫聘问天子无恙。天子待之以礼。此不遗小国之臣者也。而况于公、侯、伯、子、男乎？〔注〕古者诸侯五年一朝天子，天子使太子郊迎，刍禾百车，以客礼待之。昼坐正殿，夜设庭寮，思与相见，问其劳苦。此天子以礼待诸侯。公、侯、伯、子、男，五等诸侯之尊爵也。公者，正也，当为王者正行天道，二王之后也称公。侯者，候也，当为王者伺候非常。伯者，长也，当为王者长治百姓。子者，慈也，当为王者慈爱人民。男者，任也，当为王者任其职治。及其封之地，公与侯各百里，伯七十里，子与男各五十里者，法雷也。雷震百里所润同，七十里者半百里，五十里者半七十里。德不倍者，不异其爵。功不倍者，不异其土。故转相半，别优劣也。故得万国之欢心，以事其先王。〔注〕古者天子五年一巡狩，劳来诸侯。诸侯五年一朝天子，贡国所有，各以其职来助祭宗庙，故得万国之欢

心，以事其先王也。①

此经皆言义理，而注将义理落实于礼制，并以朝聘之礼解之。朝聘之礼，今古文不同。许慎《五经异义》云："《公羊》说诸侯比年一小聘，三年一大聘，五年一朝天子。《左氏》说十二年之间八聘、四朝、再会、一盟。"②《礼记·王制》亦云："诸侯之于天子也，比年一小聘，三年一大聘，五年一朝。"另外，《礼记·聘义》云："天子制诸侯，比年小聘，三年大聘，相厉以礼也。"《孝经说》云："即位比年使大夫小聘，三年使上卿大聘，四年又使大夫小聘。"③ 郑注从《公羊》《王制》诸经传之礼，而且将朝聘制度具体分为"聘"与"朝"，认为"不敢遗小国之臣"，是天子对诸侯之卿大夫来聘之礼，而"况于公、侯、伯、子、男"，是天子对公、侯、伯、子、男五等爵之诸侯亲自来朝时之礼。如此一分，经义皎然。但光是诸侯来朝聘，与"孝"无直接关系，关键是经文所说"故得万国之欢心，以事其先王"，郑注直接以"助祭"解之，因为诸侯朝聘天子，贡国之所有，本来是封建制度下中央与地方的政治联系。但朝聘中包含了"助祭宗庙"，那么，诸侯的助祭宗庙，也便不只是表达对天子的尊重，而且是表达对天子作为大宗一脉的尊重。而天子接受诸侯朝聘、助祭，也便不只是中央与地方的行政关系，而是统一海内、告其父祖之事。因此，天子要使万国诸侯来助祭先王，必须做到"爱亲者不敢恶于人，敬亲者不敢慢于人"，这才是"孝治天下"。

（二）郊祀

《孝经·圣治章》孔子言圣人之德，无加于孝，孝莫重于"严父配天"，并以周公为"严父配天"之典型，即"周公郊祀后稷以配天，宗祀文王于明堂以配上帝"。此郊祀、明堂之礼，实质上是确立政治的神圣合法性的基础。郊祀之法，郑注云：

郊者，祭天之名，在国之南郊，故谓之郊。后稷者，是尧臣，周公之始祖。自外至者，无主不止，故推始祖配天而食之。④

① 陈铁凡：《孝经郑注校证》，第93—107页。
② 郑玄注，孔颖达疏：《礼记正义》，第226页。
③ 何休注，徐彦疏：《春秋公羊传注疏》，第46页。
④ 陈铁凡：《孝经郑注校证》，第124—128页。

所谓郊祀，即于南郊祭天。《礼记·郊特牲》云："郊之祭也，迎长日之至也。大报天而主日也。兆于南郊，就阳位也。扫地而祭，于其质也。器用陶匏，以象天地之性也。于郊，故谓之郊。"故郊祀，是天子于南郊祭天之礼，为国家大典之至重者。如果仅是祭天，还不涉及"孝"的问题。如汉文帝十三年，有司奏曰："古者天子夏亲郊，祀上帝与郊，故曰郊。"文帝从之，于是，"文帝始郊见雍五畤祠"。① 郊祭于五畤祠，非经典所谓郊祀之礼，也与孝无关。郊祀祭天与孝有关者，在于配享。而配享的背后，则是对天的理解。

郑玄认为天有"六天"，其后王肃驳之，认为只有一天而已。郑玄之六天说，《礼记·郊特牲》孔疏云：

> 先儒说郊，其义有二。案《圣证论》以天体无二，郊即圆丘，圆丘即郊。郑氏以为天有六天，丘、郊各异，今具载郑义，兼以王氏难郑氏，谓天有六天，天为至极之尊，其体秖应是一。而郑氏以为六者，指其尊极清虚之体，其实是一；论其五时生育之功，其别有五。以五配一，故为六天。据其在上之体谓之天，天为体称，故《说文》云："天，颠也。"因其生育之功谓之帝，帝为德称也，故《毛诗传》云："审谛如帝。"故《周礼·司服》云："王祀昊天上帝，则大裘而冕，祀五帝亦如之。"五帝若非天，何为同服大裘？又《小宗伯》云："兆五帝于四郊。"《礼器》云："飨帝于郊，而风雨寒暑时。"帝若非天，焉能令风雨寒暑时？又《春秋纬》"紫微宫为大帝"，又云"北极耀魄宝"，又云"大微宫有五帝坐星，青帝曰灵威仰，赤帝曰赤熛怒，白帝曰白招拒，黑帝曰汁光纪，黄帝曰含枢纽"。是五帝与大帝六也。②

依郑玄之见，"郊祀后稷以配天"与"宗祀文王于明堂以配上帝"中，"天"与"上帝"是相同的，以其体称之为天，以其德称之为帝。之所以有六天者，有一个总称的天，另外五天，配合着五德之运，是不同的圣王时代的先祖。而天帝自外至，无主不止，所以要立天帝的神主，同时，要有接引天帝神主者，所以要立配食。《白虎通·郊祀》解释道："王者所以祭天何？缘事父以事天也。祭天必以祖配何？以自内出，无匹不行，自外

① 司马迁：《史记·封禅书》，第1381页。
② 郑玄注，孔颖达疏：《礼记正义》，第480页。

至者，无主不止，故推其始祖，配以宾主，顺天意也。”① 同样，在郑玄的理解中，要以始祖配食而祭天，在注解《礼记·大传》“王者禘其祖之所自出，以其祖配之”一句，郑玄云：

凡大祭曰禘。自，由也。大祭其先祖所由生，谓郊祀天也。王者之先祖，皆感大微五帝之精以生，苍则灵威仰，赤则赤熛怒，黄则含枢纽，白则白招拒，黑则汁光纪，皆用正岁之正月郊祭之，盖特尊焉。《孝经》曰“郊祀后稷以配天”，配灵威仰也；“宗祀文王于明堂，以配上帝”，泛配五帝也。②

这里突出了“始祖”的意义，正是因为始祖配食，使郊祀礼与“孝”紧密结合在一起。然而，为何有“始祖”，并且让这一“始祖”祭天配食？这涉及经典中关于政治的本质的问题。

在古典圣王时代，圣德出自天授，有圣德者必立一代大典，资王位以行之。一代之法久行积弊之后，又有王者起，而立新法。但是，圣人之出，并非一般人积学修炼而成，而是天生的结果。这就是今文经学所言的“感生”说。许慎《五经异义》云：

《诗》齐、鲁、韩，《春秋公羊》说：圣人皆无父，感天而生。《左氏》说：圣人皆有父。③

主圣人无父者，是言圣人都是感天而生，商之始祖为契，《诗经·商颂·玄鸟》云：“天命玄鸟，降而生商，宅殷土芒芒。”郑笺云：“降，下也。天使鳦下而生商者，谓鳦遗卵，娀氏之女简狄吞之而生契，为尧司徒，有功，封商。尧知其后将兴，又锡其姓焉。自契至汤，八迁始居亳之殷地而受命，国日以广大芒芒然。汤之受命，由契之功，故本其天意。”④是郑玄据《诗经》而知商之始祖契为感天而生也。周之始祖为后稷，《诗经·大雅·生民》云：“履帝武敏歆，攸介攸止。载震载夙，载生载育，时维后稷。”郑玄笺曰：“祀郊禖之时，时则有大神之迹，姜嫄履之，足不

---

① 班固撰，陈立注：《白虎通疏证》，北京：中华书局，2011年，第561页。
② 郑玄注，孔颖达疏：《礼记正义》，第616页。
③ 毛亨传，郑玄笺，孔颖达疏：《毛诗正义》，《十三经注疏》，第590页。
④ 郑玄注，孔颖达疏：《毛诗正义》，第793—794页。

能满。履其拇指之处，心体歆歆然。其左右所止住，如有人道感己者也。于是遂有身，而肃戒不复御。后则生子而养长之，名曰弃。舜臣尧而举之，是为后稷。”① 而《周礼·春官·大司乐》云：“乃奏夷则，歌小吕，舞大濩，以享先妣。”郑注云：“夷则，阳声第五；小吕为之合，小吕一名中吕。先妣，姜嫄也。姜嫄履大人迹，感神灵而生后稷，是周之先母也。周立庙自后稷为始祖，姜嫄无所妃，是以特立庙而祭之，谓之闷宫，闷神之。”② 可知在郑玄看来，周之始祖后稷，是感天而生。始祖感生的传说，使一族成为受命于天的“神圣家族”，这样，“严父配天”的郊祀礼，在祭天活动中，事实上确立了政治的双重合法性，第一重是天子作为人间的代表，通过祭天，与天直接交流的世俗合法性；第二重是天子作为神圣家族的后代，祭祀感天而生的始祖，报本反始的神圣合法性。而这两重合法性，因为“孝”才能统一起来。

（三）明堂

《孝经·圣治章》接着言“宗祀文王于明堂，以配上帝”，郑注云：

> 文王，周公之父。明堂，天子布政之宫。上帝者，天之别名也。神无二主，故异其处，避后稷也。明堂之制，八窗四闼，上圆下方。在国之南，南是明阳之地，故乃称之曰明堂。③

郑注明堂为天子布政之宫，本亦无关于“孝”。但是，明堂同时也是祭天之所，而且，明堂祭天，配食者不是始祖后稷，而是有周一代的受命王周文王。皮锡瑞《孝经郑注疏》解释道：“郑以文王功德本应配天南郊，因周已有后稷配天，神不容有二主，又不可同一处，文王。周受命祖，祭之宗庙以鬼享之不足以昭严敬，故周公举行宗祀明堂之礼，而宗文王以配上帝。于是严父配天之道得尽，异事异处，于尊后稷两不相妨。”④ 也就是说，对周代而言，后稷是感生始祖，文王是受命之王，根据“严父配天”，在郊祀祭天时，本来也应该以周公之父文王配天，但推文王之心，一定不愿意自己临于其父之上，一直往上推，推到周族的始祖，即感天而生的后稷，因此郊祀礼以后稷配天。而郊祀以后稷配，则明堂祭天，便可以直接

① 《毛诗正义》，第 587 页。

② 郑玄注，贾公彦疏：《周礼注疏》，《十三经注疏》，第 340 页。

③ 陈铁凡：《孝经郑注校证》，第 128—131 页。

④ 皮锡瑞：《孝经郑注疏》。

以文王配食了。这样，在祭天之礼上，郊祀以后稷配，明堂以文王配，两不相妨。

从义理上看，郑注从制度上对郊祀、明堂进行详细解释，是因为这两种礼制，是国家合法性构建最重要的典礼。政治的正当性，来自天道，只有天道才可能提供政治的超验维度，确立政治秩序的神圣性。而政治中的天道，是通过具体的礼制来实现的，这种礼制，就是祭天大典。《孝经》之所以是一部重要的经典，乃至六经的基础，其原因之一，就在于《孝经》明确地规定出郊祀、明堂两种祭天大典与“孝”的关系。这种以天为主轴，而辅以“感生帝—受命王”的结构，完整地构建了政治的神圣性。

（四）辟雍

《孝经·广至德章》连郑注云：

> 君子之教以孝，非家至而日见之。〔注〕非门到户至而日见而语之也，但行孝于内，流化于外。教以孝，所以敬天下之为人父者；教以悌，所以敬天下之为人兄者；〔注〕天子无父，事三老，所以教天下孝也。天子无兄，事五更，所以教天下悌也。教以臣，所以敬天下之为人君者。〔注〕天子郊则君事天，庙则君事尸，所以教天下臣。①

《广至德章》《广要道章》与《开宗明义章》“先王有至德要道”相对，郑注解“至德”为“孝悌”，解“要道”为“礼乐”。而观《广至德章》经文，皆言君子教天下以孝悌之理，而郑注完全以礼制解之。三老、五更之礼，五经无一语涉及，唯《礼记》数语，亦未详尽，时有龃龉。《礼记·乐记》云：“食三老、五更于大学，天子袒而割牲，执酱而馈，执爵而酳，冕而总干，所以教诸侯之弟也。”《礼记·祭义》云：“祀乎明堂，所以教诸侯之孝也。食三老、五更于大学，所以教诸侯之弟也。”《礼记·文王世子》云：“适东序，释奠于先老。遂设三老、五更、群老之席位焉。”观上三处所说，《乐记》言食三老、五更于太学，教诸侯孝、悌，《祭义》言明堂教诸侯孝，太学教诸侯悌。无论是地点，还是所教皆有不同。而《孝经援神契》云：“天子亲临辟雍，尊事三老，兄事五更。”② 何休《春秋公羊传解诂》桓四年注云：“王者父事三老，兄事五更，食之于辟雍，天子亲

---

① 陈铁凡：《孝经郑注校证》，第179—183页。

② 《太平御览》，北京：中华书局，2011年，第2427页。

祖而割牲，执酱而馈，执爵而酳，冕而总干，率民之至也。”① 是皆以为事在辟雍。然明堂、大学、辟雍三处，古人之说有异，皮锡瑞曾总结道：“孔牢等以为明堂、辟雍、太学，其实一也。马宫、王肃亦以为同一处。卢植又兼太庙言之。蔡邕以为清庙、太庙、太室、明堂、太学、辟雍，异名同事。颍容又兼灵台言之。”皮氏并云：“惟太学、辟雍，古说以为与明堂同处。”②

郑玄以“父事三老”属“教孝”，以“兄事五更”属“教悌”，据《乐记》《孝经援神契》《白虎通》之说也，且与何休相同，而与《祭义》之说小异。然而，值得追问的是，经文完全没有涉及父事三老、兄事五更之礼，郑注为何以此礼来注解经文。

经言“君子之教以孝也，非家至而日见之也”，也就是说，天子教孝，不是到每一户人家去宣讲孝的道理，而是天子本人通过一套礼乐制度，来示范如何行孝。但无论是嫡长子继承制，还是兄终弟及制度，天子既没有父，也没有兄。而且，天子已经是至尊一人，上也无君。天子无父、无兄、无君，而要教天下孝、悌、为臣之道，只有两种可能，一是通过宗庙祭祀，教天下以孝、悌、为臣之道，一是通过象征性仪式，以事父、事兄、事君之礼教天下孝、悌、臣。在郑玄的时代，大小戴礼早立博士，行于人间，《祭义》所云，天子祀于明堂教孝，享三老五更于大学教弟，似乎更能对应《广至德章》经文。但明堂之礼，本为祭天，其父只是配享，真正的祭祀父祖，是在宗庙。而且，天子事始祖于南郊，事父于宗庙，既是以子孙事父祖，又是以人臣事人君，所以更适合解“教以臣”句。而“教以孝”“教以悌”，则可以作为“养老”的制度，与三老、五更之制结合起来。

经典所载，王者有所不臣。《白虎通》论“五暂不臣”云：“王者有暂不臣者五，谓祭尸，受授之师，将帅用兵，三老，五更。”其中，“不臣三老、五更者，欲率天下为人子弟。《礼》曰：‘父事三老，兄事五更。’”③《白虎通》作为东汉十四博士共定之文，对三老五更之制有明确的记载：

> 王者父事三老，兄事五更者何？欲陈孝悌之德，以示天下也。故虽天子，必有尊也，言有父也；必有先也，言有兄也。天子临辟雍，

---

① 何休注，徐彦疏：《春秋公羊传注疏》，第51页。

② 皮锡瑞：《孝经郑注疏》。

③ 班固撰，陈立注：《白虎通疏证》，第319、320页。

亲袒割牲。尊三老，父象也。谒忠奉几杖，授安车濡轮，恭绥执授。兄事五更，宠接礼交加客谦敬顺貌也。《礼记·祭义》云："祀于明堂，所以教诸侯之孝也。享三老、五更于太学者，所以诸侯悌也。"不正言父、兄，言五更者何，老者寿考也，欲言所令者多也。更者更也，所更历者，众也。即如是，不但言老言三何？欲言其明于天、地、人之道而老也，五更者，欲言其明于五行之道而更事也。三老、五更几人乎？曰：各一人。何以知之？既以父事，父一而已，不宜有三。①

三老、五更之任，王者所暂不得臣，而父事、兄事之，以示天下孝、悌之法，这种制度，既见于《礼记》诸篇，而纬书、诸儒共定之《白虎通》也言之凿凿。而《广至德章》言"教以孝""教以悌"，故郑玄取而注此经，使经文之义落实于具体制度，而得以规范王者之行。

① 班固撰，陈立注：《白虎通疏证》，第250页。

儒学与治政

从性善论看中华民族价值共识

中国人民大学哲学院　宋志明

中国人的价值世界，不是靠宗教观念支撑起来的，而是靠哲学理念支撑起来的。中华民族大概是世界上一个绝无仅有的非宗教民族。大多数民族采用宗教形式表达价值共识，如伏尔泰说，一个民族即便没有神，也要造出一个神来。中华民族则采用非宗教的形式表达价值共识，这就是儒学。儒学有效地组织社会、安顿人生，已形成中国人的文化基因，具有强盛的生命力。大多数中国人不信奉宗教，但不等于说没有价值共识。中华民族的价值共识，主要的理论支持来自儒家性善论。

性善论源于孔子仁学。按照宗教价值观，价值的源头在人自身之外，在高于人的神那里。孔子没有选择这种外求的理路，独辟蹊径，找到了一条内求的理路，以哲学的方式寻找价值源头。他找到的价值源头，就是一个仁字。在《论语》中，“仁”字出现了109次之多，可见“仁”在孔子思想体系中处于核心的位置。“仁”是什么，是孔门师生经常讨论的问题。“樊迟问仁，子曰：爱人。”（《论语·颜渊》）在孔子关于仁的种种说法中，这一条最简洁，也最深刻。所谓爱人，也就是主张把他人当作自己的同类来看待。爱人也就是注重人所共有的、最一般的、最普遍的原则，以这种原则沟通人我关系，结成社会群体，谋求人类的共同发展。孔子承认每个人都具有独立的人格，强调道德意识是人普遍具有的特质，因此主张用仁爱原则协调人际关系，实行所谓“忠恕之道”。所谓忠恕之道，从消极的意义来说，就是应当“己所不欲，勿施于人”；从积极的意义来说，就是应该“己欲立而立人，己欲达而达人”（《论语·雍也》）。这样一来，孔子便从仁的观念中引申出一套做人的学问。他把仁视为人的本质规定，主张把实然的人提升到应然的人的高度。每个人在躬行仁道的道德实践中，都可以实现自身的价值，成就理想人格。这种理想人格就是君子、贤人乃至圣人。人的价值实现，人的自我提升，完全是一种内在的、自觉自愿的理性选择：“我欲仁，斯仁至矣。”（《论语·述而》）人在修己求仁时表现出一种主动性，不需要任何神的拯救。在孔子仁学中，已经包含性善论萌芽。最接近性善论的表述，当属“性相近也，习相远也”（《论语·阳货》）。这里的意思是说，从理论上看，人性原本相近，“道不远人”，差别不大；而从实践上看，有人践行仁道，有人背离仁道，遂形成君子和小人的差别。

孟子在孔子仁学的基础上，提出系统的人性善理论。孟子从人禽差别的视角揭示人性，强调人性相对于兽性而言。“人之所以异于禽兽者几希，庶民去之，君子存之。”（《孟子·离娄下》）在这里，孟子所说是“人之所以异于禽兽者”，而不是“人异于禽兽者”。“人异于禽兽者”属于现象上的差异，是很容易发现的；而“人之所以异于禽兽者”属于本质上的差异，这就不容易发现了，故而说“几希”。孟子认为，人与禽兽的根本区别，就在于人有求善的意识，而禽兽没有这种意识。人性善相对于兽性恶而言。但凡是人，必有人性，必有善性。人向善处走，有如水往低处流。孟子说的人性，不是指庶民身上所体现的实然人性，而是指君子所表征的应然人性。应然人性只能定位于善，与恶无关。善是评判善的尺度，也是评判恶的尺度。倘若不以善为尺度，恶便无从谈起。

既然人与禽兽之间的本质区别不在于自然属性方面，那么，只能到社会属性方面去寻找。在儒家视域中，人从来就不是单个的自然物，而是社会群体中的一员。只有超越个体性，诉诸群体性，才能对应然人性做出合理的解释。按照这个逻辑，孟子把应然人性称之为“良知良能”。《孟子·尽心上》写道：“人之所不学而能者，其良能也；所不虑而知者，其良知也。”“良知良能”可以体现在实然人性，但不能归结于实然人性，因为它评判善恶的尺度不受任何个体的限制。符合此尺度为善，不符合此尺度就是恶。这种尺度具有普遍性，“恻隐之心，人皆有之；羞恶之心，人皆有之；恭敬之心，人皆有之；是非之心，人皆有之。恻隐之心，仁也；羞恶之心，义也；恭敬之心，礼也；是非之心智也。仁义礼智，非由外铄我也，我固有之也，弗思耳矣”（《孟子·告子上》）。孟子强调应然人性的内在性，同孔子“为仁有己”的思路一脉相承。

准确地说，孟子性善论应该叫作“应然性善论”。他站在群体立场立论，而非站在个体立场言说。他在论证应然性善时，从内在性进一步追溯到超越性：人性善源于天性善。对于孟子的性善论来说，义理之天是不可或缺的理论预设。人性善的根据不能到主宰之天中寻找。对于被动的人来说，没有选择的自由，也不必为自己的行为后果负责任，所以，也就根本谈不上善。人性善的根据也不能到自然之天中去寻找。因为自然之天在价值是中立的，既无所谓善，也无所谓恶。只有一种选择，那就是到义理之天中去寻找应然性善的根据。用哲学术语来说，就是把义理之天作为人性善形而上的终极依据。孟子认为，人应具有的仁义忠信等善良的品格，都来自义理之天，“仁义忠信，乐善不倦，此天爵也”（《孟子·告子上》）。“仁，天之尊爵也”（《孟子·公孙丑上》）。义理之天具有仁义等善性，人性善其实来自天性善。在性善这一点上，天人合一。对于每个人来说，只要诚心诚意地尽量扩充应然的善心，就可以了解到应然的本性；了解到应然的本性，也就是了解到天性之善。这就叫作“尽其心者，知其性也；知其性也，则知天矣”（《孟子·尽心上》）。

孟子承认应然人性为善，只是做出价值判断，并非做出事实判断。他并不否认，在事实上人固然有善与不善的差别。不过，这并不能推翻人性应该善的结论。他论证说，按道理说山性应该是郁郁葱葱的，可是现在牛山变得光秃秃的，这岂是山性所致？原本郁郁葱葱的牛山，树木被人砍光，青草被牛羊吃光，于是成了现在的样子。同样道理，人性本来应该是善的，可是某些个体由于受到物欲的戕害，流于恶，同应然之善并没有必然的联系。正因为实然人性有流于恶的可能，所以心性修养工夫十分必要；正因为应然人性善，所以任何人都可通过教化的途径成为圣人。孟子的说法是“人皆可以为尧舜”。不过，这只是一种理论的可能性，至于最终能否成为圣人，还取决于个体的努力。对于个体之人来说，但凡是人，就或多或少拥有人性善的因子，故而都可以成为教化的对象。从这个意义上说，性善论可以说是儒家特有的教育哲学，是儒家重教化的理论依据。

有些论者把荀子说成孟子的论敌，以为孟子主张人性善，而荀子主张人性恶论。这是一种极大的误解。没有哪个思想家会倡导性恶论。倘若他认定人性是恶，便把自己置于与社会为敌的位置，明目张胆地为恶人辩护。如此一来，他只能是社会的公敌，怎么可能成为社会的精神领袖？性恶论是一种反社会的思想，把这顶帽子扣在荀子头上，显然不合适。荀子在《性恶》篇中的确说过“人之性恶，其善者伪也”，但不能归结为“性恶论”，因为这只是假言判断，而非事实判断。荀子的意思无非是说，对于个体之人，如果不受礼义约束的话，便会流于恶。在实然人性可善可恶这一点上，荀孟完全一致，并无冲突。荀子也不否认应然人性为善。当他断言人有可能流于恶的时候，其实已经预设人性应该为善。离开这个前提，“恶”又何从谈起？在荀子“人性朴”的说法中，包含着“人性应该善”的意思。在应然人性为善这一点上，荀孟完全一致，并无冲突。所以，荀子提出“人之性恶”说，并不是对性善论的颠覆，而是对性善论的补充论证。应然人性善、实然人性可善可恶，这是孟子和荀子的共识，并无分歧。

性善论既是儒家人性论的基本观点，也是中国人普遍的价值认同。它奠定了中华民族核心价值观的理论基础。性善论是一种哲学的精神安顿方式，其价值导向是使人成其为人，而不是非人，倡导内在超越的路向。这大概是儒学可以取代宗教的奥秘之所在。宗教作为一种精神安顿方式，其价值导向是使人不成其为人，而是成为天使或佛，倡导外在超越的路向。按照性善论，人生的终极价值目标就是超凡入圣，把自己造就为圣人。有了这样的精神追求，做人才会有崇高感、使命感和责任感，才会清清白白地做人，认认真真地做事。只有人，才会设定成为什么样的人的精神追求目标；至于狗，则自然就是狗，不必设定什么精神追求目标。

性善论为人与人之间建立信任感提供前提。正因为相信性善的普遍性，才会把对方当作自己的同类，将心比心，与人为善，和睦相处，相互关爱。倘若你以为对方并非善类，怎么可能信任他？“世界上还是好人多。”人们通常用这种朴素的话语对性善论表示认同。基于这种信任感，性善论自然构成中华民族凝聚力的核心，成为把所有成员联络在一起的精神纽带。由多民族组成的中华民族大家庭，有的民族信奉这种宗教，有的不信奉那种宗教。任何一种宗教都不可能成为全民族的共识。全民族的共识只有一个，那就是相信人性善，相信“四海之内皆兄弟也”。由于每个民族对其他民族都抱有信任感，所以才走到一起，结成中华民族大家庭。只有性善的人才能与同样性善的人凑到一起，结成社会；人与禽兽不可能组成社会。无论多么出色的狗，都不可能成为人类社会中的成员。

礼仪家教：构建礼仪之邦的基点

华东师范大学哲学系　陈卫平

当今社会流行的“家教”，是以给孩子请家庭教师补习文化知识为内涵的。其实，在中国本来的传统中，评价某个人是否有家教，主要不是指文化知识，而是指道德修养，其外在的表现就是行为举止是否合乎礼仪，通俗地讲就是懂礼貌或懂礼数。传统家教的名著《颜氏家训》就贯穿着礼仪教育，作者颜之推指出：“吾家风教，素为严密。”其礼仪家教十分系统，“晓夕温清，规行矩步，安辞定色，锵锵翼翼，若朝严君焉”。即早晚实行奉养父母的温清之礼，行走言谈都要合乎礼仪的要求，神色安详，谦恭谨慎。颜之推编撰这本家训，是为了使这样的家教门风得以传承，“整齐门内，提撕子孙”。中华民族以礼仪之邦而著称。孟子说：“天下之本在国，国之本在家，家之本在身。”（《孟子·离娄上》）礼仪家教正是儒家修身的第一课，是构建中华民族礼仪之邦的基点。现在重振礼仪之邦已成为培育践行社会主义核心价值观的重要课题，只有让礼仪回归家教，中华民族礼仪之邦的传统才能得到继承和发扬。

一、礼仪之邦：儒学价值观制度化的产物

中华民族成为礼仪之邦，是儒学价值观制度化的产物。这是礼仪家教作为构建礼仪之邦基点的前提。

孔子主张“道之以德，齐之以礼”（《论语·为政》）即以礼治国，这一主张在汉代以后一直主导着中国社会。儒家之礼仪集中表现于“三礼”即《周礼》《仪礼》《礼记》三部经典，内容包罗了政治制度、宗教仪式、法典刑律、道德规范、日常生活准则等。广义的制度是指组织人类共同生活、规范和约束个体行为的一系列规则，儒家之礼仪正可以这样的制度概念予以概括。对于价值观念之“仁”和制度规范之“礼”的关系，孔子认为前者必须通过后者才能得以普遍实现：“克己复礼为仁。一日克己复礼，天下归仁焉。”（《论语·颜渊》）因此，礼仪的实施就是儒家价值观制度

化的落实，礼仪之邦就是在这落实的历史进程中形成的。

显然，礼仪之邦形成的历史起点是儒学价值观成为主流价值观，而这又是通过确立礼仪即儒学价值观制度化而实现的。儒学价值观成为主流价值观无疑是在汉代。但这并非如人们印象中那样简单：汉武帝采纳了董仲舒“独尊儒术”的建议，于是儒学三纲五常的价值观就得到了确立。历史的事实是：汉武帝宣示“独尊儒术”的53年以后，在公元前81年召开的盐铁会议上，官位仅次于丞相的御史大夫桑弘羊和贤良、文学等儒生展开激辩，前者批驳后者的儒家重“仁义”的价值观，并明显地占据了上风。这表明儒学价值观即使在最高领导层内也没有得到普遍认同。盐铁会议是在汉昭帝时召开的，继汉昭帝之后的汉宣帝还是强调：“汉家自有制度，本以霸王道杂之，奈何纯任德教，用周政乎。”（《汉书·元帝纪》）

历史从西汉演进到东汉，公元78年召开了白虎观会议。这距盐铁会议已经有近百年之遥。陈寅恪认为根据这次会议编撰的《白虎通义》标志着儒家三纲五常价值观通过制度化而得以确立。他说：“吾中国文化之定义，具于《白虎通》三纲六纪之说”，“夫纲纪本理想抽象之物，然不能不有所依托，以为具体表现之用；其所依托以表现者，实为有形之社会制度”。[①]在他看来，儒学价值观在汉代以后的有效确立，不在其思想学说之精深（就此而言不如佛道），而在其社会历史过程中的制度化：“儒者在古代本为典章学术所寄托之专家。李斯受荀卿之学，佐成秦治。秦之法制实为儒家一派学说之所附系。《中庸》之‘车同轨、书同文，行同伦’（即太史公所谓‘至始皇乃能并冠带之伦’之‘伦’）为儒家理想之制度，而于始皇之身，而得以实现之也。汉承秦业，其官制法律亦袭用前朝。遗传至晋以后，法律与礼经并称，儒家《周官》之学说悉采入法典。夫政治社会一切公私行为，莫不与法典相关，而法典实为儒家学说之具体实现。故两千年来华夏民族所受儒家学说之影响，最深最巨者，实在制度法律公私生活之方面，而关于学说思想方面，或转有不如佛道二教者。”[②] 所谓“制度法律公私生活之方面”，就是指儒家礼仪对于政治制度、法律制度和生活制度的影响，这说明了儒家价值观依托礼仪而成为制度化的存在，由此极大地左右了中国社会。这同时也使中国社会成了礼仪之邦。

---

① 陈寅恪：《王观堂先生挽词·序》，《寒柳堂集》附录《寅恪先生诗存》，上海：上海古籍出版社，1982年，第6页。

② 陈寅恪：《冯友兰〈中国哲学史〉审查报告三》，《陈寅恪史学论文选集》，上海：上海古籍出版社，1992年，第511页。

汉代儒生认为儒学要成为主流价值观，必须通过礼仪而使其制度化，由此奠定了儒学价值观制度化的基础和礼仪之邦的基础。汉初的陆贾、贾谊、公孙弘等提出，汉朝要长治久安，必须吸取秦朝“不施仁义”导致二世而亡的教训；确立儒家仁义价值观则必须依靠礼仪：“道德仁义，非礼不成；教训正俗，非礼不备；分争辨讼，非礼不决；君臣、上下、父子、兄弟，非礼不定；宦学事师，非礼不亲；班朝治军、莅官行法，非礼威严不行；祷祠祭祀、供给鬼神，非礼不诚不庄。”①（贾谊：《新书·礼》）因此，公孙弘制订了朝廷和宗庙的礼仪，他的弟子撰成后来被收入《礼记》的《王制》。贾谊草拟了易服色、改正朔等礼仪制度，但未被采纳。在这前后不断有人提出同样的建议，但在浓厚的黄老之学氛围中均遭到失败。不过，汉代儒生由此意识到，只有通过礼仪来把儒学价值观制度化，儒学才能成为主流。董仲舒秉承这样的理念，在提出“独尊儒术”的同时，再次要求制订易服色、改正朔的礼仪制度，得到了汉武帝的赞同。但是“是时上方征讨四夷，锐志武功，不暇留意礼文之事”（《汉书·礼乐志》），因而制礼的实际工作进展不大。董仲舒之后，一方面王莽建明堂等，“制度甚盛”（《汉书·王莽传》），把汉儒的制礼推向高潮；另一方面戴德、戴圣等对《仪礼》《礼记》的整理，以及后来刘向、刘歆父子推崇《周礼》为周公致太平之书等，使得礼仪的制订更具操作性、可行性和权威性。由此我们可以明白何以直至白虎观会议，才标志着儒学价值观作为主流价值观得到广泛认可。因为经过汉儒上述的持续不断的礼仪建设，它显示了“由单纯的理论体系到制度体系的跨越具有决定性意义”②。在汉代文献中，可以看到不少地方官员以礼仪建设使得儒家价值观因制度化而得到落实的记载。如《后汉书·循吏秦彭传》说：秦彭“以礼训人……每春秋飨射，辄修升降揖让之仪。乃为人设四诫，以定六亲长幼之礼。有尊章教化者擢为乡三老”。这也表明了儒学价值观因礼仪得以制度化而影响社会，同时促成了礼仪之邦的形成。

家庭礼仪是礼仪的重要部分。如果说礼仪建设是儒家价值观的制度化，那么礼仪家教则是这样制度化的落小落细落实。所谓落小，是因为礼仪家教以社会的微小细胞家庭为载体；所谓落细，是因为礼仪家教渗透于

① 值得注意的是，这段话以后也出现在《礼记·曲礼》中，可见汉儒对于以礼仪而使得儒家价值观制度化的一贯努力。

② 姜广辉主编：《中国经学思想史》第2卷，北京：中国社会科学出版社，2003年，第378页。

日常生活细节中；所谓落实，是因为礼仪家教落实于家庭成员从出生、成长到死亡的每一个环节。礼仪之邦是儒学价值观制度化的产物，而礼仪家教是这一制度化的落小落细落实，由此礼仪家教就成为构建礼仪之邦的基点。

二、礼仪家教：文明的养成与化习惯为德性

礼仪家教作为构建礼仪之邦的基点，就其作为个体德性培养的作用而言，主要是文明养成的最初实践；就其作为个体德性培养的过程而言，主要化习惯为德性的自然而然。

重视礼仪家教对于文明养成的作用，是与中国传统社会以家族为本位的特点分不开的。在以家族为本位的基础上形成的以儒家为主导的传统文化，如著名历史学家钱穆指出的：它有两个西方文化没有的概念，一个是“礼”，一个是“族”；“在西方语言中没有‘礼’的同义词。它是整个中国人世界里一切习俗行为的准则，标志着中国的特殊性。正因为西语中没有‘礼’这个概念，西方只是用风俗之差异来区分文化，似乎文化只是其影响所及地区各种风俗习惯的总和。如果你要了解中国各地的风俗，你就会发现各地的风俗差异很大。……然而，无论在哪儿，‘礼’是一样的。‘礼’是一个家庭的准则，管理着生死婚嫁等一切家务和外事”。“中国文化还有一个西方文化没有的概念，那就是‘族’”，家族的形成是与“礼”所规定的准则从家庭成员延伸到所有亲戚相联系的，“只有‘礼’被遵守时，包括双方家庭所有亲戚的‘家族’才能存在。换言之，当‘礼’被延伸的时候，家族就形成了，‘礼’的适用范围再扩大就成了‘民族’。中国人之所以称为民族，因为‘礼’为全中国人民树立了社会关系的准则”。①这就是说，由于作为全民族社会关系准则的“礼”，首先是以家庭为原点，然后扩展到家族和民族，所以，中国传统的家教就把礼仪放到极其重要和突出的位置了。俗话说“国有国法，家有家规”，家规的形成和延续无疑是依赖于家教的，各家的家规会有不同，但它们都是以普遍性的“礼”为依据的。因此，旧时所谓书香门第，在住宅的大门上，往往写着“诗礼传家”四个字，以标榜门风家教。这样的家教传统在孔子那里就已经存在了。《论语·季氏》记载，陈亢问孔子的儿子孔鲤：“你是老师的儿子，一

① 邓尔麟：《钱穆与七房桥世界》，北京：社会科学文献出版社，1995年，第7页。

定得到老师特别的传授吧?”孔鲤回答道:“父亲对我的教育,其实和大家是一样的。如果说有单独的传授,那只有两次。有一次,他老人家独自站在庭中,我从他面前走过。他问我:‘学诗了吗?’我说:‘没有。’他说:‘不学习诗,就不会说出有文采的话。’于是我开始学习诗。不久,他又站在庭中,我又从他面前走过,他问我:‘学礼了吗?’我说:‘没有。’他说:‘不学礼,就不能在社会上立足。’于是我又开始学礼。我独自受到父亲教导,就是这两次。”陈亢听后高兴地说:“我问了一件事,却得到了三件事,我知道了诗、礼的用处,知道了君子要求孩子继承的家风是诗和礼。”以后儒家思想被称作“礼教”,其中的重要含义就是以礼为教,即通过礼制而实现教化的价值。因此,传统社会把礼仪作为家教的基本内容,并以是否知书达礼来评价某个孩子是否有家教。

在《论语》中孔子几次强调“不知礼,无以立”,把对于礼仪的家庭教育看作是孩子将来立足于社会的根基,是人和动物的重要区别。人们呱呱坠地时是自然人,也就是说只具有类似动物的本能,要从这样的自然人成长为被社会所认同的人,就必须按照社会通行的行为准则即礼仪来规范自己。这就是说,家庭礼仪教育是孩子走向文明的第一步。所以,《礼记·冠义》说:“凡人之所以为人者,礼义也。”《礼记·曲礼》说:“鹦鹉能言,不离飞鸟。猩猩能言,不离禽兽。今人而无礼,虽能言,不亦禽兽之心乎?……是故圣人作,为礼以教人,知自别于禽兽。”认为人与动物的区分不是语言的有无,而是是否有礼。就是说,如果没有礼仪的规范,人只是衣冠禽兽。正是有见于此,传统礼仪的有些规定是为了抑制人依然遗留着的动物习性。如《礼记·曲礼》中的如下规定:“毋抟饭,毋放饭,毋流歠,毋咤食,毋啮骨,毋反鱼肉,毋投与狗骨,毋固获,毋扬饭,饭黍毋以箸,毋嚃羹,毋絮羹,毋刺齿,毋歠醢。”取饭时不要把饭抟成团,不要把手中的余饭放回食器,喝汤时不要倾流不止,吃饭时舌头不要在口中作声,不要把骨头啃得有响声,不要把咬过的鱼肉放回食器,不要把肉骨扔给狗,不要专吃最好的食物,不要用手挥去饭的热气,吃黍时不要用错餐具,吃羹时不要连羹中的菜都不嚼就吞下去,不要重调主人已经调好的羹,不要当别人的面剔牙,不要重调主人已经调好的肉酱。如此详尽的规定,是为了使人们自觉意识到,即便吃饭,也应该在端饭举筷之际体现有别于动物的进食习惯。就是说,家庭作为孩子文明养成的最初的摇篮,首先是从养成其合乎礼仪的行为规范开始的。《论语·宪问》记载:有位“阙党童子”常为党正(基层行政单位负责人)传信,孔子见其行为不合乎礼仪，大模大样地与长辈并排同坐和并肩而行，于是断定他只是急于出人头地，成人后无论在学问上还是在品德上都将不足为道：“吾见其居于位也，见其与先生并行也，非求益者也，欲速成者也。”这个童子有如此举止，显然是缺少礼仪家教所致。可见，没有礼仪家教的最初文明养成，孩子很难真正地健康成长。

如上所述，儒家的礼仪建设是为了将其价值观念制度化，因而礼仪教育的目的在于涵养个体的德性。礼仪家教的重要性在于它能够使礼仪涵养德性的过程成为化习惯为自然的过程，而不是空洞生硬的说教。

《礼记·乐记》说：“德辉动于内，而民莫不承听；礼发诸外，而民莫不承顺。”道德的光辉从内心萌动，礼的准则表现在仪表上，民众就不会不听从。这是告诉我们，外在的礼仪教育是为了培养内在的德性。礼仪家教也是如此。人们常常把中国称作“礼仪之邦”，这固然是不错的。但是，我们还要进一步说，中国更是“礼义之邦”。这是因为中国传统文明不只是讲究形式上的礼仪，更注重的是“礼”以及与之相联系的“义”——就是说，更强调礼所依据和蕴含的道德之义理，因为这是礼之所以成立的伦理基础。所以，《礼记·仲尼燕居》说：“礼也者，理也。”《礼记·乐记》说：“礼也者，理之不可易者也。”前述汉儒编撰的《礼记》就是专门论述礼仪之义理。其首篇取名《曲礼》，意谓礼仪蕴含着迂回曲折的义理，需要认真思考领会。后来《礼记》在“三礼”中的地位越来越高，意味着儒家越来越看重礼仪之义理。其实，孔子早就强调重视礼仪不能停留于玉帛这些举行礼仪时使用的器具，“礼云礼云，玉帛云乎哉?”（《论语·先进》）但是，“礼义”又是和“礼仪”相联系的：只有从礼仪着手，才能让礼之义理在行动的体验中入耳入脑。儒家的《仪礼》和《礼记》正体现了礼仪和礼义的结合，前者是讲如何做，后者是讲为何要这样做。

礼仪家教正是这两者的统一，因为它从培养礼仪的行为习惯入手，达到把礼义内化为德性的目的。道德规范是当然之则，道德教育是要人们懂得这些当然之则的义理，即为何应当如此。但是这对于儿童显然是不太容易明白的。而从行为准则尤其是家庭生活的行为准则入手，对于儿童来说，比较容易达到遵守道德规范的目的。因为在起居、就餐等家庭生活琐事中，每天按照礼仪来规范自己，久而久之就成了习惯，由习惯而成自然，遵守这些习惯仿佛成了他的第二天性，如孔子所说：“少成若天性，习惯若自然。”（《颜氏家训》）于是，就能“从心所欲不逾矩”，举手投足似乎并不刻意而为，但却合乎礼仪，由此这些礼仪蕴含的道德规范就内化为了人们的德性。如《礼记·曲礼》说："邻有伤，舂不相；里有殡，不巷歌。"古人舂米，喜欢唱送杵的号子，当邻里有殡伤之事时，应该默舂，不在巷中歌唱。这样的家礼包含着同情他人的同哀之心。宋代朱熹的《家礼》《童蒙须知》、明代屠羲英的等《童子礼》，对衣着、盥洗、洒扫、行走、语言、视听、饮食等行礼之法都有详细的规定，以此作为家庭礼仪教育的内容。如"凡著衣服，必先提整衣领，结两衽纽带，不可令有缺落。"（《童蒙须知·衣服冠履第一》），"走，两手笼于褒内，缓步徐行，举足不可太阔，毋得左右摇摆，致动衣服"（《童子礼·行》）。这里表现的是约束自我的道德自律精神。再如，"凡弟子须要早起晏眠"，"凡对父母长上朋友，必自称名；凡称呼长上，不可以字"，"凡侍长上出行，必居路之右，住必居左"。这都表达了尊敬长辈的道德品质。因此，无论是富贵还是贫贱的家庭，如果有效地进行了礼仪教育，就能培养他们良好的品德，"富贵而知好礼，则不骄不淫；贫贱而知好礼，则志不慑"（《礼记·曲礼》）。

由于儒家的礼仪教育是由养成习惯来培育德性，因而就十分注意生活习俗与礼仪的关系。人们常常把"礼俗"连在一起，这是有一定道理的。因为礼既源于俗，又是对俗的变易。《说文解字》云："俗，习也。"俗，就是生活习惯。人们在特定的自然环境、社会环境中生活，久而久之，形成了各自的风俗。《礼记·王制》就对东、西、南、北四方的生活风俗做了描述。周公制作礼乐，就是要通过移风易俗来提升社会的文明程度。不过，儒家的移风易俗不是简单地把原来的风俗彻底破除，而是主张"因俗制礼"，即尽量利用原有的风俗形式和其中的合理部分，灌注新的精神，对其加以整理、提升，从而使人们在本来熟悉的习俗中受到教化。很多家庭礼仪也是这样的。比如冠礼，在远古氏族社会时代，曾流行过"成丁礼"。氏族中的未成年人享受氏族对他们的抚育，不用参加生产劳动和战争，但在他们达到成人年龄后，氏族要用一些方法来测定他们是否具备了生产、战争的技能，以确定他们是否能够成为氏族的正式成员。在社会发展的过程中，这样的"成丁礼"在很多地区消失了，而儒家看到了它的合理性，将它加工改造成冠礼。举行冠礼，不仅意味着生理上成为成年人，而且意味着应当具备和承担与成年人社会责任相一致的道德品行。《礼记·冠义》说："成人之者，将责成人礼焉也。责成人礼焉者，将责为人子。为人弟、为人臣，为人少者之礼行焉。将责四者之行于人，其礼可不重欤?"可见，将原来的成丁礼变易为冠礼，是提示行冠礼者，从此要践履为人子、为人弟、为人臣、为人少者的德行，担当起自己的社会角色。

三、让礼仪回归家教

自五四运动以来，传统礼仪在家教中基本上已经退出了。这有着很多原因，如传统礼仪的形式化和烦琐化与现代社会生活节奏不相适应；还有对于传统礼教的封建性的批判，导致人们完全把传统礼仪当作糟粕予以抛弃。同时，由于西方礼仪随着西方文明涌入中国而广泛流行，改行西方礼仪成为“时髦”，还由于西方文明近代以来在全球占据主导地位，学习西方礼仪也成了中国与世界“接轨”的重要方面。于是，人们对于传统礼仪已经很生疏，甚至完全遗忘了。下面的故事可以印证这一点：1925 年正在北京女子师范大学授课的鲁迅收到该校学生许广平的信，鲁迅在回信中称“广平兄”，许广平疑惑不解，在接着的回信中问道：“先生之意何居？弟子真是无从知道。不曰‘同学’，不曰‘弟’而曰‘兄’，莫非也就是游戏么?”① 其实鲁迅并没有与其开称兄道弟的玩笑，“兄”在传统书信礼仪中和“同学”“弟”一样，也是老师对学生辈的普通称呼。现在人们对仍在使用的传统礼仪的称呼的无知更是比比皆是，如常常有人在正式场合向他人介绍自己妻子时说：“这是我的夫人。”依据《礼记·曲礼》，天子的妃子称为“后”，诸侯、大夫、士、庶人的配偶分别称为“夫人”“孺人”“妇人”“妻”。后来人们把他人的配偶称为“夫人”，是沿袭先秦礼仪而来的尊称，因而称自己的妻子为“夫人”，是自大的表现，完全违背了传统礼仪尊重他人的精神。可见，由于传统礼仪不再成为家庭日常教育和学校教育的组成部分，“礼仪之邦”之称已经出现了名存实亡的危机。

克服这一危机的起点是继承以礼仪家教的传统，让礼仪回归家教。当年朱熹面对中国传统礼仪遭受佛教巨大冲击时感叹道：“呜呼！礼废久矣。士大夫幼而未尝习于身，是以长而无以行于家。长而无以行于家，是以进而无以议于朝廷，施于郡县，退而无以教于闾里、传之子孙。”（《朱子文集》八十三《跋三家礼范》）因此，他专著《家礼》，要求礼仪成为人们年幼时家教的必修课。今天让礼仪回归家教，并非要回归“三礼”乃至汉、唐、宋、明、清代的家庭礼仪。从“二十四史”《礼乐志》的记载来看，传统礼仪有两大发展趋势：一是形式日益烦琐复杂；二是服从皇权和

① 鲁迅：《鲁迅全集》第 11 卷，北京：人民文学出版社，1981 年，第 17 页。

特权的等级性日益明显。而两大趋势交织在一起，即形式的繁复是为了彰显皇权和特权的等级性。这也反映在家庭礼仪中，我们从《红楼梦》《儒林外史》等有关描写中是不难感受到的。那么，今天应当如何让礼仪回归家教呢？

首先要将传统礼仪中蕴含的合理思想提炼出来。传统礼仪中有不少值得挖掘的至今仍有价值的思想，如反对把践行礼仪当作外在的形式，而要以内在的德性修养为灵魂，上述的“德辉动于内”而“礼发诸外”的观点就表现了这一点；还有“礼，与其奢也，宁俭”（《论语·八佾》），即将节俭作为礼仪的根本要求的观点。据《仪礼·士昏礼》记载，即使是作为“礼之本”的婚礼虽然隆重，但也是相当简朴，不仅夫妇成婚的菜肴仅有数品，而且没有庆贺和举乐的仪式。再如强调礼仪“节”和“文”的观点，即礼是和人的情感是相称的，对情感、欲望起着节制和文饰美化的双重作用，如《礼记·坊记》所说：“礼者，因人之情而为之节文。”《中庸》也说，礼的作用在于使喜怒哀乐之情“发而皆中节谓之和”。《荀子·礼论》对于礼的解释是：“称情而立文，因以群饰。”儒家讲“礼让”，就是注意到了礼的节制作用。孔子说：“不能以礼让为国，如礼何？”（《论语·里仁》）北宋学者邢昺对此解释道：“礼节民心，让则不争。”人们之间因欲望和利益是存有矛盾的，这就需要由礼仪予以节制，从而使得人们的行为起到促进人际关系和谐的作用。孔融让梨就是一个典范，这也是传统家教在进行礼仪教育时经常讲述的故事。儒家礼乐并举，是为了使礼成为美化的艺术形式。从《论语》等古代文献中可以看到，儒家的一些礼仪就是以歌舞、诵诗为载体的，于是人们在艺术的陶冶下认同了礼仪所表现的伦理关系。这些珍贵的思想遗产应当在今天礼仪家教中发扬光大。

其次，可以借鉴司马光、朱熹等对传统礼仪简化、改革的经验，把礼仪纳入到学校教育中去。隋唐以来，佛、道两教盛行，乡风民俗多为其所化。司马光、朱熹等意识到，如果听之任之，儒家传统的礼仪之邦很有可能不复存在。司马光首先编撰了家庭礼仪的《书仪》和《家范》，对烦琐的传统礼仪进行了大刀阔斧的删减，以《仪礼》为本，选择冠、婚、丧、祭四礼作为家庭基本礼仪，同时参酌宋代习俗予以变化。朱熹的《家礼》则在此基础上进一步适用于普通百姓家庭，“虽贫且贱，亦得以大节，略其繁文，而不失其本意也”（《朱子文集》八十三《跋三家礼范》）。由此受到广泛的欢迎，成为进行礼仪家教的教材。我们应当吸取他们的做法，选择与日常生活紧密相关的家庭礼仪，融入一些具有传统色彩的礼仪，使礼仪家教在与时俱进中得到延续；还可以借鉴宋、明、清的韵语化蒙学读物，编写朗朗上口的读本，在中小学推广。

再次，把礼仪家教与培育好家训、好家风结合起来，使礼仪家教更加凝练，也更加个性化。中国传统的礼仪家教和家训、家风往往是合二为一的，著名的《颜氏家训》《袁氏世范》《朱子家训》《弟子规》，还有上述司马光、朱熹的《书仪》《家礼》等，既是礼仪家教的教材，也是家训、家风的体现。如司马光的《家范》不仅讲述了很多家庭礼仪，而且也宣示了家训："以义方训其子，以礼法齐其家。"这是因为家训、家风的实质就是对礼仪家教提出的行为规范以及所体现的价值观念予以提炼，使其更加凝练生动。同时礼仪家教与家训、家风结合，使得礼仪家教彰显出个性，这有助于激发家庭的礼仪自觉，也使得礼仪家教不是千篇一律而具有丰富性。事实上，现在很多地方正在开展的好家训、好家风活动，就是和礼仪家教紧密联系在一起的。

最后，家庭和社区联手，在为青少年举办的活动中融入传统的礼仪。礼仪家教的有效性往往和社区的道德熏陶有关，"孟母三迁"讲的就是这个道理。这方面韩国的经验是有启发的。至今韩国大约有 234 所乡校，与中国传统的民间乡校、社学相类似。这些乡校每逢假期为 7 岁到 14 岁的少年儿童开设忠孝礼仪体验课程，学生必须穿传统韩服上课，学习传统的生活礼节；也为成年人举行传统成年礼仪和传统婚礼，还举办耆老宴并表彰孝行者和善行者。总之，"乡校通过各种中小规模的课程和传统仪式，为当地居民提供实践传统儒家礼节的标准，使得一般韩国人能够体会到儒教的生活方式与儒教的价值观念"①。显然，这样的体验课程会加深人们对传统礼仪的理解。射箭在韩国青少年中非常普及，这就和这些乡校把射箭和传统射礼的教育相结合有关。《礼记・射义》说："发而不中，则不怨胜己者，反求诸己而已矣。"射箭活动使青少年体悟到射礼中蕴涵的君子式竞争，以及如何正确对待竞争和失败的哲理。

中国正在大力推进城市化的进程，这就更加需要让礼仪回归家教。因为城市化进程不是简单的造城、扩城，也不仅仅是经济的升级更新。它在本质上是社会文明程度提升的过程。城市化的进程，从人口流动来说，是越来越多的家庭进入了城市。因此，随着城市化进程的加速，城市的家庭教育如何与城市文明建设相适应，就成为一个非常需要正视的问题。城市

① ［韩］金惠林：《韩国儒家文化的保护及弘扬》，《社会科学报》2007 年 4 月 26 日。

化的进程，就人际关系来说，是越来越多的互不认识的陌生人汇聚在一起，陌生人之间应当以怎样的文明方式进行交往，也成为城市文明建设的重要问题。中国传统社会崇尚礼义，提出了以文明交往的礼仪来养成和体现良好的道德品性，而礼仪教育首先是从家庭教育开始的。这里蕴含着道德建设的传统智慧：在家庭的日常生活场景中，以温情和亲情来塑造道德人格；在以礼仪培养习惯的过程中，使道德行为成为自然而然的行为。就此而言，让礼仪回归家教，就是让道德回归生活、回归自然。这样的智慧应当成为“礼仪之邦”之传统在当代中国复兴的源头活水。

董仲舒统合价值的治国理政观

中山大学哲学系　李宗桂

董仲舒为了巩固大一统的政治局面，以天人合一为思维导向，从制度文化建设的理论高度，做了一系列开创性的工作。他使教育制度与官吏选拔制度相结合，为封建专制政体开辟了高质量的、稳定的官吏来源，并从制度上落实了儒家“学而优则仕”的理想；他进一步强化了宗法封建社会家国同构的政治功能，使儒家忠孝一体的说教，上升到制度的层面，并转化为人们普遍接受的行为方式；他采儒法之善，糅以阴阳五行学说，使儒表法里（或曰阳儒阴法）的统治方略成为整个封建社会的治国“范式”。这些，为其实现思想方面的一匡天下、道一风同的理想追求，为其巩固思想文化建设方面的成果，起了十分重要的作用。

一、读书入仕的政教合一论

“学而优则仕”，是儒家的一贯理想。多少年来，“学而优则仕”的思想受到严厉批判。其实，这是只看到读书做官思想的弊端，而未看到其历史必然性和正面意义。在我看来，“学而优则仕”的思想，作为一种教育价值取向和实现政治目标的手段，有其积极的思想意义和历史作用。这至少表现在三个方面：第一，它在客观上提倡知识理性，起到了强调知识、重视知识和知识分子的作用。第二，它将个人理想追求与社会整体发展连为一体，将道德生命的实现与治国平天下的实践融合为一。第三，它促进了“士以天下为己任”的儒家思想传统的形成，成为凝聚知识阶层力量、取得文化共识的内在动力。

董仲舒从制度建设的高度入手，通过对文官制度的创议和实际建设，在中国历史上第一次使教育制度与官吏选拔制度相结合，从而形成了政教合一的文化体制和特色。

中国封建社会的教育制度，是汉武帝接受董仲舒的一系列建议而创立的。在这方面，董仲舒的贡献主要是提出了著名的三大文教政策：兴学养士；选举贤能；独尊儒术。这三者的有机结合，构成了中国古代文官制度的思想基础，从而为文治政府的形成开辟了道路。

汉代学校教育制度中，起思维导向和价值引领作用的是中央官学，而中央官学的主要形式是太学。创设太学的提议者是董仲舒。在对武帝的策问中，他明确提出了兴办太学的主张。他指出，汉代自开国以来，特别是武帝登基以后，忧国情深，一心求贤，其精神可媲美于尧舜。但却一直不能达到目的，关键在于平时没有注意养士。只有平时注意养士，才能从中发现、培养贤人，选举辅助君王治国之才。而养士的根本途径和重要方式就是兴办太学。“太学者，贤士之所关也，教化之本原也。”① 有了太学，便可以集中知识阶层中的精英分子，使其担当教化人民的重任，从而将统治阶级的意志贯彻于普天之下，收到固摄人心、稳定政治的功效。因此，董仲舒“愿陛下兴太学，置明师，以养天下之士”②。董仲舒的目的，是要用所养之“士”——未来的文官——改变此前军功重臣垄断政权的局面，并从根本上杜绝贵族官僚凭血缘关系世袭职位的道路。

以太学为主导的汉代官学的教育内容，以儒家经典为主，并特别重视其社会功能。董仲舒以十分赞赏的口吻说：“《诗》《书》序其志，《礼》《乐》纯其美，《易》《春秋》明其知。六学皆大而各有所长：《诗》道志，故长于质；《礼》制节，故长于文；《乐》咏德，故长于风；《书》著功，故长于事；《易》本天地，故长于数；《春秋》正是非，故长于治人。”③ 这些教育内容及其功能，是通过所养之士自身的楷模作用，以及他们对“主上之法”的阐发，规范着整个社会的教育制度和教学内容，当然也就引导着规模巨大的私学的思想方向。

由于太学的兴办，一大批知识分子的才能被朝廷所认识，因而被委以重任。同时，这些知识分子也因此而更进一步领悟了统治者的意图，主动承担起了教化人民的责任。特别重要的是，太学的兴办，有助于知识分子之间的思想交流和融合渗透，从而有助于汉代文化大传统的形成和传播。这点，从文化发生学和文化模式论的角度看，具有十分重要的意义。

特别值得重视的是，太学的兴办与官吏的选举，具有内在的联系。董仲舒在建议立太学的同时，主张重视选举贤能之士。他要求武帝：“使诸列侯、郡守、二千石，各择其吏民之贤者，岁贡各二人。”“遍得天下之贤

① 《汉书·董仲舒传》。
② 《汉书·董仲舒传》。
③ 《春秋繁露·玉杯》。

人”，“量才而授官，录德而定位”，反对“累日以取贵，积久以致官”，以使“廉耻殊路，贤不肖异处”。[①] 汉武帝接纳了董仲舒的意见。此后，“立学校之官，州郡举茂才孝廉”[②] 成为制度。

将教育制度与官吏选举制度相结合，其中介之一，是推荐与考试相结合的制度。武帝元朔五年（前 124 年），汉武帝根据董仲舒设太学的创议，要公孙弘提出具体的实施计划。公孙弘建议，设立博士弟子员制度。在中央，由太常直接补选。在地方（郡、国、县），只要“好文学，敬长上，肃政教，顺乡里，出入不悖”，便可推举入太学学习。无论通过何种途径入太学，学习一年以后，都要参加考试。考试名次高者，可以补官。学业不精者，要退学。《史记·儒林列传》记载：“一岁皆辄试，能通一艺以上，补文学掌故缺，其高第可以为郎中者，太常藉奏。即有秀才异等，辄以名闻。其不事学若下材及不能通一艺者，辄罢之。……以文学礼义为官。”这个设立博士弟子员制度的具体构想，被武帝采纳。当年，置博士弟子员 50 人[③]，成为汉代太学正式成立的标志。太学的成立，宣告了中国封建教育制度的确立。董仲舒等人关于兴学养士、选举贤能的构想，终于成为现实。“自是以来，则公卿、大夫、士吏彬彬多文学之士矣。”[④] 公孙弘由白衣之士升至公侯之位，显示出读书致仕的利禄之途已经打开，所以“天下学士靡然向风矣”[⑤]。终于改变了汉初公卿非行伍出身不行，重臣无军功不任的局面，使官吏选举制度发生了方向性的转变，察举和征辟取代了秦以来的军功爵制度，成为汉代选官制度的主体。

董仲舒这种以文学之士为行政官吏，将政治制度与选官制度相结合的政教合一构想，是其创建文官制度的宏伟蓝图的重要内容。

董仲舒对这个文官制度有具体设想。在《春秋繁露》中，他主张：“王者制官，三公九卿，二十七大夫，八十一元士，凡百二十人而列臣备矣。吾闻圣主所取仪，金天之大经，三取而成，四转而终，官制亦然者。”[⑥] 这是主张建立君主独揽大权的、由公卿大夫组成的官僚系统。为了给这种主张张目，他在德治的旗帜下，强调要重视文人的作用：“进经术

---

① 《汉书·董仲舒传》。
② 《汉书·董仲舒传》。
③ 博士弟子员，即太学学生。太学的教师称为博士。
④ 《史记·儒林列传》。
⑤ 《汉书·董仲舒》。
⑥ 《春秋繁露·官制象天》。

之士，导之以帝王之路”[1]，“举廉洁，立正直，隐武行文”[2]，“君侯大开萧相国求贤之路，广选举之门”[3]。他指出，只有如此，才能改变兵寇滋生、官吏腐败的黑暗现象，消除百姓铤而走险的隐患。同时，也才能延揽天下人才，做到“英俊满朝，百能具备”，并使其“各思竭愚，归往盛德”，从而收到“道德弘通，化流四极”的社会效果。

为保持这个官僚系统的活力，提供源源不断的后备人才，董仲舒还一再主张“举贤良，进茂才。官得其能，任得其力”[4]，“圣人之道，不能独以威势成政，必有教化。……君民者，贵孝悌而好礼义，重仁廉而轻财利”[5]，“立辟雍庠序，修孝悌敬让，明以教化，感以礼乐”[6]。这不仅从教化和考核的方式上，对官吏的选拔做了具体规定，而且对官吏的品行和能力提出了明确要求，从制度和程序上奠定了文官理政的基础。由于此制度把儒家的道德修养和法家的功利要求融通为一，从而在根本上解决了自战国特别是秦亡汉兴以来所存在的军功重臣与文人学士的矛盾，使汉王朝的国家机器的调节功能更加畅通，牧师作用更为加强。

要指出的是，董仲舒对文官制度的组织构想，是其天人感应理论体系的一个部分。他精心论证宇宙万物“同类相副”，力图为其天人一体、万物一统的大一统思想的合理性和至上性提供哲学基础。他用天人相副的思路和方法，通过对“官制象天”的论证，构建官僚系统。他说：“三人而为一选，仪于三月而为一时也，四选而止，仪于四时而终也。……天以三成之，王以三自持。……自三之道以治天下……天有四时，时三月；王有四选，选三臣。是故有孟有仲有季，一时之情也；有上有下有中，一选之情也。三巨而为一选，四选而止，人情尽失。人之才固有四选，如天之时固有四变也。……尽人之变合之天，唯圣人者能之，所以立王事也。何谓天之大经？三起而成日，三日而成规，三旬而成月，三月而成时，三时而成功。寒暑与和，三而成物；日月与星，三而成光；天地与人，三而成德。由此观之，三而一成，天之大经一也。以此为天制，是故礼三让而成一节，官三人而成一选。三公为一选，三卿为一选，三大夫为一选，三士

① 《春秋繁露·五行相生》。
② 《春秋繁露·五行变救》。
③ 《董胶西集·诣垂相公孙弘记室书》。
④ 《春秋繁露·五行顺逆》。
⑤ 《春秋繁露·为人者天》。
⑥ 《春秋繁露·立元神》。

为一选。凡四选，三臣应天之制；凡四时之三月也。① 是故其以三为选，取诸天之经；其以四为制，取诸天之时；其以十二臣为一条，取诸岁之度。”②

这样一种层级相为隶属、上下数量整齐、天人互为观照的官僚建制，有其严整有序的方面。它在客观上要求，公卿大夫的选举应当来自“学而优”的知识分子，而不只是任用有军功的武将。它在情理上和运行机制上突出了教育制度与官吏选举制度之间的联系，凸显了教育的政治功能。它反映出董仲舒意图将万事万物纳入天人感应的宇宙系统之中，按照高度协同的秩序运转，以此驱动刘汉王朝的车轮顺利前进。当然，如同其天人相副思想一样，以数量的简单类比为特征的官制象天的机械论证，其牵强附会之处，是不言而喻的。

董仲舒精心论证并努力建设的这套官僚体制，是“自秦汉以来占最重要地位的非世袭的文官制度”③。它的确立，不但克服了儒家私门传学所不可避免地与现实政治的疏离感，以及文化传播方面的狭隘眼光，而且破除了法家“学在官府”“以吏为师”的独断性传统，集两家教育思想和方法之精华为一体，为大规模地培养人才开辟了道路。更为重要的是，它把政治教化的施行，家庭制度的建立和完善，与读书致仕的制度结合起来，构成了不同于先秦更不同于亡秦的文官制度，开拓了中国古代政治制度的新局面。教育制度与官吏选举制度相结合，形成了中国文化制度的一人特色。可以说，这是董仲舒等人的重大发明和贡献。

要指出的是，董仲舒“罢黜百家，独尊儒术”的愿望，与其读书致仕、政教合一的构想有着内在的联系。过去人们或是褒扬“罢黜百家，独尊儒术”对维护大一统政治局面的作用，或是强调其对百家争鸣、思想开放的压制，但都忽视了它在建设政教合一的文化制度方面的重要作用。实际上，“罢黜百家、独尊儒术”，其结果必然出现儒家重视礼义教化的思想独占鳌头的局面，也必然出现“学而优则仕”的局面。这两种情况的出现，势必加强政教合一文化制度的建设。因此，对“罢黜百家，独尊儒术”思想的评价，不能停留在儒、道、法之间的学派争鸣方面，也不能停留在“统一思想”的文化政策的层面，而要从制度文化建设的高度，从中国古代文化形态的形成机制方面做出新的评价。

---

① 此处疑有脱文。

② 《春秋繁露·官制象天》。

③ 邓思玉：《中国对西方考试制度的影响》，《哈佛学报·亚洲研究》1943 年第 7 期。

董仲舒政教合一的思想，对于以文官制度为核心和显著特征的封建官僚体制的形成起了助产婆的作用。它对于封建社会的稳定发展有着极为重大的制度建设之功。国际著名汉学家李约瑟博士指出："中国传统的官僚封建制度确实是自古以来的社会体系中最稳定不变的一种形式。……那个制度对于保证中国文化的延续性一直起着重要的作用……这种官僚制度的统治是非常成功的……最重要的一点是，这个制度2000年来搜罗了社会各阶层中最优秀的人才为之效力。只凭最后这一点就可以有力地说明，为什么西方的封建制度不得不让位于资本主义制度，而中国的官僚封建主义却可以平安无事地一直保持下来。"① 我认为，李约瑟的这个评价，是比较客观的，值得我们参考。

二、忠孝一致的家国合一论

董仲舒在天人合一、万物一统的思维导向下，从制度建设的高度，将家庭与国家的社会功能统合为一。他运用阴阳五行理论整齐万物，使家庭与国家在结构上趋于一致，并利用宗法社会忠君孝亲的共同社会心理，进一步从建构政治秩序的层面打通了家庭与国家之间的情感联系，将忠孝一致的宗法情怀与家国一体的尚同心理有机结合，从而收到了稳固统治秩序的功效。在董仲舒这类儒家心目中，"天心"仁民爱物灌注于整个宇宙之间；阴阳五行可以类分一切事物，它的流布，是扬善抑恶的"天理"的昭显。因此，家庭与国家之间，有着内在的和谐性和一致性。为此，董仲舒做了多方面的论证。

首先，家庭与国家都合于"天数"，是整个宇宙图式中的构成因素之一。董仲舒认为，天有"十端"：天、地、阴、阳、火、金、木、水、上、人。天地滋养人，人处天地之中，阴阳五行生克循环，推动天地、社会和人自身的运动。这"十端"的完整组合，便是"天之数"。② 其中，阴阳五行在"十端"中占其七，居于十分重要的地位。国家政治生活中的王霸杂用的施政方略（阳德阴刑），全国追随并服从君主（"以人随君"）的强制性规范，家庭伦理生活中的父子夫妻之规，都是阴阳本质属性的外化。这些，都是董仲舒认为的"天数"所先验而又逻辑地规定着的。正是通过对

① ［英］李约瑟著：《四海之内》，劳陇译，北京：生活·读书·新知三联书店，1987年，第27页。

② 《春秋繁露·官制象天》。

"天数"的哲学提炼和政治演绎，家庭和国家在宇宙图式中，同属不可超越的"天数"之列，成为不可分割的整体，此损彼损，此荣彼荣，增强了二者间的一体化趋势。

其次，家庭和国家的组织和管理原则是相同的。在董仲舒思想体系中，阴阳的广泛流布，决定着万事万物的特质；五行的相生相克，是"天欢之序"①，规定着天人各自的秩序，以及天人之间的秩序，不得违背。因此，在组织原则方面，突出并神化君主（"君父"）和家长（"家父"）思想的主导性、权力的至上性和神圣性，是必然的思想导向和价值目标。在治理原则方面，强调家庭内部和国家之间诸种关系的协调，各依其分地安然生活，是其现实的政治追求。实际上，集中反映封建家庭和国家生活关系的三纲五常的政治伦理原则，其内在哲学依据便是阴阳的尊卑、主从、表里，以及五行的生克运转的关系。

董仲舒将家庭与国家的构成要素、组织和管理原则强行扭为一体，其目的是为其大一统的政治理想做论证。学术界早已有人指出，董仲舒思想体系中吸收了墨子的天志思想。但论者的理论关注往往在于二者的"天"的内涵的异同方面，忽视了二者在"天"的旗号下，对"尚同"思想的阐发。其实，二者大谈天志、天意，其终极目的在于论证人事，即借天道以护人事。这个"人事"，从思想的前后相继的一面看，在墨子那里，是"天下之百姓，皆上同于天子"②，"天子又总天下之义，以上同于天"③。如果说，这种尚同思想在墨子那里主要是为了统一思想，让天子"一同天下之义"④ 的话，那么，在董仲舒这里，则不仅仅是为了统一思想，而更是为了整合家庭制度和国家制度，从而在新的理论高度上，为开创新的政治局面而做出新的贡献。

董仲舒继承了其思想先驱的思维方式和价值观念，进一步从哲学的理论高度和政治需要的层面，融贯忠孝一致的宗法情怀。他在回答河间献王关于"孝"为什么是"天经地义"的问题时，援用五行相生的道理说明父子之道，论证父授子受"乃天道也"⑤。同时，他又把"孝"说成是"地之义"。因为，"地不敢有其功名，必上之于天"，"勤劳在地，名一归于天"。他还一再调强，"五行莫贵于土"。这样，家庭生活和国家政治生活，都应

① 《春秋繁露·五行之义》。
② 《墨子·尚同上》。
③ 《墨子·尚同下》。
④ 《墨子·尚同下》。
⑤ 《春秋繁露·五行对》。

当仿效“土”之德，而“忠臣之义、孝子之行取之土”。同理，“下事上如地事天也，可谓大忠矣”。至于此前我们已经评说过的“君臣、父子、夫妇之义，皆取诸阴阳之道”①，则更是典型地表明其家国之间的组织和管理原则的高度一致性。而既然家国一体，忠孝一致，那么，孝于宗族长辈，便一定会忠于国家朝廷；而忠于国家朝廷，本身便是孝于宗族长辈的内在要求。因为，君权是父权的扩大，父权是君权的缩影。于是，董仲舒通过对忠孝原则和功能的一致性的推演，统合了家庭和国家的治理原则，驯化了人们的服从心理，从而有助于巩固封建统治秩序。

三、儒表法里的礼法合一论

在统治手法方面，董仲舒扬弃了先秦孔孟儒家的单一的仁政思想，继承并发展了荀子的思想，特别是吸纳了法家以法治国的思想，从现实政治需要出发，倡导阳儒阴法的礼法合一理论，化解了儒法两家势同水火的矛盾，使儒法两家在专制社会中分别扮演着牧师和刽子手的角色，各安其位，互为补充，共同承担着维护现实政治秩序的任务。

首先，他有机地糅合了孔孟仁礼一体与荀子隆礼重法的思想。秦汉之际，有些激烈批评秦王朝暴政的学者，其所用的思想武器，主要是孔孟的仁义学说。贾谊的《过秦论》，陆贾的《新语》，都是要“惩秦之失”，劝导君主怀仁施义，做到“去就有序”，以达到“旷日长而社稷安”的目的。应该说，这是看到了秦王朝片面任用法家学说、依恃暴力统治的弊端。然而，由于陆贾、贾谊之类的学者当时面临的主要任务是总结秦亡汉兴的政治经验，从思想上消除法家政治的阴影，并借此倡扬儒家学说，因此，用孔孟仁义教化的学说对治法家的严刑峻法，回避荀子的“重法”思想，就成为其必然的思路。这种思路有着明显的缺陷。姑且不说它在客观上隔断了先秦儒家思想发展的内在脉络，更主要的是，它没有认识到，国家机器的正常运转，绝不只是靠仁义说教便可维持的。

董仲舒一方面继承了汉初思想家们斥暴力、扬仁义的传统，正确分析了秦纯凭暴力而亡的深刻教训；另一方面，他也从政治实践中和理论建设方面看到了光有孔孟所宣扬的仁义说教，还不能长期稳定地维持社会的有序运转。因此，他吸纳了荀子的“重法”思想，以充实孔孟儒学的内涵。

---

① 《春秋繁露·基义》。

我们知道，荀子主张“礼治”，但不排斥“法”，而是将法纳入礼的规范之中。所谓“礼者，法之大分，而类之纲纪也”①，“治之经，礼与刑”②，“礼者，强国之本也”③ 等议论，便是其典型反映。在董仲舒这里，礼是“慎至容，序尊卑、贵贱、大小之位，而差内外、远近、新故之级”④。在这个政治前提下，他用天人合一的理论阐释其阳德阴刑的学说，要求君主厚德远刑，以仁、德、杀、罚配天的春、夏、秋、冬。这就既避免了公开鼓吹法家强权政治的弊端，又弥补了孔孟儒家说教万能的内在缺陷；既继承了仁义教化为主的孔孟儒家传统，又发挥了荀子隆礼重法思想的精义，从而贯通了先秦儒家思想的发展脉络，使仁礼一体和隆礼重法的思想不再分为两截，而是有机地融为一体。可以说，这是董仲舒对先秦儒家思想的重要发展之一。

其次，董仲舒吸收了法家的威势权术思想，并将其与儒家的治国之道相结合，使二者在功能上互为补充，共容所长。在商鞅那里，儒家的“仁义”“孝涕”“礼乐”等主张，是亡国害人的“六虱”（害虫）之类；在韩非那里，法家与儒家“不两立而治”，儒家学者是“五蠹”（蛀虫）之一。儒家学者对法家学说更是不屑一顾。而董仲舒则超越了先秦时期儒法两家之间狭隘的门户之见，使二者的治国功能交互为用，在专制统治的政治框架之中，相互容摄，发挥着各自的职能。董仲舒的具体手法是：在天人合一的思路引导之下，极力宣扬天人相类、天人相副，要求文教政令与自然节候相一致，阴与阳相配合。他说：“刑者，德之辅；阴者，阳之助。”⑤既然在自然节候方面，阴助阳而成岁，是“天理”之所在，那么，在社会政治领域，就必然应当以刑助德而成治。这便是礼表法里或曰阳儒阴法的治国论，同时，它也是一种全新的思想政治制度构想。根据这种构想，董仲舒主张君主治国要恩威并施，德刑兼用：“庆赏罚刑，异事而同功，皆王者之所以成德也。”⑥ 因此，他希望君主对人民要“设赏以劝之”，“设罚以畏之”，能够做到“既有所劝，又有所畏，然后可得而制”。⑦ 正是根据这种德刑并用的功利考虑，董仲舒虽然用儒家的王道政治标榜自己的仁政

① 《荀子·劝学》。
② 《荀子·成相》。
③ 《荀子·议兵》。
④ 《春秋繁露·奉本》。
⑤ 《春秋繁露·天辨在人》。
⑥ 《春秋繁露·四时之副》。
⑦ 《春秋繁露·保位权》。

德教理论，但同时相当重视法家的刑法权术思想，并用天人合一的理论体系包容、整合了儒法两家的思想，化解了两家的思想分歧，使其不再是水火不容的两端，而是互为补充的两手。

从总体上看，在秦汉之前，历代统治者对统治方略的认识，主要是经验性的、感觉型的。殷商时期的天命神权思想，以天神的绝对权威维护王权统治，是以神压人的强制性统治；周代统治者为了“保民”，在天命神权精神中引进了“敬德”的思想，虽有感化教育之义，但更多的还是天神在发威，因而仍然属于以神制人的强制性统治范畴；春秋战国时期，各国统治者的手法不一，但主要不外是两种：以周鲁晋绅之士的学说为主导的所谓仁德政治，即所谓王道；以申韩学说为旗帜的强权政治，即所谓霸道。前者耽于说教，流于空想；后者依恃暴力，失之野蛮。秦统一中国后，采取军事强权手段，处理和平时期的治国安邦问题，是典型的以力服人的政治。刘汉王朝代秦而起之后，其统治方略经历了由道而儒的演变，其公开的旗帜是王道政治，但也大量运用法家思想（比如萧何定《九章律》，吕后诛韩信，对大臣和郡国分而治之等）。其间，统治者对兴亡成败道理的探讨，逐渐摆脱了经验主义的治国方式的束缚，较之此前的诸多统治谋略，在思想上有所进步。然而，他们毕竟没有从理论建设的高度找到一种张弛结合、表里相配并适合不同历史条件的治国模式。

这个长期困扰统治者的巨大而深沉的理论问题，是由董仲舒解决的。董仲舒在继承汉初思想家积极因素的同时，创建了一个以天人感应为核心的庞大严谨的思想体系，将阳儒阴法的新构想纳入天人合一的理论框架之中，从而铸造了一个全新的统治模式。

董仲舒深知，不同思想流派有不同的社会功能，但都可以为我所用，成为维护统治秩序的工具。和董仲舒同时代的司马谈，在《论六家要旨》中指出：阴阳、儒、墨、名、法、道等学派的主张，都是“务为治者”。从致治效用来说，是“一致而百虑，同归而殊途”。也就是说，诸子百家的理论是多元互补，各有其用的。董仲舒当然也清楚地看到了这点。因此，他在力倡儒家仁义道德，要求“以德治国”的同时，也重视并真正采纳法家的法术势的思想。在他那里，儒家的仁义礼智、道德自觉，与法家的威势刑法、强制服从，已经不再是截然对立的两极，而是可以共容互补的两手。有的学者指出：“董仲舒实际上是进行过儒法互补工作的儒学大师。"① 这是符合历史实际的，也是深刻精辟的。

董仲舒用其天人合一的思想体系，规整不同思想流派，使儒法两家思想共同构成互为表里、阴阳相济的统治之网。这种王霸一致的新模式的形成，是历史发展的必然。从主观条件来看，董仲舒站在时代发展的前头，超越了不同学派之间的矛盾纷争，摆脱了经验性的、感觉型的治国思路的束缚，努力为封建专制国家的长治久安奠定思想基础。这样一种具有相当理性色彩的战略考虑，为其政治领域的建树提供了条件。同时，董仲舒建立的独具特色、空前严整的天人合一的思想体系，为王霸并用的新的统治模式的建构提供了哲学基础。从客观条件来看，从战国末期荀子开其端，到汉初陆贾、贾谊承其绪，逐步深化的文武并用的统治谋略，为董仲舒的理论建树提供了思想资料。汉兴以来，统治者在70余年的治国经历中，对统治思想的选择做了艰辛的探讨和大胆的尝试，为新的统治模式的构建提供了正反两方面的经验。汉武时期面临的种种社会现实问题，更为新的统治模式的出现提供了客观的社会条件。这一切表明，王霸并用的新的统治模式的建成，并不单纯是思想家的主观活动，也不是历史发展的线性进化，而是历史和现实的统一，主观和客观的一致，是君主专制中央集权国家成熟的必然要求和逻辑结果。

① 李锦全：《论我国传统思想文化中的儒法互补问题》，《江海学刊》1988年第1期。

蒙古族伦理政治视域下的孝*

内蒙古大学哲学学院　郭晓丽

中国历史上有长达千年的与域外文化、异质文化、多族群文化碰撞、交流、融合的历史经验，如汉代佛教的传入，五胡十六国时期的融会，元代蒙古族的统治，清代满族的执政，近代西学的传播等。最终形成中华文明通变、包容、和谐的文化精神。① 以儒家文化为代表的中原农耕文化与蒙古族草原文化的碰撞交融就是重要的一环，其中的经验得失值得深究。

在亚里士多德伦理学中，把德性分为两种类型：理智德性和伦理德性。理智德性侧重于个体智力和内在品格，伦理德性则强调与处理人际关系的规范相联系的德目。中国古代的伦理之德主要包括孝、慈、悌、敬、爱、友、忠。中国古代最早也最突出的伦理规范应推"孝"。②《孝经》概括曰："夫孝，德之本也，教之所由生也。"不论孝观念在历史上是如何演进，孔子的"慎终追远，民德归厚焉"始终是孝思想之历史价值和文化意义的经典性概括。

蒙古族作为北方游牧民族，其道德体系同样重视伦理德性。特别是当元朝游牧文化与中原农耕文化直接交汇碰撞之时，儒家孝的思想观念成为两种文化间形成认同的重要桥梁，也是深化两种文化共识的基础。突出表现在孝的思想及《孝经》受到蒙古统治者高度重视，在蒙古族社会精英的德性培育和民间社会的伦理教化中起到了重要作用。

---

* 本文系教育部人文社会科学研究规划基金项目"儒学与内蒙古文化生态的形成"阶段性成果，项目批号：13YJA20005。

① 杜维明总结以儒家为代表的中华文明是一种学习文明（《大学》"苟日新，日日新，又日新"，以开放的心态不断排除心灵积习而进步）、对话文明（传统经典以对话方式表达，对话需要容忍——承认——尊重——参照）、和谐文明（"和而不同"的境界，"和"是对"异"的尊重）。参见杜维明《体知儒学》，杭州：浙江大学出版社，2012 年，第 45 页。

② 以孝为首的"五教"是中国文化最初的道德规范。《左传》文公十八年：父义、母慈、兄友、弟恭、子孝。《孟子·滕文公上》父子有亲，君臣有义，夫妇有别，长幼有序，朋友有信。（陈来：《古代宗教与伦理——儒家思想的根源》，北京：生活·读书·新知三联书店，1996 年，第 301—302 页）

一、蒙古族统治者重视《孝经》的教化功能，认同孝观念的基本伦理价值

大量史料显示自元朝以来，以《孝经》为代表的儒家孝观念受到蒙古族统治者的特别重视。在窝阔台汗时期，蒙古族贵族子弟即接受《孝经》教育。《佐玄寂照大师冯公道行碑》："先是，承诏教授胄子十有八人。公乃于名家子弟中，选性行温恭者如其数，为伴读。令读《孝经》《语》《孟》《中庸》《大学》等书。庶几各人口传心授之间，而万善固有之地，日益开明，能知治国平天下之道，本自正心诚意始。"① 与此相关《孝经》的翻译也早已开始。有研究者指出，"《孝经》的古蒙古文译文本身则实际上出现的更早：从1229年起《孝经》已是汉族儒生教育蒙古王子们的教材"②。

忽必烈称汗以后，为适应政治文化的需要，进一步加强《孝经》及其思想在国家政治生活中的作用。《元史》：至元二十四年学制规定，"凡读书必先《孝经》《小学》《论语》《孟子》《大学》《中庸》，次及《诗》《书》《礼记》《周礼》《春秋》《易》"。大德十一年（1307）八月：辛亥，中书左丞孛罗铁木儿以国字译《孝经》进，诏曰："此乃孔子之微言，自王公达于庶民，皆当由是而行。其命中书省刻版模印，诸王而下皆赐之。"③

（明代）北元时期④，儒家思想仍在蒙古人中传播。据《明英宗实录》记载，正统年间蒙古瓦剌部落向明朝进贡，明廷回赏物品中有一部"夷字《孝经》"；有的蒙古王公贵族还学习《忠经》《孝经》。此外，明代还有由汉译蒙的《五伦规范》《五伦图说》等儒学资料在蒙古人中流传。⑤

（清代）从顺治帝入关至乾隆年间，在一个半世纪中，清廷大力传播和宣扬儒家文化思想，并为此采取了以下措施：在京城和蒙古地区及蒙古

---

① 萧启庆：《内北国而外中国——蒙元史研究》，北京：中华书局，2007年，第106页。

② 黄时鉴：《罗依果著〈孝经的古蒙古文译本〉简介》，《蒙古学资料与情报》1984年第2期。另外，根据《剑桥中国辽西夏金元史》引柯立夫《早期蒙文译本〈孝经〉第一章》、傅海波《蒙古统治下的中国史学》两文指出："蒙古统治者对《孝经》表现了极大的兴趣，下旨将此书译为八思巴蒙古文，并印行分发给蒙古诸王。"（参见［德］傅海波、［英］崔海德编，史卫民译《剑桥中国辽西夏金元史》，北京：中国社会科学出版社，1998年，第612页）

③ 宋濂等：《元史》卷81，《元史》卷22，北京：中华书局，1976年。

④ 1368年，明朝建立，元惠宗妥懽帖睦尔先后上都、应昌继续执政，史称北元。

⑤ 包文汉：《清代儒学在蒙古人中的传播与影响》《内蒙古大学学报》（人文社会科学版）2005年第2期。参见张帆等《蒙古民族通史》第2卷，第361页；中国蒙古文古籍总目编委会编《中国蒙古文古籍总目》，北京：北京图书馆出版社，1999年，第05751条。

八旗驻防将军、都统所在地区设立学校。《蒙古民族通史》一书第四卷统计有如下学校：蒙古义学、八旗学堂、蒙古清文学、八旗教场官学、绥远城蒙古官学、盛京蒙古官学、热河蒙古官学、吉林蒙古官学、八旗蒙古官学、国子监八旗官学蒙古馆、咸安宫蒙古官学、布特哈官学、归化城土默特地方官学。清廷统治者深知儒家文化思想的潜移默化之效应，因而大量编辑、印刷、颁布各种儒家经典作品。据《清史稿艺文志拾遗》统计，孝经类作品达104部。①

元、明、清的相关史料说明，蒙古族统治者重视《孝经》的教化功能，认同孝观念的基本伦理价值，其特点为：第一，重视孝的教化，体现为以官方开办国子学、地方官学为平台，将孝作为伦理教育的主要内容之一；第二，重视《孝经》的翻译和出版，有八思巴文、古蒙古文多种版本；第三，蒙古族统治者深谙孝作为"万善固有之地，日益开明，能知治国平天下之道，本自正心诚意始"的道德伦理价值，倡导"自王公达于庶民，皆当由是而行"。蒙古族统治者对于孝及《孝经》之所以特别重视，主要是看到了孝文化背后的深刻文化价值。

二、蒙古族伦理道德观念及其特征

蒙古族自身的社会化过程也是其伦理思想积淀的过程。成吉思汗统一蒙古各部后，希望建立一个以蒙古黄金家族为核心的统一政权，大汗具有至高无上的权力，人民要精诚团结、忠诚于大汗。这一社会规范的伦理思想基础源于长生天观念。蒙古人把"天"称为"腾格里"。按照蒙古人的萨满教信仰，"腾格里"既是诸神中的一员，又因其统帅诸神而成为最高神。它创造世间万物，世间一切都归"腾格里"掌管。因此，成吉思汗统一草原建立汗国，是上天派给草原人民的上天的代言人。成吉思汗依据当时草原人民普遍的敬天、畏天的思想，结合自己的传奇经历以及萨满教的思想，把"腾格里"这种观念作为统治社会的一种伦理思想基础。成吉思汗所以得到上天的护佑，在于其敬天过程中能做到"诚"。

伴随成吉思汗建立蒙古国，蒙古族传统道德观念得到进一步规范发展，"札撒"和"约孙"成为指导蒙古人行为的基本道德准则。"札撒"的主要内容是成吉思汗的言语（体现成吉思汗的意志）。"约孙"的主要内容

---

① 包文汉：《清代儒学在蒙古人中的传播与影响》，《内蒙古大学学报》（人文社会科学版）2005年第2期。

是蒙古人的传统禁约。在强调家族伦理的重要性方面，《成吉思汗箴言》中对于父子关系、夫妻关系有着明确的论说。凡子不率父教，弟不率兄教，夫疑其妻，妻忤其夫，男虐待其已聘之女，女慢视其已字之男，长者不约束幼者，幼者不受长者约束，高位达官信用亲近，遗弃疏逖，富厚之家不急公而吝财，若是之人，必致流为匪类，变为叛贼，家则丧，国则亡，临敌则遇殃我。《史集》曾记载成吉思汗之言曰："凡是一个民族，子不尊父教，弟不聆兄言，夫不信妻贞，公公不赞许儿媳，儿媳不尊重公公，长者不保护幼者，幼者不接受长者的教训……就会国弱民穷，并导致亡国。"①

要求对长者敬重乃至敬重贤者。北方游牧民族素有"贱老而贵壮"的风俗。但蒙古人认为长者有教训下一代的权力，强调不尊重长者的行为是不可饶恕的。《元朝秘史》多有记载，成吉思汗教诫曰："到长者处时，长者未发问，不应发言。长者发问以后，才应做适当回答。""经过三个贤人评定的话，可以在任何场所一再重复地说，否则就不可靠。"②

族群意识浓重。"成吉思汗建国后，大规模编组千户，将全蒙古的百姓均纳入了严密的组织系统之内，以千户取代了过去的部落、氏族组织，作为大蒙古国的基本军事单位和地方行政单位。……尽管如此，传统的部族观念依然存在，人们不但清楚地知道自己的族系，敬重本部族的祖先。"③

忽必烈及元朝时期伦理道德观念：忽必烈行汉法，在伦理道德方面提倡厚风俗、旌孝节……惠鳏寡、崇祭祀等。④ 忽必烈重视祭祀，将中原与蒙古族祭祀习俗融合，1263年"诏建太庙与燕京"。1266年忽必烈下令建造大都。"汉人极为重视对祖宗的崇敬，建造太庙表示忽必烈想保持有关敬仰祖宗的礼仪。忽必烈还为他的八位包括成吉思汗、窝阔台和蒙哥在内的祖先建造牌位。毫无疑问，相同的动机促使他在都城建立地坛和社稷坛。1271年他下令按汉人方式每年在这些祭坛进行祭祀，以便在神的保佑下确保丰收。"太庙的祭礼是在中原礼仪基础上融入蒙古族特点。"其祖宗祭享之礼，割牲、奠马湩，以蒙古巫祝致辞"。元中期开始，中原传统伦理观念"孝事父母、友于兄弟、勤谨、廉洁、谦让、循良、笃实、慎默、

① 史卫民：《元代社会生活史》，北京：中国社会科学出版社，1996年，第275页。
② 熊坤新等：《蒙古族伦理思想概述》，《新疆师范大学学报》2006年第2期。
③ 史卫民：《元代社会生活史》，第52页。
④ 史卫民：《元代社会生活史》，第282页。

不犯赃滥”的行止标准成为全国统一的道德标准。《元典章》卷3《圣政二·赐老者》：元朝承袭“礼高年”，对80岁以上的老人，可以“存侍丁一名”，免除其杂役，以侍养老人。90岁以上老人，“存侍丁二人”。①

总括这一时期蒙古族伦理道德观的特征为：第一，重视祭天祀祖及其政治功能；第二，重视忠诚，特别是下对上的忠诚；第三，重视家庭和族群的和睦，倡导对长者的尊重，敬重贤者；第四，有明确的道德约束观念。

三、解析儒家之孝与蒙古族伦理道德的关系

孝作为重要桥梁，促进了蒙汉文化的汇通融合，也是深化两种文化之间由沟通到理解，最终形成共识的基础。

本文认为从宗教——伦理的视角看，儒家之孝与蒙古族伦理道德的理论源头是非常相近的。而从文化人类学和政治道德意义解读，蒙古族吸纳了儒家孝文化的先进性和政治道德价值，并将其融入蒙古族精英政治道德的培养和社会伦理教化之中，成为蒙汉文化共识的基础性思想。从历史演进看，元朝时期的蒙古族统治者重视孝的伦理教化，与宋元明清大的历史背景是一致性的。

（一）儒家之孝与蒙古族伦理道德在理论源头上的相近性

近代人类学家无不把巫术的研究作为把握原始文化的主要途径，把巫文化看作原始文化的主导形态，并视为宗教与科学发展的最初萌芽。② 这一说法同样适用于考察儒家之孝与蒙古族伦理道德的思想源头。张光直《美术、神话与祭祀》指出，在某种程度上，中国古巫在个体形态上比较接近于在北亚洲通古斯语族和蒙古语族文化中所说的“萨满”。③ 陈来也说“的确，在神灵观念上古巫与萨满相近。尤其是，按照《楚语》所说，在绝地天通之前的巫觋是可以通天升天的，因此，绝地天通以前的巫觋是很

① 史卫民：《元代社会生活史》，第284页。

② 陈来：《古代宗教与伦理——儒家思想的根源》，北京：生活·读书·新知三联书店，1999年，第19页。

③ 张光直指出：“在古代中国，鬼神祭祀时充当中介的人成为巫，据文献的描述，他们专门驱邪、预言、卜卦、造雨、占梦。有的巫师能歌善舞，有时，巫就被解释为以舞降神之人。他们也以巫术行医，在作法之后，他们会像西伯利亚的萨满那样，把一种医术遣到阴间，以寻求慰解死神的办法。可见，中国的巫与西伯利亚和通古斯地区的萨满有着极为相近的功能，因此把‘巫’译为萨满是合适的。”（张光直：《美术、神话与祭祀》，沈阳：辽宁教育出版社，1988年，第35页）

近于萨满的”，“后来在多民族融合的历史中许多北方民族把他们的原始文化因素带入中原，以及近古民间社会巫术的存在”都是这种相近性的反映。[①] 不仅巫与萨满相近，从蒙、汉民族早期的宗教形态和伦理意识看，其思想渊源都与祭天祀祖等信仰相关。考察儒家孝的思想来源也不例外。今天我们所理解的儒家孝道以敬事父母、友恤亲族为特征，但就思想文化的历史演进看，孝道文化源自古代巫觋文化和祭祀文化。

从“天”的观念看，西周取代殷商，强调的“以德配天”，与蒙古族的“腾格里”观念，其中的“天”都是有人格意义的天，突出君权神授，彰显统治者以“诚”和“德”获授于天。

从“孝”的观念看，在西周及以前，“孝”的内涵主要表现为“尊祖敬宗”，并以祭祀的形式表现出来。西周孝的对象是神祖考妣，非健在的人；主要内容为“尊祖敬宗”“保族宜家”（“家”指宗族共同体），凡君宗惠于族人和下辈的行为，皆可赅之以孝。以父为对象的孝只限于君宗的范围，是调节君宗与储君嗣宗关系的重要政治准则，与后来孔孟儒家倡导的“善父母为孝”“孝莫大于严父”之“孝”有本质的差异。[②] 可见，孝的观念产生之初，并不主要表现于父子伦常之孝。当时“孝”以“追孝”“享孝”来表述，表明孝的主要内容是祭祀祖先。忽必烈接纳和认同敬天地、崇祭祀的观念，“因为这些观念实际上与蒙古人的传统观念十分接近”[③]。

陈来在分析宗教发展历程时指出，“人类社会的宗教发展表明……适应大的社群和族群的真正宗教的出现，必然是宗教思想与伦理原则的结合”。蒙古族宗教与伦理的结合当属此类。但以儒家为代表的汉文化，正像陈来所说“当中国‘真正的宗教’开始出现或成熟时，它自己又已经不是‘真正’的‘宗教’了”[④]。因为当西周作为宗教的“天命”思想形成时，天命观中已充斥着高昂的重德和民本思潮，人文化成为儒家文化的主导。这是孝文化由祭祀文化转为政治道德的忠孝文化的重要标志，也是儒家孝文化与蒙古族祭祀文化的不同所在。

（二）蒙古族伦理道德对儒家孝思想的政治和文化认同

从文化人类学视阈和政治道德意义解读，蒙古族吸纳了儒家孝文化的先进性思想和政治道德价值，并将其融入蒙古族精英政治道德的培养和社

---

① 陈来：《古代宗教与伦理——儒家思想的根源》，第 45、46 页。

② 查昌国：《西周“孝”义初探》，《中国史研究》1993 年第 2 期，转引自肖群忠《孝与中国文化》，北京：人民出版社，2001 年，第 14 页。

③ 史卫民：《元代社会生活史》，第 281 页。

④ 陈来：《古代宗教与伦理——儒家思想的根源》，第 146、149 页。

会伦理教化之中，成为蒙汉文化共识的重要思想资源。

如果说三代的孝以尊祖敬宗为重要特征的话，至少到殷商末期和周朝初期，作为家庭伦理的“五教”已成为重要的德行，它们是父义、母慈、兄友、弟共、子孝（《左传》文公十八年）。① 其中表现了统治者对孝的提倡和教化目的。为什么西周时期更重视孝的伦理德行呢？究其原因，周礼作为社会规范，其重要意义在于巩固宗法秩序，强化宗族内部成员之间的凝聚力，因此作为家庭、家族或宗族伦理的孝受到特别的重视。从西周到春秋的历史变迁，体现了孝观念从宗教意义向人伦、道德的转变。从宗教意义上的祭祖到人间性的事亲，其社会伦理要求凸显出来。孔子的“慎终追远”其实质是指向“民德归厚”；“孝悌也者，其为仁之本欤”的思想正是对这种转变的理性化提升。儒家重孝不仅体现在对祖先的祭祀上，更强调亲和情感以及对家庭家族的责任和义务，形成了一种伦理型文化类型。

但为什么从宗教意义向人伦、道德转变后的儒家孝文化与蒙古族伦理能够融合？“这种人文实践的理性化，并不企图消解一切神圣性，礼乐文化在理性化的脱巫的同时，珍视地保留着神圣性与神圣感，使人对神圣性的需要在文明、教养、礼仪中仍得到体现。”② 儒家的这种文化态度为吸纳蒙古族宗教和伦理观念开辟了通道。基于这种对神圣性的保留，儒学经汉代的“独尊”最终与伦理——政治相契合，经唐宋的经学化、理学化，成为一套政治伦理架构。在蒙元时代，特别是忽必烈建立元朝后，其政治功能和范式最终被蒙古族统治者认同。

（三）重视孝的伦理功能是宋元明清大历史背景的底色

蒙元时代蒙古族统治者重视孝，明清以来儒家孝的思想仍然影响着蒙古族的伦理道德观念，与宋元明清几百年间中原汉族政治统治中对孝的高度重视，强化“孝”的伦理道德功能的大背景是一致的。这一时期对教化高度重视并收到实效表现在多个方面。首先是朝廷大兴学校，地方广建书院，并在乡镇广泛建立社学、村塾，将教化普及广大农村。其二，乡规民约和家范、家训、家规普遍出现，使道德教化落实到基层乡里和诸多家庭。其三，明初太祖朱元璋颁发《教民六谕》，清初康熙、雍正年间形成较六谕更为详备的《圣谕广训》，又使对民众的教化有了一个全国性的统一纲领，并通过官府运用行政手段有效地予以推行。其四，私人讲学之风大兴，遂使理学的伦理思想得以普及。最后，更值得注意和重视的是，戏

① 杨伯峻：《春秋左传注》（修订本），北京：中华书局，1986年，第638页。

② 陈来：《古代宗教与伦理——儒家思想的根源》，第12页。

剧、小说、说唱艺术在这一时期的发展、繁荣，为传统道德在广大民间的普及开辟了更为广阔的通道。①

结　语

在奠定中华帝国统一的历史国家版图和精神文化气质方面，元代是其中重要的一环。儒学与蒙古族思想，汉族与蒙古族，中原与北方草原，农耕文化与游牧文化，两者始终是伴生关系，你中有我，我中有你。② 基于宗教——伦理视角解读蒙汉文化意识，因地域和传统信仰的相近性，它们具备了交通融合的思想基础。以儒家为代表的汉文化以其人文转向和哲学的自觉，在历史长河中持续演进和发展，成为一种文化范式。在元代蒙汉的相遇中，这种范式的作用进一步被蒙古族统治者所认同，构成共同的中华文化精神。其中孝是一个典型的文化交融的事例。

① 张锡勤：《宋元明清愚忠愚孝》，《道德与文明》2006 年第 2 期。

② 李零：“现代中国的版图是拜少数民族之赐，特别是北方少数民族之赐。明代的疆域是元代的遗产，民国的疆域是清代的遗产。汉族的天下也是少数民族的天下。”“中国，北方是欧亚草原，西部是青藏高原和天山南北，农业离不开畜牧业，畜牧业离不开农业，二者是共生共荣的关系。我们千万不要忘记，中国文明是东亚文明的一部分，它是这个范围内农业民族与骑马民族的共同创造。”（李零：《我们的中国·茫茫禹迹》，北京：生活·读书·新知三联书店，2016 年，第 27—28、32 页）

论秦国从古国、方国到帝国的伦理选择*

宝鸡文理学院政法学院　王兴尚

秦国的“帝国体系”脱胎于西周的“天下体系”。秦国经历了古国、方国、帝国三个发展阶段，这三个阶段都是在不断扬弃西周“天下体系”即天命信念、德性伦理、礼乐文明的过程中展开的。西周的“天下体系”在世界文明史上有其独特底蕴，如果要把西周文化和古希腊文化做一个跨文化比较，可以发现中国文化在源头上已经与西方文化存在着巨大差异。杨龙在《从城邦主义到国家主义》中指出，古希腊“城邦伦理”演变出的西方世界，有一个从城邦主义到国家主义的发展路径，尤其是从13世纪到16世纪末先后形成了神学国家观、城市国家观和国家主义三个发展阶段，但却没有发展出天下理论的世界观念。① 赵汀阳在《天下体系》中指出，由城邦伦理演变出来的西方民族/国家理论方案形成的“世界”，现在还是一个“非世界”。人类面临的严重问题并不是在世界中存在“无效国家”，而是“无效世界”。② 造成这一尴尬窘境的原因是西方的国际秩序理论缺乏世界理念与世界制度。尤其是一切皆从自我思考，这就把自己与他人、信徒和异教徒、西方与东方对立起来。这就是西方的基本政治伦理意识，它不对世界负责任。而中国周代的“天下伦理”模式则为解决“无效世界”提供了一种有益的思路和资源。天下思维的特点是：四海一家的大同意识；超越丛林原则的德性原则；以德服人，崇尚人文礼乐教化；确立了“己所不欲，勿施于人”的道德金律。中国社会虽然缺乏公民—市民社会的思想，但却发展出一套天下主义理论——“天下伦理”。这在世界文明

* 本文的研究获得“秦国崛起的责任伦理角度研究”（13XZX021）国家社会科学基金项目资助，本文是该项目阶段性成果之一。

① 杨龙：《从城邦主义到国家主义》，《云南行政学院学报》1999年第1期。

② 赵汀阳：《天下体系》，南京：江苏教育出版社，2005年。尽管赵汀阳先生近年解释“天下体系是一个弱于乌托邦的可能世界，因为天下体系并没有设想一种理想的可能生活，而只是讨论了理想的可能生活所需要的可能世界的存在论条件。就是说，天下体系讨论的问题属于存在论的层次，试图分析的是一个和平的世界需要什么样的存在论条件”。（见赵汀阳《天下体系的未来可能性——对当前一些质疑的回应》，《探索与争鸣》2016年第5期）但是，以西周德性伦理主宰的天下体系思考历史仍然具有启发意义。

史上是非常独特的。西周的“天下体系”及其伦理如何嬗变为秦国“帝国体系”及其伦理的呢？本文尝试对这一历史过程做探索与分析。

一、西周“天下体系”衰微与秦国的边缘崛起

西周的“天下体系”是以天命信念、德性伦理、礼乐文明为基础的。侯外庐在《中国思想通史》中指出，殷人没有德、孝并称的观念，“周人才把德、孝并称，德以对天，孝以对祖”。德、孝观念与宗教信仰相关，他指出：“上帝是一般神，祖先是特别神。伦理上所产生观念也是和宗教相应的，也有一般的观念‘德’，也有特别的观念，即‘孝’。”① 金春峰在《西周“孝”德的历史考察》中也指出，在周代“孝”属于私德的范畴，“德”与政权转移联系，是国家政权之合法性的基础，属于公德的范畴。② 由此可见，宗教中至上神“天”与祖先神分离之后，伦理上的公德之“德”与私德之“孝”随之而分离。“孝”以配祖祢，与家族承传的合理性信仰相联系；“德”以配天命，与国家权力的合法性信仰相联系。于是，周人以天命信仰为基础的德性伦理结构就形成了，并通过周公等人制礼作乐，为西周“天下体系”奠定了基础。这样，周代的“天下体系”便成了王国维《殷周制度论》中所说的“道德之器械”。王国维指出：“欲观周之所以定天下，必自其制度始矣。周人制度之大异于商者，一曰立子立嫡之制，由是而生宗法及丧服之制，并由是而有封建子弟之制、君天子臣诸侯之制；二曰庙数之制；三曰同姓不婚之制。此数者，皆周之所以纲纪天下。其旨则在纳上下于道德，而合天子、诸侯、卿、大夫、士、庶民以成一道德之团体，周公制作之本意，实在于此。”③

正因为西周“天下体系”中天命信念、德性伦理、礼乐文明的价值观，才有了八百诸侯组成的政治军事一体化邦国联盟。《尚书·泰誓上》指出：“同力度德，同德度义。受（纣）有臣亿万，惟亿万心；予有臣三千，惟一心。”《尚书·泰誓中》也说：“受（纣）有亿兆夷人，离心离德。予有乱臣十人，同心同德。虽有周亲，不如仁人。天视自我民视，天听自我民听。百姓有过，在予一人。”可见，将八百诸侯联系起来的就是这

① 侯外庐：《中国思想通史》第1卷，北京：人民出版社，1975年，第53—55页。

② 金春峰：《西周“孝”德的历史考察》，王兴尚主编：《周秦伦理文化与现代道德价值国际学术研讨会论文集》，西安：陕西人民出版社，2008年。

③ 王国维：《观堂集林·殷周制度论》，石家庄：河北教育出版社，2003年，第232页。

"同心同德"的德性伦理价值观！正是周文王、武王、周公等楷模先知们的德性伦理价值观熏陶出整个周代充满天命、德性、礼乐的民族精神。这种民族精神为周人提供了强大的民族凝聚力。① 西周前期的文、武、成、康、昭、穆之世，能够依照天命信念、德性伦理以及礼乐制度维系周人的天下秩序，是西周德性伦理"天下体系"的鼎盛时期，也是中国古代文明社会的典范时期。

西周的"天下体系"从周懿王（懿王姬囏，前899—前892）开始发生变异，天命信念沦丧、德性伦理衰落与礼乐制度松懈，造成周王朝政治权力失落与精神信仰迷茫。据《史记·周本纪》记载："周懿王之时，王室遂衰，诗人作刺。"周王室与诸侯矛盾加深。据《古本竹书纪年》记载：周夷王三年"王致诸侯，烹杀齐哀侯"。据20世纪40年代陕西扶风县任家村出土的《禹鼎》记载：周夷王之时，鄂国不断扩张，与周王室交恶，鄂侯驭方竟率南淮夷、东夷共同叛乱，攻入西周腹地，将周王室推向崩溃边沿。接着周厉王（厉王姬胡，前877—前841）暴虐，独占山泽之利，引起国人暴动，周厉王被驱逐出王都，自死未归。周宣王（宣王姬静，前827—前782）即位，不籍千亩，周朝的籍田礼废弛，虽然抵抗西戎一度控制了来自西方的威胁，可是，宣王晚年与西戎的战斗接连失利。周幽王（幽王姬宫涅，前781—前771）宠爱褒氏，导致王室内部两派权力斗争，由于周王室与申、缯、犬戎联军决战失败，都城被攻破，周幽王被杀，西周灭亡。周幽王之祸，最终导致西周"天下体系"轰然崩塌。中国社会进入"礼崩乐坏"的春秋战国时代，这是一个长达五百四十年的无政府状态时期。然而，处于"中国"边缘的秦国却在这一乱世中强势崛起，西周创造的"天下体系"也被秦国的"帝国体系"取而代之。

二、秦国古国、方国到帝国崛起"三部曲"

秦国崛起经历了从古国、方国到帝国的"三部曲"。苏秉琦指出中国古代国家起源从古国、方国到帝国发展阶段的三部曲以及原生型、次生型、继生型发展模式三类型，在中原地区的次生型中秦国最具典型性。②

其一，古国时期。在西周与东周交替时期，周孝王（孝王姬辟方，前886—前892）于公元前890年左右封"养马有功"的非子于秦，为周王室

① 王兴尚：《论周人的德性伦理》，《伦理学研究》2011年第2期。

② 苏秉琦：《中国文明起源新探》，沈阳：辽宁人民出版社，1994年，第163页。

之附庸；周平王（平王姬宜臼，前770—前720）于公元前770年前后封“勤王有功”的秦襄公为诸侯，秦国与晋国、郑国等共同扶持周王室，这是秦国的古国时期。周幽王之祸，京畿之地的贵族重臣埋下祖传重宝纷纷逃跑的时候，秦襄公却出兵勤王，护送周平王东迁，秦人义无反顾地承担起了保卫西部边疆的历史责任。公元前770年秦襄公被封为诸侯，秦国正式立国，秦襄公随后与其他诸侯国互通使节，互致聘问献纳之礼。秦襄公成为诸侯后，居住于西垂（今甘肃省礼县一带）。《史记·十二诸侯年表》记载：秦襄公十二年（前766年），“平王五年，秦襄公伐戎，至岐而死”。秦襄公伐戎路线估计是沿汧水河谷前进，20世纪70年代末80年代初在陇县边家庄有数座春秋早期秦墓被发掘，学者认为此墓与秦襄公当年的伐戎行动有关。秦文公三年（前763年），“文公以兵七百人东猎。四年，至汧渭之会”，并在此营造城邑。秦文公十六年（前750年），“文公以兵伐戎，戎败走。于是文公遂收周余民有之，地至岐，岐以东献之周”。秦文公控制了渭河平原西部的宝鸡地区，经营了四十六年，于公元前716年去世。秦文公的孙子秦宪公徙居平阳，并向东进军消灭了盘踞于丰镐附近（今西安市长安区）的戎人小国亳。据《史记·秦本纪》记载，“遣兵伐荡社。三年，与亳战，亳王奔戎，遂灭荡社”。秦武公即位（前697年）“武公元年，伐彭戏氏，至于华山下，居平阳封宫”。秦武公伐彭戏之戎，将秦国力量推进到了渭河平原东部。为了巩固西部根据地，公元前688年灭位于陇西地区的邽戎、冀戎，县之；公元前687年灭关中地区的杜、郑，县之；同年还灭了小虢。这是秦国建立郡县制的开端。秦德公迁都于雍，秦国制定了要后世“子孙饮马于河”的国家战略。据《左传·僖公十一年》记载，周襄王三年（前649年），“夏，扬、拒、泉、皋、伊、洛之戎同伐京师，入王城，焚东门，王子带召之也。秦、晋伐戎以救周”。这是秦人再一次履行勤王救周的国家责任。秦国在古国时期有八位君主在位：秦襄公（前777年—前766年在位）→文公（前762年至汧渭之会）→静公（不享国）→宪公→出子→武公→德公（前677年，迁都于雍）→宣公→成公（前663年—前660年在位）。

其二，方国时期。在春秋时期，大国争霸，挟天子以令诸侯，秦穆公称霸西戎，成为春秋五霸之一，此时秦国进入方国时期。秦穆公非常重视人才，在其任内获得了百里奚、蹇叔、丕豹、公孙枝等贤臣的辅佐，曾协助晋文公回到晋国夺取王位，晋国的国家实力大增。秦国在方国时期的霸业，为四百年后秦统一中国奠定了基础。对于戎人之害，据《史记》记载，秦穆公三十七年（前 623 年），“秦用由余谋伐戎王，益国十二，开地千里，遂霸西戎。天子使召公过贺缪公以金鼓”。徐日辉先生指出“从公元前 890 年左右非子受封到公元前 822 年秦仲被西戎杀死，到秦穆公灭戎十二国，再至秦孝公元年（前 361 年）西斩戎之源王，前后 500 余年总算扫清了渭水上游的西戎诸国，真正做到西方霸主的地位”①。至此，秦国作为方国崛起于中国西部。秦国在方国时期有十六位君主在位：公元前 623 年，秦穆公灭西戎十二国→康公→共公→桓公→景公→哀公→惠公→悼公→厉共公→躁公→怀公→灵公→简公→惠公→出公→献公（前 383 年迁都栎阳）。

其三，帝国时期。在战国时期，华夏列国灭国兼并，争夺天下，秦国在秦孝公用商鞅变法后迈向帝国之路，“四世有胜”，秦始皇最终消灭六国，统一天下，这是秦国的帝国时期。从商鞅变法到嬴政统一战争之前，秦国剑指东方，同六国作战六十五次，获全胜的五十八次，斩首一百二十九万，拔城一百四十七座，建立了十四个郡。其实，秦昭王已经为帝国的建立奠定了坚实基础。秦始皇嬴政即位后，消灭嫪毐、吕不韦等势力，用李斯、尉缭等人，进行了十年的统一战争，先后灭掉韩、赵、魏、楚、燕、齐东方六国。秦始皇废除分封制，实行郡县制，将全国分为三十六个郡，后来增至四十六个，以家产官僚制治理天下，推行书同文、车同轨、行同伦、统一度量衡等对后世影响深远的政策。秦始皇在位期间，主持修建了多项大型工程，包括开挖郑国渠、修筑长城、修建直道等。秦朝建立后所推行的政策及典章制度，对中国历史的影响广泛而深远。秦国在帝国时期有“一公六王二帝”：公元前 359 年，秦孝公用商鞅变法，公元前 350 年，迁都咸阳→惠文王→悼武王→昭襄王（荀子：“秦四世有胜，非幸也，数也。”）→孝文王→庄襄王→始皇帝（公元前 221 年，六国皆亡，全国统一）→二世皇帝→秦王子婴（公元前 206 年，秦王子婴向刘邦投降，秦亡）。

三、秦国应战无政府三状态与秦国伦理选择三类型

西周灭亡后，东周王室沦落，“天下体系”解体，华夏民族先后陷入三种无政府状态。这三种无政府状态与美国学者温特的三种无政府状态即

① 徐日辉：《早期秦与西戎关系考》，《宁夏社会科学》2005 年第 1 期。

霍布斯状态、洛克状态、康德状态相似。① 康德状态以朋友关系为特征，洛克状态以竞争者为特征，霍布斯状态以敌人关系为特征。秦国的古国时期、方国时期、帝国时期分别对应着这三种无政府状态。古国时期的国家之间类似于由朋友角色构成的康德状态；方国时期的国家之间类似于由竞争对手的角色构成的洛克状态；帝国时期的国家之间类似于由敌人的角色构成的霍布斯状态。对于三种不同的无政府状态的挑战，秦国积极应战，并且经历了一系列自然选择过程，包括地理选择、政治选择、伦理选择。由此便产生秦国应战三种无政府状态的三种伦理类型的选择：德性伦理、生存伦理、责任伦理。

1. 秦国在古国时期的康德无政府状态与德性伦理选择。秦国在古国时期，周王室东迁，秦国与周王室及其诸侯国的关系类似于康德无政府状态。温特认为，康德无政府状态是由朋友的角色结构确立的，其核心是友善。国家之间相互视为朋友，并遵循非暴力规则和互助规则。这不是说朋友之间没有利益冲突，而是他们不使用暴力解决利益冲突问题，其逻辑是安全共同体。秦国与东方诸侯国的关系就是一种康德状态。秦襄公被封到周王室故地“岐丰之地”，便有“车马礼仪之好”；秦文公东猎汧渭之会，“收周余民而有之”；秦襄公在西垂设立西畤、秦文公在关中设立鄜畤祭祀白帝少昊氏，秦宣公在渭南兴建密畤，祭祀东方之神青帝。秦国不但自觉认同西周文化而且以华夏族文化正统自居。秦人认为自己与周人以及其他国一样都是炎黄子孙，秦国属于颛顼高阳氏的后裔，如秦公一号大墓石磬铭文：“高阳有灵，四方以宓平。”② 秦人还认为，大费柏翳助大禹治水，建立了功勋，舜帝曾赐姓为嬴。所以嬴秦认为自己属于诸夏之一。如《秦公簋》铭文：“秦公曰：不显朕皇且，受天命鼏宅禹绩；十又二公，在帝之坯。严恭夤天命，保业厥秦，虩事蛮夏。余虽小子，穆穆，帅秉明德，剌剌桓桓，万民是敕。”意思是秦国君主接受上天之命，正在履行大禹那样的天下责任或者要建立大禹一样的伟大功绩。秦国君主为了治理好秦国，认真做好对待蛮夷和诸夏的工作。遵循光明的德性，一定要把万民治理得安定和谐。此种状态下秦国与周王室关系密切，与其他诸侯国互通使节，互致聘问献纳之礼。除了护送周平王，公元前 635 年，秦国与晋国联合出兵伐戎平息王子带之乱，以救周襄王。在古国阶段，秦国尚有西周文

① ［美］亚历山大・温特：《国际政治的社会理论》，秦亚青译，上海：上海人民出版社，2000 年，第 328—331 页。

② 王辉：《秦出土文献编年》，台北：新文丰出版公司，2000 年，第 33 页。

化中天命信念、德性伦理、礼乐文明的余韵。

2. 秦国在方国时期的洛克无政府状态与生存伦理选择。洛克无政府文化是由竞争对手的角色结构建立的，核心内容是竞争，竞争双方相互承认生存和财产权利，不以消灭对方为终极目的。其逻辑是“生存和允许生存”。在春秋时代，齐桓公曾经“九合诸侯，一匡天下”，此时的秦穆公履行秦国的国际责任，救患、分灾、讨罪，帮助晋、楚等国家兴邦、复国。《左传·僖公元年》指出：“凡侯伯，救患、分灾、讨罪，礼也。”这是履行大国责任的基本要求。秦国在履行分灾恤邻的责任方面，“泛舟之役”堪称典范。秦国在履行救患扶危的责任方面，辅助晋惠公、晋文公执政也很典型。晋国发生骊姬之乱，公子夷吾、重耳流亡在外。据《左传·僖公九年》记载：“齐隰朋帅师会秦师，纳晋惠公。”可是，晋惠公违背国家伦理，对秦国背信弃义，与秦国兵戎相见。结果，“襄王三年而立晋侯，八年而陨于韩，十六年而晋人杀怀公”。这时，楚国将晋国公子重耳送到秦国，秦穆公为之纳女五人，并飨宴重耳。据《韩非子·十过》记载：秦穆公“革车五百乘，畴骑二千，步卒五万，辅重耳入之于晋”。晋文公重耳不负众望，果然成就了晋国的大业。秦国在履行讨罪复国的责任方面，还有一个典型事例就是申包胥请求秦哀公派兵救援将要亡国的楚昭王。据《左传·定公四年》记载：申包胥“立依于庭墙而哭，日夜不绝声。勺饮不入口，七日。秦哀公为之赋《无衣》。九顿首而坐，秦师乃出”。秦国的子蒲、子虎率车五百乘以救楚国。

3. 秦国在帝国时期的霍布斯无政府状态与责任伦理选择。霍布斯无政府文化是由敌人的角色结构确立的，核心内容是“敌意”。国家之间的敌对使它们表现出以下的行为取向：摧毁、消灭或改变对方；任何事件都会与敌意联在一起；军事实力被视为至关重要；无限制使用暴力，直至消灭对方或被对方所消灭。在这里，丛林法则主导一切，暴力是唯一的逻辑。秦国在帝国时期实行的是霸王之道的责任伦理。霸王之道是吞并列国的战略目标；责任伦理是霸王之道即处理国际关系的伦理在秦国内部的延续，是实现秦国战略目标的行为规范。从战国时期的历史来看，田氏代齐，三家分晋，周人宗法制度的血缘温情消失了，取而代之的是战国时代夺地、杀人、灭国，你死我活的争霸战争。秦国在险恶的生存压力下，不得不做出一种伦理选择。其中，商鞅三说秦孝公，秦国选择霸王之道就是一个典型。商鞅变法颠覆了西周的德性伦理，抛弃了春秋时代的生存伦理，建立了以成就霸王之业为目的的责任伦理体系。秦惠王用张仪之谋连横合众，秦昭王用范雎之策远交近攻，秦国在内部实施的责任伦理，其目的是要对外夺地、杀人、灭国，最终实现国家战略目标：消灭六国，统一天下，成就霸王之业。秦国实现霸王之道的责任伦理包括以下几个方面：

其一，通过家庭分户制度，形成家庭责任伦理。商鞅变法运用经济手段即税赋率的规定，来让大家族分户："民有二男以上不分异者，倍其赋。"即通过加倍征收赋税来强制推行以一夫一妻及其未成年子女构成的小家庭。"令民父子兄弟同室内息者为禁。"就是说，成年的子、弟必须分户，任何家族都严禁父子、兄弟同室而居。家庭分户制避免了大家族中的余子游手好闲，使每个家庭成员都承担责任。一是杀敌立军功，获得军功爵位，即"有军功者，各以卒受上爵"；二是努力从事农业生产，获得粟功爵位，有爵位者享有免除徭役的一定权利，即"致粟帛多者复其身"。

其二，通过什伍连坐制形成连带责任伦理。在商鞅变法中，商鞅将秦国百姓重新编制，五户为一"伍"，十"伍"为一"什"。一人有罪，诸家检举，否则就要连坐，军中也是如此。连坐制使每个人"行间无所逃，迁徙无所入"。连坐制度，使得秦国乡里的农民只得遵守法令，不敢作奸犯科；军队中的士卒只能从令如流，冲锋陷阵，战死沙场也不敢逃跑。后方的军工生产也实行严密的连带责任管理制度："物勒工名，以考其诚；工有不当，必行其罪，以穷其情。"（《吕氏春秋·孟冬纪》）秦国的军工管理制度分为四级，从相邦、工师、丞到一个个工匠，层层负责，任何一个质量问题都可以通过兵器上刻的名字查到责任人，出了质量问题都要承担连带责任，这使得秦国生产的军工产品件件精良。

其三，通过郡县官僚制形成行政责任伦理。在全国实行郡县制，以逐步取代分封诸侯的制度，地方行政控制代替了血缘家族的宗法统治，从而加强了层级政治责任，同时也加强了君主的权势。商鞅变法开阡陌封疆，废除井田制，消灭分封制的经济基础，把全国的小都、小乡、小邑合并为县，设置县令和县丞。县令、县丞全都由国君来任免，不得世袭。全国的政治军事权力集中到了国君的手中，君主集权的政治体制在秦国正式确立起来。

其四，通过皇帝制及官僚制形成国家责任伦理。秦国最高政治决策机构还通过委托—代理关系，实行最高领袖所有权与国家行政管理权的二权分离：秦国独立创造了"丞相"这一正式官名。据《史记·秦本纪》记载，秦武王"二年，初置丞相"。丞相上承最高统治者君主的命令，领导百官管理整个国家的事情。这就和那些有三卿或者六卿执政的诸侯国明显不同。秦国废除贵族封建制，实行郡县官僚制，“事在四方，要在中央。圣人执要，四方来效”（《韩非子·扬权》）。建立了家产官僚制的行政责任伦理结构。

小　结

秦国从古国时期、方国时期到帝国时期，经过了严酷的自然选择。就地理选择而言，偏安西陲、固守关中、雄踞天下，秦国最终选择了雄踞天下；就政治选择而言，帝道、王道、霸道，秦国最终选择了霸王之道；就伦理选择而言，德性伦理、生存伦理、责任伦理，秦国最终选择了实现霸王之道的责任伦理。秦国从古国、方国到帝国的生存竞争与自然选择，是中国古代伦理从德性伦理、生存伦理到责任伦理的三次转型，也是中国古代国家从邑制国家、领土国家到统一帝国的转变。秦国将西周的“天下体系”升级到“帝国体系”，这给西汉以后儒家的“天下—国—家”理念带来了新的理想空间。

探寻王道与君权之间的动态平衡

——浅析孙复《春秋尊王发微》中的尊王之论

中国政法大学人文学院哲学系　王心竹

宋代，尤其是北宋，《春秋》引起当时士大夫的重视，对它的注疏研读成为显学，究其原因，乃多种合力共同作用的结果。作为五代时期最后一个利用军权夺取政权的皇帝，赵匡胤对武将甚多防范和忌惮，采用了重文轻武的国策，以文官代替武将行职。而且，“自太祖勒不杀士大夫之誓，以诏子孙，终宋之世，文臣无欧刀之辟”①。这既保持了内部政治的相对稳定，又为经济和文化的发展提供了相对安宁的社会环境。

一方面是文化政策上的宽容，另一方面则是政治上有待进一步加强中央集权的诉求。这是因为，自唐代“安史之乱”以后，地方藩镇的割据势力不断抬头，以致五代十国时期，变国如变舍，“君君臣臣、父父子子之道乖，而宗庙朝廷人鬼皆失其序”②。为了不再重蹈覆辙，宋代在建立之初即“以防弊之政，作立固之法”，皇帝直接控制军事、财政、行政大权，削弱州郡实力；随后又加强禁军制度、建立通判制度和转运使制度，使一切权力集中到皇帝个人手中。正如朱熹所言：“本朝鉴五代藩镇之弊，遂尽夺藩镇之权，兵也收了，财也收了，赏罚刑政一切收了。州郡遂日就困弱。”③ 叶适也说：“国家因唐、五季之极弊，收敛藩镇，权归于上，一兵之籍，一财之源，一地之守，皆人主自为之也。”④

这种相对宽松的文化环境以及政治上要求加强中央集权、君主专制的诉求体现在文化上，则要求重振纲常、尊王攘夷，由此《春秋》学成为显学。这是因为，《春秋》一书的宗旨就在于据天子、诸侯、卿、大夫、士之行事以行褒贬，别是非，明善恶，正名分，从而达到惩劝目的。这对于

---

① 王夫之：《宋论》，《船山全书》第十一册，长沙：岳麓书社，1992 年，第 24 页。

② 欧阳修：《新五代史》卷十四，《唐家人传第二·皇后刘氏传》，第 144 页。

③ 黎靖德编，王星贤点校：《朱子语类》卷一百二十八，北京：中华书局，1986 年，第 3063 页。

④ 叶适：《水心别集》卷之十《始议二》，《叶适集》（三），北京：中华书局，1983 年，第 759 页。

历代专制君主来说，是最为切要的根本大法。与历来的封建统治者都褒奖《春秋》一样，宋帝也非常喜好《春秋》。如真宗即先后让邢昺、王旦讲读《春秋》的大义微旨。他们尊《春秋》的原因即是着眼于纲纪而“奖王室，尊君道”。当然，就宋儒对《春秋》的解读而言，却在“奖王室，尊君道”的同时，进而以王道正君道。

当然，《春秋》学在宋代的兴起，又是和自中唐以来的儒学兴起的大背景分不开的，就儒学自身的发展来说，既然中唐古文运动以后人称之为“文以载道”的精神，倡崇道抑文，在文与道的张力中强调道的一面，那么必然要求从思想上回到经典形态，这就势必导致对儒经的重新解读，由此形成了庆历时期的疑古疑经思潮。可以这样说，宋初的儒者们正是在疑经的基础上，由我注六经，走向六经注我，注重发挥义理，以己意重新解经，赋予传统儒经以适合现实需要的新内容。从儒学自身的发展来看，这种敢于疑经、改经，并对经典进行重新诠释的精神所强调的是义理之学，它是对于汉唐经学的一种反抗，表现出一种想要摒弃汉唐训诂之学而直接面向经典、回复圣人之道的气势。

在宋代诸家《春秋》学中，孙复《春秋尊王发微》成书最早。他治《春秋》最大的特点就是将传统的“三传”置之不顾，而以己意来讲“圣人”的“微言大义”，突出体现了宋儒这种敢于疑古惑经的气概。对孙复解经的这一特征，欧阳修曰：“先生治《春秋》，不惑传注，不为曲说以乱经。其言简易，明于诸侯大夫功罪，以考时之盛衰，而推见王道之治乱，得于经之本义为多。”① 当然，正如《钦定四库全书荟要》提要中所言，“复之说经不依传注，好为独辟之学，故当时毁誉相半”，叶梦得即“讥其废传从经又不尽达经例，每自抵牾”。② 其实对宋儒这种疑古惑经的作风，评价亦好坏参半，蒋伯潜、蒋祖怡先生在论及宋代经学的特点时即言：“其长在疑前人所不敢疑，有怀疑精神；其短亦在言前人所不敢言，有臆造的流弊。”③ 并借司马光之言曰：“新近后生口传耳剽。读《易》未识卦爻，已谓十翼非孔子之言；读《礼》未知篇数，已谓《周官》为战国之书；读《诗》未尽《周南》《召南》，已谓毛、郑为章句之学；读《春秋》

① 黄宗羲：《泰山学案》，《宋元学案》卷二，《黄宗羲全集》第三册，杭州：浙江古籍出版社，2005年，第142页。

② 孙复：《春秋尊王发微》，《钦定四库全书荟要·春秋左氏传、春秋尊王发微》，长春：吉林出版集团有限责任公司，2005年，第2页。

③ 蒋伯潜、蒋祖怡：《经与经学》，上海：上海书店出版社，1997年，第179页。

未识十二，已谓三传可束之高阁。”① 并说：“宋人治经，还有一种不合于治学态度的习气，就是任意删改经传。”②

孙复非常看重《春秋》，石介曾引述孙复之言曰：“先生尝以为尽孔子之心者大《易》；尽孔子之用者《春秋》，是二大经，圣人之极笔也，治世之大法也。”③ 具体而言，《春秋》中所体现的治世之大法即孔子损益的以仁义礼乐之道为内在标准的儒家王道。孙复正是借《春秋》的批判精神，以儒家王道理想为依据，倡明“尊王”，即尊儒家之王道理想，并试图将其落实到现实的政治生活中，在倡明君权的同时，又高标于君权之上，对后者予以规制和批判。在《春秋尊王发微》中，他即开宗明义地提出：

> 孔子之作《春秋》也，以天下无王而作也，非为隐公而作也。然则《春秋》之始于隐公者，非他，以平王之所终也。何者？昔者幽王遇祸，平王东迁，平既不王，周道绝矣。观夫东迁之后，周室微弱，诸侯强大，朝觐之礼不修，贡赋之职不奉，号令之无所束，赏罚之无所加。坏法易纪者有之，变礼乱乐者有之，弑君戕父者有之，攘国窃号者有之。征伐四出，荡然莫禁。……《春秋》自隐公而始者，天下无复有王也。④

即孔子并不是为隐公这个现实中的君王失去权威而作《春秋》，而是因为“天下无王”的现状，此“王”既可理解为承载、践行儒家王道的王者，也可理解为王道，也就是说，无论哪一层面的“王”，都非仅指现实君王。故在接下来解释“元年春王正月”时，他说：“夫欲治其末者，必先端其本；严其终者，必先正其始。元年书王，所以端本也，正月所以正始也，其本既端，其始既正，然后以大中之法从而诛赏之，故曰元年春王正月也。”⑤ 同时，他把传统《春秋》学中“一字褒贬”的“笔法”，以及春秋时局说成是只贬而无褒。

正是基于对王道理想的持守，以及对现实之王不能或无法遵行王道的不满，孙复对周天子本人偏离王道充满批评。如隐公七年“冬，天王使凡

① 蒋伯潜、蒋祖怡：《经与经学》，第 179 页。

② 蒋伯潜、蒋祖怡：《经与经学》，第 182 页。

③ 黄宗羲：《泰山学案》，《宋元学案》卷二，《黄宗羲全集》第三册，第 143 页。

④ 孙复：《春秋尊王发微·隐公》，《四库全书》（文渊阁本），第 147 册，上海：上海古籍出版社，1987 年，第 3 页。

⑤ 孙复：《春秋尊王发微·隐公》，第 3 页。

伯来聘”，他即认为：“天王使凡伯来聘，非天子之事也。桓王不能兴衰振治，统制四海，以复文武之业，反同列国之君。使凡伯来聘，此桓王之为天子可知也。”① 即周王自降身份等同于诸侯，是违背礼制的行为。对隐公元年“夏五月郑伯克段于鄢”，孙复谓：“段骄悍难制，国人莫伉也。郑伯养成段恶，至于用兵，此兄不兄弟不弟也。”② 同样，对襄公三十年“天王杀其弟佞夫”，亦谓“《春秋》之义，天子得专杀，故二百四十二年无天王杀大夫文。此言杀其弟佞夫者，《书》称帝尧‘克明俊德，以亲九族，九族既睦，平章百姓’。而景王不能容一母弟，不可不见也。且诸侯有失教及不能友爱其弟出奔者，孔子犹详而录之，讥其失兄之道，况景王尊为天子，富有四海乎。故斥言杀其弟佞夫以恶之也”。③ 以帝尧之德，反衬周天子失为兄之道。这些例证都可见孙复之“尊王”所尊并非现实个体之“王”，而是王道；“尊王”大义的实质是对儒家王道理想的回归。

当然，《春秋》学之所以能在北宋见重，如前所述，是暗合于统治者重振君权的诉求的，因此，在以王道倡尊王，并规制君权的同时，孙复亦呈现出遵从现实的权威，维护在上者的绝对权力的意图。就此而论，此处之尊王实为尊现实之君权，从而使“王”的内涵歧出。如在对桓公十五年，“春二月，天王使家父来求车”，孙复即曰：“天王使家父来求车者，诸侯贡赋不入，周室材用不足也。”④ 对于这一事件，《春秋》各传都认为这是讥天子非礼，如《公羊传》即谓“王者无求”，胡安国也说：“王畿千里，租税所入，足以克费，不至于有求；四方诸侯各有职贡，不至于来求。”⑤ 但不同在于，孙复则单责诸侯，认为是由于诸侯贡赋不入才导致周王室财政出现困难。而且，在孙复看来，君有天大罪恶也不能杀。比如，文公十八年，“莒弑其君庶其”。孙复云：“称国以弑，众也。谓肆祸者非一，故众弑君，则称国以诛之，言举国之人可诛也。”⑥ 于君民关系的看法与先秦儒家完全颠倒，故《钦定四库全书荟要》提要中谓常秩讥其“如商鞅之法，失于过刻”⑦。

---

① 孙复：《春秋尊王发微·隐公》，第 11 页。

② 孙复：《春秋尊王发微·隐公》，第 4 页。

③ 孙复：《春秋尊王发微·襄公》，第 99 页。

④ 孙复：《春秋尊王发微·桓公》，第 22 页。

⑤ 胡安国：《胡氏春秋传·桓公》，《四库全书》（文渊阁本），上海：上海古籍出版社，1987 年，第 151 册，第 154 页。

⑥ 孙复：《春秋尊王发微·文公》，第 69 页。

⑦ 孙复：《春秋尊王发微》，《钦定四库全书荟要·春秋左氏传、春秋尊王发微》，第 2 页。

以尊君权为主旨，孙复认为“天下之政，中国之事，皆诸侯分裂之”①，对诸侯大夫之间的会盟评价甚低：“盟者，乱世之事，故圣王在上阒无闻焉”，“凡书盟者皆恶之也”。② 如对襄公三年的鸡泽之会，孙复即大加挞伐。鸡泽之会指的是襄公三年鲁襄公与单子、晋侯、宋公、卫侯、郑伯等的会盟，但之后，鲁国大夫叔孙豹与诸侯之大夫及陈袁侨又结了盟。对此，孙复评议道：“诸侯既盟，而陈袁侨至，无盟可也。己未，诸侯盟；戊寅，大夫又盟，是大夫强，诸侯始失政也。”③ 诸侯会盟已属违礼，大夫会盟更无必要，且大夫之会盟恰说明大夫强而诸侯弱，诸侯开始失政。这种乱象愈演愈烈，至十六年的溴梁之会，则“不复言诸侯之大夫。不复言诸侯之大夫者，政在大夫故也”④。并借孔子“禄之去公室，五世矣；政逮于大夫，四世矣”之论，孙复指出，“孔子之言非独鲁也，滔滔者天下皆是也”。⑤ 由天子失政到诸侯失政，以下犯上在当时已是常态，其悲凉之情可见一斑。

正因为孙复对《春秋》的解读似过分眷顾实然的君权秩序，程颐谓《春秋尊王发微》“述法而不通意”⑥，并明确说：“孙大概唯解《春秋》之法，不见圣人所寓微意。若如是看，有何意味乎？”⑦ 此处所谓的“微意”即“法”之所以然之“理”，也就是说，在程颐看来，孙复之论未达于据以变革与重建人间秩序的超越性理想。当然，程颐之论是和他对《春秋》、对王道的理解紧密联系在一起的。程颐认为《春秋》是经不是史，而《春秋》作为经，其所明之道，即王道，是天理的体现。“孔子知是理，故其志不欲为一王之法，欲为百王之通法，如语颜渊为邦是也，其法度又一寓之《春秋》。”⑧ 这样，王道之所以为王道，在于它是符合理的政治，故而才有“孔子知是理”之说；《春秋》所明的王道，也才是“百王之通法”。就此而论，程颐所谓的王道可以说既是三代之制，又不是三代之制。说它是，是因为三代乃王道流行的时代；说它不是，是因为三代之所以为王道流行的时代，在于它体现了天理，而不是它本身就是王道。这样，他就将

① 孙复：《春秋尊王发微·隐公》，第3页。

② 孙复：《春秋尊王发微·隐公》，第3页。

③ 孙复：《春秋尊王发微·襄公》第88页。

④ 孙复：《春秋尊王发微·襄公》第88页。

⑤ 孙复：《春秋尊王发微·襄公》第88页。

⑥ 程颢、程颐著，王孝鱼点校：《河南程氏粹言》卷第一，《二程集》，北京：中华书局，2004年，第1200页。

⑦ 程颢、程颐著，王孝鱼点校：《河南程氏外书》卷九，第402页。

⑧ 程颢、程颐著，王孝鱼点校：《河南程氏遗书》卷三，《二程集》，第62页。

对《春秋》的解读以及王道思想均建立在他的理本论的基础之上。也正因为如此，程颐认为“孙明复主以无王而作，亦非是”①。

这一基于理本论的王道论落在具体的治道层面，程颐认为，王之所以为王，就在于他必须尽天理；相反，王者若不尽天理，就不是王。所以他很坚决地用天理责天王，要求君主个人的政治权威必须服从于“理”，并自觉地接受王道。如桓公四年“夏，天王使宰渠伯纠来聘”，程颐即曰：“桓公弑君而立，天子不能治，天下莫能讨，而王使其宰聘之，示加尊宠，天理灭矣，人道无矣。书天王，言当奉天也，而其为如此。名纠，尊卑贵贱之义亡也。人理既灭，天运乖矣；阴阳失序，岁功不能成矣，故不具四时。”② 由此似也可以看出二程对现实君权膨胀的警惕。

由上述可见，二程对孙复的评价确实指出了其遵从现实君权、理论止于实然的一面，但一定程度上也忽略了孙复在以王道理想规制君权上的努力。其实不仅是孙复，北宋时期的《春秋》学大家，大多都是通过推明王道大义的精神统绪，以《春秋》学的形式表达着对于若干重大、根本政治问题的理性深思，其观点的背后体现的是他们围绕当时社会面临的种种问题——尤其是，在当时政治上要求加强君主专制的诉求下，如何在加强专制君权与避免强权独裁之间达成一种和谐的张力，即在王道与君权之间寻求动态平衡——所做出的积极努力。相较而言，朱熹的评价较为平实，他说：“如二程未出时，便有胡安定孙泰山石徂徕，他们说经虽是甚有疏略处，观其推明治道，直是凛凛然可畏！”③ 一方面指出孙复《春秋》学理论虽有失精微，但另一方面肯定其在推明治道层面的贡献，而前者的精微恰是以对后者的“推明”为基础的。

---

① 程颢、程颐著，王孝鱼点校：《河南程氏遗书》卷十八，《二程集》，第 245 页。

② 程颢、程颐著，王孝鱼点校：《河南程氏经说》卷四，《二程集》，第 1103—1104 页。

③ 黎靖德编，王星贤点校：《朱子语类》卷八十三，第 2174 页。

行己立政，致命遂志

——浅论蕺山门弟子吴麟徵的政治正义思想

中国石油大学（华东）马克思主义学院哲学系　张瑞涛

明末大儒刘宗周（1578—1645），字起东，号念台，浙江山阴（今浙江绍兴）人，因讲学于山阴县城北蕺山，后世学者尊称为蕺山夫子，在宋明理学史上具有重要地位，清代史学家邵廷采赞曰："先生之学出许敬庵，已入东林、首善书院，博取精研，归于自得，专用慎独，从严毅清厉中发为光霁，粹然集宋、明理学诸儒之成，天下仰其人如泰山北斗。"① 现代新儒家唐君毅认为"蕺山是宋明儒学最后之大师"②，牟宗三也说蕺山为"宋明儒学最后之殿军"③。蕺山通籍四十五年，在仕版者六年有半，实际立朝仅四年，④ 其余时间多在家讲学修道，授徒传业，从游学者百人以上，形成明末清初时代较有学术影响力的蕺山学派。刘宗周学行圆融，其为学的醇儒性与为人的纯粹性圆融通贯，体现出"皦皦完人"⑤ 之高节，在光复明朝无望后，毅然选择绝食殉道。⑥ 在蕺山殉道前后，其弟子先后殉道者

---

① 邵廷采：《明儒刘子蕺山先生传》，吴光主编：《刘宗周全集》第六册，杭州：浙江古籍出版社，2007 年，第 539 页。

② 唐君毅：《中国哲学原论·原教篇》，北京：中国社会科学出版社，2007 年，第 320 页。

③ 牟宗三：《心体与性体》第三册，台北：正中书局，1969 年，第 511—512 页。

④ 姚名达：《刘宗周年谱》，《刘宗周全集》第六册，第 471 页。

⑤《崇奖明臣刘宗周等饬部议谥上谕（乾隆四十年）》："又如刘宗周、黄道周等之立朝謇谔，抵触佥壬，及遭际时艰，临危授命，均足称一代完人，为褒扬所当及。"（《刘宗周全集》第六册，第 636 页）《明臣刘宗周从祀文庙上谕》（道光二年）说："宗周籍隶山阴，自壮登仕，历官至左都御史，居官日少，讲学日多。迹其平生事实，忠言谠论，守正不阿，屡遭削黜，矢志不移，卒能致命成仁，完名全节。有明末叶，称为皦皦完人。"（《刘宗周全集》第六册，第 639 页）

⑥ 姚名达：《刘宗周年谱》，《刘宗周全集》第六册，第 484 页。

十余人，且多人荣登清顺治皇帝所表彰“前代忠臣”之榜。[①] 在明末较为有名的几个学派中，唯蕺山学派弟子殉道最多、影响最广，彰显出蕺山学派“崇尚气节、尽忠孝义”的思想特质。而于殉道之蕺山弟子群体，有事功之大、卫国之忠、杀敌之勇数功绩者，则以吴麟徵为首。麟徵以国破帝崩而结帨自尽，“从容卓绝，义尽仁至”；奉“廉”为国家盛治之本，视“淡泊名利”为安身立命之道，彰显“清明强干之气”；奉行无负本心、无负国家、无负君王的政治信念，“以直行行于枉世之道”。

一、忠：“从容卓绝，义尽仁至”

吴麟徵（1593—1644），字圣生，号磊斋，后改确菴、果斋，家居时尝署狮磊、竹田、蜕园主人，[②] 浙江海盐人，万历四十六年戊午（1618）与长兄吴麟瑞（？—1645，字思王，号秋圃）同中举人，天启二年壬戌（1622）中进士，历任江西建武司李（1623）、福建莆阳司李（1629）、吏科给事（1632）、兵科给事（1638）、刑科给事（1640）、吏部掌垣（1643）、太常少卿（1644）等职。崇祯十七年三月十五日奉命守西直门，十八日寅刻，德胜门破，李自成军入皇城，吴麟徵弃西直门，入三元祠，二十日酉刻作《绝笔》以及寄兄弟子嗣诸家书，酉刻时投缳自经，慷慨赴死，从容就义。弘光朝议谥“忠节”，清朝赐谥“贞肃”。[③]

吴麟徵殉国难之影响和功绩，其仲子吴蕃昌（1622—1656，字仲木）《上南都议郎蒋公书》给以清晰评弹。蕃昌申明吴麟徵在四个方面比其他殉难诸臣之节义精神更为突出：其一，“无如先大夫忠”。麟徵曾为外吏十年，后任侍从十年，再以晋阶卿士见重用，功绩昭彰，如癸未（1643）年请授南司马史可法（1601—1645，字宪之，又字道邻）节制应援京师；请召大将边军吴三桂（1612—1678，字长伯，又字月所）等捍御寇难；徙宁

① 《明史》载：“皇清顺治九年，世祖章皇帝表章前代忠臣，所司以范景文、倪元璐、李邦华、王家彦、孟兆祥、子章明、施邦曜、凌义渠、吴麟徵、周凤翔、马世奇、刘理顺、汪伟、吴甘来、王章、陈良谟、申佳允、许直、成德、金铉二十人名上。命所在有司各给地七十亩，建祠致祭，且予美谥焉。”［（清）张廷玉主编：《明史》卷265《列传》第153，长春：吉林人民出版社，1995年，第4513页］董玚《蕺山弟子籍》著录刘理顺（1582—1644，字复礼，号湛六）、成德（？—1644，字元修，号元升）、金铉（1610—1644，字伯玉）、孟兆祥（？—1644，字允吉）为蕺山弟子（《刘宗周全集》第六册，第614—615页）；全祖望《子刘子祠堂配享碑》著录金铉、成德为蕺山弟子（《刘宗周全集》第六册，第648页）。

② 吴蕃昌：《吴麟徵年谱》，《北京图书馆藏珍本年谱丛刊》第61册，北京：北京图书馆出版社，1999年，第8页。

③ 《明史》卷266《列传》第154，第4529—4530页。

远城等。其说虽不见用，但事后皆以其合理备至。[①] 其二，“无如先大夫勇”。李自成攻京城之日，举国悲愕无计，唯麟徵大夫请皇上下罪己诏，蠲租布诚以款动壮士人心，并请养军士于城外，请百官擐甲带兵练禁卒，率众一决战守。其三，“无如先大夫劳”。麟徵奉命守西直门，蓐食城头，手执跑矢击敌无数；募士缒城，杀贼数百；风雨半夜，徒步叩阙，欲为天子筹划计而为奸辅魏藻德（1605—1644，字师令，号清躬）阻挠。其四，“无如先大夫有成绩”。德胜门陷，农民义军骈马而入，而麟徵受命城下，填石西直门以阻义军入城，因坚固厚实，后历数月始挖掘重启，若八门尽填石充塞，李自成军或许不能进城。[②] 城破之日，吴麟徵虽未立即赴死殉国难，但终不长生苟且，矢志一死报君王，于崇祯十七年三月二十日酉刻作《绝笔》言：“祖宗二百七十余年，宗社移旦失，虽上有龙亢之悔，下有鱼烂之殃，而身居谏垣，徘徊不去，无所匡救，法应褫服。殓时用角巾青衫，覆以单衾，垫以布足矣。棺宜速归，恐系先人之望，祈知交为邪许焉。茫茫泉路，炯炯寸心，所以瞑予目者又不在此也。”[③] 麟徵拳拳忠君节义情怀展露无遗！而这样的节义精神正是明末蕺山学派的基本思想特质。

关于吴麟徵与刘宗周交往始末，吴麟徵仲子吴蕃昌（1622—1656，字仲木）[④] 所撰《吴麟徵年谱》有记载。是时崇祯十五年壬午（1642），崇祯启弘政门，诏求公卿直言，谏官熊开元（1598—?，字玄年，号鱼山）、姜埰（1607—1673，字如农，号敬亭山人、宣州老人）拜书批评首辅周延儒（1593—1643，字玉绳，号挹斋）弊政，结果被下诏狱，举朝震慄，吴麟徵首拜疏申救，有“皇上御极十有六年，从无以言官付诏狱者，雷霆竟日

① 据《吴麟徵年谱》引祝渊《太常吴公殉节纪实》言，麟徵主张徙宁远城，而群臣哗论，尤其是辅相魏藻德与麟徵建议相左，“深咎公此议，已而寇患急，朝廷悔不用公言，始下旨撤督臣，促之甚急”。三月初旬，始徙宁远五十万众出关，但日行唯数十里，三月十六日入关，二十日抵丰润，而京师已陷，“事介呼吸，一失莫追，悔恨何及!”［（明）吴蕃昌：《吴麟徵年谱》，第175—176页］

② 吴蕃昌：《上南都议郎蒋公书》，《祇欠庵集》卷一。

③ 吴麟徵：《吴忠节公遗集》卷三《殉难书》，《四库禁毁书丛书》集部第81册，北京：北京出版社，2007年，第413页。

④ 吴蕃昌亦为蕺山门弟子，他在《哭山阴先生文》指出：“蕃之不肖，不克承祖父之教命而略知向往先生者，初亦震于其名而已矣。崇祯庚辰之春告于父兄，父兄许之，奉贽而叩焉。先生疾命朱子昌祚见之，授日新说，辞之归。癸未之秋再渡，则先生已赴先帝之召矣。甲申罹国大难，先忠节死之，亦犹先生之志也。而蕃摧毁之余，慕见先生逾笃，所闻训于祝子开美，往返传述者为多，已非徒震于其名矣。”［（明）吴蕃昌：《哭山阴先生文》，《祇欠庵集》卷六，《适园丛书》］由此可知，吴蕃昌入师门的时间在崇祯庚辰（1640）。

之怒，臣等可以无言”之语。第二日，刘宗周再次申言救熊、姜，因言辞激烈，被诏狱。吴麟徵则为刘宗周请求：“宗周之忠，群臣百姓皆知之。今与臣等同救言官，而独蒙其咎，臣等何颜以事陛下”，乃免冠叩头谢罪。后，刘宗周被放，读诸救己书，有曰：“诸公言辱相援耳，若吴公者，诚念在国家，真仁人言哉！”于此，吴蕃昌指出：“盖先生与大人非有雅故，始为通版交。”①

不过，吴麟徵执贽刘宗周之前，已与宗周“神交”。据《吴麟徵年谱》“天启二年壬戌（1622）条”载：“其年春，大人初止长安邸时，梦身经荒野，一褐衣丈夫，冠危冠，负手仰天，长吟曰：‘山河破碎风飘絮，身世浮沉雨打萍’，□复唏嘘不已，大人为之泣下。或指曰：‘此隐士刘宗周也。’既寤，且不识刘为何人，为何如人。及登第观政，升宗伯堂上，上有悬版，题主事刘某名，愕然心异之，已而详刘公当世大贤者也。居又比省壤，久之，未尝纳交。崇祯壬癸之岁，使会同朝，初梦卒践。”以求佐证，吴蕃昌还附录业师刘宗周《哭吴麟徵文》：“先生之于宗周固非有平生之契也，乃登第之时，忽行诸梦寐焉，且诵文信国《零丁洋》诗句以赠，而竟不知为何许人，曰‘隐者刘生也’。梦觉而惧然，先生心识之。二十年来，不轻以示人。及夫晚年，宗周幸辱先生同朝，相见如平生。……死生事小，闻道为大，等死耳。而先生死忠，即等死忠耳。而先生独奉其初念以死，由先生之言遡其平日，久已勘过妻子梦寐两关，至此从容卓绝，义尽仁至，颉颃前人，庶几朝闻夕可者与。”② 由宗周之忆及与吴麟徵交往历程可见蕺山对及门弟子吴麟徵德行与人品的肯定，认为麟徵勘破了“朝闻夕死”之道，打通“梦寐关”而能“从容卓绝，义尽仁至”，对于以“梦”为“过”的刘宗周来讲，③ 其赞誉弟子之言着实真切和诚恳。

吴麟徵问道蕺山、入门求教之史实，《刘宗周年谱》亦有相关记载。据《年谱》“六十六岁”条（崇祯十六年癸未，1643）载：“先生在寺，幅巾布服，道味适然，士大夫以学就正者，络绎不绝，退则掩关著书，不以冰霜辍业，于得失升沉，淡如也。是时问道者为友人张玮、吴麟徵、祁彪佳、刘理顺、金铉、陈龙正，门生董标、恽日初、祝渊等。先生各随所问

① 吴蕃昌：《吴麟徵年谱》，第145页。

② 吴蕃昌：《吴麟徵年谱》，第34—37页。

③ 刘宗周《人谱》论“过（恶）”思想，就“百行”之“丛过”有言：“先之以谨独一关，而纲纪之以色、食、财、气，终之以学而畔道者，大抵者皆从五伦不叙生来”，而“游梦”即属于此“谨独”关之“过”。（《人谱》，《刘宗周全集》第二册，第13页）

开发之，闻者渐以兴起。”① 于其中，吴麟徵向蕺山问学求道。实际上，麟徵自己亦曾回忆言及问道蕺山之事。蕺山弟子祝渊（1614—1645，字开美，号月隐，浙江海宁人）②《太常吴公殉节纪实》记曰：“时公两日不食，角巾青衫颈项多缳痕，渊涕泣不能仰视。公笑曰：‘无效儿子女为也。’引酒共酌，剧言失国之故，且曰：往余问道山阴刘念翁先生，先生曰：人之初念未尝不善，往往以转念失之受命。余初念也。”③ 蕺山门弟子黄宗羲（1610—1695，字太冲，号梨洲）《刘子全书序》亦言：“先帅丁改革之际，其高第弟子如金伯玉、吴磊斋、祁世培、章格庵、叶润山、彭期生、王玄趾、祝开美一辈，既已身殉国难，皋比凝尘，囊日之旅进者，才识多不当。伯绳辑遗书之时，其言有与洛闽龃龉者，相与移书请删削之，若惟恐先师失言，为后来所指摘，嗟乎，多见其不知量也。”④ 可见，梨洲以吴麟徵为蕺山高弟子。故，蕺山再传弟子全祖望（1705—1755，字绍衣，号谢山，后世学者尊称为谢山先生）《子刘子祠堂配享碑》著录吴麟徵入祀蕺山祠堂：“海盐吴先生麟徵，字磊斋，甲申殉难忠臣也。详见明史。初，磊斋未识子刘子。一夕，梦中闻其诵文信公‘山河破碎’之句，醒而讶之。及见子刘子讲学都门，因问业。磊斋死国，诸弟子私相语曰：‘妖梦得无及先生乎？盍请先生志墓以禳之。’子刘子流涕曰：‘固应及耳，何禳之有！’不一年，难作。……以上八先生皆执弟子之礼，而子刘子则但以朋辈待之者如蔡季通例。”⑤

由谢山之言可知，包括吴麟徵在内的八人⑥虽为蕺山入室弟子，但因蕺山对待他们以“朋辈”之礼，多让他人误以为他们非蕺山门弟子。

二、廉：“清明强干之气”

知识分子读圣贤经典而科举考试，目的不外乎两个：儒家“内圣外

① 姚名达：《刘宗周年谱》，《刘宗周全集》第六册，第458页。

② 祝渊于蕺山门弟子中有“庶乎回也”之叹，最称好学。［（清）陈确：《辑祝子遗书序》，《陈确集》（上），北京：中华书局，2009年，第239页］另，祝渊与吴麟徵有姻亲关系，吴麟徵长子吴壮将其女嫁于祝渊次子。（吴蕃昌：《吴麟徵年谱》，第25页）

③ 祝渊：《祝月隐先生遗集》卷二《纪实》，《适园丛书》。

④ 黄宗羲：《刘子全书序》，《刘宗周全集》第六册，第653—654页。

⑤ 全祖望：《子刘子祠堂配享碑》，《刘宗周全集》第六册，第647页。

⑥ 其他七位为：金铉（1610—1644），字伯玉；祁彪佳（1602—1645），字弘吉，号幼文，又号虎子；彭期生（？—?），字观民；章正宸（？—1646），字羽侯，号格庵，晚号偁东饿夫；叶挺秀（？—1650），字谦斋，号润山；何宏仁（？—?），字仲渊；董标（？—?），字公望。

王"之学的实现与名利荣华之撷取。于前者言，煌煌庞大之仕官阶层中，唯极少部分人物愿意去做，亦唯更少部分人物能够实现这样的学行圆融之境界；于后者言，入仕为官则转变为发家致富、恃权傲物之绝对资本。就吴麟徵而言，则在其位谋其政，以"廉""直"作为其政治哲学的本体主旨。

"廉"为天下盛治之本。吴麟徵指出："天下之治不一，未有不本于清明强干之气；天下之乱不一，未有不本于秽浊糜烂之气。"而此"清明强干之气"即是"廉"："治莫法于廉。廉者，法之所由立也。舍法而责廉，是遗堁而避尘、抱薪而救火也；舍廉而求法，是脱輹而欲车行、弃楫而欲舟移也。"① 上至天子，下至庶民，诸行虽百端，皆须依法而行。"法"是具有强制力和约束力的一系列规范的综合系统，无论是制定法度的人，还是受法则规制的人，首要的和基本的前提则是内心对法的"虔诚"的遵守，而非仅仅是因为法之具有的强制力和约束力的"外在威慑"。法有万千之种类，但真正的守法和遵法唯有一种，即"心法合一"，是法之内化为身体力行之"自觉"。这样的对法的尊重和遵守，已然超脱于对法之威慑性的恐惧而上升为道德境界。就从事政治管理的仕官而言，真正的守法和遵法须建立于"廉"之自觉与自为之上。"廉"是法发生作用的理论前提，是儒家理想盛治图景得以实现的思想基础。

欲求"廉"，则君臣上下须"宁静淡泊"。在上位之君主祈求国祚之长存，求臣子精严纯粹、无负国家，唯以健全之法度为重要手段。只是，有法度更须有严格遵守和悉心执行法度之仕官，根本上是要上下君臣皆能全心全意为国治家齐而无私奉献。而这样的立法、执法是以"廉"为政治基础的。吴麟徵指出："今天下而弊极矣，贪冒综合，怨咨四起，纪纲尽坏，莫可谁何？"明末之朱家王朝有如偏叶漏舟，千疮百孔、积弊丛生，麟徵所言正是对明末弊政的真实揭露。究其原因，非因无法度规制，而是因臣子不"廉"所为。他言：

> 则以为法之不法，而不知法所由法也。譬之人振衣弹冠，斋洁而立，则壮夫拱手；蓬首垢面，倒植衣冠，孺子得而侮之。守令视监司，监司视抚按，抚按视卿辅。体非不尊且严也，尝之以苞苴；而苞苴入矣，投之以暮夜；而暮夜纳矣，尝之以不暮夜、不苞苴，而夷可

① 吴麟徵：《策》，《吴忠节公遗集》卷四，第453页。

使跖，西子可宿瘤矣。夫人自束发从王，谁不思致身通显，而此为穷途，彼为捷径，了了分明，安得而不恣渔猎以自润也？如乌鬼然，取鱼满吭有搤而出之者矣，出之复纵之，三年计吏计其苞苴之所入也，计其暮夜之所投也，上既利其所赇，不得不委法而听之；下亦恃其所私，且窟于法而居之，况吏之下有民，且见谓我蟊贼，非我父母，而揭竿斩木之衅起矣。故欲法，法必自廉始；欲廉，必自大臣始；欲大臣廉，必自一念之宁静淡泊始。①

打铁尚须自身硬，仕官自身不正不刚，又谈何约束庶民？上官自身不正不刚，又谈何约束下吏？故，行政为官须由“正己”而“正人”。上下之间之关系建立于“苞苴”“暮夜”，图财谋利，谁又会真心为民为君分忧解难呢？终极的上下团结一体、悉心为政、全心为民理想盛治的实现，还是要依靠君臣士子本心的“宁静淡泊”，这是麟徵政治哲学“心性本体”的真切表现。

“廉”是吴麟徵政治哲学的“本体”指导理念，是求达社会盛治图景的终极决定因素，那么，朝廷用官选官必须以“廉”为基本前提，同时施以特定法度。在麟徵看来，法度是彰明廉能节烈之仕官的基本手段。他在《入垣首陈四款疏》指出，他由外吏而擢升吏垣给事，为感谢皇上对自己的“知遇之隆”而陈述“刍荛臆见”，以明“治体”，包括四个方面：“群臣之情宜通”“小民之隐当悉”“精择郡守以兴吏治”以及“慎用司官以肃铨政”。择选郡守是要澄清吏治，而“是否廉能”则是考察郡守之绝对指标；不唯郡守仕官当廉能守法，并选官用官之司官亦须廉能守法。麟徵有言：

臣惟吏治之坏皆由于激扬之无术、提挈之无方外，而抚按监司非要职，第去民稍远，有所施为，非郡守不达。而郡守廉则县令不敢贪，郡守严则县令不敢玩，郡守精明则县令不敢丛脞。天下之为县令者众，又皆操刀学割之徒，故遴择为难；天下之为郡守者寡，俱循咨拾级而升，故材品易核。②

在中央集权政体之下，边远以及最底层县域的吏治往往最难以管理，

---

① 吴麟徵：《策》，《吴忠节公遗集》卷四，第453—454页。

② 吴麟徵：《入垣首陈四款疏》，《吴忠节公遗集》卷一《奏疏》，第356页。

中央政权鞭长莫及。吴麟徵主张择选贤能廉洁之郡守，通过扩大其权力而加强基层地方治理。他说：“宜急俄日遴择廷推礼遣，凡闾阎疾苦，吏治臧否，使得自达于天子，而监司抚按坐而考其成，毋掣其肘，绩成而后，酬之以上爵。”当然，这种重视郡守职权的做法在明宣德年间已有成例。是时，苏州等九郡较难治擢，而况钟（1383—1442，字伯律，号龙岗）、何文渊（1385—1457，字巨川，号东园）等九人前往，皇上“赐之乘传，重以玺书，假以便宜，僚吏有作奸犯科者听自提问，其任久者至二十余年，少者亦十余年，卒有所树立，为世名臣。九郡之民至今赖之此法，行之一隅则一隅安，行之天下则天下治”①。按照麟徵理想之政治哲学，郡守若能廉能，则许其长期治理地方，最上之皇帝对下级之信任既彰显君臣之间的“联腹心之义”，又可激扬地方，一劳永逸。

以廉吏治理民众事务固然可喜，但考核仕官是否为廉吏之相关部门亦当廉洁秉公，即“慎用司官以肃铨政”。为官者当廉，考官之官更当廉能，作为政治主体，官员群体是否廉能直接决定着行政运作的健康与否。麟徵曾指出，明代政治管理体系下，负责官员考选的吏部乃“人才消长之源”，冢宰百僚及司官自身皆出于吏部之考选。既然吏部职掌如此重要，“辟天下第一关头，宜以天下第一流处之”②，则吏部之自我约束即是“杜请讬，绝贿赂，厘奸剔弊，以进贤退不肖”。而要张扬“廉”风，吏部司官当做到“三不役”。不役于人：毋凭竿牍为升沉；不役于货：毋视暮夜为优劣；不役于吏胥：应升应选毋止据考核官员之呈案，当细致区分稽查。吏部司官考核其他官员以是否廉洁守法为前提，以遴择尽可能多的廉洁守法之官员参与到社会治理之中。不过，在麟徵看来，考核官员是以“鼓舞激扬”为目的，非“以多斥为功”。他在1643年所上《计典举行在即疏》中指出：

> 夫察吏所以安民，而数易适以扰民。人无同心，治益苟且。故臣以为此蕃计吏，其黩货淫刑、法无轻贷外，他如仕席未暖、原无重愆，不得概填“不谨身处危疆”“迹嫌规避”，不得轻议“更调有行”“孚于众口”“名挂于弹章”，亦不得因循生弊、累加处分，而时地有可原功过堪相，准姑兴存疑，毋令怏望。散员末秩，岂无岁月之勤、株累之积，法当宽惜道可，曲成臣职。③

① 吴麟徵：《入垣首陈四款疏》，《吴忠节公遗集》卷一《奏疏》，第356页。
② 吴麟徵：《陈用人之要疏》，《吴忠节公遗集》卷一《奏疏》，第359页。
③ 吴麟徵：《计典举行在即疏》，《吴忠节公遗集》卷一《奏疏》，第378页。

由此可见，在麟徵所设想的计典法度中，若非被考核官员“黩货淫行、法无轻贷”，考核当以“宽惜怜官”为思想基础。实际上，他之所以强调地方郡守常任连任，其理论根据亦可溯源于此“宽惜怜官”之观念，因为它能够使君臣之间、臣民之间“同心同德”。当然，若是被考核官员和考核官员之司官自身不能“廉”，定当严惩不贷、绝不姑息。

此外，麟徵还构设了考核吏部司官之法。在他看来，“六曹之事，惟吏部最为繁重。盖内而大小诸司百执事，外而抚按监司守令，下逮散员末秩，皆吏部所用之人，则皆吏部所司之事也，使厘剔之不严，激扬之无术，市恩逋怨因循玩愒以致一部之纲维驰，则中外之纲维与之俱迟”，“朝廷之法能行之于吏部，则天下之治思过半矣”。[①] 既然吏部如此重要，则考察吏部司官之时，“宜于升转之时还加考核，问其进贤者几何人，退不肖者几何人，却贿发奸拒权要之请讬者几何事，使树品千秋者卓然有以自见，而食人鄙夫不至幸免蒙面以去”[②]。通过廉能守法之司官来考核其他官员，以及重司官自身是否奉行廉洁守法职事之考核，吴麟徵的行政管理理念恰体现出现代管理学意义的“官员绩效考核”思想，通过有效和严格的考核，把规范性、强制性的“法”转生为内在自觉，进而上升为道德境界。“真道学”之儒家知识分子自然能以“廉”为道德自觉，而尚未实现道德自觉的一般仕官亦可以根据完备的考核法规而实现自身的廉能守法，归根到底是要实现政治管理主体的廉洁秉公。

“廉”之反面是“贪”“利”，功利贿赂正是导致官德败坏的罪魁祸首。《左传》云：“国家之败，则官邪也；官之失德，宠贿章也。”仕官若滋生贪婪心态，必行敛财搜刮之政，苟且之心势必玷污士风、败坏风俗，“小人误国必侵权，侵权必因货贿，货贿必至败坏封疆之事”[③]。若能不为“利”所惑，安贫乐道、淡泊名利，则为廉洁之官。吴麟徵即是如此，《吴麟徵年谱》多有记载。如，崇祯二年乙巳（1629 年），他为福建莆阳司李官，清直廉洁，多次拒斥贿赂：同僚别驾王某不谨言循行，劣迹多端，时麟徵掌巡册，开记颇多，王某怀金谒麟徵以谋求“公一援我”，麟徵色变怒斥，王某终解绶投劾以去；麟徵有疾，乡先生遗以桑寄生一束，终不食用，完璧归赵；族人遗新茶一罂，然内含数金，麟徵为其书曰“更得好

① 吴麟徵：《补牍并纠疏》，《吴忠节公遗集》卷一《奏疏》，第 366 页。

② 吴麟徵：《陈用人之要疏》，《吴忠节公遗集》卷一《奏疏》，第 359—360 页。

③ 吴蕃昌：《吴麟徵年谱》，第 147 页。

茶，聊以相报”，乡人愧悔；建宁令呈送十八只茶瓯，做工考究，麟徵以其浮巧败民，正色屏拒；麟徵离莆阳时，家人私持一漆盒，则命置之五显岭南邮舍，以致“家无尺寸官物”。[①] 麟徵与长兄吴麟瑞家书有如是言：“二十年营一屋仅如马肆，廉吏真可为而不可为也。”[②] 与弟吴麟武（1604—1648，字玉书，晚号耐庵）家书有云：“第恨起家以来，以债负累亲友，年年岁岁无有穷期，虽衣食楼止未尝敢萌一念。”[③] 吴蕃昌叙吴麟徵居间之概有言曰：“凡涉荣利，事比声誉者，心勿欲近。简御门族，无以盈盛干法。州郡礼命，概以辞摒。官吏造门，卧而勿接。”[④] 或许以麟徵不尽人情，孰知人情之背后无尽之利益，为官者一旦沾滞于此，又何以正己正人哉？

《吴忠节公遗集》还收录有两篇吴麟徵拒斥贿赂的书信，恰能表现他的廉政哲学。在第一封《还友人瓶盎书》中有言：“瓶盎中物即先生所怀来也，置之床头，每每心怖颊赤，急欲完璧，又恐屑屑往返存行迹。今先生行矣，于握别时蓦然投之，便可断其来意。不肖了此一案，真霍然如病之去体也。……惟十年苦节自信之心，决难自昧。”[⑤] 退还贿赂之物如同“病之去体”，麟徵“十年苦节”坚守，绝不昧内心良心。在《还里人田券书》中则自述自己廉吏历程：“不孝生平踽踽七年司理，两载侍从，门无暮夜之宾，身谢脂膏之润，至今八口不给，不以介怀。尝闻五月批裘，不取道金；鹓雏虽饥，不受腐鼠。落落吴生，岂宜向里巷小儿丐余沈哉？”[⑥] 麟徵家虽贫，但“无暮夜之宾”，自然能“不役于货”，能光明磊落。

麟徵之廉明绝非沽名钓誉，乃因其“安身立命之道”：“人之所以异于禽兽者，以其有方寸地也。若知利不知义，知有己不知有人，所谓一念之间，角尾具矣。”[⑦] “义利之辨”历来是儒家知识分子比较重视的哲学命题，“重义轻利”便成为道学家修己安身之根本指导思想。麟徵廉洁秉公，行己立政，由正己而正人，是其政治哲学的终极价值追求。

---

① 吴蕃昌：《吴麟徵年谱》，第 55—66 页。
② 吴麟徵：《寄禀伯兄秋圃》，《吴忠节公遗集》卷三《家书》，第 424 页。
③ 吴麟徵：《寄六弟玉书》，《吴忠节公遗集》卷三《家书》，第 430 页。
④ 吴蕃昌：《吴麟徵年谱》，第 195 页。
⑤ 吴麟徵：《还友人瓶盎书》，《吴忠节公遗集》卷二，第 411 页。
⑥ 吴麟徵：《还里人田券书》，《吴忠节公遗集》卷二，第 412 页。
⑦ 吴麟徵：《还里人田券书》，《吴忠节公遗集》卷二，第 412 页。

三、直：“以直行行于枉道之世”

读圣贤书成长起来的儒家士子在保持一颗清净明澈本心的同时，希图通过点滴的为政为民之治国方略而大展宏图，然，或因机遇不佳而无从施展，或因戆直正行而忤逆当道，其结果往往是“空悲切，白了少年头”。吴麟徵正是这群不得志的儒家士子中的一员。明末时代，强虏外患与民变内忧交织，铮铮铁骨之忠节刚正之士与屑屑苟且之宵小唯利是图之人共存。动荡的时代催生忠孝节义之士，吴麟徵以“直”心行于枉道之世，书写“忠贞不渝”的道学真精神。

在吴麟徵的思想世界里，科举八股无益于世道人心，读书治学是要实功实行。他在给倪元璐（1593—1644，字玉汝，号鸿宝）的答信中言：“丈夫属有念以为龌龊，八股最无益于身世之数，辄攒眉弃去，仅两试，学使者俺上列，又自笑其不意也。”① 他撰于1644年的《甲申初度自题小像》言其志：“俗笔犹能写俗容，居然磐石坐松风。生平名利如杯水，不信长安有若翁。”而此诗之“题引”则有如是言：

> 余性爱悠闲不乐尘冗，出应童子试，他人惟恐不售，余惟恐其售。乡会场亦然。十载班行，强半丘壑，乙卯乞骸，寓德水有句云：“不学王徵士，取笑在荥阳。”而今往来屑屑殆过之嗟乎？拯溺者，濡逐兽者，趋士固有耽其所弗爱，而乐其所不居者乎？壬午，余年五十，武林孔嘉工绘遗此，今又再期，心迹大异，书此志媿。②

读书不为名与利，才能真正体会学问之道，才能成就自己超脱恬淡的道德品质，亦唯此方可成就实功与实行。

“敢言刚直”则成为吴麟徵实功实行的基本动力，构成其政治哲学的本体主旨之一。据《年谱》载，麟徵于崇祯二年（1632）入吏垣，之后数次上疏纠劾官员，开罪当道。如，崇祯三年上《参驳外转郡守疏》，纠劾已为吏部会推人选的牟道行：“盖所谓役于人役于货役于胥吏者，固铨司之积习，要未必人人皆然，至所谓贪鄙之夫，蒙面幸免以去者，则是有其人，盖指前稽勋司郎中牟道行是也。……今道行已升授广西太平府知府

① 吴麟徵：《答倪鸿宝》，《吴忠节公遗集》卷二《书牍》，第396页。
② 吴麟徵：《甲申初度自题小像》，《吴忠节公遗集》卷四《诗》，第450页。

矣。……今之用人纵不能已其愁苦叹息之声，若使贪鄙之人临之，是使狼牧羊也。"① 麟徵"以狼牧羊"之论不仅置牟氏于死地，亦直指吏部贪鄙腐败之弊政。同年，他又上《淮民酿乱可虞疏》，纠朱光祚和漕抚李待问，以其溺职当斥，认为朱光祚"以堕体黜聪之人，当册手胝足之任，呼吁虽勤，五官无主，惟有望洋而叹，几幸河神之自徙耳"；而李待问"履职六年不为不久，而功烈如彼，其毕生民日见死亡，盗贼日见生发，彼红袍黄盖出没于江淮湖海间者，俨然与抚臣争衡逼处而莫敢问。至若通泰之盐，徒萧徐之妖孽，古今僭窃之雄，往往出此而联翩四起，大可寒心。……此一臣者，素著清谨之称，亦饶中外之誉，而宦成志怠优游之意居多，锐气全销，经理之才不足"②。结果自然可知。麟徵尽职尽责，绝不给庸吏宵小留情面，于肃清吏治大有裨益。只是，这样的直言直谏必得罪当权达贵。

麟徵开罪最深者莫过于首辅和中官。崇祯七年甲戌（1634），皇上诏对群臣用人之方，左右六垣行寂无声，唯麟徵出对："臣愚所见不尔。荐贤正宰相事也，非谏官责。宰相可以开合揖士，持吐握之诚，荐达疏远，唯恐不及。所以宪章大典，简核贤才，以备皇上之用。谏官起而循名责实，补阙拾遗，可否不敢不自效，虽宰相无能枉其正。"③ 在麟徵看来，首辅温体仁（1573—1639）用人不当。后麟徵又上《人才凋敝已极国家器使宜周疏》，深责太宰选司。因吴氏直言敢谏，皇上虽有意重委，而温体仁"虞大人论建渐广，必阂相业"，阻之："此臣忠而廉白，特操术迟钝不及事"，崇祯"辄以为然，不获亲用"。④ 前有责首辅之言，后有阻升迁之实，麟徵忠义之气终未赢取忠厚之报。此外，麟徵因"直"行开罪中官。是时，崇祯忌讳朝党营私，大用中官宦人，"欲委之政，其丐借重椂，遂鲜疑吝，或提戒赋鹾，剖镇四夏；或副使讲射，侍从禁园"，以致"黄门尝侍之属，日益亲比"。⑤ 虽朝士皆私相悼叹，然无敢抗疏者，唯吴麟徵"蠲死戆急"，连上二疏以阻中官升位。其中，《请罢中官疏》有言："今堂陛之间，何其落落也，以允恭克让之主，而有厌薄群工之称，非所以为名也。……父虽不慈，未有舍子而信其仆从者。然使起居不相接，七箸不相亲，久之，父有疑之之心，子亦必有不可告父之事。故父之于子遂有举世

① 吴麟徵：《参驳外转郡守疏》，《吴忠节公遗集》卷一《疏》，第 363—364 页。
② 吴麟徵：《淮民酿乱可虞疏》，《吴忠节公遗集》卷一《疏》，第 360—361 页。
③ 吴蕃昌：《吴麟徵年谱》，第 87 页。
④ 吴蕃昌：《吴麟徵年谱》，第 93 页。
⑤ 吴蕃昌：《吴麟徵年谱》，第 93 页。

不获欢，爱羽毛而疏骨肉者。"① 显然，吴麟徵对皇帝重用内官之做法持强烈之反对意见，重用内官实是对群臣不信任的表现，必导致上下间离，骨肉疏远。在《请罢缉事厂臣疏》更进一步指出："先朝以西厂刺事，一国尽惊，无补治乱，而吞周之漏，汤罹之嗟，载之史集，昭然炯鉴。……皇上以刚明之锐，而饬典则之遗，通理内外，以尽天下之才，循改祖制，以杜天下之幸。……又何事内官之小忠小信为哉?"② 麟徵之论直指吏部当朝用人命官之弊病，连带批评崇祯皇帝不分忠信大小、颠倒是非之刚愎自用之病。麟徵耻于为伍，遂拜《请假归葬疏》南归。海昌孝廉朱一是(1610—1671，字近修，号欠菴）为吴麟徵所作诔文如此评价："先生划名履实，体公绝私，道广学醇，气冲神定，天子不能折其气，宰相不能夺其权，君子不能援以党，小人不能中以祸。"③ 朱氏论断切中肯綮，可得麟徵立朝之大端，可见麟徵为政之率直。

有人戆直，则有人阴险，麟徵正直忠厚之举忤首辅最深，受其忌恨也最多，这在崇祯朝后期两任首辅那里皆有体现。1643年，吴麟徵主持朝廷计典，内外臣工，下至掾属令史皆综核名实，皆受升迁降黜，功成上疏祈告归里，却为首辅周延儒阻厄。麟徵计典多屏退首辅私人，首辅虽密布小吏刺探麟徵起居而无所訾垢，遂与文部郎谋，欲更署计册、轩轾颠倒，为皇上怒斥得止。④ 后廷推麟徵为太常寺少卿，不报；擢用西江抚军，相辅又格阻，且发《沅楚告难疏》，妄改麟徵为沅抚军，欲置麟徵于死地。后来，沅兵归郧阳抚军管辖，麟徵终未外放。周延儒折磨人于有形，实杀人于无形，摧人之意志之无端，官僚弊政之歹毒莫过于此。麟徵已然意识到自己处境之艰危："时阳羡（即周延儒——引者注）文部，恨公入骨，思中以危法，公亦自知不免，时时称病註籍，束一幞被，候有逐，即日就道。"时任副院事御史、蕺山门弟子张玮（字二无，江苏武进人）亦言："徵吴公，吾生几不得见真君子矣，所谓正直忠厚者，公实兼之，然乃危甚。"⑤ 未几，周延儒通敌叛国事发，赐自尽以死。次辅陈演（？—1644）为相，然才质平庸，特又阴险狡诈，则又阻厄麟徵直言实功。是时，宁远镇臣吴三桂（1612—1678，字长伯），抚臣黎玉田、王永吉等上疏求撤宁远孤城，朝中唯麟徵附和，独谓"徙宜"，于诏答中有言："吴三桂忠勇材

① 吴蕃昌：《吴麟徵年谱》，第90—91页。
② 吴蕃昌：《吴麟徵年谱》，第91—92页。
③ 吴蕃昌：《吴麟徵年谱》，第94页。
④ 吴蕃昌：《吴麟徵年谱》，第155—156页。
⑤ 吴蕃昌：《吴麟徵年谱》，第157—158页。

也，早当拔用，毋委之敌人。”[①] 麟徵希图驱六科吏员联合署名，竞相顾推诿避让，则麟徵独疏此事，终未见省纳，留中不报。崇祯十七年甲申(1644)，麟徵两次拜书求外迁，第一通疏解释迁就外职的缘由曰：“臣天性迂愚，气质柔缓，以当搏击之任，论列之司，殊非所长。若安民善俗，起瘠扶衰，受一方之寄，守国家章程，以与僚友相砥砺，臣固可企而能也。臣区区此心非始自今日，每见人情贵内而贱外，致监司郡守积轻，吏治苟且，闾阎困瘁，盗贼承敝，酿成鱼烂瓦解之形，臣愤之痛之。”[②] 以己“生性迂愚、气质柔缓”为乞就外职之借口，以及以朝廷“重内轻外”之不公平施政方略为借口乞就外，皆非根本，其乞外迁之根本原因是直言忠义又为新辅所恨，“不进不退，忽抑忽扬，几令人媿死闷死，总是迂拙自守，不得于君相之故”[③]。在麟徵看来：“时事澜翻，智勇俱困，岌岌孤踪，加以聩瞀，力不胜驰驱，谋不中宜綮，而腼颜鹓鹭之班，徘徊仗马之侧，图名与规利两非其好”，既“发言非时”，不如“已甘方斥，乃籍台芘得舆疾而归”。[④] 麟徵不图名利，虽全力施政，但不为当权重用采撷，“力不胜驰驱”，既求归不得，求直抒胸臆又不得，虽“媿死闷死”，抑郁百端，但仍能鞠躬尽瘁。是时，民乱虏掠已成不可收拾之残局，朝中大臣屡屡缘间请升黜以为迁避，掌垣吴麟徵皆允。祝渊有信劝麟徵“自为计”，而麟徵言：“诸公全身远害，比比求去，顾媿不能遏止之，况可褰裳共逐乎？迂拙由来，唯有‘致命遂志’四言自矢而已。”[⑤] 甲申三月，他以太常少卿守西直门，罹难而尽忠殉国，彪炳史册。

终究而言，吴麟徵以无负本心、无负国家、无负君王的实功刚直心态，成就自己的曲折人生。他在与长兄的书信中写道：“今日补救甚难，空言无济，而欺君误国之事决不甘心同浊。此番真属小草，但不至尽丧生平以归见先人于地下足矣。”誓不同流合污，誓不欺君误国，是麟徵施政基本纲领。但这样的修身正己的处事原则和直言戆行的做事风格自然惹人忌恨阻挠，麟徵自己即已认识到这样的恶果：“总是弟以直行行于枉道之世，百种呈碍及其乞归，又以计事不许。今计事做毕，思再疏力请，又未卜何如也。”[⑥] “以直行行于枉道之世”成为吴麟徵官吏生涯的真实写照，

① 吴蕃昌：《吴麟徵年谱》，第162—163页。
② 吴麟徵：《乞就外职疏》，《吴忠节公遗集》卷一《疏》，第382页。
③ 吴麟徵：《寄禀伯兄秋圃》，《吴忠节公遗集》卷三《家书》，第424页。
④ 吴麟徵：《与彭德符》，《吴忠节公遗集》卷二《书牍》，第405页。
⑤ 吴蕃昌：《吴麟徵年谱》，第162—163页。
⑥ 吴麟徵：《寄禀伯兄秋圃》，《吴忠节公遗集》卷三《家书》，第425页。

亦唯“直”之品性，彰显其政治哲学的核心价值观。

综上，蕺山门弟子吴麟徵以国破帝崩而结帨自尽，临难一死报君王，“从容卓绝，义尽仁至”，其忠义情怀纯粹明澈；麟徵“廉”政为官，奉“廉”为国家盛治之本，视“淡泊名利”为安身立命之道，彰显“清明强干之气”；麟徵刚直敢言，端守无负本心、无负国家、无负君王的政治信念，“以直行行于枉道之世”。概而言之，麟徵行己立政，实功实行，戆直清廉，不辱师门；致命遂志，百折不挠，忠节报主，书写精义。

晚明阳明学士人的"明太祖情结"及其思想意涵*

——以杨复所、管东溟为中心

中国人民大学哲学院　刘增光

晚明士人中存在着一种普遍推崇明太祖并阐扬明太祖思想的情形，这种推崇和阐扬不仅限于思想界，也流泛于文人群体比如公安三袁中。在当时的阳明学士人群体中则尤为引人注目，泰州学派的罗近溪、杨复所一脉皆在其中，以卫道闻名的耿定向之弟子管东溟也是当时推崇明太祖的急先锋，这一思想现象可以命名为"明太祖情结"。本文以晚明王门中颇富影响的杨复所和管东溟为主要分析对象，旁及复所之师罗近溪、王龙溪之弟子周海门，以及罗、杨师徒的共同好友，同时也是晚明四大高僧之首云栖袾宏的弟子虞淳熙。① 杨复所和管东溟是阳明学发展至末期的思想界巨子，以其为分析的中心对象，最能显现阳明学士人"明太祖情结"的极致。下文分别从三教并行、孝弟与礼法、心学与道统三方面揭示这一现象的内在思想意涵，最后反观晚明阳明学与政治之关联，并从政治哲学的角度予以分析。

一、三教并行

明代的三教关系论，有其背景渊源，从思想文化的背景上说，实则承接了宋、金、元三朝之遗产。从社会现实背景来说，明太祖的三教合一思想或者政策，与元明易代之际的历史背景和其开国谋臣的思想有着莫大关系。元代是多民族的一个朝代，多种信仰并存，故而兼容并包、并行不悖便是必然的统治选择。而朱元璋身边的名臣，如宋濂、王祎、刘基都是兼通三教的人物。如王祎曾为李纯甫的《明道集说》作序。明太祖朱元璋在为《道德经》和《心经》作注时，当时的翰林学士沈士荣（生卒不详）即

* 本文得到教育部人文社会科学青年基金项目（13YJC720026）暨复旦大学中央高校基本科研业务费青年教师科研能力提升项目（人文社科）（20520132090）资助。

① 这样做可以兼顾晚明时期作为阳明学传衍最盛的龙溪之学与泰州之学两派。

在旁为皇帝做助手。而沈士荣作为《续原教论》的作者，他在书中有一篇《三教论》，即是批评韩愈之辟佛。而且，明太祖之建造有佛教意味的“观心亭”，也与沈有关，因为《续原教论》中有一篇名为《观心解》。晚明主张三教融汇的管志道即作有《续原教论辨》，并认为明太祖之“天下无异道，圣人无二心”，“斯言若有不满朱子之辟二氏也者”。① 而明太祖作《拔儒僧入仕论》，且以此为国策，则是受了宋濂之影响。②

被誉为汉代以降得统最正者的明太祖朱元璋，正是在当时的背景下形成了自己的三教观。就明代三教之发展影响最大者，当首推明太祖所作《三教论》，其中言“天下无二道，圣人无两心”。以此为三教并立提供依据。在这篇于明代影响甚深的文字中，明太祖仍然因循了以儒为主、以佛道为辅的策略，认为佛道二教可以阴翊王化，暗助王纲。他并不认为佛道二教与儒家相违背，而是认为三者是互补的。概括明太祖的三教政策，从对有明一代学术思想发展之影响来说，其要点有四：（1）三教一道。教虽三分，其道则一。（2）三教同发自本心，一心可以涵括三教。（3）佛道二教可以阴翊王化，故佛道二教是经世、出世合一的。换言之，既然天下无二道，那么真正的道就是世法出世法合一之道，儒家也当是可以了生死、证觉悟之教。（4）在三教关系中，虽然说三教同道，但归结言之，太祖是以儒为主，以佛道为辅。此自观其所注《道德经》及《心经序》即可知。这就形成了为阳明后学所认同标榜的“三教归儒”说。明代后期特别是16世纪出版界出现了印制太祖文集的高潮，与此不无关系。③ 在这四点之中，前两点实则在宋元时代就已流行于世，故第三、第四点方是明太祖三教观之中心。这后两点之中，又当以第三点最为关键。这是因为，杨复所、管志道、周海门等阳明学士人一反上自程朱下至王阳明、王龙溪关于“释氏要之不可以治天下国家”的论调，转而主张三教皆是经世出世合一之教。故此点可以说是晚明时期阳明后学三教观出现的新态度。这种态度的背后

① 可参管志道《重梓朱子学抄引》，载《惕若斋续集》卷一，第2—3页。他在此文中还批评朱子之辟佛老，认为“大似名尊孔子而失其所以尊之之实，此国初沈待诏之所以有《续原教论》也”。

② 参见 John D. Langlois, Jr. And Sun K’o－Kuan：“Three Teachings Syncretism and the Thought of Ming T’ai－tsu”, in Harvard Journal of Asiatic Studies, Vol. 43, No. 1, pp. 112—126.

③ 参见 John D. Langlois, Jr. And Sun K’o－Kuan：“Three Teachings Syncretism and the Thought of Ming T’ai－tsu”, in Harvard Journal of Asiatic Studies, Vol. 43, No. 1, p. 120、p. 137. 如徐九皋、杨复所都曾编辑太祖的文集。而管志道亦作有《管子宪章余集》与《续管子宪章余集》。

蕴含了心学与明代专制政治结合的味道。①

杨复所即从世法与出世法的角度论述了佛不当辟这个问题：

> 夫儒之学以经世也，而苟不能知出世法则亦不足以经世，古之真儒必明于出世之法。吾儒出世之法何也？“素其位而行，不愿乎其外”是也。……故圣人于物也无畔，援有天下而不与也。佛之学吾不知其详也，然考西方之典……然则出世者，佛学之名也，尽其所以出世之实，恰与经世法类焉。经世者，亦儒学之名也，尽其所以经世之实，亦恰与出世法通矣。天地间宁有二道乎哉？②

在他看来，不论是儒教，还是佛教，都是既经世又出世的，是世法与出世法的统一，不可执儒佛之名而不究其实。他认为佛教的“明心”之说，正是治天下国家的关键。他说：

> 儒者类以了生死观佛，而诋其不可以治天下国家。夫心明而不可以治天下国家，是目明而不可以视，耳明而不可以听，岂事之理哉。愚谓佛学经世之极者也，而不与世为偶。③

佛教不与世为偶，是指与俗儒之学不同。俗儒之学是“有为之法，有漏之因”。而真正的圣人之学，包括佛学与孔孟之学，则超越了“有为之法”，是世法与出世法的统一。他赞赏佛教“直指人心见性成佛，与吾孟氏‘道性善’‘称尧舜’同功”；佛教见性成佛之说，是“使人自知自胜，自兢业自笃恭”，对于修身、治世都有着说不尽的益处。这正与孟子所说“行有不得于者，皆反求诸已，其身正而天下归之”的说法同理，二者皆可由是而造孔圣“见过自讼”之域。④ 这便是杨复所所说的佛教的治世之功。

在专门注释明太祖著述的专书《训行录》中，杨复所注解《三教论》，认为儒学是“阳德”，佛道是“阴德”，正如“天道至大者，在阴阳二气不

---

① 酒井忠夫指出，这一结合大概是在万历三十年之前。参见氏著《中国善书研究》，南京：江苏人民出版社，2010年，第233页。

② 杨起元：《太史杨复所先生证学编》（下文简称《证学编》）卷二，第384页。

③ 杨起元：《重刻法宝坛经序》，载《证学编》卷三，第428页。亦可参见杨起元《送刘布衣序》，载《证学编》，第467—468页。

④ 杨起元：《重刻法宝坛经序》，载《证学编》卷三，第429页。

可阙一，故曰皆天德也”。① 这正是发挥明太祖所言“佛仙之幽灵暗助王纲”之意。他最后总结说：“（三教）济给之理岂不一乎？世人皆愚，恒赖三教以化之。一有智者，必为三教摄受，为将来教主。自三教立而生人之命脉有所系矣，然非我高皇聪明之大，安能洞见其然而处之各得其宜哉。皇极之敷言曰：‘无偏无诐，无作好，无作恶。’上下万亿年，求其尽之者，高皇而已。”② 这段话极言明太祖使三教并立、各得其宜之功。推阐其意，孔子、释迦、老子各为儒、释、道三教之创立者，是三教分立时的教主，而明太祖则是合三教、“摄受三教”的教主。

与杨复所类似，管志道也通过追溯三教并立之历史证明太祖汇合三教之功绩，“开辟后既有人伦，未有文字，此山一开于羲皇之斧，而八卦立。立象后，既有文字，未有删述，此山再开翳宣尼之斧，而六经垂。六经既垂，二氏之章亦烂，出奴入主，未有折衷，此山谁开，此斧谁握？则我太祖高皇帝其人已，其经纶三教大旨，略见于《御制文集》中，主则不主二氏，而主孔子；奴则不奴二氏而两宾之。妙哉！圆其宗而不圆其矩，鼎其教而不鼎其心，真是独握分阴割阳之斧，重开世出世间之山而御天立极者，自是道术之荆榛尽辟，而羲文周孔不得专美于前矣”③。此段之意可概括为：（1）佛道二教并不在道术之外，而就在道术之中，是自天地开辟、伏羲画卦以来之大道发展的必然结果。之所以如此，正是因为三教一道，三教一心，心同道同；（2）以儒为主，以佛道为宾。因此，不可以出主入奴之态度对待佛道二教，而应平心而论，客观看待。所谓宾，即与主为和平共处关系，而非对立争斗关系。此主宾共处之关系，即是三教鼎立；（3）合前两点即成为“圆其宗而不圆其矩，鼎其教而不鼎其心”，而正是明太祖将此点揭出，故足堪媲美伏羲、文王、周公、孔子之圣。

二、孝弟与礼法

从孝弟与礼法的角度证明太祖之神圣，亦与明太祖的三教鼎立政策有关。前文已经说明，太祖以儒为主，强调三教共同治世之用，自然要突出人伦礼法之重要性。杨复所与管东溟论述三教皆是经世出世合一之教，其要点亦在于此。而这一点也正是与前人的不同之处，是明代三教融汇说之

① 杨起元：《训行录》卷中，日本浅草文库藏本，第 26 页上。

② 杨起元：《训行录》卷中，第 26—27 页。

③ 管志道：《题程君房墨苑》，载《惕若斋续集》卷一，日本内阁文库藏本，第 19 页。

创获处。

复所在论证三教一道时，其一大论据便是从孝弟出发，阐发“三教皆为爱身之教”。他在《三经序》（三经指《道德经》《孝经》《圆觉经》）一文中对此做了详细的申述：就儒家而言，“孔子言孝，自不敢毁伤始，而推极于不敢恶、不敢慢、不敢遗小国之臣、不敢侮鳏寡、不敢失于臣妾妻子”。这段话正是出自《孝经》，《孝经》之所以言不敢恶慢他人，是因为“不能爱人不能有其身”，孔子讲“仁者爱人”，正是这个道理，“爱其身必自爱人始”。但儒家之说容易导致过分看重身体发肤的缺陷，即“其视体肤重矣”。杨复所说，道家恰可克服这一点。《道德经》说：“后其身而身先，外其身而身存。”这是说，“无私也，故能成其私。不自生也，故能生”，这才是真正的“不敢毁伤”。但他又批评老子说的“吾之身见在也，而安能外之，而安能无知之”，不能解决为何“外身”和“后身”的原因。① 而佛教的缘起说正能去道家之弊。佛教认为世界是由水土火风四大中外和合而成，人亦如此，故身是妄身，心亦是幻。若人能舍妄归真，离幻即觉，了知身为假合，心为妄缘，那么，就不会产生是非无明之见与善恶爱憎之情，“夫既无憎爱，即能平等行慈，不受死”，能够平等地对待大千世界芸芸众生，不受死亡之苦。杨复所认为，这才是“不敢毁伤之至也”。② 他又总结说，三教各有不同的爱身之说，就犹如皆要操舟以渡河，只是操舟的方法不同而已。“人诚能离幻，即能外身，人诚外身，即能爱人”，离幻是佛教爱身之说，外身是道教爱身之说，而爱人则是儒家爱身之说。总言之，三教相互为用，“皆以善爱其身为教”，其“爱身一而已矣”。③ 以孝弟出发论证三教一道，使得这篇《三经序》有着呼应明太祖《三教论》的浓厚味道。

而言及孝弟，自然要涉及明太祖《教民榜文》中的“圣谕六言”：“孝顺父母，尊敬长上，和睦乡里，教训子孙，各安生理，毋作非为。”有明一代，太祖之“圣谕六言”一般都是乡约制度的必备一环，故在士人阶层中，这是体现太祖文治武功的标志性内容。罗近溪作有《六谕翼》，近溪之师颜钧则著有阐发明太祖“圣谕六言”的《箴言六章》。杨复所在其最重要的著作《证学编》《巡行录》中都在开首先附列近溪之《六谕翼》，足见他对近溪孝弟慈之学的认可和对太祖圣谕的推崇。其中的一段文字最能

① 杨起元：《三经序》，载《证学编》卷三，第427页。
② 杨起元：《三经序》，载《证学编》卷三，第428页。
③ 杨起元：《三经序》，载《证学编》卷三，第428页。

表达罗、杨师徒的心意：

> 高皇圣谕数语，直接尧舜之统，而兼总孔孟之学者也。……高皇天纵神圣，德统君师，只孝弟数语把天人精髓尽数捧在目前，学问枢机顷刻转回掌上，以我所知，知民所知，天下共成一大知也。以我所能，能民所能，天下共成一大能也。知能尽出天然……太祖高皇帝独以孝弟慈望之人人，而谓天地命脉全在乎此者，则真千载而一见者也。①

这段话对明太祖的推崇无以复加，且热情洋溢，非可以阿谀奉承之辞视之。之所以如此，显然与罗近溪之“以孝弟慈为宗”的思想主张有关。此处所言“知能尽处天然”，即是指孟子所说的“孩提之童无不知爱其亲，及长无不知敬其兄”的孝弟，也即良知良能。所谓“天下共成一大知、一大能”，即是近溪所说的以孝弟慈而“联属天下为一身”的“明明德于天下”。②

与罗、杨师徒之侧重从孝弟角度阐发明太祖之学不同，另有一些学者则从礼法的角度做了论述。管东溟的“圆宗方矩”说正是其一，这一主张正是直接受启于明太祖的三教鼎立主张。他说：“圣祖之经纶大经……理则融三为一，不与其相非。教则鼎一为三，不与其相滥，而主宾自有在焉。大意见于《御制三教、宦释》二论中。”③ 此处的“理融教分”，正是“圆宗方矩”，故其又言：“圣祖总理三教，方其矩而圆其规，真百王中之杰出者也。”④ 所谓教不可相滥，正是要保存儒家之礼仪伦常，使其不为佛教、道教遗弃人伦、隐遁山林的思想所侵蚀。值得注意的是，管志道的圆宗方矩、理一教三说，正与他对礼的推崇一致。礼为儒家之教，既然教不可混，则所谓礼教、所谓三纲五常就必须绝对地予以维持。他说：“圣人之学智欲崇而礼欲卑。凡禅门所诠三祇劫中行菩提道，皆礼卑中事，而不

① 杨起元：《证学编》，第323—324页。

② 罗近溪谓：“盖丈夫之所谓身，联属天下国家而后成者也。如言孝，则必老吾老以及人之老，天下皆孝，而其孝始成，苟一人不孝，即不得谓之孝也；如言弟，则必长吾长以及人之长，天下皆弟，而其弟始成，苟一人不弟，即不得谓之弟也。是则以天下之孝为孝，方为大孝；以天下之弟为弟，方为大弟也。”《罗汝芳集》，南京：凤凰出版集团，2007年，第84页。

③ 管志道：《从先维俗议》卷五，载《四库全书存目丛书》子部88册，济南：齐鲁书社，1995年，第474页。

④ 管志道：《从先维俗议》卷五，第481页。

可纤毫漏也。"① 此言正是明太祖以佛道阴助王纲之意。可见，管志道的三教融合主张正蕴含了他维护礼仪纲常的思想。论者多以晚明阳明学士人主张三教融汇便是荡灭礼法，其谬之甚于此可见。否则，管志道批评当时士人"以狂儒藐时王"② 的说法便无法理解。

周海门则在与弟子讲学中从刑律的角度做推演，表露其对于《大明律》的推崇，《文录》记载：

> 偶论律法次，先生曰：《大明律》亦不可不看，中间轻重出入，俱从天则自然所定，稍减稍增，便不惬快，圣帝明王之心如此，匹夫匹妇之心亦如此，执法人之心如此，犯法人之心亦如此，是一部《春秋》，亦是一部《易经》，即《书》《礼》《乐》都在里许。众惕然曰：是。③

在他看来，洪武时期制定的《大明律》竟然是"天则自然所定"，请注意，此言正是王阳明所说"良知上自然的条理"之意，也即是说，《大明律》中所列的律法皆出于本心自然、本心之天理。而在心学看来，六经皆是"吾心之记籍"，故而《大明律》也就有着与六经同等的地位，由此即可推论说，六经皆在《大明律》中。④

另外，莲池大师云栖袾宏的弟子虞淳熙（1553—1621）也是罗近溪、杨复所的好友，他在羽翼《孝经》的《斋戒之目》中专列《五刑章之目》一篇，以与《孝经·五刑章》对应，但此篇的基本内容正是明太祖所制《圣谕六言》和《大诰》中的内容，后者正是明代的刑律，《大明律》与之内容多有相近。⑤ 这种以律法之书《大诰》注解《孝经》的做法，亦正是要塑造《大诰》的经典地位。而经典是为政治国之依据，故将明太祖的《圣谕六言》《大明律》《大诰》等塑造为具有经典性质的典籍，不仅是对明太祖文治武功的高度认可，同时也就意味着将"时王"之一代法典视为

① 管志道：《祭陆冢宰五台文》，载《惕若斋续集》卷二，第 13 页。他便因此称赞出入佛老的陆五台是"若逃儒而入禅，若逃禅而入佛……然而居乡熏炙善良，则皆忠孝之纲也"。

② 这主要是针对泰州学派的王艮"达则兼济天下，穷则兼善万世"来说。管志道：《志练川明德书院缘起》，载《惕若斋续集》卷一，第 43 页。

③ 周汝登：《周海门先生文录》卷二，第 168 页。

④ 其实若比较杨复所之论，海门此段论述也并不过分，复所曾高赞明太祖之《提刑按察司诰》："义理之精微，文章之尔雅，孔壁百篇中罕见其伦，谓之天言帝训可也，于经典乎何有。"《巡行录》卷上，第 55 页。

⑤ 虞淳熙：《斋戒之目》，载朱鸿《孝经总类》，第 186 页。

永恒之道的意味，明太祖本人也就自然成为道统的传承者。

三、心学与道统

前文言及，杨复所等士人认为明太祖堪为媲美伏羲、孔子者，此正是明太祖承担道统之表达。但以明太祖为道统的承继者，在晚明阳明学士人的阐发中尚可细绎为几个层次：（1）明太祖之思想与心学的道统观一致；（2）明太祖担承着为道、治合一之统；（3）道统与治统何者更为重要。第一点是后两点的前提，也就是说，阳明学士人认为，明太祖正符合阳明心学的道统观，正因此，明太祖才是道统的传承者。有了这一前提，才可以说明太祖是道统、治统合于一身。

杨复所曾评价其师罗近溪之学，说："罗子之学，实祖述孔子而宪章高皇。盖自江门洗著述之陋，姚江揭人心之良，暗合于高皇而未尝推明其所自，则予所谓莫知其统者也。姚江一脉，枝叶扶疏，布散寰宇，罗子集其成焉。"① 这段话若配上杨复所弟子佘永宁评价其师之言，则益发显其意义："盖我师之学，实得之明德罗子，罗子祖述宣尼，宪章高皇，师承其脉……高皇益世无穷之语殆为我师道乎？噫，尧舜千五百年而有孔子，孔子千五百年而有高皇。其间治乱相寻，道统相继，历数有在，匪偶然者，而斡旋宇宙之命脉，果系六谕之天言。非得罗子揭之，杨师宣之，寥寥数百载，孰有以窥其微哉？"② 两段话前后对照，直接可以梳理出明太祖——王阳明——罗近溪——杨复所这一道统传承序列。在这一序列中，阳明心学乃至白沙心学，都被视为"合于高皇"者。通过这种道统序列的建构，明太祖就成了有明之学的发端者，成了心学的开启者。

纵观杨复所于万历二十五年刊印的《训行录》一书，复所于其中的一项重要工作，就是将明太祖打造成心学的代言人。这同时意味着，心学成了明太祖思想的注脚。其开篇序文即谓：高皇帝为"天纵圣能"，"天生聪明，可望而不可及者"，"圣德纯粹，无声色之好，无游猎耽乐之从，聚精会神，凝思至道"。以其为"思道"之人，并比之于上古之尧舜。《训行录》收录有明太祖所作《拟问心》，其中言："夫心也者，中虚而不实，以居神灵，其神灵之运，性情思欲，无所不至……神灵之所以运心也。"杨

① 《证学编》卷三，第 347—348 页。

② 《证学编》卷首，第 321 页。

复所注谓："此详虚灵之义，以标人心之同。"① 最后，他又总结说："圣训此章，至精至微，故托之孔子，实千圣传心之诀也。臣庄诵而深惟之。"②他甚至还以自己所提出的"真心"说③为高皇帝之《谏官诰文》作注：

> 人有真心，本自精一，惟不学，不识其真心，是以或二或三，而日流于伪耳。古人所以作则于千百世之前者，此心也。未得吾心则当学古以求心。既得则古人之心不外是己。故其智自足以通古而才有余裕，非博记古人陈迹而为之也。圣人泛应而曲当，今人泛应而恍惚，圣人造次而于是，今人顷刻而垂违，皆不见真心之故也。④

经过他的注释和评说，高皇帝已俨然成为心学阵营中人。而在注解明太祖《道患说》一文时，他说："道本无心，非心不道，事道道事，心事事心，本末开张，由来一乎。"杨复所解释谓："率乎天命之性者，谓之道。盖莫之为而为、莫之致而至者也，何心之有……天下之至精者，即天下之至粗者也，事即是道，道即是事，心即是事，事即是心，虽若有本末之分，而由来则一而已。人能于日用常行之间不着知识，不牵意见，如镜随现形，随来而随见……直往直来于宇宙之间，夫何患焉。"⑤ 在这一解释中，阳明学"心外无事""心外无理"被圆融地纳入。此外，他还屡屡引王阳明、罗近溪之言以注解太祖之文⑥，这就使得明太祖具有了精于心学的思想形象。

对于开创明代基业的明太祖形象来说，谓其功绩卓越，在明代自无争议。故将明太祖塑造成开启明代心学、承担道统的思想形象后，以其为道治合一、君师合一者，便势如破竹。罗近溪谓：

> 前时皆谓千载未见善治，又谓千载未见真儒。计此两段，原是一个。但我大明今日更又奇特，盖古先多谓善治从真儒而出，若我朝，则是真儒从善治而出。盖我太祖高皇帝天纵神圣，德统君师，只孝弟

---

① 杨起元：《训行录》卷中，第55页。
② 杨起元：《训行录》卷中，第58下。
③ 杨复所并不多言"良知"，或者"现成良知"，而是代之以"当下真心"。
④ 杨起元：《训行录》卷上，第47页。
⑤ 杨起元：《训行录》卷中，第20页。
⑥ 例如《训行录》卷上，第4—5页、9页下引罗近溪之言；16页引王阳明之言。

数语，把天人精髓，尽数捧在目前，学问枢机，顷刻转回脚底。①

杨复所将罗近溪此语置于《训行录》篇首，而他自己亦言："高皇……有天下之号曰'大明'，志明人伦也，高皇乘龙御天，既大明于当年，而真儒善治继出，又大明于万世。生斯世也，为斯民也，可谓厚幸矣。学者不相与共明此学以跻斯世于大猷，负也，恶乎敢哉。"②"以斯文论之，高皇功德不在孔子下，至于再辟浑沦，肇修人纪，尤当集三五以来君师之大成者也。世儒尝疑自孔子以后何无圣人，而不知高皇已得其统。又尝称三代以后道统、治统分为二，而不知高皇已合为一。"③概括罗、杨师徒之意，明太祖是道治合一、君师合一，乃千载一见之圣，身为儒者，就当尊奉并发明其学。故杨复所批评宋儒以来的道治二分、无贤圣之君的道统观。

自理学诞生之日起，直到罗近溪之前，从未有理学家公然宣称明太祖是道治合一、君师合一。相反，理学家是以道统自任，用师的身份以道抗势，以对现实的君主和政治保持批判和规范的作用，在这一道统观中，治统是要从道统而出，而不是像罗近溪所言真儒从善治而出。此即余英时所概括的"道统者，治统之所在"④。这一观念的奠基者就在周敦颐，《通书·师友第七》中说："圣人立教，俾人自易其恶，自至其中而止矣。故先觉觉后觉，暗者求于明，而师道立矣。师道立，则善人多。善人多，则朝廷正，而天下治矣。""天下治"源于"师道立"。正是这段话成了宋明理学家道统观念的经典表达。在儒家看来，三代以降，圣王不再，君师分裂，道统和治统也就不再合一。故罗、杨师徒的道统观就一反前人，突出了治统的优先性。即使与其所属的泰州学派之开宗王艮相较，亦显得极为另类。而管东溟之道统观亦与罗、杨保持一致，以为明太祖是"在君道则重光之尧舜，在师道则再来之仲尼"⑤，他正是据此批评王艮所言"出为帝者师，处为天下万世师"是"张皇见龙"，藐视飞龙御天之太祖。⑥就理学道统观的演变而言，晚明阳明学士人主张"真儒从善治而出"的道统观，正是道统观之一大转捩点，同时也是理学发展的转捩点，阳明心学乃至儒

① 罗汝芳：《罗汝芳集》，第 234 页。
② 杨起元：《训行录》卷上，第 4 页上。
③ 杨起元：《巡行录》卷中，第 3 页下。
④ 余英时：《宋明理学与政治文化》，长春：吉林出版集团，2008 年，第 24 页。
⑤ 此语为管氏所常道，见管志道《惕若斋集》卷三，第 17、59 页。
⑥ 管志道：《师门求正牍》，第 14 页。

学本身之“道德理想主义”关怀在此走向了低潮。

余论：权威与秩序

迄今为止，对于阳明学之政治化向度的研究还显得不够。[①] 但可以肯定的是，这一向度对理解晚明阳明学尤为关键，这种政治化倾向的最集中表达就是对于明太祖朱元璋的推崇和“再造”。之所以说是“再造”，是因为晚明阳明学士人心目中的明太祖朱元璋，与其说是那位曾经在元末明初叱咤风云的真实历史人物，毋宁说是一种圣王的符号，一种圣帝明王的形象。在这一“再造”朱元璋形象符号的过程中，杨复所就是一个典型的例子。吴震教授指出：“从杨复所……以及罗近溪的一些言论中，令人感到在近溪周围的思想圈内，有一种独特而奇怪的氛围正在形成和弥漫。”[②] 我们禁不住会问，为何阳明心学士人会如此“奇怪地”主动向政治靠拢，主动地将某一位政治人物塑造成圣王的形象并加以渲染和宣扬？

不论是罗、杨师徒，还是管志道，他们在表彰明太祖为道治合一的圣祖时，都将自己的学术理论与明太祖连接在了一起，比如前者的孝弟之学，后者的圆宗方矩说。这使得他们的学术思想本身也构成了“宪章高皇”的一环，这可以通向两种理论后果：一者，是以自己的学术思想作为注释和论证明太祖为圣王的依据；二者，同时也就使得自身之学术思想获得了政治上的合法性，使之体制化、政治化。这种做法当然有好处，在程朱理学占据正统意识形态的明代，罗近溪等人的做法无疑可以使得心学在某种程度上获得“准正统”的地位，但却也造成了相当恶劣的后果，这就是牺牲了儒学“从道不从君”的精神传统。当他们将上古三代方存的道治合一搬到自己身处的明代，也就意味着自己所身处的时代的儒者就必须服从于皇帝的权威和统治。原本以君臣之间的权利、义务交互关系为内容的君臣伦理变成了单向的顺服式伦理。在君道和师道之间，师道必须服从君道，此正是“真儒从善治而出”所蕴含的一点。管志道反对“狂儒藐时王”，无疑也是其体现。

如果我们要探究这些儒者将心学与政治“结盟”、将儒学附庸于政治的初始动机，或许是永远没有答案的。试问：他们是真的出于对于自己的

① 吴震教授所作《罗汝芳评传》一书对罗近溪思想的政治化倾向做了深入的探究。

② 吴震：《罗汝芳评传》，南京：南京大学出版社，2011 年，第 498 页；亦可参《泰州学派研究》，北京：中国人民大学出版社，2009 年，第 413 页。

思想的认可才去表彰明太祖呢，还是从一开始就是想将自己的思想和明太祖有所关联呢？我们不得而知，但若予以同情之理解，儒家的政治理想是“一道德而同风俗”，这一理想的落实、教化的实现就需要有一精神道德的权威，这或许正是杨复所等士人以明太祖为“天挺圣神”的根本缘由所在。这也反映出以“觉民行道”来综括阳明学的经世理路的观点是值得仔细推敲的。[①] 不论如何，他们在各自著作中表现出的众口一词的一致性，也着实让人感到惊讶。从中可以看到的是儒者批判精神的减弱，是宋明理学“以道抗势”理念的衰颓。

从政治哲学的视野来看，任何社会都需要权威，权威存在于一切社会组织之中，“权威是植根于人类行为中的一种普遍的社会现象”[②]，没有权威，秩序就无法保证，因为“它是道德与法律秩序的源泉”[③]。但权威又分为两种，一是政治权威，一是社会权威，前者有着一定的强制性，后者则是非强制性的，为民间大众所认同的道德性的权威或精神性的权威。可以说前者有着以力服人的特点，后者则是以德服人。正如学者所论，“政治权威拥有社会权威所没有的强制，而社会权威则拥有政治权威所不能具有的发现真理和规定美德的资格”[④]。在中国古代思想中，以韩非子为代表的法家便具有强调以权力为后盾的强制性的权威的思想特点，而儒家则既重视权威，比如圣人，也重视个体的道德自由、道德自主。若权威与自由之间能保持一种健康平衡的状态，这就是儒家所能期望的理想的社会秩序。因此，极为重要的是区分开权威与权力，区分开以权力为后盾的权威与以美德和真理为后盾的权威。儒家之区分圣与王、德与位、政与教正是出于这一考虑，这体现出了儒家对于权力的警惕。换言之，儒家虽然重视权威，但是却与权力保持距离，对权力保持高度警惕，并试图以道德驯化和引导权力的使用。

明代讲学之盛，为往代远不能及。泰州学派之无处不讲学，正是其典型体现。立基于民间的讲学与劝善正是营造道德权威的极佳氛围。阳明学反对朱子学的“定理观”，主张“道无定在”“心无定体，论亦无定体”，这就是要“排除一切即成的典要、思为，而直接和自在自动的天则贯通”，

① 可以说，阳明学士人从来没有放弃过“得君行道”的意念，“觉民行道”最终必须要与“得君行道”打并归一。

② 刘军宁：《保守主义》，天津：天津人民出版社，2007 年，第 153 页。

③ 刘军宁：《保守主义》，第 157 页。

④ 刘军宁：《保守主义》，第 155 页。

不为定理所拘，而是以良知为自然之天则，为“真的理、真的秩序伦理”。① 所以，阳明学在提倡“满街皆是圣人”之时，就在某种程度上宣告了每个人都可以成为道德权威、精神权威，这一思想的末流或即刘宗周所批评的“猖狂者参之以情识”。管东溟批评泰州学派“以狂儒藐时王”也正是在说不能过于强调道德权威而藐视政治权威，担忧这样一来会造成秩序的混乱。杨复所、周海门等阳明学士人以明太祖为道治合一的圣人，也必须在此意义上来理解。可叹的是，这样一来，又太过于强调以权力为后盾的政治权威，甚至抽空了道德权威的根基。

在原始儒家的论述脉络中，尧、舜、禹、文、武、周公等圣人，是当时的现实中真实存在的政教合一的圣人，既是政治权威，又是道德权威。在孔子之后，则成了理想圣人和现实圣人的代表。但政教二分、道治不再合一，则“政治是政治，道德是道德，二者应在社会文化上相合，而不是集中于一人身上。若集中于一人，就会导致集权专制，儒家的基本精神并不是如此”②。也就是说，在孔子之后的时代，政治的鼎盛、文化的辉煌，都只能是从社会文化层面上说，是一种“虚说”。所谓社会文化层面，当然是就承担弘扬“未丧之斯文”之责的士人群体来说。若将道德与政治的结合当作合于一人的“实说”，就是将此打造政治文化鼎盛的功绩都归于帝王一人，此即是将道统、治统合于现实中的帝王，比如明太祖。以一人之身汇合政治之极与道德之盛，则朝廷上下成一言堂，政治的专权、文化的专制在所难免。依此以观，谓杨复所等人之论有违儒家之基本精神，亦非苛责。对于晚明阳明学之演变，从其与“明太祖”这一符号之关系的角度来看，则黄宗羲所云“阳明先生之学，有泰州、龙溪之学而风行天下，亦因泰州、龙溪而渐失其传”③，亦别有一番意蕴。

---

① ［日］沟口雄三：《中国前近代思想的演变》，北京：中华书局，1997年，第122页。

② 牟宗三：《中国哲学十九讲》，上海：上海古籍出版社，1998年，第233页。

③ 黄宗羲：《明儒学案》，北京：中华书局，1985年，第703页。

回归“器”的世界

——崔憬“器体道用”说的意蕴

中国人民大学哲学院　梁从峨

崔憬，两《唐书》无传，其生平不详。因为李鼎祚《周易集解》中曾引其对“大衍之数五十，其用四十有九”一句的解释，其中述及孔颖达的《周易正义》，所以一般认为崔憬约生活在孔颖达之后，李鼎祚之前。崔憬著有《周易探玄》一书，已佚。按潘雨廷先生的统计，《周易集解》中引崔憬说达二百余节①，崔憬易学赖此得以窥见。清代马国翰辑佚有崔憬《周易探元》三卷，收录于《玉函山房辑佚书》。另有清代黄奭辑佚的崔憬《易探玄》一卷，收录在《黄氏逸书考》中。

一、“器体道用”说的提出

唐李鼎祚的《周易集解》中，关于“是故形而上者谓之道，形而下者谓之器”两句，采用了崔憬的解释，朱伯崑先生将其概括为“器体道用”说。在已有的关于道器之辨、本体、体用论等话题的讨论过程中，崔憬的“器体道用”说也曾被不断提起。但就以往讨论的情况大致来看，此说往往被当作王弼（经韩康伯、孔颖达的发展）以来“道体器用”说的对立面而被指出。就其作为王弼体用论的对立面而言，也许因为囿于宋明理学体用论模式的习见，崔憬此说被认为因反对王弼体用论而有了一些“新意”。又或者，将崔憬此说再扩大言之，结合其对易象的推重，则又可将其视为反对王弼黜象扫象之学风的代表。这两个观点似乎都有未尽之意，并不能充分地描述出崔憬“器体道用”说的要点。

《周易集解》中关于《系辞》“是故形而上者谓之道，形而下者谓之器”两句，援引了崔憬的解释：

① 李道平撰，潘雨廷点校：《周易集解纂疏·点校体例》，北京：中华书局，1994年，第2页。

此结上文，兼明《易》之形器，变通之事业也。凡天地万物，皆有形质。就形质之中，有体有用。体者，即形质也。用者，即形质上之妙用也。言有妙理之用，以扶其体，则是道也。其体比用，若器之于物。则是体为形之下，谓之为器也。假令天地圆盖方轸，为体为器，以万物资始资生，为用为道。动物以形躯为体为器，以灵识为用为道。植物以枝干为器为体，以生性为道为用。①

崔憬将“形而上者谓之道，形而下者谓之器”一句概括为“形质—道器”的理论结构，认为凡天地万物皆有形质，在“形质”的同一性的前提下，才可以说道器。依此论，则“器”为“体”义甚明，盖因“凡天地万物”本是一个“器”的世界。具体的“器”则又有其“妙理之用”，此用可以“扶其体”，这是“道”，即与“器体”相对应的“道用”。所以“天地”若视为一“形”界，则其“圆盖方轸”为器体，其“资始资生”为道用；“动物”若视为一“形”界，则其“形躯”为器体，其“灵识”为道用；“植物”若视为一“形”界，则其“枝干”为器体，其“生性”为道用。

而上述崔憬的论说，易被忽视的正是头一句：“此结上文，兼明《易》之形器，变通之事业也。”与多数注家割裂《系辞》原文，将“形而上者谓之道，形而下者谓之器”这一对句做一孤立疏解的作风不同，崔憬要先解释此句之前的“是故”二字，所以他说“此结上文”。这一对偶句的上文是“乾坤，其易之缊邪？乾坤成列，而易立乎其中矣。乾坤毁，则无以见易。易不可见，则乾坤或几乎息矣”。可知崔憬此处并不只是解释了“形而上、下”两句，而且顺带发表了他对“乾坤易之缊”的看法。崔憬认为“形而上、下”两句在《系辞》此处的理论作用有两个：一是对“乾坤易之缊”做一总结；二是发明“《易》之形器，变通之事业”。可知在崔憬的理论中，“形而上、下”两句不过是在说“《易》之形器”一件事，在“形器”的同一性之中才可说“道器”的对举，若但就“形器”而言则无所对举。所以“易”只是形器，而乾坤作为易之“缊”，使易能得“见”，能“立乎其中”，盖因为乾坤是最基础的“象”。在解释“是故夫象，圣人有以见天下之赜”一句时，崔憬又提到了“易之缊”：“此重明易之缊，更引易象及辞以释之。言伏羲见天下深赜，即易之缊者也。”② 可知“易之

① 李道平撰，潘雨廷点校：《周易集解纂疏》，第611页。
② 李道平撰，潘雨廷点校：《周易集解纂疏》，第612页。

缊”即伏羲的仰观俯察，即圣人取象的这一活动本身所含的意蕴。崔憬就“易者，象也”解释说此句“明取象以制器之义”，又在“象也者，象也”句下说：“此重释于象。言易者象于万物。”① 崔憬认为“易”就是“象”，就是“象于万物”。而“易之缊”就是“取象以制器之义”，即前文所谓“变通之事业”。乾坤作为最基础的象，明事物之始终，含万事万物“资始”与“资生”的妙用，自然是“易之缊”的体现。

就天地万物而言是“形质”，此形质向人的敞开则是圣人变通之事业，即“取象制器之义”，所以崔憬说“形而上、下”两句旨在“兼明易之形器”。要言之，崔憬的道器说，虽然仍借王弼的“体用”字样来论说，但其理论结构则完全不同于王弼的“体—用”论。崔憬是在形（器）之中言道器，所以其基本结构是“形（器）—体用”论，这是理解崔憬形器说的根本所在。

二、回归（形）器的世界

那何为“体—用”论呢？考察思想史的轨迹，“体—用”论的理论类型应该能追溯到王弼这里。按方克立先生的考察，“体用”作为一对并举的范畴，即始于王弼的《老子注》：“虽贵以无为用，不能舍无以为体也。”② 王弼对“无”体的确立，正是体用论形成的决定性因素，韩康伯、孔颖达正是在此基础上，借对《系辞》的疏解而完成了体用论的雏形。

韩康伯在注《系辞》中“鼓万物而不与圣人同忧”一句时说：“万物由之以化，故曰‘鼓万物’也。圣人虽体道以为用，未能全无以为体，故顺通天下，则有经营之迹也。”③ 此语显系王弼《老子注》中来：“万物虽贵，以无为用，不能舍无以为体也。舍无以为体，则失其为大矣。”④ 韩注在这里将“全无之体”与“经营之迹”关联起来论说，这无疑直接影响了孔颖达，他的疏解说：“外则有经营之迹，则有忧也。道则心迹俱无，无忧无患，故云‘不与圣人同忧’也。”⑤ 可以说，王弼、韩康伯确立了“以无为体”的根本，孔疏接此又开出“迹有而心无”的“有—无”对待理

① 李道平撰，潘雨廷点校：《周易集解纂疏》，第 634 页。

② 方克立：《中国哲学中的体用范畴》，《中国社会科学》1984 年第 5 期。

③ 李学勤主编，王弼注，孔颖达疏：《周易正义》，北京：北京大学出版社，1999 年，第 271 页。

④ 楼宇烈校释，王弼著：《王弼集校释》（上），北京：中华书局，1980 年，第 94 页。

⑤ 李学勤主编，王弼注，孔颖达疏：《周易正义》，第 271 页。

论。所以在解释“形而上、下”两句时，孔颖达有很经典的表述：“‘形而上者谓之道’，道即无也；‘形而下者谓之器’，器即有也。故以无言之存乎道体，以有言之存乎器用。”①

按潘雨廷先生的意见：“自汉而魏，学风大变，魏王弼之《易注》出，乘时而改变说易之理，由崇实而尚虚，由尚象而扫象。……然时风所扇，日见其盛。此非一人所能抑，亦非一人所能兴，要而言之，实由印度西域的佛教思想，不断传入所致。”②“由崇实而尚虚”，是潘先生对汉魏学风之变的概述，并将其归因为佛学的传入。“由崇实而尚虚”的学风，在易学体例的运用中，表现为由推崇象数而至于黜象扫象；在思想理论中，表现为由“形（器）”体转向“无”体。向世陵先生则进一步将这个转向概括为“本体转虚”的过程，视其为体用论形成的重要环节。向老师认为“体用论是典型的中国哲学的本体论”，因为“可感的物质实体向内在的不可感的性命本体转化，对心性层面的‘虚’体的关注”，于是“日渐成为佛教本体论的主题”。③“虚”体的确立而使本体始能殊绝于现象世界，传统语境中一如而周流的道体或形体，经此转向而成为有无对峙的“体—用”论。

尽管尚无史料能证明王弼曾直接接受过佛教思想的影响，但是王弼体用论相对于传统思想的“新”意是显而易见的。柯小刚先生指出，晋唐之际形成的“本体—现象”之理论模式，是佛教思想带来的新事物：“从王弼到孔颖达注疏着眼点的变更，不能不说与一种印欧思想（这里指佛教思想）的影响与日俱增有关。……晋唐两代注疏的不同落脚点给宋代经典注疏带来的处境……绝不可能回避唐代以来由于印欧思想方式的影响而导致的本体—现象两重划分的时代语境。”④

无论是王弼的“无”体，还是佛学中的“空”体，都是带有“虚”化倾向的体，这在中国传统的思想中是鲜见的。张载将这个传统归于老氏：“若谓虚能生气，则虚无穷，气有限，体用殊绝，入老氏‘有生于无’自然之论，不识所谓有无混一之常。”⑤ 但认真追究起来，《老子》思想和王弼一脉所确立的体用论之间，仍有区别。《老子》中虽然有“有生于无”

① 李学勤主编，王弼注，孔颖达疏：《周易正义·序》，第 6 页。
② 李道平撰，潘雨廷点校：《周易集解纂疏·前言》，第 5 页。
③ 向世陵：《中国哲学的“本体”概念与“本体论”》，《哲学研究》2010 年第 9 期。
④ 柯小刚：《形上学与形而上学：从比较哲学出发的道学沉思》，《同济大学学报》2007 年第 1 期。
⑤ 张载：《正蒙·太和篇》，《张载集》，北京：中华书局，1978 年，第 8 页。

的说法，但在《老子》的理论体系中，处于核心地位的范畴是“道”。道在《老子》的体系中是无对待的，道出入于有无之间，不能遽论其是“有”或者“无”。而王弼的体系中，则确立其“无”体，“无”是以“有”作为对待的。概言之，《老子》的道体并非“无”体，所以王弼的“无”体是一种创造性的发挥。

崔憬的道器论以重形器为特征，在易学中形器与“象”又有天然的联系，论者多据此认为他是反对王弼以来尽黜象数之学风的代表。从思想史的角度而言，崔憬是针对王弼的玄学体用观，提出了截然相反的器体道用说。朱伯崑先生就对此论在思想史上的价值做出了很高的评价：“（崔憬）器体道用的结论，从而同王弼派尊道而贱器的观点对立起来。……后被宋明时期易学中的功利派继承和阐发，成为唯物主义者反对程朱理学派道本器末说的有力武器。”① 朱先生此说固然有重要的提示意义，但是否也暗含着这样一层意思：似乎道体器用说才是体用论的传统，而崔憬的器体道用说则针对此传统提出了一些“新意”。或许就专门的“体用论”而言，道体器用说才是其正宗，但崔憬的器体道用说却没有什么新意，正相反，王弼以来的道体器用说才是有别于传统的“新”思想。

考察体用论形成的原始语境，可以发现其中的一些微妙之处。比如，孔疏中不能自圆其说的地方是明显的：若“形而上”是无形，那“形而下”自也应该是无形。无论“而上”还是“而下”，都应该是对“形”的某种方向的溢出，所以孔疏与《系辞》原文的本意是有出入的。或者说，自王弼以来的“有—无”理论，是借《系辞》文本而发生的创造性解读，并不能紧密贴合经传文本的原意。

又，韩注以“全无以为体”来解说《系辞》中“鼓万物而不与圣人同忧”一句，其前文却是“显诸仁、藏诸用”：《系辞》使用的概念是“显”“藏”，而韩注使用的是“有”“无”。张载或已发现了这个问题，他说《系辞》中不讲“有无”，而讲“幽明”：“圣人仰观俯察，但云‘知幽明之故’，不云‘知有无之故’。”② 王夫之则讲“显隐”：“形而上者隐也，形而下者显也。”③ 在这个意义上，由形器而转入以无为体的理论，这显然才是新意。

① 朱伯崑：《易学哲学史》第一卷，北京：昆仑出版社，2005 年，第 447—448 页。
② 张载：《正蒙·太和篇》，《张载集》，北京：中华书局，1978 年，第 8 页。
③ 王夫之：《船山全书·读四书大全说》（第六册），长沙：岳麓书社，1996 年，第 490 页。

三、圣人事业的再发现

因为文献不足，崔憬的器体道用说仅留下了有限的篇幅，但考察其意蕴，仍可以发现，崔憬的意图并非只是将王弼一脉的“道体器用”说做一个颠倒而已。崔憬此说与王弼思想的根本差异，在于崔憬强调了“形”在道器之辩中的根本地位，而对“形”的祛除正是王弼体用论的重要特征。王弼由祛“形”的论说确立其“虚”体说，崔憬则由回溯形器的传统而确立其“形”论之根本。

所以，崔憬在此提出形器说，与其说是针对王弼一脉的学说而提出的新体用论，毋宁说是提醒人们不要忘记“形（器）”体的固有传统。在具体的学理上，崔憬针对王弼、韩康伯轻象、祛象的创造性易学诠释，重新强调了对“立象事业”的重视。而崔憬的这一诠释之所以是回归传统的，因为其诠释是以梳理《系辞》文本的内在理路来入手的，竭力发挥其所认为的《系辞》本义，是崔憬的目的。《系辞》的文本恐怕不是成于一人一时，其中也不无自相矛盾的地方，但是聚焦一些相对成单元的段落，还是能发现其中的一些内在理路。而本文讨论的焦点部分，即“形而上、下”两句所处的段落而言，可明显看出《系辞》这一段文本，“圣人立象”的通达事业，才是其理论推衍的内在动力。而王弼一脉的诠释与崔憬之诠释的最大区别，亦集中体现在对这一段的不同理解之中。为了便于说明，仍将《系辞》的原文援引如下：

子曰：“书不尽言，言不尽意。”然则圣人之意，其不可见乎？子曰：“圣人立象以尽意，设卦以尽情伪，系辞焉以尽其言，变而通之以尽利，鼓之舞之以尽神。”乾坤，其易之缊邪？乾坤成列，而易立乎其中矣。乾坤毁，则无以见易。易不可见，则乾坤或几乎息矣。是故形而上者谓之道，形而下者谓之器，化而裁之谓之变，推而行之谓之通，举而错之天下之民谓之事业。是故夫象，圣人有以见天下之赜，而拟诸其形容，象其物宜，是故谓之象；圣人有以见天下之动，而观其会通，以行其典礼，系辞焉以断其吉凶，是故谓之爻。极天下之赜者，存乎卦；鼓天下之动者，存乎辞；化而裁之，存乎变；推而行之，存乎通；神而明之，存乎其人；默而成之，不言而信，存乎德行。

以“圣人立象以尽意”作为这一段发论的起点，然后提出最具代表性的象—乾坤。而“易之缊”即拟象、系辞、存卦等圣人事业，圣人以其神明、德行对“象”予以化裁、推行、变通，如此可以解释“圣人立象以尽意”。

崔憬仍围绕“圣人立象以尽意”的核心话题而展开诠释，王弼、韩康伯的创造性在于强调对象的超越与殊绝，将此论题实改为“圣人祛象以尽意”。如韩康伯解释“神而明之存乎其人”一句，说：“体神而明之，不假于象，故存乎其人。”① 意谓圣人之神明在于能“不假于象”。而同是注此句，崔憬说：“言《易》神无不通，明无不照，能达此理者，‘存乎其人’，谓文王，述《易》之圣人。”② 崔憬紧扣圣人之“事业”而论，暗指所谓神明在于“圣人立象”而通达“无不通、无不照”之境。崔憬解释“圣人立象以尽意”，说：“言伏羲仰观俯察，而立八卦之象，以尽其意”；解释“系辞焉以尽其言”，说：“文王作卦爻之辞，以系伏羲立卦之象。象即尽意，故辞亦尽言也。”③ 如何能尽意、尽言，这一目的就在“圣人立象”的事业之中展开。“象即尽意”，意谓我们生活在象的世界之中，而此世界之外则无所谓“意”的有无。

要言之，所谓的崔憬“尚象”，其实崔憬强调的并不是“象”本身，而是“圣人立象”的事业。将“象”作为一个对象，始可言对其有所超越或殊绝，此有无之对峙正是王弼体用论的创造。而在“取象制器”的事业之中，则无所谓此现象与本体的区别。

所以，崔憬亦不只是针对王弼、韩康伯等人的扫象而强调易象，与其说崔憬“尚象”，毋宁说崔憬推崇的是圣人“取象制器”之事业。崔憬本无意将“象”作为一个外在的对立面予以超越或落实，回归圣人事业，是崔憬论象的本来语境。

宽泛地说，“观象授时”也可视为“取象制器”的一个具体层面，所以《系辞》说：“法象莫大乎天地；变通莫大乎四时；悬象著明莫大乎日月。”天地、日月、四时，对人们来说并不是外在的自然现象，而是通过圣人事业而能向人们敞开其器用的“器”象。所以“天垂象，见吉凶，圣人象之；河出图，洛出书，圣人则之。易有四象，所以示也；系辞焉，所以告也”。圣人事业就是不断使象敞开其器用，并使此器用成为理解人类文明的纲领，所以说：“见乃谓之象，形乃谓之器，制而用之谓之法，利用出入、民咸用之谓之神。”

---

① 李学勤主编，王弼注，孔颖达疏：《周易正义》，第 293 页。

② 李道平撰，潘雨廷点校：《周易集解纂疏》，第 614 页。

③ 李道平撰，潘雨廷点校：《周易集解纂疏》，第 609—610 页。

崔憬易学的一大特征就是以疏通《系辞》原有的逻辑为论说，而韩康伯解易的特征则是借《系辞》中的范畴来构建王弼的有无之说，这是二者解经方式的差异。以《系辞》本身的思想体系论，则不说“有无”，“圣人立象以尽意”提示了“象”是《系辞》中所有论说的前提，所以无所谓象外之物。王弼一脉的思路，则欲于象外树立一殊绝的体，为《系辞》本身所不可能具有的理论。若以王弼的“体”作为标准，则崔憬易学中没有这样的“体”；若以王弼一脉的体用论作为标准，则崔憬的器体道用说便难以称作“体用论”。体用论的论旨往往在于阐明其体，而崔憬的易学观重在论说“取象制器”的圣人事业。

至此，可以结合上述论证对崔憬的器体道用说做一阐释，即“取象制器易之缊”。因为晋唐以来佛学体用论占据了主导地位，崔憬形器说的这一意蕴几乎被遮蔽了起来，张载论“幽明”、王夫之论“显隐”，则是针对此类型的体用论而发的不同程度的解蔽活动。此足可证明崔憬在晋唐之际重新提醒人们回溯“取象制器”的圣人事业，其意义应该与王弼的理论构造并无直接的关系。因为明确“圣人制器”的意蕴，此固为先秦思想史上的一大传统，至《系辞》而得以集中表述，但王弼一脉对易学的创造性诠释欲背离此传统而确立其“无”体，尽管亦有其精妙入微之处，但无疑与先秦的思想传统旨趣大异。仔细考察《系辞》中“器”的概念，可以发现，其前后文不是与圣王相关，就是与君子相关，如“君子之器”“君子藏器于身”“成器以为天下利莫大乎圣人”等。可知“器”的本意，不是简单的用具，而偏重于指礼器。可以说，圣王、君子的德性，是寄寓在“器”的形象之中的。

熊十力的自由观在政治哲学中的理论困境

中国人民大学哲学院　郎　宁

一、“我欲仁，斯仁至矣”的“自由式”解读

中国古代社会，由于封建专制的制度使然，人们对自由的关注度并不高，因此传统的儒家学说将关注点着眼于社会，将人仅作为一种社会角色的承担者，人的义务就在于承担一定的社会责任、遵守一定的社会规范，如此便忽视了人作为人本身的属性，忽视了个体的存在价值。近代中国的自由民主言论多数是承袭西方之自由，对自由的阐释无甚创建，然熊十力对自由却做出了不同于他人的开创性见解。

熊十力的自由观点充分体现了中国古典哲学的理论路向，他明确表示，他认为的自由并不是猖狂纵欲，以非理非法的手段去破坏一切纲纪；自由也不是颓然地自我放逐。熊十力同意西人的观点，认为自由必须以他人的自由为界限，然而，熊十力的开创处在于，他认为：“然最精之义，则莫若吾夫子所谓‘我欲仁，斯仁至矣’。言自由者，至此而极之。”① 熊十力综合并发挥了孔孟的观点，认为人而不仁，则非人，欲仁而仁斯至，此即是最大的自由。

《论语·述而》第三十章有“子曰：‘仁，远乎哉？我欲仁，斯仁至矣’”。在儒家看来，仁作为孝悌之端是一个人作为人所应具备的最基本的品德，“人而不仁，非人也”。如此看来，为仁也就全靠自身的力量，是一种个体化的行为，并不需要依靠外界的力量推动。这种“我欲仁而仁斯至”的认识基础，靠的就是个体自身的道德自觉，通过自身的主体性意识、自身的努力来达到仁德，进而方有君子之行。在此，熊十力发挥了孔孟的学说，强调人提升道德修养的主观能动性，强调人作为主体的内在自

① 熊十力：《熊十力全集》第四卷，湖北：湖北教育出版社，2011年，第367页。

觉，为仁的过程本身就是自由的显现，如此，自由与仁德并行并显。

在如何达到仁德的问题上，熊十力再一次发挥了孔子的微言大义。在《论语·子路》中，“子曰：‘刚、毅、木、讷近仁’”。在此，孔子把仁的内容具体化为四种特质，即刚毅果断、言行谨慎就会接近仁的最高境界了。熊十力回归中国古典哲学，他说道：“吾儒以大易为宗。易道刚健。刚健非不虚寂也。无形，无相，无污染，无作意，曰虚。寂义亦然。虚寂故刚健；不虚寂则有滞凝，何刚健之有？但亦刚健为主而不耽溺于虚寂，故能创进日新，而无颓废与虚伪之失。孔孟之学皆以刚为主。《论语》‘刚、毅、木、讷近仁’，木讷亦刚也，但就刚毅之形于外者言之。唯刚乃得为仁也。仁体呈现时，私欲不得干之，此可见乾德刚健，故易家言乾为仁，此七十子授受无失者也。”①

熊十力在此又使《易》与《论语》互发，以此为其自由观之理论基础。熊十力从《易经》参赞天地万物化育的生生之理的角度阐释宇宙的生生不息、刚健不已的特点，再从其本身的理论体系出发，通过其本体论发明本心及体用不二的理论来贯彻天人。他认为，人如果挺立自身的主体性，挺立自我人格，就要达到“我欲仁，斯仁至矣”，如此不仅人生而有自由，且自身也必将是刚健生化不息的，如此与宇宙万物的大易相和，具有生生之德，体现天人一体，则内外主客达到了契合之妙。

可以看出，熊十力自由观背后的指向在于强调体认工夫的主体性哲学，根据熊十力的“即用显体，以体成用”的“体用不二”论，则其开创出的形而上学在于沟通内外主客，使二者得以契合，而沟通、契合的关键就在于主体自身的体认，唯一入门的方法其实在于本心的觉悟，从个人内在经验中求得豁然贯通之处，如此本心呈露，则所求之理便自然得以显现。在对自由的理论阐释中，熊十力明显是着眼于个我的，从人本身出发去看待人所希望之自由。需注意的是，此处自由仅是理论向度上的，并没有应用到实际问题中，一旦应用到实际，问题便出现了，这是下文所要讨论的问题。

熊十力从“我欲仁，斯仁至矣”来诠释自由，虽有将西学中国化的意图，但是从哲学解释学的理路观照，此亦契合古人之意，即人人得以成人，人人道德得以提升，人人有士君子之行，如此的社会便是人人有德，人人都能在最大程度上获得不妨害他人自由的社会。且熊十力从“仁”出

① 熊十力：《熊十力全集》第四卷，第433—434页。

发来探讨哲学概念的理论路数与其整体的哲学理论架构是贯通一致的，其对自由的创新性阐释是其整个哲学体系的应有之义，与其整个哲学理论体系也是相通融的。熊十力哲学主旨在于创立一套“观象以知化”的宇宙论，发挥大易“翕辟成变”之理，以说明乾坤生生不已的大化流行。与宇宙论方面相关，在本体论方面，熊十力返归本心主体作为其哲学理论基础，其整个的思维方式近似于陆王学派“先立乎其大”的带有主观观念论色彩的哲学理路，而本体论创立的归旨在于探讨如何发明本心，从体认工夫下手如何与宇宙乾元大化之生生不已的气象相勾连。因此，正如前述，熊十力哲学的重点在于强调体认工夫的主体性哲学，目的在于使内外主客相契合，还原宇宙大易生生之理。

而熊十力对“自由”的阐发虽发端于西方思想传入中国的时代浪潮中，然而其对自由的阐发确乎是十分确当的，不仅保存了西学自由的精华，“自由是相对的名词，在限制之中，而有自强自动自创，以变更不合理的限制底余裕，这便叫自由”[①]，且在此基础上，将中国古典哲学的精髓淋漓尽致地加以汇通运用，使得自由的概念不仅仅局限于单个的人、独一的社会，而且自由本已有之地存在于宇宙大化之中。熊十力对自由概念的阐释与解读使得自由更具有浓厚的中学色彩，并且使得自由的意义更加广大，贯彻天人宇宙。

二、熊十力自由的政治哲学困境——忘却统治者

除了在理论上阐发自由的概念及意涵，熊十力也将自由应用到其政治哲学中，由此在现实中试图使当时的中国真正实现民主与共和。从国家社会的角度整体上来探讨自由，必然会比从理论层面上的讨论多出一个必然的角色，即统治者。如此，自由便不再是单个人的事情，而已然成了一个关系层面的问题，然而对自由的把握与阐释必然不能绕开这一关系问题。

在熊十力看来，要达到民主自由即共和的社会，首先需要协调王者与天下人的关系。[②] 熊十力认为，王者与天下人并非统治与被统治的关系，“非若霸者自视天下群众为自我以外之物”，而是父母与子女的抚养与被抚

① 熊十力：《熊十力全集》第四卷，第477—478页。

② 刘小枫在《共和与经纶 熊十力〈论六经〉〈正韩〉辩证》中，对熊十力的政治哲学做了创新的阐释，体现了熊十力先生一生对共和革命始终不渝的关切。该书详细论述了熊十力在政治哲学中对自由的运用及其运用之后的结果。本文的主要工作之一就是如何消解这种“不自由”。

养的关系。如此的论述在传统中国社会也是开创性的。其次，要达到民主自由的社会，则必须“天下人人有士君子之行”。此即天下之群即被抚养者，在王者即抚养者的教化训导之下，天下人人都有君子之德行，如此，熊十力认为天下必将归于民主与自由。第二个要点即“天下人人有士君子之行”，在熊十力看来，这是达到民主与自由的前提，然而在中国传统哲学体系中，这却是统治者行仁德的结果，并不意味着人人有所谓的君子之行就一定会有民主与自由的社会。当然可以说中国古代的先贤们在当时的社会时代背景下还没有如此的要求民主与自由的觉悟，但不可否认的是，先贤们在此强调了统治者这一角色，而熊十力却弱化或忽视了统治者的角色意识，这也是其出现理论困境的必然因素。

古：统治者→仁德→百姓人人有君子之行→社会安定、仁政

熊：百姓→仁德（自由）→百姓人人有君子之行→社会民主、自由①

纵观熊十力所提出的达到民主与自由的两个前提，如此这般是否真正能够实现民主自由的目标呢？父母与子女的比喻关系是否合理，如此的关系能够真正使天下人人都有士君子之行吗？士君子之行意味着天下人的道德都要有所转化，而现实层面的人如此之多，人人成为士君子的目标是否又是现实的呢？因此在环节上熊十力就面临着现实性问题。

首先，熊十力将统治者与被统治者的对立关系升华为父母与子女的亲亲关系，虽然颇具儒家传统的仁爱思想，并与传统儒家有共同的理想，即梦想回到尧舜禹的圣王时代。然而，现实表明，自从有私有制以来，统治者与被统治者的关系就是对立的，历代统治者为了维护自己的统治，必然要维系这种对立，且所谓的仁政也是在对立的基础上对民众加以安抚，弱化民众的对立情绪，并没有从实质上对其加以改变。即便是孔子，其最终的理想也是恢复周礼、反对礼坏乐崩的局面以维护统治秩序，而不是使上层统治制度瓦解。

其次，我们知道，天下人如此杂多，品性各异而气质又各不相同，而民主自由的实现如果取决于天下人人的德行都要加以转变而成为君子，那么可想而知，要使天下人人得以有士君子之行是何其困难！当然，这也是

① 熊十力：《熊十力全集》第四卷，第350页。

中国哲人在人性说上都要面对的问题，北宋张载在人性说上有着开创性的见解，他将人性分为天地之性与气质之性，承认了人性上的差分，此后的宋明理学家亦大都循此路寻找复性之方。而熊十力寄希望于圣王父母的教导而使人人有士君子之德行，实在也是美好的希望而已。熊十力对此也感叹：“《春秋》经所谓天下人人有士君子之行，谈何容易哉。”然而熊十力对共和革命始终不渝的关切使他不得不维护他的理论学说，他认为，天下人是在儒家圣人的带领下走向民主自由或者说实现自己的本性的，这位民主之王犹如我们的亲生父母，会把天下人视为己出，且因为是民主圣王，自会有不学而能的养子之术。

在此，熊十力始终都没有正视统治者的问题，或者说他将所有的统治者都看成是如尧舜一样的圣王，本身就是具有仁德的人，寄希望于统治者对于百姓子民的教导与影响；或者说他对于此问题的模糊阐释亦是对争议的悬置。然中国古代先贤们首先就认识到仁政的关键并不在于百姓，而在于统治者，孟子就特别强调统治者行仁政及统治者在国家社会中的关键作用。

熊十力对民主自由的如此阐释，只能说明其思想本身前后矛盾。熊十力的目的是天下人人都有士君子之行，从而达到民主共和的社会，然而其实施过程却不可避免地带有专制与独裁的倾向，诚如上文笔者提出的种种难题与困境。可想而知，如此的养子之术在现实中不可缺少的必然是集权与专制以及谋略与机变，毕竟要使人人成为君子谈何容易！对统治者问题的忽视与搁置却给了统治者行暴政的理由，如此，人人如何有君子之行？国家的民主与自由又何处寻觅？

虽然熊十力一再用儒家圣人形象与亲亲之情美化这种统治者与被统治者的关系，实则并没有真正实现民主自由共和的目的。相反，正是民主自由的目的使得人人为着有君子之行而压抑自身，表面上的附和顺应造成了自身的不自由。因政治或者社会自由而造成个我的不自由，这是否又是真正的自由呢？如此，熊十力将自由应用到政治哲学的路向走向了困境。

三、自由的十字路口——追求抑或逃避？

熊十力从中国传统哲学“仁”的角度出发阐释自由，理论上是着眼于个我；然在其政治实践中讨论到民主共和时，其所说的自由则是从国家政治、社会的角度出发，并将统治者悬置，其在实践的层面着眼的是大我。

由此可见，熊十力在讨论“自由”时，是从两个不同的向度出发的。其着眼点的不同必然导致两个自由不可通约。那么如何从这种困境中突围出去？突围后得到的自由是不是我们真切想要的，即它是我们所追求的还是我们所要逃避的？在自由的十字路口我们该何去何从？这都是值得我们思考的问题。

（一）熊十力自由的政治哲学困境能否消解？

熊十力从两个不同的度来阐释自由，导致了两个自由的矛盾。下文中笔者将这两个向度试合并为一个向度，讨论其是否可行。

第一向度：上文第二部分已经表明，如果从大我的角度着眼，以国家、社会为目的来讨论自由，将统治者视为如尧舜禹的圣王，也即将统治者问题搁置，民主自由社会的达成仅靠个人自身的德行提升。但每个人的资质是不同的，所以要使每个人的道德都得到提升、人人都有士君子之行在现实层面上是很难达成的。其结果必然是统治者出面镇压，圣王转换成暴政的实施者，国家会再次陷入专制独裁的深渊，这也是自由问题在熊十力政治哲学中造成困境的必然。

如此，从国家政治自由的向度出发，势必会压抑到个我的自身发展，因为君子也有实际生活，也会不可避免地产生恶端。人在世界上的生活本身就是一种实际的生活，这是不可能被取消的。但是如果君子在统治者声称的民主自由的前提下，必须要牺牲自己的实际生活去配合国家的“自由”，君子则必然要受实际生活的宰割，如履薄冰，如临深渊。如此恐惧戒慎的生活，不但不自由，而且自我压抑，长此以往，国家必将在这种表面自由的状态下崩溃。在熊十力的政治思想中，熊十力关注的重点是如何实现国家的民主自由、如何实现国家的共和与大同，然而即使是美化统治者，不惜以此压抑个我的自由，牺牲个我的利益去满足国家的空虚皮囊，如此也必将导致专制与独裁，而使国家再度陷于崩溃。

所以，熊十力在国家民主自由的大课题面前，泯灭了个人，泯灭了人作为个体的属性，忽视了或者说抛弃了他一再强调的个我的主体性、自觉性，全然丢弃了个我的自强自动自创的精神，关注点在于如何实现大同世，在此，他似乎也忽视了达到大同世的方式是否是专制独裁，这已然不在他的考虑范围之内了。如此，使得熊十力理论无法自圆其说，前后矛盾。

第二向度：如果我们从个体、着眼于个人的角度出发，再次回到文章的第一部分，即熊十力对自由的理论阐释，即从“我欲仁，斯仁至矣”是自由的最精之义的角度出发，来考察此自由意义在政治哲学中是否可行。如文章第一部分所阐释的，熊十力认为，天下人人若都追求仁德，那么在追求的过程中就已然实现了个我的自由。因为“我欲仁，斯仁至矣”的过程本身就是一个挺立自我主体性，张扬自我、肯定自我的过程，如此就是达到了个我的自由，如此的自由因着体现了宇宙的生生之理，而将人与宇宙万物贯通起来。如此，天下人人不仅达到了自由，同时也成为拥有仁德的人，如此，人人通过自我个体的修养都有了士君子之行，如此，社会必将安定，国家政治必将清明，也不必必然地寄希望于圣王统治就可实现民主自由的共和政治。与古代先贤们不同的是，熊十力在此自由理论中并不需要统治者，或者可以说其将统治者完全看成一个普通的人而不需要他的教化功能，其自由社会的达成完全出于每一个个体本心的体悟省察，通过与宇宙大易生生不息之理相贯通，而有刚毅之品德，如此则近于拥有仁德且体悟贯通的过程就是一个发现自我、挺立自我、达到自由的自然而然的过程。

不可否认，熊十力始终关切的是如何达到自由，在个我与大我的平衡中、在解决实际的政治问题中，熊十力选择了大我，或许这是当时那个时代的必然使然。然而，从理论的层面考量，个我的人才是自由的真正落脚点，正如西方伟大哲学家康德所说，人本身才是目的，人不应像物一样被用作工具或者是手段，世间的一切都不过是手段或工具，唯有人，方才是唯一的目的。因此，若就上文的第二向度看，其思想不仅符合人才是目的的理论，且消解掉了熊十力本身政治理论中的自由难题，即统治者的问题。然而，此一向度之可能亦仅在理论意义上，现实意义是否可行亦有待商榷与考证。

（二）存在的自由——追求抑或逃避

在前面的论述中，熊十力通过对《论语》中两段文本的诠释与发挥已然阐发了个人通向自由的方式方法，认为“我欲仁，斯仁至矣”即是通往自由的最精之义。熊十力在此强调的关键是主体内在本身的自强、自动、自觉，是主体自身自我人格的挺立。如此就会达到个我的自由，虽然这种自由是在一定限制之下的，“若是无限制，又从何见出自由？社会底种种模型，固然限制了我人底生命，但是我人如果不受他底固有的不合理的限制，尽可自强起来，自动起来，自创起来。破坏他底模型，变更他底限制，即是另造一个新社会，使我和我底同类都得展扩新生命。如此岂不是人生有大自由么?”[①] 熊十力显然承认自由的限制性，因为熊十力所说的自由实则主体内在的自觉自动，而在外在层面上，我们必然会或多或少地受到限制，即我们的自由不是完全意义上的。且熊十力也认为正是这种限制性，使得人人可以自强，破坏、变更固有的限制来延扩自己新的生命。当然这种延扩还是在限制之中的，我们仅能在存在的自由中来延扩我们的自由，不断超越自身，且这种延扩还是内在层面上的，或者说，我们只能通过我们自身道德上的提升，更加地接近仁德，更加地接近于士君子之行，如此我们的视域便不会仅仅局限于形而下层面的自由，我们拥有更加广阔的形上的自由，此即延扩了我们的新生命。

但是，在当今社会生活中的我们必须要承认我们的自由是一定限制之下的“存在的自由”，我们只能在这“存在的自由”的框架中去活动，而不能打破这个框架。社会始终处于不断进步的状态，当今已然没有了集权与压迫，然而我们看到了更多的人不是在享受时代给予我们的自由，相反，我们的孤独感与不确定的慌乱使我们迷失自我，逃避自由，我们更多的人被自我所放逐，我们开始在“存在的自由”的框架内逃避着自由。[②] 面对此种情况，我们当然可以说，现实生活的不如意将会引领我们探寻精神生活，进而在精神世界中去寻找我们的大自由，诚如熊十力所认为的那样，我们在限制中追求更高的自由，去延扩我们的新生命。

然而，面对现实自由的难题，处在自由的十字路口，我们愈发彷徨不知所措，进而逃避自由[③]，殊不知现实的问题当然要现实地解决。面对自由，我们当然要追求。自由必定是有限制的，因为我们在行使我们自由权利的同时亦不能妨碍他人的自由，这是天然的限制；但是我们不能给我们

① 熊十力：《熊十力全集》第四卷，第477—478页。

② 埃里希·弗洛姆《逃避自由》一书为我们列出了“逃避自由”的心理机制。一种“逃避自由”的心理机制是放弃个人的独立自由，寻求新的束缚，来代替其已失去的原始约束。这种心理机制最明显的表现是企图服从与支配他人，心理基础是“虐待狂与被虐待狂”。这种“逃避自由”的方式是极权主义的主要心理根源。面对自己的孤独与不确定的心理慌乱，我们往往会借助于“他人”的力量，也就是服从他人或让他人服从自己来印证自己的真实存在感。另一种“逃避自由”的心理机制是“破坏性”，摧毁外在的东西，以消除无权力的感觉。这种破坏性，往往用爱、责任、良知、爱国主义等字眼来掩饰。

③ 埃里希·弗洛姆亦认为：“逃避自由”的心理机制是“舍己的自动适应”，也就是大多数人在当代社会中所用的方法：个人不再是他自己，他完全承袭了文化模式所给予他的那种人格，按照别人的方式来生活，以别人的标准来作为自己的标准，当达到这一虚假的标准时，人们便认为“我”是自由的。因此“我”就和所有其他的人一样，并且变得就和他人所期望的一样。这样，“我”和世界之间的矛盾就消失了，然后，对孤立和无权力的恐惧感也消失了。而上文中的“他人”往往不是单个的人，而是一种社会所普遍认可的价值标准，而这个价值标准的确定来自这个社会的话语者，也就是这个社会的权威者。

自身拥有的自由再次设定人为的心理限制，我们必须在现实中确定个我的存在感，回归到熊十力所说的自强自动自创，要在自我的挺立与觉悟中去领会人与天地万物的贯通，体会大易的生生之理。如此，我们才能在现实中找到自我与皈依。我们不再逃避自由，我们在追求自由的道路上再次确证自我，追求更加广阔的自由。

熊十力先生对自由的创新性阐述为我们当今个体的迷失指明了一个可以尝试的方向，即“我欲仁，斯仁至矣”，挺立主体内在，使自己内心刚健、生生不已，扩充自己的仁德，在确证自我的过程中，证明自己的真实存在，进而追求属于我们的自由，追求国家与社会的民主自由，使小我与大我在博弈中得到发展与共赢。

结　语

古往今来，自由始终是我们人类社会所无法回避的永恒话题，其所蕴含的意义与价值使一代又一代人为之前赴后继。熊十力先生从中国传统哲学出发，对自由做出了具有开创意义的创新性阐释，使我们于天人之际获得贯通宇宙、生生不已的大自由。当然，任何理论都不是完美的，都需要我们后人在前人的基础上不断思考借鉴，对理论进行发挥阐释，推动理论的完善。然而不可否认，熊十力的自由观点于古于今对我们思考宇宙人生都具有重大的意义与价值。

从理气关系看牟宗三对朱熹之“性”的批判

中国人民大学哲学院　董学美

对“性”的诠释是牟宗三理解宋明儒学，甚至整个儒学史的关键所在，同样也是他对宋明儒学进行分系并判定朱熹是“别字为宗”的主要依据。在对性的诠释中，牟宗三认为“存有”与“活动”是判断各家学者所理解的性是否圆融，是否为儒家正宗的基本标准。在他看来，从《论语》《孟子》再到《中庸》《易传》，性、天道、心三者逐渐贯通为一，形成了性之“即存有又活动”的基本样态，宋明诸儒中的大部分人正是接续了这个传统而成为儒家道统真正的继承者，唯伊川朱子不然。牟宗三认为，伊川朱子所理解的性是“只存有不活动的”，并且，朱熹“心统性情”的提出，将性与心分属于形上形下两个世界，彻底割裂了二者的联系，从而背离了儒学之为儒学的基本精神，成为“歧出”。[①] 牟宗三对朱熹的理解和评判，既延续了儒学史上的理学心学之争，也抛出了一个极具争议性的话题。

学界对牟宗三的研究可谓众矣，在对牟宗三是如何诠释朱熹之“性”的讨论中，很大一部分人都是顺着牟宗三的思路对此问题进行梳理和归纳，如樊志辉在《牟宗三思想研究》中，只是将牟宗三对朱熹论性的理解梳理了一遍，并没有就此问题提出自己的观点。[②] 陈林[③]虽以性为基准点，点出了牟宗三在其三系说中为什么要将朱熹判为“别字为宗”，但他仍是沿着牟宗三本身的思路来论述，并未在此基础上做出评判或者分析。乐爱国[④]注意到了牟宗三对朱熹之性、理等问题的诠释，与同时代的钱穆、唐

① 本文主要讨论牟宗三对朱熹之“性”的诠释与批评，但由于伊川朱子同被判定为“歧出”一系，在牟宗三的叙述中常常一起出现，免不了会提到伊川，但本文虽提到伊川，只是为了行文方便，并不以伊川为论述对象。

② 参看樊志辉《牟宗三思想研究》，哈尔滨：黑龙江大学出版社，2012 年。

③ 参看陈林《从先秦儒家之“性”看牟宗三关于宋明理学“三系说”》，《重庆工学院学报》2007 年第 11 期。

④ 参看乐爱国《朱熹的“理”：“生生之理”还是“只存有不活动”——以唐君毅、牟宗三的不同诠释为中心》，《厦门大学学报（哲学社会科学版）》2016 年第 1 期；乐爱国《钱穆、牟宗三对于朱熹“心统性情”的不同诠释》，《河北学刊》2015 年第 2 期。

君毅等有很大差别，唐君毅并不认为朱熹之理和性是“只存有不活动”的，仍是程颢意义上的“生生之理”，钱穆更是认为朱熹的“心统性情”可以涵盖陆九渊的思想，应该称之为“心学”才对。但他只是比较了几者之间的差异，并没有进一步讨论其背后的原因。魏志远、赵峰、陈代湘和陈永杰[①]等人则从“格物致知”入手，认为牟宗三对朱熹的批判是基于对“格物致知”的误解，杨泽波[②]也认为，牟宗三对朱熹之性的判定，是由于他将朱熹的“格物致知”甚至理与性都看成是泛认知主义。此虽是理解牟宗三批判朱熹的一条重要线索，但并非全部，且其从工夫论入手而谈性的问题，并非问题之根本。在金春峰[③]看来，朱熹虽然在本体论上将理气理解成两个世界，但在心性论上却是统一的[④]，正是在这个意义上，牟宗三对朱熹之性的理解并不准确，此论虽然触及了牟宗三批判之性的关键点，但本文很难认同他将朱熹的理气观看成是柏拉图意义上的两个世界。

总体来看，在牟宗三批判朱熹对性的理解的问题上，学界的讨论尚不充分，多只从牟宗三自身的思路出发，来解释其为什么会批判朱熹所理解的性。而本文认为，牟宗三之所以对朱熹之性有激烈的批判，关键在于牟宗三并不认可朱熹所理解的理气关系。理气观的不同才是牟宗三反对朱熹所理解之性的根本原因，而并非其所强调的“只存有不活动”。对朱熹理论中理气关系的忽略和不认可，直接导致了牟宗三在讨论中不去分辨朱熹所言之性是从理上说还是从气上说，这不仅造成了牟宗三对朱熹心性关系的误解，而且更重要的是，如果否认了朱熹意义上的理气关系，则牟宗三自身对性以及心性关系等问题的理解亦无法圆融自足。

一、存有与活动

牟宗三对朱熹之性的批判，是以他自己对性的理解为标准的，因此，在进入本文主题之前，我们首先需要明确牟宗三是如何诠释性这一范畴

① 参看陈代湘《评牟宗三对胡宏和朱熹工夫论的阐析》，《南开大学学报》（哲学社会科学版）2002 年第 2 期；陈永杰《朱熹诗泛认知主义吗？——兼论牟宗三对朱熹“知论”的诠释》，《福建论坛（人文社会科学版）》2015 年第 9 期；赵峰《论朱熹的格物致知之旨》，《孔子研究》1998 年第 4 期。杨泽波《牟宗三三系论论衡》，上海：复旦大学出版社，2006 年，第 204 页。

② 杨泽波：《牟宗三三系论论衡》，第 204 页。

③ 金春峰：《对朱熹哲学思想的重新认识——兼评冯友兰、牟宗三解释模式之扭曲》，《学术月刊》2011 年第 6 期。

④ 金春峰：《对朱熹哲学思想的重新认识——兼评冯友兰、牟宗三解释模式之扭曲》，《学术月刊》2011 年第 6 期。

的。牟宗三对性有清晰明确的界定，他认为中国哲学史上所讨论的性有三个不同层面的含义：

> 此可表示凡性字无论是何层面之性，是何意义之性，皆是那自然而本然者言，即自然如此本然如此之性向、性能、性好、质性或质地。此是性字之通义，但视其应用于何层面而定其殊指。大抵性之层面有三：一、生物本能、生理欲望、心理情绪，这些属于自然生命之自然特征所构成的性，此为最低层，以上各条所说之性及后来告子、荀子所说之性即属于此层者；二、气质之清浊、厚薄、刚柔、偏正、纯驳、智愚、贤不肖等所构成之性，此即后来所谓气性才性或气质之性之类是，此为较高级者，然亦由自然生命而蒸发；三、超越的义理当然之性，此为最高级者，此不属于自然生命，乃纯属于道德生命精神生命者，此性是绝对的普遍，不是类名之普遍，是同同一如的，此即后来孟子、《中庸》《易传》所讲之性，宋儒所谓天地之性、义理之性者是。①

在儒学史或者说整个中国哲学史对性的纷纭众说中，所有人都不得不承认的前提是，性所表示的是与生俱来、自然如此之意。由此意发散开去，牟宗三认为，性具有本能欲望、气质才性以及义理之性三层含义，三者层层递进，分属不同层面。并且，此三层含义，各自对应发展出了不同的学说，描述并解决了不同层面的问题。

哲学史上诸人的辩驳争论，皆是因为各自从不同层面出发对性之内涵做了不同的解读。牟宗三认为，告子、荀子所讨论的，是人最低层次的“食色”等自然本能自然欲望之性；董仲舒、王充、扬雄等人的学说，魏晋时期所流行的人物品鉴，还有宋明儒提出的“气质之性”，都是从后天经验层面对人所禀赋的才能、性情、气质个性等特性的描述，这在某种程度上是对告子、荀子从人之本能而说性的发展延续。如果说本能欲望是人人所不免的普遍之性，那么气性、才性则重在讨论每个个体所独一无二的个性；至于义“义理之性”，在牟宗三看来，则是自孔、孟、《中庸》《易传》到宋明儒这一道统谱系所传承与重点发明的儒学核心问题，他将“义理之性”称为“性体”，并认为此“性体”的含义可由以下五个方面来

① 牟宗三：《心体与性体》上，长春：吉林出版集团有限责任公司，2013年，第173页。

理解：

吾已明性具五义：

一、性体义：体万物而谓之性，即是体。

二、性能义：性体能起宇宙之生化、道德之创造（即道德行为之纯亦不已），故曰性能。性即是能。

三、性理义：性体自具普遍法则，性即是理。

四、性分义：普遍法则之所命所定皆是必然之本分。自宇宙论方面言，凡性体之所生化，皆是天命之不容已。自道德创造言，凡道德行为皆是吾人之本分，亦当然而不容已，必然而不可移。宇宙分内事即是己分内事。反之亦然。性所定之大分即曰性分。

五、性觉义：太虚寂感之神致虚名照鉴即是心。依此而言性觉义。性之全体即是灵知明觉。

凡此五义，任一义皆尽性之全体：性全体是体，全体是能，全体是理，全体是分，全体是觉。任一义亦皆通其他诸义：性之为体，通能、理、分、觉而为体；性之为能，通体、理、分、觉而为能；性之为理，通体、能、分、觉而为理；性之为分，通体、能、理、觉而为分；性之为觉，通体、能、理、分而为觉。故任一义皆是具体的普遍，非抽象的普遍。①

不难看出，牟宗三通过欲望、才性与义理之性三个不同层面来解释的，是一般意义上没有被赋予特定哲学意义的“性”，而以“五义”来解释的，则是作为“形上实体”的“性体”，前者是要穷尽性之含义，后者则是对性体的具体说明；前者是对中国哲学史中性之问题做的客观梳理，后者则是在此基础上对性体做的新的诠释和定义。

在性体所具的“性体”“性能”“性理”“性分”“性觉”五个相互贯通而又区别的含义中，“性体”之“体”意在强调性具有“统天地万物”之义，即性是天地万物的本质，此“性体”既是宇宙生生不息大化流行的根据，也是道德不断展现，道德实践之所以能够进行的根源；“性能”则是指性不仅从理论上作为“体”而成为宇宙大化与道德实践的根据，其自身的展开便是宇宙之大化，是道德行为的不断实践，意在强调性“能够”进

① 牟宗三：《心体与性体》上，第5631页。

行道德创造和宇宙创造；而“性理”则主要是强调性所具有的“体”“能”等含义是普遍且必然的，是涵盖了天地宇宙以及人在内的普遍法则；“性分”意在指出作为宇宙普遍法则的性不只存在于天地之间，更重要的是下贯于人，此作为天地之“体”与天地之“理”的普遍法则，即是人所秉承的“性分”，也正是因为性有这个层面的含义，使得人与宇宙得以关联；至于“性觉”，即指性所具有的能够觉察性本身的“灵明知觉”。牟宗三在这里显然是要指出性与心本是一体，能将作为“体”“能”“理”与“分”的性变成现实的道德行为。

牟宗三从以上五个方面对性体所做的描述与定义，归纳起来即“存有”与“活动”：“性体”“性理”与“性分”虽各有侧重，或重在突出性是宇宙万化的根据，或重在强调性之普遍必然，或重在展示人之性即宇宙之性，但都是从存有论的层面来描述性之为“体”的；而“性能”与“性觉”则偏重强调性的“活动”之意，认为性不只是客观存在的法则，更能够通过人的彰显不断创生宇宙创生道德。

我们知道，牟宗三将“存有”问题分为两层，在他看来，西方哲学传统中的“存有论”所处理的是“存在着的物是如何构成的，有些什么特性，样相或征象”[①] 等，人与“存在物”是主客分明的认识关系，此是“执的存有论”。他认为这个意义上的“存有论”即是康德所说的知性范畴，给人提供的只是有关现象的知识。而《论语》《孟子》《中庸》《易传》以及宋明诸儒甚至整个中国哲学史上所讨论的“存有”，则是“无执的存有论”，他们并不关心此“存在之物”具体是什么样，有什么样的特征，而是要明确“能创造万物”的“存有”是人之为人的本质，是人进行道德活动的根据，且人通过“灵明知觉”，便能够觉察此作为万物根据的“存有”。简言之，在牟宗三这里，“无执的存有论”不是讨论“一个存在着的物是如何构成的”[②]，而是意在表明“人之所以为人，乃至所以为道德的存在之本质……是吾人道德实践（道德行为之纯亦不已）之‘先天根据’或‘超越根据’”[③]。因此，性之“存有”指的是“它有绝对普遍性，越在每一人每一物之上，而又非感性经验所能及，故为超越的；但它又为一切人物之体，故又为内在的”[④]，即“内在超越”。

① 根据牟宗三《圆善论》，长春：吉林出版集团有限责任公司，2013 年，第 259 页。
② 牟宗三：《圆善论》，第 259 页。
③ 牟宗三：《心体与性体》上，第 37 页。
④ 牟宗三：《圆善论》，第 261 页。

通过引入“无执的存有轮”，牟宗三确立了自孔孟至宋明诸儒所讨论的性不仅是普遍必然的“内在超越”，更是人的尊严与价值所在。至于“活动”，牟宗三认为这是性具备的能起“宇宙创造”与“道德创造”的功用。他并没有给“活动”下明确的定义，只以“创生（creativity）”来诠释“活动”，此“创生”并非指现实经验中的此物生彼物，而是指自发自觉地产生道德实践，或者说促使性在现实世界不断呈现。牟宗三认为，性的“活动”或者说“创生”功用，不仅包含“道德创生”，还包含“宇宙创生”。“道德创生”很容易理解，指人在性的作用下，能够不断自发自觉地进行道德实践。至于“宇宙创生”，牟宗三认为是“（性体）通过‘寂感真几’一概念即转而为本体宇宙论的生化之理、实现之理”①，这是说在性体呈现和发生作用的过程中，人通过对性的领悟而洞悉到此“道德创造”之性，也是宇宙生生不息的来源，是天地之所以为天地、宇宙之所以为宇宙的本质。性“创生宇宙”并不是说性孕育诞生了天地万物，而是指性“创造了”宇宙及万物能够生生不息的“生化之理”“实现之理”。换言之，性“创造宇宙”即人领悟洞悉到宇宙万物的法则即是人间的道德法则，从而使“道德界”与“宇宙界”通而为一，也即是牟宗三所说的“宇宙秩序即是道德秩序，道德秩序即是宇宙秩序”。②

不难看出，牟宗三对“性”的诠释尤其是对“性”之“活动”意的强调，是以道德为关键点的，他在《心体与性体》中明确说到，作为人与宇宙本体且“即存有又活动”的性，“其实意只是人之能自觉地作道德实践之‘道德的性能’（moral ability）或‘道德的自发自律性’（moral spontaneity）”③。因此，性是人区别于物的所在，天地万物虽同在宇宙大化之中，但动物植物及砖石瓦砾因不具备道德实践的能力，故而无性可言，即“只有人能以此（天道）为性”④。此外，牟宗三虽然认为性源自天道，需要天道来肯定的普遍性与必然性，但在他的理解中，“天之所以为天之具体而真实的意义完全由心之道德的创造性而见也”⑤，只有当人领悟到了天所蕴含的“道德创造”之意，天的真实性才得以确立。换句话说，牟宗三并不是用天来证明道德的普遍性与必然性的，反而是通过“道德实践”也即作为“道德实体”之性的展开与呈现（活动）来论证天的本质的。

① 牟宗三：《心体与性体》上，第157页。
② 牟宗三：《心体与性体》上，第35页。
③ 牟宗三：《心体与性体》上，第37页。
④ 牟宗三：《心体与性体》上，第37页。
⑤ 牟宗三：《圆善论》，第99页。

二、理气关系中的“性”及“心性关系”

（一）“天命之性”与“气质之性”

经过上文论述我们可以知道，牟宗三对性之“存有”意的强调，将作为“形上实体”的“义理之性”与生理层面的“食色之性”和后天经验层面的“才性气性”及“气质之性”彻底区别开来。“食色之性”“才性气性”与“气质之性”都是“以气言性”，在牟宗三看来，“以气言性”讨论的是“自然生命”，而性体也即“义理之性”所讨论的，则是“道德生命”与“精神生命”，是“以心灵之理性所代表之‘真实创造性’为‘性’”。① 并且，在他看来，“自然生命”之性是“驳杂的”，而“道德生命”之性则是“齐一、单一、纯一”② 的，前者作为后天经验世界之性，提供的是通过智力分析就能获得的“知识”，后者作为道德之所以可能的先天依据，则需要通过“心”的“觉悟”才能够把握。更重要的是，在牟宗三看来，“以气言性”与“以理言性”是两个不同的方向，“以气言性”所讨论的人与生俱来的欲望及个体之间气质、才能甚至贫富、贤愚等的差别，与作为“道德创造实体”的“义理之性”分属不同的领域。“以气言性”因为没有为道德提供超越的根据，所以“材质之性虽是生命上之先天的、定然的，然究是生命之实然，而非理性上之必然”③，从而无法进入“道德生命”的领域。

在牟宗三的理解中，宋明儒所讨论的“天命之性”与“气质之性”正分别属于“以理言性”与“以气言性”，在他看来，“儒家讲天地之性唯是就道德的创造言，故只能以此性为本、为体、为绝对的标准。气质之性虽有其独立性，成一套独立之机括，然就道德实践言，并不以此为准也”④。也即是说，“以理言性”与“以气言性”分别属两个不同的独立的体系，虽然他也承认“性体之具体表现离不开个体生命之资质、气质”⑤，但他仍认为此二者不能混而言之。也正是在这个意义上，牟宗三反对朱熹将“天命之性”与“气质之性”放在一起讨论。

在朱熹看来，万事万物都由理与气构成，天下没有无理之气，也没有

---

① 牟宗三：《才性与玄理》，长春：吉林出版集团有限责任公司，2013 年，第 3 页。
② 牟宗三：《才性与玄理》，第 3 页。
③ 牟宗三：《才性与玄理》，第 51 页。
④ 牟宗三：《心体与性体》上，第 438 页。
⑤ 牟宗三：《心体与性体》上，第 438 页。

无气之理。之所以要单独讨论理单独讨论气，是为了解释万物的构成，并从根本处将理与气的特点功用解释清楚，明确理之为理、气之为气的所以然。朱熹“天命之性”与“气质之性”的提出，正是以此理气关系为基础的：“天命之性”是还未受气禀影响之“性”，而“气质之性”则是理与气结合之后所形成之“物”所具备的“性”。性作为具于个体之理，并不能单独成“物”，因此，“天命之性”意在说明万物有此普遍必然之性，是对理下贯于个体，万事万物皆秉理以成性的名词性表达，而并非指天下真有一个“天命之性”。

对朱熹来说，“气质之性”指的是当“理”与“气”结合形成了“物”或“人”后的“性”，这里的性虽然受到了气的影响，但仍是秉承自“天理”的“天命之性”，并不是变成了另外一个性。也即是说，具于个体之后的“气质之性”，是具备了“气”的“性”，而非“气质”的“性”。在这样的思路下，我们若要单独讨论理、气、性，可以称之为“天命之性”，若要讨论天地、万物及人之性，则只能说“气质之性”，但此“气质之性”是包含了“天命之性”与“气禀”的整体，而非他物。

用牟宗三的话说，朱熹所理解的“气质之性”是“气质里边的性”①，由上可知，牟宗三并没有误解朱熹，只不过，他并不认可朱熹以理气关系为前提来讨论性的问题。在朱熹的诠释中，纯粹至善的理具于个体而为性，性与气相互依存不能分离。虽然朱熹也认为通过不断的复性工夫，回归“天命之性”才是最后的目的，但对人来说，“天命之性”就在“气质之性”中，二者是不可分割的整体。也正因为“天命之性”与“气质之性”之间不可切断的联系，才使得“变化气质”得以存在，气的地位与意义也才得以确立，被承认是宇宙万物及人的生命所不可缺少的东西。而牟宗三将“天命之性”和“气质之性”看成是两个独立的系统，将属于“道德生命”的“天命之性”与属于“自然生命”的“气质之性”彻底区别开来，并认为“道德生命”才是人之为人的本质，如此，则生理欲望和气性才性便成了可有可无甚至是与“道德生命”相对立的存在。此外，若将“天命之性”与“气质之性”看成是两个独立的系统，则“变化气质”的工夫不仅失去了作用，更没有了存在的空间。因为，对于作为“道德实体”的“义理之性”，只需要呈现即可，而在后天世界中的“气性”，虽然可以变化，但不管怎样改变，仍是另一个世界的事情而无所谓道德。更重

① 牟宗三：《心体与性体》上，第437页。

要的问题是，牟宗三也承认“天命之性”需要通过“气质”才能够显现，作为“道德实体”的“性体”也需要“气”才能够呈现和发生作用。那么，“天命之性”与“气”的结合，便必然产生朱熹意义上的“气质之性”，也即“气”与“性”结合之后的整体。因此，牟宗三若要批判朱熹对性的诠释，就必须解决这个矛盾。

（二）心性关系

据牟宗三以“存有”和“活动”论性的标准看宋明诸儒，不管是张载、程明道，还是陆九渊、王阳明，以致程伊川和朱熹，都能够准确理解和把握性的“存有”意，将性看成是人能够进行道德活动也即“善”的先天根据，不至如告子、王充等从“气质”层面也即从后天经验层面来论性。而性所具有的“活动”也即“创生”之意，牟宗三认为，宋明儒家中的周敦颐、张载、程明道、胡五峰、刘蕺山以及陆九渊和王阳明等也都以各自的方式理解和继承了，唯有伊川、朱子所理解的性是“只存有不活动”的，因此失去了正宗儒家之性应有的内涵，只能算作是儒学发展中的“歧出”或者“旁支”。

牟宗三之所以批判朱熹所理解的性是“只存有不活动”的，主要原因在于，他认为朱熹将性诠释成了“只成一些静态的存有之理”①。虽然同样是讨论性的“存有”之意，但在牟宗三看来，张载、明道所说的性与天理是“就其所体悟的‘于穆不已’之体说”②，而朱熹则是“客观地把于穆不已之体（道体）以及由之而说的性体只收缩提炼，清楚割截地视为‘只是理’”③。二者的区别在于，张载、明道等人之性是以其自身的“体悟”为前提的，也即有心的参与，这样，作为“存有”的性才不只是与人不相关联的客观存在物。而朱熹则不然，若从其所提出的“两层存有论”来看，朱子所理解的性之“存有”，介于“执的存有论”和“无执的存有论”之间：

> 又朱子虽重视道问学，然光只顺气所说之道问学，既不足以成知识（科学），亦不足以成内在的存有论；但其系统中气自身之凝结造作，自成一机括，此种即含有物本身之构造之问题，此是内在的存有论之根芽，但朱子却亦未能顺此而构造出一个内在的存有论，盖光只

① 牟宗三：《心体与性体》上，第73页。
② 牟宗三：《心体与性体》上，第40页。
③ 牟宗三：《心体与性体》上，第40页。

此尚不够故也，无范畴故也。其太极之理所担负的仍是“存在”之所以然（超越的所以然）也，然其本身以非即心故，却亦无动用义，因而亦无创生义。①

简言之，在牟宗三这里，如果性与心不能等同为一，则“存有”便不是“无执的存有”，也失去了“活动”的功用，因而不够透彻纯正。

如上文所述，在牟宗三这里，不仅性需要心的“活动”来证实和体现，即便是天也需要通过心的“活动”才能够保证其实在性。若以此为据，朱熹所理解的性的确是只是“静态存有”。首先，朱熹根本不是通过心而是通过理来论证性的。在朱熹看来，理落实到了具体的事物上便是性，并且，朱熹不仅认为人还没出现的时候就已经有理存在，“（理与性）也只是在这里……但是他为主，我为客；他较长久，我得之不久耳”②，更是认为“未有天地之先，毕竟是先有是理”③。此处的先后并非时间上的先后，而是指理相较于有具体形态的天地、人、物更为根本。所以，此理，也即性的真实性，是先于人的，是不需要通过心的活动来证明的。在这个意义上而言，对朱熹来说，心与性是不能完全等同为一的。其次，对朱熹来说，“活动”是由气而非理来完成的。在朱熹看来，理和性都是无所谓动静的，一切动静或者说“活动”都是因为气的存在，性只起主宰作用，二者的关系是“理搭在阴阳（气）上，如人跨马相似”④。

据此看来，牟宗三认为朱熹所理解的“性”是“只存有不活动”的，不仅没有误解，反而是极其准确恰当的。前文已经提到，在朱熹的理解中，天下万物皆由理与气构成，“天下未有无理之气，亦未有无气之理”⑤。我们需要明白的是，朱熹在对理与性进行单独讨论的时候，也即强调理与性是不染于气的时候，其目的是为了明确理与性的特性及功用，这并不意味着理与气是可以分开的。因此，牟宗三可以说朱熹之性是“只存有不活动”的，却并不能说在朱熹的理解中，天地、万物以及我们每个人所具备的性是“只存有不活动”的。“只存有不活动”的性只在天地未形之前，而这也只是在解释性之所以然时候的方便法门，实际而言，天下“未有无气之理”，所以根本没有“只存有不活动”的性。朱熹正是通过理与气的

① 牟宗三：《圆善论》，第60页。
② 朱熹：《朱子语类》，北京：中华书局，1986年，第2页。
③ 朱熹：《朱子语类》，第1页。
④ 朱熹：《朱子语类》，第2374页。
⑤ 朱熹：《朱子语类》，第2页。

不离不杂，将性的“存有”与“活动”联系了起来，而非如牟宗三所言“只存有不活动”。并且，牟宗三以心为“活动”的主体，对他而言，心到底是气还是理呢？牟宗三是断不会承认心是以气言之心，而作为人之为人先天根据的“道德实体”，又如何能够“活动”呢？

除了认为朱熹将性看成是“静态的存有”之外，牟宗三认为朱熹之性是“只存有不活动”的另一大原因是，他认为朱熹提出的“心统性情”之说，将心、性、情三分，导致“性只是理，性中只有仁义礼智，仁义礼智亦只是理；仁性爱情，恻隐羞恶等亦只是情；心是实然的心气，大体是后天心理学的心，心与性成为后天与先天、经验与超越的、能知与所知的相对之二”①，这样便在心与性之间划了一道鸿沟，进一步割裂“存有”与“活动”之间的联系。

朱熹的“心统性情”指“性是体，情是用，性情皆出于心，故心能统之。统如统兵之统，言有以主之也”②。在这个理论架构中，性的确指纯粹至善之性，属理，而心即使拥有“灵明知觉”也仍属“气”。但我们知道，朱熹认为万事万物都是由理与气二者构成，若将二者相对而论，意在分别诠释“性”与“心”其功用。离开具体的人，可以分别谈论性与心，具体到每个个体，则性与心是无法分开的，此时的性，是已经挂搭在了气上的性，而此时的心，是也已经有性为主宰的心。因此，对朱熹来说，仁义礼智只能算是先天未“形”之时，性还没落实到上的概念，未落实到具体实践上，自然只能算是还未成“形”的纯粹至善的“理”。而恻隐羞恶则是已经具体呈现的状态，虽然说其为气，却也并非只是气，而是与性相结合了的气。所以，朱熹在这里并没有对恻隐羞恶之心有所降格，而是以理气关系的框架为背景来进行讨论。

由上可知，“心统性情”之说，并不是将性与心理解成理气对待的关系，而是讨论人在秉以成“性”秉“气”以成“形”之后，性与心各自的状态和作用。所以，牟宗三对朱熹心性关系的批评，并不算十分准确，从天地、人、物“未形”之前而言，可以说朱熹的性是“只存有不活动”的，也可以说朱熹将性与心放在了两个世界来讨论，但如果从“已形”之后而论，则不能说朱熹所理解的性是“只存有不活动”的，也不能说他将性与心割裂开来。

---

① 牟宗三：《心体与性体》上，第 41 页。

② 朱熹：《朱子语类》，第 2513 页。

小　结

朱熹对性的讨论，不管是对“天命之性”与“气质之性”的分别，还是对心性关系的理解，都是以其理气关系的理论为前提的。在朱熹看来，天下万事万物都由理与气二者构成，天地、万物以及具体的人皆以性为体，而以气为形。所以，要理解朱熹对性的诠释，首先需要分辨出朱熹所讨论的究竟是“未形”之前的纯粹之性，还以“已形”之后的与气相合之性。严格说来，天下只有与气合一的性，并没有离开气的纯粹之性，但这并不意味着此与气合一的性便不属于“道德世界”了，气并不能影响和改变性，二者是“不离不杂”的关系。之所以有分开讨论理与气，性与心，是为了明确其含义，这并不能看成朱熹将二者分裂开来。

牟宗三认为朱熹之性是“只存有而不活动”之性，认为他将心、性、情三分，并将性与心理解成对立着的先天后天之物，并认为朱熹的“气质之性”是将“性”混在了气中，所有这些批判都源自牟宗三并不认可朱熹所诠释的理气关系。牟宗三将“以气言性”与“以理言性”看成是两个完全独立的系统，自然不会接受朱熹对“天命之性”与“气质之性”的诠释。并且，牟宗三以心为“活动”的主体，而朱熹则认为“活动”是由气完成的，并且，朱熹同样是在理气关系的框架下来讨论“心统性情”的，故而，牟宗三对朱熹之性“只存有不活动”的批评，并不能算准确。更重要的是，在忽略了理气关系之后，不仅不能准确地理解朱熹对性以及心性关系的诠释，其自身心性关系理论中更是有着不可调和的矛盾。

朝鲜时代士林与道学政治思想

韩国安养大学　［韩］孙兴彻

郑道传是朝鲜建国的一等功臣。他将性理学作为建国理念，确立了国家的制度和统治形态。郑道传认为唐虞三代（夏殷周）的宰相制度是理想的政治制度，贤明的臣下辅佐帝王，力图实现仁政。朝鲜为了实现这种仁政，积极奖励教育。基于这些原因，朝鲜培养了很多知识分子，这些知识分子被称为“士林”。他们将地方的书院作为学问研究和活动的根据地。

朝鲜中期以后，很多士林踏入中央政治舞台，他们追求基于性理学理念的道学政治。这种道学政治最重要的内容是君主，即领导者的资质和道德性。为使君主和官僚、官僚和百姓之间进行自由的思想沟通，应该开放言路。唯有如此，君子和小人才能得以区别，谎言才能消失，社会的信赖度才能得到进一步提高。

一、朝鲜的建国与性理学

朝鲜（1392—1910）的建国理念是性理学。朝鲜王朝的基础是由郑道传（1342—1398，号三峰）确立的。郑道传是非常信奉《孟子》的学者和政治家，他克服了高丽末佛教的弊害，主导了朝鲜的开国。在这一过程中，他将自己比作中国汉代的张良。他认为性理学既是实学，也是正学，以性理学为中心确立了包括政治、经济、社会、文化等在内的整个制度。然而，没有重视性理学的形而上学思想，而是在性理学之外，也受容了很多对富国强兵有用的文化、制度和思想。他是建立朝鲜首都汉阳、建造宫殿、从理论上批判佛教弊害的学者。他根据六典体制著述的综合说明国家的统治组织和统治理念体系的法典是《朝鲜经国典》，治典是《经济文鉴》等。

郑道传将唐虞三代（夏、商、周）的宰相制度视作理想的政治制度，认为贤明的臣下应该辅佐帝王，力图实现仁政。“仁政”是指实现儒学最高价值“仁”的政治。同时，他也认可孟子所谓的“易姓革命”。他所著的《经济文鉴别集》中收录了君主的任务和责任的内容及其变化过程。要求作为地方官的守令代替君主实践开垦土地、增殖户口、振兴学校、振作礼俗、公平狱讼、确保治安、均等负役、赋敛、节约物资等。

从郑道传确立的国家制度及其理念中，可以把握朝鲜时代的政治特性。即他通过振兴学校对平民百姓实施普及教育。其结果是，从朝鲜的初期和中期开始，朝鲜培养了很多有能力的学者，他们通过科举制度和贤良荐举大举进入政界。同时，在奴婢或白丁等下层民众中偶尔也出现过有能力的学者。

二、士林和书院

若要理解朝鲜的学术和政治，则无法忽视士林。朝鲜时代出现的士林是类似于士大夫的文臣，是作为"学者型官僚""官僚型学者"的新兴士大夫。朝鲜初期的士林侧重经学，崇尚道德和节义，以学术和言论为跳板，追求儒家传统的王道政治。他们积极受容性理学，将义理和名分确立为政治的理念。为了升入作为教育机关的学堂、乡校、成均馆，在作为私学的书斋、书堂里通过私塾等一起学习，结成同门，形成集团，成长为新的官僚统治阶层。

朝鲜初期士林的特征可以整理如下：第一，他们出身于重视学问修养和文才的士族。即垄断朝鲜社会的知识和信息的势力。他们通过科举提高自身的社会身份地位。第二，作为乡村社会的中小地主，具有经济基础。第三，士林重视名分和义理，重视实践，深入探究孝、悌、礼。第四，士林必须明确出处。不追求与王室结成婚姻或姻亲关系，主要任职谏官、教授、外职。

燕岩朴趾源（1737—1805）指出，"天下之公言曰士论，当士之一流曰士流，四海地衣声曰士气，君子无罪以事曰士祸，讲学论道者曰士林"①。如此，士林主导公论，具备最高的文化和人品，坚守正义和义理。也就是说，具备为了自身的信念和义理而不惜牺牲的霸气，探究学问并讲授道理的人，就是士林。士林与儒学所追求的君子像或圣人像非常相似。士林的这种精神直接发展为韩国的士精神。

士林参与中央政治始于成宗（朝鲜王朝第9代王，在位时间为1469—

① 朴趾源：《燕岩集》第10卷，别集，《原士》。

1494）时代。其后，因中宗反正（1506），中宗（朝鲜第 11 代王，在位时间为 1506—1544）登用赵光祖（1482—1519，号静庵），让他主导强力的改革。对此，赵光祖在社会改革的同时，强烈追求道学政治。赵光祖还将各地方的很多士林登用到中央政治舞台。

随着这些士林进入中央政治，士林与中央的勋旧势力和戚臣势力进行了权力斗争，因此发生了四次酷毒的士祸。① 这时，一部分士林为躲避现实而隐居草野，埋头于学问和讲学。士林形成了新的政治集团，在主导社会改革的同时，士林之间不断地离合集散。士林间的对立和矛盾形成了朋党，并逐渐发展为党争。

虽然党争最初是士林与勋旧派的斗争，但是后来变为士林间的斗争和矛盾。士林的党争开始是相互健康的批判，然而，随着批判越来越激烈，最终变化为政治斗争。其后，士林本来所具有的进取性、改革性、纯粹性逐渐褪色，沦落为另一种剥削势力。士林间的相互牵制和批判逐渐朋党化，矛盾和反目加深，重新发展为你死我活的斗争。

同时，士林把书院作为他们做学问和生活的基地。这些书院的成员形成和主导了朝鲜时代的政治舆论。

朝鲜时代书院的发生和变化过程大概可以分为三个时期。第一个时期，以学德和业绩为基准，以享祀和配享为主，是标榜继承道统的时期。在这一时期，确立了万人都尊重的有教育意义的、正义的人间像，宣扬对之崇拜和追随。第二个时期，作为书院乱设立的时期，是以朋党、学缘、地缘代替道统来选择人物的时期。由此，初期的节义精神和名分论日渐式微，真正的士的形象消失，书院朋党化。即不是国家层面的书院，而是变为乡土倾向的书院。第三个时期，是寄生于书院的时期。到了后期，在名义上借用先圣先贤之名，貌似对之加以追尊，但实际上致力于配享自己的党人。与其说是享祀学问和人品，倒不如说是为了书院本身的存在。

朝鲜时代书院的特征可以整理如下：第一，书院是将性理学的世界观变为政治、经济、社会理念的教育现场。然而，朝鲜时代的书院是基于朝鲜时代教育环境固有的、独特的生存方法和原理。第二，主导了学问研究的发展，由此进行了很多论争，大则形成了学派。第三，朝鲜时代的书院

---

① 此处所谓四次士祸是指：(1) 戊午士祸（1498，燕山君 4），勋旧势力大举肃清士林势力；(2) 甲子士祸（1504，燕山君 10），宫中势力大举肃清臣下势力；(3) 己卯士祸（1519，中宗 14），勋旧势力大举肃清士林势力；(4) 乙巳士祸（1545，明宗 1），外戚势力大举肃清其他外戚势力。

是形成美风良俗、主导教化风俗的机关。第四，朝鲜时代的书院是代言乡土舆论的机关，是连接中央和地方的通路。然而，随着书院成为朋党的中心，书院丧失了很多本来的功能。

三、朝鲜的道学政治

这里所谓的“道学”源于《宋史》的《道学传》。即，与孔孟或汉唐时代的儒学相区别，宋代新形成的儒学称为“道学”。具体而言，北宋的周敦颐、张载、邵雍、程颐等所谓“北宋五子”所倡导的哲学，由南宋的朱熹集大成而形成的学问。根据对此所持观点的不同，称为程朱学、朱子学、宋明理学、理学、性理学、新儒学等。

朝鲜的士林视为政治理念的道学是从原来丽末鲜初的改革政治家开始的。然而，在初期，由于确立国家制度是当务之急，所以主要是重视以性理学为中心理念的制度的名分和价值。然而，在中期以后，随着帝王学或经世学日益受到重视，个人的修养和实践也开始受到重视。

栗谷李珥（1536—1584）对道学说明如下：

> 夫道学者，格致以明乎善，诚正以修其身，蕴诸躬则为天德，施之政则为王道。彼读书者，格致中一事耳。读书而无实践有，何异于鹦鹉之能言耶?①

“格物致知”是《大学》指出的学问目标之一，其内容是清楚明确地理解事物和自然的法则。“诚意正心”是指培养能实践“善”的力量的内心修养，将之努力实践于政事，实现王道政治。即，强调在实际政治和生活中实践儒学的工夫。然而，道学作为政治的实践理念，在朝鲜开展道学政治，始于中宗登用赵光祖进行政治改革。赵光祖是政治风云人物。他在34岁时像彗星一样进入政界，4年之间受到王的信任，推动政治改革，结果遭到权臣势力的嫉恨而被杀害，年仅38岁。然而，他的道学政治后来成为朝鲜的政治根基。这里简要说明赵光祖所实行的道学政治。

第一，人道与天道相同。

① 《栗谷全书》卷15《杂著·东湖问答》。

天与人本乎一，而天未尝无其理于人；君与民本乎一，而君未尝无其道于民。……所以治国者，道而已。所谓道者，率性之谓也。盖性无不有，故道无不在。①

赵光祖认为，就像天道与人道相同一样，君主之道与百姓之道也是相同的。治理国家的最好方法是基于“道”。因为所有人都具有“道”的本性，所以君主应该“崇道学”。

第二，道学政治的表象是“隆古之治”。

学者，以圣贤写期，未必郎至圣贤之域，人主，以康广三代写期，未必即致康广三代之治。然立志如此，而用功于格致诚正，则渐至于圣贤之域尧舜之治矣。②

赵光祖视作目标的道学政治，是指儒学视为最高理想政治的尧舜时代的政治。从时代上讲，是指夏、商、周三代。为了实现这样的理想政治，君主和官僚应该全力以赴。赵光祖将之称为至治（最出色地实现的政治）。

第三，道学政治应该是重视仁义、不谋私利的政治。

赵光祖提出：“因不从改正功臣事辞职启，一人人但知有利，而不知有仁义。以此成俗，将无所不至。”以此为标准，他强调君主的修养和学问精进，严格实施与君主一起讨论学问的经筵制度。这种经筵制度成为之后朝鲜时代君主们的日常生活。

第四，道学政治是爱民思想。“爱民”通过对百姓进行教导来实现。

百姓安业，则应几无忧矣。且朝廷气势，不可以刑罚扶之，朝廷既正，则下人自然心服矣。刑法虽不可废，只可以辅治，不可以出治也。古人云如保赤子，爱民诚能如爱赤子，则民之视上，亦必如父母也。如是而持之，愁久，则何思治化之不成乎？③

朝鲜选择以性理学为统治理念，以仁政为目标。但仁政无法形成刑罚或法律，法只是起到政治的辅助作用。仁政通过爱民得以可能实现。赵光

① 《静庵集》卷2《谒圣试策》。

② 《静庵集》卷3《待读官时启》六。

③ 《静庵集》卷4《元子辅养官时启》二。

祖所谓的“爱民政治”就是实现仁政。赵光祖在强调爱民的同时，也强调教民。为了爱孩子，使之成为优秀的成人，应该充分对之加以教化。这就是儒教的德治主义。

第五，道学政治应该使成员之间自由地进行思想沟通。如果言路被堵，国家将会岌岌可危。只有打开言路，才能区别君子和小人；只有区别君子和小人，才能防止党利党略的政治。学者必须明确辨别义利，区别公私，使人不至于产生疑惑。赵光祖的这种道学政治理想在于实现王道政治，即在于实现养民和教民。

四、养民和教民

性理学政治理念的中心是“仁政”和“安民”。因此，君主首先要修养自身，具备热爱百姓的精神，即爱民精神。爱民精神不是别的，而是始于重视人的生命的内心。

若无百姓，则无王，也无国。然而，为了让百姓生存，应该安定民生。使百姓安定的民生就是养民。若不教百姓做人的道理，则不知仁义；若不知仁义，则无法实现王道政治。尽管如此，比起教民，养民应该优先。栗谷认为这是理之当然。

> 若下民，饥寒切身，本心都丧，父子兄弟，尚如路人，他又何说？纲常不能维持，刑政不能检制，由今之道，无变今之习，虽圣贤在上，施教无地。广举乡约，虽是美事，臣愚窃恐以今之习，径行乡约，亦无成俗之效焉。①

若百姓饥寒交迫，就无法实现父母和子女兄弟间的仁义；若亲人之间都无法实现仁义，又怎能期待向其他人实行仁义。纲常是指作为儒学道德规范的三纲五常，即五伦。如果不改变百姓不遵守三纲五伦、不严格施行国家刑政的风俗，那么即便圣人坐在王位，也无法真正进行教化。乡约是乡村规约的简称。乡约是指大概在以郡为单位的乡里，乡人互相遵守秩序、相扶相助而生活的约定。这种乡约是朝鲜时代的两班统治下层民众的手段，在乡村实施儒教的风俗和伦理，振兴道德秩序和美风良俗，也是预

① 《栗谷全书》卷5，疏札三，《万言封事》甲戌。

防和克服诸多灾难的规约。

然而，如果百姓饥寒交迫，那么这种乡约也就毫无用处。因此，在栗谷看来，只有首先实现百姓的经济安定，教化才有可能实现。栗谷所谓的“教民”是指发挥人具有的先天道德性，为此，他强调学校教育的重要性。

栗谷提出，“养民然后，可施教化，设教之术，莫先于学校”①，意思是说，百姓有了恒产之后，为使之具有恒心，应该加以教化。有关栗谷的教民理论在《击蒙要诀》《东湖问答》《学校模范》中有详细体现。②

天生烝民，有物有则。秉彝懿德，人孰不禀。只缘师道废绝，教化不明，无以振起作成。故士习偷薄，良心梏亡，只尚浮名。不务实行，以致上之朝廷乏士，天职多旷，下之风俗日败，伦纪斁丧。念及于此，诚可寒心。今将一洗旧染，丕变士风，既尽择士教诲之道，而略仿圣贤谟训，撰成学校模范，使多士以为饬躬制事之规，凡十六条。为弟子者，固当遵行，而为师者，尤宜先以此正厥身，以尽表率之道。③

人虽然天生都具备三纲五伦，但是由于没有师道，无法实现教化，所以也就无法实现三纲五伦。因此，士的风俗日渐式微，人的良心也被桎梏而消失，只求虚名，不求实行，风俗腐败，伦理纲常消失殆尽。为了教化这样的社会，应该选拔真正的士，设立学校，实施教化。

从现代来看，养民就是提高国民的福利。福利是指消除衣食住行的担忧，使身体健康和精神安定得到提高。栗谷认为，若没有经济的发展，则很难提高生活质量。养民不能单纯集中于特定阶层或地区，应该使所有百姓能均衡地享受经济实惠。换句话说，经济正义也包含其中。

栗谷强调，为了养民，首先君主不能有物欲。

臣按，天子之富，藏于四海，诸侯之富，藏于百姓。有仓廪府库，为公共之物，不可有私贮也。国君有私贮，则是谓征利，利源一开，群下争趋，何所不至乎？臣愚以为殿下诚欲有为，则必先以内帑

① 《栗谷全书》卷15，杂著二，《东湖问答》己巳。

② 因栗谷的教民理论具有非常精密庞大的体系，根据与“养民”相对意义的论旨，这里将仅叙述“教民”的意义和大纲。

③ 《栗谷全书》卷15，杂著二，《学校模范》壬午。

及内需司，付之户曹，为国家公费，不以为私财，使臣民晓然仰睹殿下无一毫征利之心，然后可以洗涤污习，扶举四维，陶成天治矣。①

若君主追求物欲，积累私富，贪图利益，则臣下也会为满足物欲而进行激烈的竞争。这样一来，百姓就无法解决基本的衣食住行，而是在贫穷和疾病中呻吟。因此，君主应率先示范。内帑司负责管理君主个人使用的钱，即内帑金的官吏。他们也称内需司或典需司，管理土地等王室财产和宫中使用的一切生活用品。然而，因当时管理内需司或内帑司的人图谋私利，以致民不聊生，国家财政陷入困境。因此，栗谷主张不应将内帑司或内需司作为君主和王室的私用，而应通过国家的正式机构户曹来管理，以免导致民弊。

从臣下的立场上，栗谷的这种主张不容易向王谏言。向16世纪王朝时代的专制君主要求抑制物欲，国家财政的公共性和平等的经济伦理，栗谷的勇气和眼光值得高度评价。即，为了养民，首先告诫作为最高统治者的君主要抑制物欲。当最高统治者的物欲过分时，一般百姓的生活就会苦难的实例非常多。

同时，栗谷强调必须具备礼义廉耻，王道政治只有在这四种道德都具备时才能实现。

古人曰："奢侈之害，甚于天灾。"岂不信哉？若非自上先务节俭，以救此患，则刑法虽严，号令虽勤，徒劳而无益。臣尝记故老之言曰："成庙寝疾，大臣入问，则卧内所覆茶褐紬衾，将弊而不改矣。"闻者至今钦想不已。伏愿殿下命考祖宗朝供奉规例，宫中用度，一依祖宗之旧，俭约之制。垂范中外，以革民闲之侈习，使人羞陈盛馔，羞被美服，以惜天财，以舒民力焉。②

经济的安定形成道德与和谐。经济的安定始于端正奢侈的风气。为了端正奢侈的风气，君主首先要做模范，在王室查找先代君主勤俭节约的例子，然后在宫中按照模范先例在行动上加以实践，以此为基础，消除民间的奢侈风气。

孟子曾经提出："无恒产而有恒心者，惟士为能。若民，则无恒产，

① 《栗谷全书》卷25，《圣学辑要》七，为政第四下，谨天戒章第六。

② 《栗谷全书》卷5，疏札三，《万言封事》甲戌。

因无恒心。苟无恒心，放僻邪侈，无不为己。及陷于罪，然后从而刑之，是罔民也。”① 恒产是指安定的生业，恒心是指人应该遵守的道德伦理。在人类社会，道德伦理之所以必要，是因为与弱肉强食的逻辑支配的动物世界不同，是为了保护弱者，实现共生共荣的仁义精神。栗谷是在相同的脉络上看待经济的安定和道德伦理的保存。孟子提出“无恒产而有恒心者，惟士为能”，而栗谷则提出，包括君主在内的君子或士首先要做表率，然后百姓才能追随。强调最重要的是领导者的率先垂范。如果领导者追求私欲和物欲，用放纵和偏见来垄断法，那么社会就将陷入混乱，百姓的生活将非常痛苦。

栗谷的这种经济观可以说是将正义和实理视作一个原理的伦理经济观。在栗谷看来，百姓的福利因领导者的勤俭节约而得以实现，这就是经济正义。栗谷当时生活的社会是与衣食住行相关的所有情况都不富裕的时代。在这种情况下，他强调公正合理的分配是最重要的。栗谷认为，只有领导者勤俭节约，官僚和百姓才不会腐败；只有消除百姓的奢侈风气，分配才会公正。只有这样，百姓才能有恒产，也能有恒心。在这样一连串的环节中，栗谷强调领导者自觉的勤俭节约。

栗谷全心全意地为国家做出了奉献。同时，精通国家的时务，提出了切实有效的对策。栗谷通过“敬”来实现“义理”，即，他要遵守义理的意志是宗教的虔诚本身。这点是值得领导者和知识分子学习的。

结　语

未来的世界需要新的领导力。在这个意义上，有必要关注儒学的大同社会。“大道之行也，天下为公，选贤与能，讲信修睦。故人不独亲其亲，不独子其子，使老有所终，壮有所用，幼有所长，矜、寡、孤、独、废疾者皆有所养，男有分，女有归。货恶其弃于地也，不必藏于己；力恶其不出于身也，不必为己。是故谋闭而不兴，盗窃乱贼而不作，故外户而不闭，是谓大同。”②

孔子认为，大同社会是人形成社会而生活的理由，是政治的目标。“政者，正也。”意思是说，应该端正社会制度，明确加以运营。“必也正名乎！”他指出，“正名”既是政治的开始，也是政治的核心。孔子对正名

① 《孟子·梁惠王上》。
② 《礼记·礼运》。

的意义说明如下："君君，臣臣，父父，子子。"① 意思是说，所有社会成员都要尽力于各自的责任和义务。

朝鲜的士林所追求的道学政治目标就是实现大同社会。在实现道学政治中，最重要的内容是君主即领导者的资质和道德性。为使君主与官僚、官僚与百姓之间能进行自由的思想沟通，应该开放言路。唯有如此，君子和小人才能得以区别，谎言才会消失，社会的信赖度也才会得到提高。

每个人都为了幸福而努力，没有一个人希望自己不幸。因此，应该实行使社会成员感受最大限度幸福的政治。其出发点是不说谎。只有在没有谎言时，诚信社会才有可能出现。最基本的道德法则是不能说谎。德国哲学家康德（1724—1804）认为，遵守道德法则的自由是真正的自由。将实现这种自由的能力称为"实践理性"。提高这种实践理性是真正的教育，也是人聚集生活的根本原理。

道学政治是以真心与百姓沟通，热爱百姓，为使百姓生活幸福而努力的政治。

① 《论语·颜渊》。

儒学与现代

传统与现代的价值和合论

——兼论儒家价值在中国现代化中的地位和作用

中国人民大学哲学院　姚新中

在现代化和全球化进程中，观念和价值转换不是单一维度的变迁，而是在传统与现代的互动中的重新组合。如果我们总是用“从传统到现代”这样的语句来定义前者和后者的关系，在解读文化变化时，我们就无法看到传统与现代化关系的实质精神和深刻内涵。本文的立论是以张立文先生的和合论为基准，把传统与现代看作一个和而不同的有机体，并由此论证以儒家价值为核心的传统是中国现代化的必要内容，提出再现代化的儒家观念和理想是东亚现代生活的价值导向。

根据价值和合的基本原理，我们认为传统和现代是无法完全割裂开来的；传统与现代化之间互相包含、互相影响和互相改变，是一种动态的全方位整合的关系。一方面，传统不断为现代化所改变，真正的现代化本身是一个继承和发展传统，是在传统基本价值基础上不断“创造”和“再创造”传统、“改变”和“再改变”传统的过程。虚假的现代化对传统或抛弃或与其抽象对立，或否定其根本价值而用一些边际价值充当核心价值，从而达到否定传统整体的目的。这样的所谓现代化是对文明的破坏，是价值传承的中断，也是无法维系、无法长久的。另一方面，由于现代化的程序和过程总是带有特定文化和文明的标志，所以“现代”在一定程度上只有实现了传统化和本土化才能全面展开。本土化的现代化是与传统结合起来的现代化，展现了现代化的多样性。换句话说，传统是现代生活中不可或缺的一部分。所有现代化的形式都或多或少运用了传统的内容；同时传统也不是单一被动地接受现代化的改变，而总是积极主动地参与改变自己的过程，从而修正和影响现代化的价值导向。传统和现代化的相互改变造就了一个特定文明的生命力和一种特定生活方式得以维系和发生改变的语境和内容。这就是本文所要论证的传统与现代的价值和合论。

一、传统与现代的价值连续性

讨论传统与现代化的关系，我们必须从所谓的“现代化理论”开始。“现代化理论”可以追溯到卡尔·马克思、埃米尔·杜尔凯姆（Emile Durkheim，1858—1917）和马克斯·韦伯（Max Weber，1864—1920）。许多学者已经告诉我们，在现代化理论的框架下，什么是或应该是现代化，提出现代化是一个广义的概念，指的是前工业化社会随着经济发展、技术革命而产生的社会变化，包括人们的主要工作场所由家庭转移到工场（工业化），从农村移居到城市以寻求工作（城市化），和大规模正式社会组织的出现（官僚化）。现代化的这三种内涵必然使得主要的社会单位和构成如家庭、宗教和教育发生根本性的变化，而这样的变化又必然会带来社会中人们之间权力结构的改变。① 从一般意义上，罗兹曼与伯恩斯坦（Gilbert Rozman & Thomas Bernstein）定义现代化为“在科技革命影响下社会已经发生或正在发生变化的过程”②，提出现代化一定是综合性的，应该从社会、经济、政治、文化和个人生活的不同角度进行衡量，因为科学技术、生产力和经济的提升和扩展一定会带来所有这些领域的改变。巴克（Chris Barker）指出，现代化是一个后传统、后中世纪的历史时期，其标志是从封建制或农耕方式向资本主义、工业化、世俗化、理性化、民族国家及其相关的机构组织与监管形式的过渡。③ 吉登斯（Antony Giddens）强调现代化的进步性，认为现代化指的是传统社会向现代社会或工业社会的发展和进步。现代性提供了比任何以前的社会秩序所能提供的更强发展动力，其社会更专业技术化，其组织结构更为复杂。与所有以前的文化形态都不同，现代文化指向未来而不是过去作为人类生活和社会的理想。④ 无论从哪个角度或立场定义现代化，多数现代化理论的拥护者都会同意，现代化过程必然产生与前现代化完全不同的基本价值：这就是以批判的眼光看待所有事物的理性主义；强调个人福利、平等权利和独立的个人主

---

① http：//www.studymode.com/essays/Karl—Marx—Durkheim—And—Weber—826710.html，access on 29 April 2014.

② Gilbert Rozman and Thomas P. Bernstein：*The Modernization of China*，New York：Free Press，1981，p.3.

③ Chris Barker：*Cultural Studies*：*Theory and Practice*，London：Sage，2005，p.44.

④ Antony Giddens：*Conversations with Anthony Giddens*：*Making Sense of Modernity*，Stanford，Calif.：Stanford University Press，1998，p.94.

义；坚持所有的事情——科学的、经济的、意识形态的——都是可再生的和可替换的进步发展观。

在现代化理论的倡导者看来，现代化进程必然改变传统的生活方式，任何文化和国度都不可能超脱这样的改变。英格尔哈特和贝克（Ronald Inglehart and Wayne E. Baker）指出，“现代化理论的核心主张就是经济发展与相应的并在某种程度上可预测的社会、文化、政治变化息息相关”①。现代化理论的提出者或修正者一个共同的倾向是认为现代化与传统在根本上或主要价值上是对立的，现代化可以创造“新”价值观、信仰和思维方式。对他们来说，传统在现代化过程中的命运越来越被排挤出人们的生活，因为传统信仰和价值观等已经不再与新兴的信念和实践相适应了。换句话来说，传统的核心价值对现代人们来说已经不再是“价值”或不再有用了。

与这些现代化理论观点相悖的是，在现代化的浪潮中传统不仅存留下来，而且还依然非常重要。面对这样的现实，一些学者看到了现代化理论对于传统理解的局限性，开始重新认识传统、重新评价传统在现代化中的作用。在爱德华·希尔斯（Edward Shils）看来，“所有现存的事物都有自己的过去，没有任何事物可以逃避过去的掌控”②。戴维·格罗斯（David Gross）在其著作《废墟中的过去：传统和对现代性的批判》中明确指出，在所有现代化国家里现存的传统可以让这样的宣称——传统已经在现代化进程中受到取代或者排挤——不攻自破。传统可以存留下来的原因一方面是因为传统在现代实践上仍十分有用，另一方面是因为传统可以像镜子一样映射出现代性中所缺少的东西。③传统的重要性还在于它能给予人们以安全感。“传统很重要，这是因为传统提供了空间感和一定的本体论安全感，是因为传统是不可再生和不可重复的价值观的财富积聚，是因为传统能带来体验的深度和丰富。”④ 传统价值的适应力和生命力证明了传统仍然是塑造现代的中坚力量。传统有活的传统与死的传统之分。我们所说的传统不

---

① Ronald Inglehart and Wayne E. Bake：“Modernization，Cultural Change，and the Persistence of Traditional Values”，*American Sociological Review*，Vol. 65，No. 1，*Looking Forward*，*Looking Back*：*Continuity and Change at the Turn of the Millennium*，pp. 19—51.

② ［美］爱德华·希尔斯：《论传统》，芝加哥大学出版社，1981 年，第 122 页。

③ “治疗现代化疾病的唯一方式就是更现代化”。这样的偏执现代化观点已经受到广泛的批评。David Gross：*The Past in Ruins*：*Tradition and the Critique of Modernity*，University of Massachusetts Press，1992，p.87.

④ David Gross：*The Past in Ruins*：*Tradition and the Critique of Modernity*，University of Massachusetts Press，1992，p.83.

是指存在于过去的、考古遗迹中或博物馆内的“死”传统，而是在学术中、实践中以思想、信念、规范和生活内容等方式延续下来并经过当代人重新解释和论证的活传统，是与现代息息相关的不断发展变化的传统。活传统乃不断累积而成，既是一种叠加，也是一种增生。因此又有新传统与老传统、新解释与旧解释之分。这样发展变化中的传统只能是“现代化”的一部分，不可能孤立存在于现代进程之外。

由此而论，传统和现代就像一枚硬币的正面和反面，两者不可分割。现代化不可以单纯以“现代 ”现象来认识，必须在与传统的联系中才能真正把握。“现代化理论”以不同的方式试图割裂传统与现代，或使其完全对立起来，这是一种狭隘的“短现代化”。与他们不同，有些学者为了论证传统与现代的联系，提出了“长现代化”的概念，认为现代化是一个过程，以渐进和全面的方式将传统融入现代化中，由此来证明从原始文明到“轴心时代”文明、启蒙运动、工业革命、信息革命和完全本土化的全球化的一致性和连续性。根据这个观点，传统和现代之间并没有明显的界限。由此而言，虽然有很多人常常使用科技革命和西方化作为现代化的主要标志，现代化绝不是科技革命和西方化的代名词。现代化的内涵和外延要比它们丰富得多。

对比以理性化、工业化、城市化和官僚化为特点的严格定义上的“短现代化”，“长现代化”更适合中国的历史和现实国情。“中国是一个完全现代化的社会，但其现代性所展现的方式又深深地为其前现代传统所塑造。”①早在2000多年前百家争鸣就开创了理性思考，国有行业也很早就得到各大朝代的扶持和发展，大都市在不断涌现，强大的中央政府和由公务员考试所形成的官僚制也远远早于欧洲而得以确立和盛行。“长现代化”融合了传统和现代，让不同的发展模型可以共存，让不同的民族和国家可以按照自己的方式来实现现代化。这在很大程度上改变了我们对传统的评价以及对传统如何可以应对迅速全球化的世界的看法。中国传统是以儒家价值为核心的，因此我们可以说儒家思想不仅仅是过去传统的一部分，也是或应当是当代中国现代化和改革的一部分。

① Rana Mitter: *Modern China: A Very Short Introduction*, Oxford University Press, 2008, p.12.

二、儒家价值的现代性

儒家思想既是传统也是现代化的一部分。这样的双层性质使其在现代世界中同时保留传统价值和形成新的生活方式成为可能。除了时间维度，我们也可以从空间角度来看这个问题。在表现中国文明的独特精神和参与全球文明的塑造上，儒家思想既是地方的，也是全球的。全球化不是也不可能是单一现代化模型普遍化的过程，它只能是不同文化的新元素和旧元素的大熔炉。全球化和文化多样性是并行且相互混合的。加里·汉密尔顿（Gary Hamilton）认为我们在全球经济发展中所见证的不是以西方文化普遍化为形式的统一性提高，而是通过非西方文明模式积极的再创造和再融合的文明多样化的延续。①

文明多样性给全球化增加了一个全新的维度，同时也为儒家思想在传统和现代化的相互转化中发挥作用提供了一个新的平台。早在2000多年前，儒家就提出了道德主体性，强调自觉觉人的道德活动；论证了个人—家庭—国家一体化的伦理合理性；要求“自天子以至于庶人，壹是皆以修身为本”（《大学》）；以理性个体为核心，倡导理论上和实践中的理性思考、强调道德自律和履行责任、关注有效的国家治理等。这些方面的内容既是传统的又包含了向现代转化的基质。尽管如此，过去很长的时间里，儒家思想在现代化中的角色并没有得到正确的全面的诠释。对于儒家传统对现代化的价值，中国人经历了一个长期而痛苦、曲折而反复的认识过程，并在很长一段时期，主流思想或者顽固地以僵化的儒家传统来对抗现代化，或者把儒家价值当作现代化的阻碍，将其完全排斥在现代化之外。这样的做法和倾向，是没有“现代化理论”形式的简单现代化理论，是对传统性与现代性的片面理解，也是近现代以来中国现代化过程曲折而缓慢的原因之一。

随着中国的改革开放，人们对传统与现代的关系开始有了新的认识。割裂和对立儒家传统与现代化的倾向在20世纪80年代末和90年代以后有了根本性的改变。出于不同的目的和动机，海内外儒家学者和有远见的政治领导人逐渐引领儒学处于文化发展中的显著地位，把儒学或儒家传统看

① Gary G. Hamilton. 1994：“Civilizations and Organization of Economies”，pp.183—205，in *The Handbook of Economic Sociology*，edited by N. J. Smelser and R. Swedberg. Princeton，NJ：Princeton University Press，1994，p.184.

作中国文化的核心和中华文明复兴的一部分。在21世纪，这种转变迅速发展为一种自我反思式的论阈。复兴的儒学本身也潜心聆听来自学术、文学和教育圈里日益流行的呼声，补充当前的政治意识形态来支持中国特色治理的合法性、发展的可持续性。在整个现代化的中国，为了实现优秀文化的复兴，儒家传统的具体内容得到进一步甄别，有些受到拥护，有些则继续遭到抵制。在儒家思想里，什么是好的或卓越的、什么是坏的或过时的都在从不同角度仔细验证。这样的理性甄别和批判可以使人们进一步看清楚哪些传统应该继续抵制，哪些传统应该予以保留和发扬，如何使传统更好地用于弥补现代性和全球化的不足，服务于国家现代化建设和国家整体文化的发展战略。

在急剧变化的中国，价值、理念和生活方式也发生了根本变化。但这些变化并非都是以来自西方的价值来取代中国传统和儒家价值。相反，儒家传统与现代化和全球化并没有内在的根本的矛盾。从古老的传统里寻求当今中国核心价值的优秀资源正在成为新的“时尚”。在这一浪潮中，孔子再次成了中国人之所以为中国人的标志，他的思想和论述是可以解决现代生活各种问题的优秀传统资源。孔子本身不仅被视为中国文化的生活模范，而且也是世界上最古老文明之一的“现代”证据。需要恢复和重建儒家传统的原因之一就是因为当代中国需要以传统价值来对抗和批判各种各样的现代道德弊病。几乎所有关于儒学的当代论述都以这样或那样的方式谈论当前所面临的价值危机，重述儒家价值来作为有用的工具以抵制关于中国社会各阶层的道德下降或道德冷漠所持的悲观主义观点。这样的论述也十分关注如何实现新价值观的创造，如何在现代化过程中实现一个更加平等和谐的世界，促进人类与自然环境的和谐统一，逐渐缩小而不是扩大贫富之间的差距等。①

儒家传统的现代性还表现在它对现代的理解不是单一维度的，而是全方位的。它反对把政治、经济、文化、道德、教育、宗教等割裂为互相独立的部分。它要把它们重新集合起来，共同构造为生活的内容。虽然儒家不反对经济和技术的现代化，但它特别强调现代化的文化和价值内涵。对

① 中国人一直对集体道德诟病深感不安，但在同时我们也应该看到，中国慈善事业的兴起证明了中国人是赤裸裸的个人主义并不属实。新形式的积极集体行为也正在出现。燕云翔：《深度中国：个人道德生活，人类学和精神病学让我们知道的今日中国》，“第一章：变化中的道德风景”Kleinman，A.，Y. Yunxiang，J. Jing，L. Sing and E. Zhang (eds)：*Deep China*：*The Moral Life of the Person*，*What Anthropology and Psychiatry Tell Us About China Today*，University of California Press，2011，pp.36—77.

现代化的儒家理解在文化重塑方面有着显著地位和作用，对于以自我反思的方式定义什么是传统，怎么评价传统，以及如何才能重建传统，也起着积极的作用。作为理性和自我反思的传统，儒家思想已经在新的语境中开始了全方位的“创造性转化”和“创新性发展”，既表明了传统再生的巨大活力，也为传统与现代的价值和合奠定了牢固的基础。

三、儒家传统与现代的价值和合

从传统和现代相互作用的角度来看全球化中的价值和合，我们可以清楚了解儒家传统和现代力量的相互作用，而这样的相互作用又全方位地影响着当代中国观念和价值的变化。儒家本身是不断自我更新的，无论是汲取先秦百家而形成的西汉儒学，援道入儒的魏晋儒学，批判地借鉴佛教的宋明理学，还是自觉以西方哲学来“改造”传统的现代新儒学，都可以看作是儒家“再现代化”的成功范例。再现代化的儒家价值已经成为建设一个全新社会和政治秩序的推动力量。像“社会工程”“道德建设”“文明复兴”“中国特色”“创新性发展”等概念已经成为官方和民间话语中的常用词汇。这样的术语不是空洞的口号，而是反映了在社会主义市场经济进程中“法治”与“德治”、“理想”与“现实”、“传统”与“现代”的价值统一。对个人—家庭—国家一体化的价值追求深深植根在儒家传统之中，“修身，齐家，治国，平天下”的信念一直是中国社会创造理想的个人品格和完美社会的基本原则，不可能不带入到现代社会政治伦理架构中来。①

提出儒家传统的现代价值就是要表明儒家传统与现代性的价值一致性。以价值和合来看待儒家传统，一是要反对片面的现代化理论，反对以现代否定传统，从现代性出发来割裂传统与现代的关联；二是要反对极端的传统主义，反对以传统否定现代，从传统出发来对抗现代。儒家的传统是现代的传统，而它的现代是传统的现代。这样的解读不仅仅是为文化更生、行政运作和治理构建寻找合法性，而且是为了建立一个基于传统儒家与现代互动的文化秩序，实现传统儒家价值和现代普世价值之间的良性转换。重新解读儒家传统旨在团结人们，纠正在经济、政治、文化和社会运作中出现的各种弊端，引领人们建设一个共同富裕的社会，以公开且严谨的方式渗透到教育体系之中；通过各种各样的学习方式，把传统文化和传

① C. T. 陈：《文化惊厥：检验网络中国的中国性》，《中国网络社会：创造、庆祝和线上嘉年华》，大卫·赫罗尔德编辑，伦敦泰勒 & 弗朗西斯出版社，2011 年，第 23—29 页。

统价值观传授给学生和受众；运用现代媒体手段重新创建社会道德网络，让个体和群体都拥有安全感和归属感。

儒家传统是现代化的一部分，包含着现代性的可能和潜质。但要实现这样的可能性，发挥这样的潜质，儒家传统与现代要求必须实现价值的和合。这样一个和合过程也可以说是一个儒家再现代化。儒家传统与当代实践的价值和合可能会与当今政治有着某种或高度的一致和契合，但它绝不是一种政治工具，不仅仅是对现有政策的解读，因为再现代化的儒家比一时的政策更持久、更全面，也更具影响力。再现代化的儒家也不是对传统的简单复归，而是儒家的传统性与现代性的价值结合，是对传统的新诠释和新解读。因此，它不同于简单的、极端的民粹主义。以现代否定传统，重起炉灶式的现代化既不可能也不现实，历史已经证明了它的失败；而以完全复古为特征的保守主义是以传统对抗现代的又一种尝试，也是注定不会有成效的。与这两种极端思潮相反，再现代化的儒家文化是传统与现代的再平衡、再创造，是一种基于老传统的新价值形态，因此可以为我们在急剧全球化和“深度现代化”过程中保持传统并提供全方位的价值支持。

首先，价值和合强调传统和现代的“和而不同”。在全球化与民族化过程中，民族性和全球性之间充斥着张力。再现代化的儒家支持全球化，但更重视民族认同感和文化归属感，以实现具有传统意义的现代化文明特质。属于全球的首先是而且也必须是属于地方的。全球化从局部开始，而局部的合理的可以转变为全球的或给全球性打上地方的烙印。儒家传统是中华民族道德良知的核心价值观，同时也是任何创造或再创造民族归属感努力的宗旨，它不等同于全球化价值，但又是全球化价值的一部分。

其次，价值和合提倡传统与现代、部分与整体的全方位融合，强调不同之中的和合。在经济和商业全球化中儒家伦理价值可以加强不同国家和民族之间的文化沟通和交流。虽然今天的全球化是由商业合作和经济融合驱动的，但是文化和价值观的全球化必须紧随其后。再现代化的儒家传统时刻提醒我们现代化和全球化最重要的任务就是让所有人都可以通过沟通和交流，从多样化的文化表达和普遍美德的执着追求中获益。不同的价值观调查发现全球化的成功与否取决于我们是否能够重建把不同价值观融合在一起的价值体系。为了实现这一点，我们不能完全无视特定的文化价值观，相反，我们应该保留和转化中国的“固有价值观”，比如和谐的价值观取向、高度的责任心、孝敬长辈、讲信修睦、仁者爱人、待人以礼等。在全球化时代中国人核心价值观的形成过程中，儒家传统作为中华民族的文化基因遗传结构发挥着作用，使得中国的价值观与全球价值观相互影响，相互融合。

最后，价值和合强调“和中有异”“异中有和”，是过去与现在、内在与外在的矛盾统一。再现代化的儒家传统可以使全球化具有更丰富的内在维度，在差异中张扬共性，又在共性中提升差异。在儒家语境里，“人的素质”被认为是实现具备完美秩序的现代社会的力量，这也同样可以创造深植在过去集体记忆中的以和谐为核心价值的现代性。①在这个过程中，传统和现代化通过社会控制体系联系在一起，他们的社会作用得到了彻底的翻转：“传统”用于转变现代价值，而“现代化”则用于维持稳定和建立秩序。② 稳定和秩序不可能通过外部的强制来建立，而必须通过人的自主意识和责任感来完成。儒家价值让我们反思自己的内心，并在所有人与人的关系中都保有道德责任感。因此，它是用于平衡植根于西方文化的强烈权利意识、个人利益的一个重要思想源泉。从根本上说，传统与现代的价值和合、全球化与地域化的丰富内在维度、个人与群体的和谐共荣、权利与义务的良好平衡决定着我们能否能够实现在经济、政治、教育和沟通各方面健康、良性循环的现代化、全球化。

① Børge Bakken: *The Exemplary Society*: *Social Control*, *and the Dangers of Modernity in China*, Oxford : Oxford University Press，当代中国研究，2000，p.1.

② Børge Bakken: *The Exemplary Society*: *Social Control*, *and the Dangers of Modernity in China*, Oxford : Oxford University Press，当代中国研究，2000，pp.4—5.

程朱的经世致用思想及对儒学治国平天下理论的发展

四川师范大学政教学院　蔡方鹿

前　言

儒学的经世致用思想由来已久，可追溯至儒学创始人孔子。孔子创立的儒学本身就是一种“入世哲学”，孔子在承认天命的同时，又淡化天命的神秘、主宰性，而更加注重人事。孔子说：“未能事人，焉能事鬼?”显然把事人放在事鬼之上，说明孔子把主要精力放在社会人事，而不是放在鬼神迷信上。孔子提出“为政以德”的思想，主张养民也惠，使民也义，提倡“博施于民而能济众”，这体现了孔子的经世济民思想。孔子以礼、乐、射、御、书、数“六艺”教授弟子，提倡仁者爱人，并从事政治活动以体现之，年五十时任鲁国中都宰，后升任司空，又升任大司寇，摄行相事。不久弃官离鲁，率弟子周游卫、宋、陈、蔡、齐、楚列国，以便将其政治主张贯彻于实际。晚年回到鲁国，致力于文化教育，整理“六经”，删《诗》《书》，定《礼》《乐》，作《春秋》，晚而喜《易》，序《易传》，为中国文化的承先启后做出了历史性贡献，亦为儒家的经世致用思想打下了基础。

孟子继承孔子学说而发展之，把孔子“仁”的观念发展为“仁政”学说，提倡王道，反对霸道。周游列国，以图推行其学说和政治主张。孟子到过齐、梁、鲁、宋、滕、魏、邹、薛等国，其“后车数十乘，从者数百人，以传食于诸侯”（《孟子・滕文公下》），在当时影响很大。曾任齐宣王客卿，在各地宣传其思想，企图将其政治主张运用于实际。认为行“仁政”必须“制民之产，必使仰足以事父母，俯足以畜妻子，乐岁终身饱，凶年免于死亡，然后驱而之善”（《孟子・梁惠王上》）。强调“仁政必自经界始，经界不正，井地不均，谷禄不平，是故暴君污吏必慢其经界。经界既正，分田制禄可坐而定也”（《孟子·滕文公上》）。从正经界开始，均井地，分田制禄，使百姓有固定的产业，以满足其生产和生活的需要，“有恒产者有恒心”（《孟子·滕文公上》）。在此基础上，提倡道德，施之以教化，使之向善。孟子的政治主张对儒家的经世致用思想产生了深远影响。

儒学与人生日用、社会实践密切结合，具有经世哲学的特征。儒家思想之内涵，包括了修齐治平之道，后来《礼记·大学》提出了修身齐家治国平天下的思想，这对传统政治思想和价值观念产生了重要影响。即在重视道义和内在精神的基础上，提倡将修养身心的道义原则与人生日用、社会实践相结合，而具有修身齐家治国平天下和经世致用之特征。受其影响，理学代表人物二程、朱熹把求实与求理相结合，批判佛老的虚无和旧儒学脱离社会实际的训诂注疏之弊，主张通过读书而穷理，更重要的是经世致用。批评旧汉学滞心于章句之末，而无所用，认为这是学者之大患。强调穷理求道，以致于日用，达于政事，讲求实事，于理推之于事。这具有哲学与社会实践相结合的特征，而与理学末流的空谈心性有别。

儒学之修齐治平之道表明儒家学说从其形成之初，就具有强烈的经世致用，重社会人事、人生日用的倾向。历代儒家学者吸收了这种经世精神，并将其作为自己重要的社会责任，以天下为己任，重躬行践履，实事实功，讲实理，求实用，肯定利欲，重视民生，倡民本主义。这不仅体现在南宋陈亮、叶适等功利学派和明清之际顾炎武等人的思想言行里，而且在宋代新儒家的代表人物如二程、朱熹，以及张栻、吕祖谦等人的思想言行里也得到充分体现。

理学家提出经世致用思想主要是针对隋唐以来佛、道盛行，出世出家，宗教冲击人文，不讲儒家伦理，不讲社会治理，崇尚虚幻玄览；同时也是针对旧儒学注不违经、疏不破注、重章句训诂、轻义理发挥、墨守正义、思想受到禁锢的学风。以上这些导致了儒家圣人之道失传。由此，理学家们致力于建立一种把传统儒学之道与社会发展实际统一起来的思想体系，提倡解决当时社会政治、经济等重大实际问题，要求治经与当时的社会发展紧密联系起来，从而提出了通经致用、求实求理、经世济民的经世致用之学。其特点是以解经为手段，从经典诠释中发挥治天下之道，即道统相传的儒家圣人之道，其中包含了治理社会的道理和原则。并将哲学本体论与儒家伦理学和社会治理的实践结合起来，以道即天理作为治天下的原则，将其运用于施政理国的实践。理学家程颢、朱熹以及张栻、吕祖谦等人在治国理政的实践中都有突出的事功修为，造福于一方，贯道于日用之中，形上之道与百姓的日常生活不相脱离。这种道与人生日用相结合的思想，基本适合了当时社会发展的客观需要，具有一定的历史必然性。

程颢、程颐、朱熹在创立和发展理学的过程中，提出了充分体现时代精神的求实、求理和经世致用思想，其经世致用思想是对佛老和旧汉学的批判、扬弃和超越，这主要表现在以下几个方面。

一、求实、求理的时代精神

求实、求理是体现在程朱实学中的最本质的时代精神。程颢、程颐、朱熹面对外来宗教佛教和本土宗教道教的挑战，以及儒家经学发展停滞的局面，大力提倡求实、求理的精神，在对佛老和旧汉学的批判、扬弃中，创新儒学的思想体系，把中国文化发展到一个新的阶段，充分体现了当时时代精神的精华。

程朱实学的特点表现为虚实结合，以实为主；义理与考据相结合，以阐发义理为主。程朱把儒家思想实理化，完成了理性主义的文化超越和理论形态的转型，由隋唐的儒、佛、道三教并立向以儒为主、融合三教的宋代理学转型。程朱把儒家经学实学化，既使得中国经学由汉学向宋学转型，并集宋学之大成，又开经世实学和明清考据实学之先河。其通经明理以致用的明体达用之学在中国实学史乃至中国学术思想史上占有重要地位，值得认真探讨和总结，并使之与现代社会接轨，转化为现代文化精神，为现代社会的发展提供借鉴。

程朱求实、求理的时代精神通过其对佛老的批判、扬弃和超越得以体现。程朱站在经世实学重视现实人生的立场，对佛老的虚无空幻的无实之弊提出了批判。程颢一言以蔽之曰："释氏无实。"① 程颐强调："学者须是务实。"② 提倡务实精神，反对佛老的空幻虚无。程颐指出："释氏言成住坏空，便是不知道。只有成坏，无住空。"③ 排斥佛教神秘主义的"空"的理论。二程还批判佛教"其说始以世界为幻妄，而谓有天宫，后亦以天为幻，卒归之无"④。认为佛教幻妄空无的世界观是为其出世主义的违背人间

① 程颢、程颐著，王孝鱼点校：《河南程氏遗书》卷十三《二程集》，北京：中华书局，1981年，第138页。

② 《河南程氏遗书》卷十八《二程集》，第219页。

③ 《河南程氏遗书》卷十八《二程集》，第195页。

④ 《河南程氏外书》卷十《二程集》，第409页。

伦理、举事皆反常的行为做论证的。在对佛教的批判中强调“理者，实也，本也”①，以理为实，主张于实处求理，充分体现了当时的时代精神。二程亦批判了老庄脱离仁义而言道以及“放情而不庄”② 的放旷之说。指出“魏晋之士变而为旷荡，尚浮虚而亡礼法”③。即批评玄学以虚无为本，清谈以至误国。这表明二程理学的兴起，并不是以清谈为宗旨，而是反对虚无清谈，提倡经世实学的。

朱熹亦反复强调“释氏虚，吾儒实”④，批评“释氏便只是说‘空’，老氏便只是说‘无’，却不知道莫实于理”⑤。以理为实，提倡实理，反对佛老的“空”“无”。认为佛教不明理之本体，于大本处未立，故把批佛的重点放在批判佛教的“空”论上。“空”论是佛教哲学的基本理论之一，佛教各派普遍使用“空”这一基本范畴。虽然各派对“空”的解释有所不同，但“空”的含义基本是指事物的虚幻不实，或指理体之空寂明净，认为世界一切现象皆是因缘和合而生，刹那生灭，没有质的规定性和独立实体，假有而不实，即为“空”。因佛教绝大多数流派都把整个世界看成是“空”和虚幻不实，所以都属于“空”派。朱熹深知“空”论在佛教理论中的重要性，故通过批“空”来求实、求理。他说：

> 佛以空为见，其见已错，所以都错。⑥
>
> 儒释言性异处，只是释言空，儒言实；释言无，儒言有。……
>
> 问：“释氏以空寂为本?”曰：“释氏说空，不是便不是，但空里面须有道理始得。若只说道我见个空，而不知有个实底道理，却做甚用得?”⑦

指出佛教把一切都归于空寂，所以是以空寂为本，其言性、言理，俱为之“空”，为之“无”，而与儒学的“实” “有”不同。正因为儒学讲“实”，以理为实，以性为实，故与佛教的空寂之说区别开来。

由此，朱熹指出尽管佛教的“空”论把宇宙万有幻化为虚无，抹杀事

---

① 《河南程氏遗书》卷十一《二程集》，第 125 页。

② 《河南程氏粹言》卷一《二程集》，第 1196 页。

③ 《河南程氏遗书》卷十八《二程集》，第 236 页。

④ 黎靖德编，王星贤点校：《朱子语类》卷一百二十六，北京：中华书局，1986 年，第 3015 页。

⑤ 《朱子语类》卷九十五，第 2436 页。

⑥ 《朱子语类》卷一百二十六，第 3040 页。

⑦ 《朱子语类》卷一百二十六，第 3015 页。

物存在的客观性，但事实上万物存在的客观实在性是抹杀不了的。他说：

释氏则以天地为幻妄，以四大为假合，则是全无也。

若佛家之说都是无，已前也是无，如今眼下也是无，“色即是空，空即是色”。大而万事万物，细而百骸九窍，一齐都归于无。终日吃饭，却道不曾咬着一粒米；满身著衣，却道不曾挂着一条丝。[①]

批评佛教以天地为幻妄，以地、水、火、风之“四大”所造成的一切事物为假合的理论，而强调万物的实有，吃饭穿衣均是实有而不得归于空无。

以上表明，程朱在对佛老空无思想的批判中，提出了求实、求理的思想。并在批判中加以扬弃，吸取佛老精致的思辨哲学形式，如借鉴华严宗的理本论形式和理事说，吸取佛教的“月印万川”说，借此说明“理一分殊”的道理；借鉴佛教的心性论；又吸取道家、道教的道本论和“道法自然”的思想，为建构自己的理学思想体系服务。程朱在对佛老的批判中又加以吸取，在扬弃中加以创新，从而超越盛行一时的佛老之说，创立了以儒为本、融合三教的新儒学即理学思想体系，以其求实、求理的时代精神开创了中国思想文化发展的历史新阶段，亦是对儒家重社会人事、轻天命鬼神思想的继承和发展。

二、“穷经将以致用”

程朱经世致用的实学思想还通过其对旧汉学的批判、扬弃和超越得以提出和体现。二程把治经视为实学，提出“由经穷理”[②]“经所以载道”[③]的思想，认为经是“载道之器”，强调治经学的目的是为了明道、明义理。如果不以明义理为目的，则不可以治经，从而明确把宋学义理与汉学考据区别开来。由此主张通经以明理，明理以致用，反对空言无实、烦琐考据之弊。以重义理的宋学取代重考据轻义理的汉学，是经学发展史上的重大变化。在这个过程中，程朱对汉学流弊的批判起了重要作用。程颐说：

① 《朱子语类》卷一百二十六，第3012页。
② 《河南程氏遗书》卷十五《二程集》，第158页。
③ 《河南程氏遗书》卷六《二程集》，第95页。

"经所以载道也，诵其言辞，解其训诂，而不及道，乃无用之糟粕耳。"① 指出单纯训诂考据而不求道，乃无用之学。二程批评汉学家烦琐释经，白首到老而不能通的治经方法："问：'汉儒至有白首不能通一经者，何也？'曰：'汉之经术安用？只是以章句训诂为事。且如解尧典二字，至三万余言，是不知要也。东汉则又不足道也。东汉士人尚名节，只为不明理。'"② 二程认为汉代经术没有多少用处，因其不明理，才以章句训诂为事，耗尽毕生精力从事钻牛角尖式的考据训诂，以至解两字需用三万言，到头来还是不得要领。

朱熹亦批评了汉儒溺心训诂而不及理的经学学风："刘淳叟问：'汉儒何以溺心训诂而不及理？'曰：'汉初诸儒专治训诂，如教人亦只言某字训某字，自寻义理而已。至西汉末年，儒者渐有求得稍亲者。终是不曾见全体。'问：'何以谓之全体？'曰：'全体须彻头彻尾见得方是。'"③ 指出汉学学者专治训诂，把工夫用在解字上，而对义理则不重视，始终未能把握理之全体。

从程朱对汉学的批评中可以看出，重义理，还是重训诂，这是宋学与汉学的原则区别。

在批评汉学的基础上，二程提出了"实学"这一概念。程颐说：

> 治经，实学也，譬诸草木，区以别矣。道之在经，大小远近，高下精粗，森列于其中。譬诸日月在上，有人不见者，一人指之，不如众人指之自见也。如《中庸》一卷书，自至理便推之于事。如国家有九经，及历代圣人之迹，莫非实学也。如登九层之台，自下而上者为是。人患居常讲习空言无实者，盖不自得也。为学，治经最好。苟不自得，则尽治"五经"，亦是空言。今有人心得识达，所得多矣。有虽好读书，却患在空虚者，未免此弊。④

指出治经即是实学，其实学的内涵是把经典、道、圣人之迹、理与具体事物结合起来，并贵在自得，而反对空言无实、流于空虚之弊。在这里，二程实学强调的是，从治经学入手，但不追求训诂解析，而是穷理求

---

① 《遗文·与方元寀手帖》，《河南程氏文集》卷一《二程集》，第 671 页。
② 《河南程氏遗书》卷十八《二程集》，第 232 页。
③ 《朱子语类》卷一百三十七，第 3263—3264 页。
④ 《河南程氏遗书》卷一《二程集》，第 2 页。

道，以致于日用，达于政事，讲求实事，于理推之于事。程颐说："读书将以穷理，将以致用也。今或滞心于章句之末，则无所用也。此学者之大患。"① 认为治经学既要穷理，更要致用，反对滞心于章句之末的无用之学，要求把道贯彻到日用和政事中去，否则穷经明理的目的就未达到。二程指出："穷经，将以致用也。如'诵诗三百，授之以政不达，使于四方，不能专对，虽多亦奚以为?'今世之号为穷经者，果能达于政事专对之间乎?"② 强调穷经的目的是为了致用，并达于政事。如果多学而不能运用于实际，授之政事而不能通达，出使四方而不能应对，那么即使记诵再多，也没有益处。二程以实学取代空言无实的汉学，是经学发展的必然，实开经世实学通经致用之先河。

程朱不仅批评汉学的治经路数和学风，而且在以阐发义理为主的前提下，亦对汉学加以一定程度的扬弃和吸取，从而超越汉学，确立了经学史上的宋学，并丰富发展了儒家经学。

程朱对汉学的扬弃和吸取表现在，不仅程颐主张读书看文字，为了求道，可以作文、训诂，而且朱熹更有重训诂辨伪的倾向，虽然这需服务、服从于阐发义理的治经目的，但把阐发义理一定程度地建立在对经文本义考据训诂的基础上，毕竟是对汉学的某种吸取，这对明清考据实学也产生了一定的影响。

如上所述，程朱在对佛老、汉学的批判、扬弃中，提出了求实、求理，"穷经将以致用"的实学思想，强调治经学的目的在于致用，充分体现了当时的时代精神。他们讲实学，求实理，穷经以致用，以回应外来文明、宗教思想及理论形态转型的挑战，针砭社会时弊，为解决社会重大问题、重建社会价值思想做出了自己的努力。

三、经世济民，重视民生

程朱的经世致用思想还通过二程、朱熹的经世济民、重视民生等方面表现出来。程朱从事儒学研究的目的不在于为研究而研究，为穷理而穷理，而是从时代的发展和需要出发，把儒家学说与现实社会和人生结合起来，通过研究，以发掘、发挥和利用儒家学说的价值和社会功能，推陈出新，满足时代发展的需要。也即是说，程朱把经学实学化，不是把儒学之

① 《河南程氏粹言》卷一《二程集》，第 1187 页。

② 《河南程氏遗书》卷四《二程集》，第 71 页。

文作为书斋里的死的经典，而是把儒学当作活的现实人生的指导，其儒学之“道在日用中”，不离政事和百姓的日常生活实践，通过致用，发挥儒学经世济民的社会功能和作用。

生活在北宋时期的二程，面对社会危机，为了革除时弊，经世济民，把注意力集中到纠正土地制度的弊端上。他们认为宋代土地不均、田制不立是产生社会危机的根源，从而提出复行井田、限制兼并的思想，以重视民生，满足百姓的衣食需求。程颢说：

天生蒸民，立之君使司牧之，必制其恒产，使之厚生，则经界不可不正，井地不可不均，此为治之大本也。唐尚能有口分授田之制，今则荡然无法，富者跨州县而莫之止，贫者流离饿莩而莫之恤。幸民虽多，而衣食不足者，盖无纪极。生齿日益繁，而不为之制，则衣食日蹙，转死日多，此乃治乱之机也，岂可不渐图其制之之道哉？此亦非有古今之异者也。①

程颢认为，在土地制度和经界问题上，没有古今之异，三代实行的井田制也应该沿用于今。自《孟子·滕文公上》记述了三代实行的井田制，并提出以正经界、均井田作为仁政之始的思想后，历代思想家对井田制都做出论述。二程针对宋初以来计口授田制消亡、土地自由买卖盛行的情况，主张复行井田，抑制兼并，其目的是为了制民之产，消除贫富悬殊的社会现象，保障民众的衣食需求，并将其视为“治乱之机”“为治之大本”，即治理国家的根本。

为了实现社会治理，保障民生，朱熹亦力陈复井田、行经界的理由和重要性。他说：

本州田税不均，隐漏官物动以万计，公私田土皆为豪宗大姓诡名冒占，而细民产去税存，或更受俵寄之租，困苦狼狈，无所从出。州县既失经常之入，则遂多方擘画，取其所不应取之财，以足岁计。如诸县之科罚、州郡之卖盐是也。上下不法，莫能相正，穷民受害，有使人不忍闻者。熹自到官，盖尝反复讨论，欲救其弊，而隐实郡计，

① 《论十事札子》，《河南程氏文集》卷一《二程集》，第453页。

入不支出，乃知若不经界，实无措手之地。①

指出豪强占田无数，而普通农民则产去税存，又遭受地租的剥削，故生活贫困痛苦，狼狈不堪。如此州县亦收不到应得之入，只好采取多种手法，取其不该取的钱财，以维持日常所需。这样，上下不法，又把负担转嫁给农民，使得穷人益穷，令人不堪忍受。朱熹到官后，目睹了这一弊端，决心实行经界以治其弊。

朱熹不仅提出复井田、行经界的思想，而且还力图将此加以施行。他上《条奏经界状》，奏请在漳州行经界法。并令邑人清丈土地，核实田亩，积极条划经界。又将实行经界这件事晓谕漳州人户，告知施行经界之法的目的、宗旨、要求及利害关系等，认为“经界一事，最为民间莫大之利”②，通过行经界为百姓谋福利。朱熹还强调农业生产是满足民众吃饭穿衣基本生存需求的首要之举，而衣食足则是实行道德教化的基础，以达到共同富裕。他说：

契勘生民之本，足食为先。是以国家务农重谷，使凡州县守倅皆以劝农为职。每岁二月，载酒出郊，延见父老，喻以课督子弟，竭力耕田之意。盖欲吾民衣食足而知荣辱，仓廪实而知礼节，以共趋于富庶仁寿之域。③

指出“务农重谷”在国家经济生活中占有重要地位，所以州县守皆应以劝农为其基本职责。其宗旨是通过父老劝喻子弟勉力农耕，实现丰衣足食，然后施之以教化，最终达到共同富裕的目的。朱熹在这里提出“以共趋于富庶仁寿之域”，强调的是共富，而不是少数人为富不仁，这一思想对现代社会仍具有重要的借鉴意义。

朱熹不仅重视农耕，主张通过勉力务农实现共同富裕，而且把食作为民生之本，把农作为足食之本，并将此上升到“理”的高度。他说：“窃惟民生之本在食，足食之本在农，此自然之理也。”④ 既然是自然之理，就只能重视民生之本和农业生产，而不能违背。凡不肯及时用力以治农事

① 朱熹著，郭齐、尹波点校：《与留丞相札子》，《朱熹集》卷二十八，成都：四川教育出版社，1996年，第1198页。

② 《条奏经界状》，《朱熹集》卷十九，第780页。

③ 《劝农文》，《朱熹集》卷一百，第5105页。

④ 《劝农文二》，《朱熹集》卷九十九，第5062页。

者，将难以满足百姓吃饭穿衣的基本生活需求。可见朱熹对民生和农业生产的重视。程朱重视民生和农业生产，主张在实践中加以落实施行，这正是理学家经世致用思想的表现。

四、对儒学治国平天下理论的发展

通过以上对程颢、程颐、朱熹经世致用思想的探讨，可概括提炼和进一步做出评价，从中总结出宋代理学的重要特征或基本特征之一，这就是：联系社会发展实际，求实、求理，重躬行践履，贯彻于日用和社会治理。

宋代理学是中国特定历史条件下的产物，是历史和思想发展的必然。它的产生和发展与一定社会的政治、经济状况相联系，是社会经济、政治、文化和自然科学发展的结果。亦在一定程度上反映了当时社会政治、经济、文化发展的需要。故理学家在提出和阐发其理学思想时，并非脱离实际的冥思空想，而是具有联系社会发展实际，求实、求理，重躬行践履的思想特色，为社会发展和施政为民服务。这与理学产生的理论针对性有关，也与其时重视知识以及自然科学发展的社会背景有一定的联系。

从维护社会稳定、促进社会发展的实际出发，理学家把儒家思想实理化，把儒家经学实学化，充分体现出求实、求理的时代精神。他们面对外来佛教和本土宗教道教的挑战，以及旧汉学发展停滞的局面，大力提倡求实、求理的精神，在对佛老和汉唐经学的批判、扬弃中，创新儒学思想体系，完成了理性主义的文化超越和理论形态的转型，把中国儒学发展到一个新的阶段，充分体现了当时时代精神的精华，丰富了儒学治国平天下的理论。

理学家求实、求理的时代精神通过其对佛老的批判、扬弃和超越得以体现。程朱站在经世实学重现实人生的立场，对佛老的虚无空幻的无实之弊提出批判。提倡务实精神，反对佛老的空无。理学家求实、求理的时代精神还通过其对汉学的批判、扬弃和超越得以体现。二程把治经视为实学，主张通经以明理，明理以致用，反对空言无实、烦琐考据之弊。以重义理的宋学取代重考据轻义理的汉学，是经学发展史上的重大变化。在这个过程中，程朱对汉学的批判起了重要作用。

在批评旧汉学的基础上，二程提出了实学这一概念。程颐说：“治经，实学也。”① 明确提出治经即是实学，强调从治经学入手，但不追求训诂解析，而是穷理求道，以致于日用，达于政事，讲求实事，以理推之于事。反对滞心于章句之末的无用之学。要求把道贯彻到日用、政事中去，否则穷经明理的目的就未达到。二程以实学取代空言无实的汉学，是经学发展的必然，实开经世实学通经致用之先河，亦是对儒学治国平天下理论的发展。

理学重躬行践履的学术特征在湖湘学派张栻的思想里得以体现。重躬行践履是湖湘学派的突出特点，而胡宏开其先。胡宏强调，要把求学得到的知贯彻于行，在实践中体现出来，只有这种体现于行的认识，才是真知、真见。他说：“仁之一义，圣学要道，直须分明见得，然后所居而安。只于文字上见，不是了了，须于行持坐卧上见，方是真见也。”② 主张要从日常生活的实际中贯彻仁的原则，在行持坐卧的实践工夫上体现出仁的精神来，才是真见。这种真见是建立在行持坐卧的实践工夫上的，表明“知”以“行”为基础。从躬行践履出发，张栻批评了当时重知轻行，忽视躬行践履的学风，指出离开了躬行的所谓知，仅是一种臆度之见。他说：“今人之不践履，直是未尝真知耳。”③ 强调要把所知付诸践履，否则，就是未尝真知。这种重躬行践履的学风，正是理学特征的体现。

理学求实、求理，联系社会发展实际的思想特征亦体现在吕祖谦的思想里。吕祖谦为学主明理躬行，治经史以致用，强调“讲实理，育实材，而求实用”④，突出一个“实”字。这体现吕祖谦求实、求理，并贯彻于实用的思想特色。

宋代理学的经世致用思想是对孔孟思想的继承和在新形势下的发展。随着理学思想的不断传播和定为官学，其中的实学和经世致用之风也随之流传开来，在历史上为理政治国和促进社会的发展起到了重要作用，也对后世实学和经世致用思想的兴起产生了重要影响。后世实学家和思想家之所以又把批判的目标指向理学，是由于理学末流空谈心性义理，不讲通经致用，脱离实际，演成空虚无实之弊，把修身与事功、内圣与外王对立起来，过分强调“穷理”而忽视“致用”，违背了二程、朱熹、张栻、吕祖谦等实学和经世致用思想的本意，失去了对现实的指导，难以做到通经致

① 《河南程氏遗书》卷一《二程集》，第 2 页。

② 胡宏著，吴仁华点校：《与孙正孺书》，《胡宏集》，北京：中华书局，1987 年，第 147 页。

③ 张栻著，杨世文点校，《答朱元晦》，《新刊南轩先生文集》卷三十《张栻集》，北京：中华书局，2015 年，第 1217 页。

④ 《太学策问》，《东莱集》卷五。

用，为社会现实服务。因而自明中叶以后，理学逐步走向衰落。即走到了理学家创立理学时强调联系社会发展实际、求实、求理、重躬行践履、通经以致用的反面，违背了理学开创者和理学家的初衷和本意。所以，应划清理学本身与理学末流空疏无实之弊的界限，客观地评价理学联系社会发展实际、求实、求理、重躬行践履、通经以致用思想的历史地位及对后世的影响。当然理学重道德理性的价值，强调道德自律，相对忽视人的自然属性；强调发挥主体思维的能动性，相对忽视对客观自然规律的认识等思想也在一定程度上导致了过分强调道德修养，而空谈心性流弊的产生。这是需要指出并加以克服的。

质言之，理学家联系社会发展实际提出的求实、求理、重躬行践履的实学和经世致用思想是理学精神的集中体现，值得今天的人们借鉴。它告诉人们：任何思想理论必须适应客观实际，为现实社会的发展服务，以现实社会发展的实际需要作为取舍的标准，而不是让现实社会的发展去适应某种思想，尤其是那种过时的、空言无实的思想。否则将背离社会发展的实践，造成社会发展停滞和理论危机。因此，理论作为观念形态的形上之道，应反映社会发展的客观实际，并随着社会实践的发展而发展。即理是实理，具有实践性，须与社会发展的实践相结合。程朱的经世致用思想亦是对儒学治国平天下理论的丰富和发展，使儒学的治国平天下理论更加具体化、时代化，这产生了广泛、深刻的影响。探讨它的现代价值，对于促进传统治国理政理论与现代社会发展的实践相结合，发挥其积极因素，为现代社会和现代化事业服务，具有重要的时代意义。

从王道看孟子的民本主义价值观

河北大学政法学院哲学系　李振纲

一、以德服人与以力服人

本文从王道论谈孟子政治哲学的民本主义价值观。孟子认为，有两条统一天下的道路，即“王道”和“霸道”。他指出：“以力假仁者霸，霸必有大国；以德行仁者王，王不待大——汤以七十里，文王以百里。以力服人者，非心服也，力不赡也；以德服人者，中心悦而诚服也，如七十子之服孔子也。”（《孟子·公孙丑上》）可见，“王道”与“霸道”是根本不同的两种政治路线。王道的作用在于道德，霸道的作用在于武力。圣王之道在于靠道德感化力而使天下归服；而霸主之道则在于依靠大国的武力将天下压服。孟子推崇“王道”而贬抑“霸道”。孟子也不否认霸道的威力，但认为，霸道虽可以靠强力使天下暂时统一，但这种压而服之的暴力主义终不能使天下长治久安，永致太平。就是说，霸道虽可以在短时期内“一天下”，却不能长时期“致太平”，因为依靠强力将他人、他国压而服之，而不能使其心悦诚服，一有机会还会起而反抗。而“王道”则不然，以道德感化力使他人他国归服，虽有时见效较慢，但一旦服而归顺，则是发自内心的自觉自愿的服顺，就如同七十子归服孔子那样。这种“中心悦而诚服”乃是王道政治效果见效长久的根本所在。总之，孟子认为，王道高于霸道，一则在于霸道需要以大国为条件，王道不受大国的限制，只要道义厚重，就可以使天下归服。文王以百里之地而王天下、汤以七十里而王天下便是道义力量可以制服强权暴力的明证。二在于王道不仅可以“一天下”，而且可以长久“致太平”。

基于对王霸之辨的认识，孟子鲜明地坚持尊王抑霸的立场，高扬王道主义，反对霸道主义。孟子认为，按照尊王大义，各诸侯均应以礼朝王。诸侯一次不朝，天子则贬其爵位；二次不朝，则减其土地；三次不朝，便要兴师声讨问罪。然而作为春秋五霸的齐桓、晋文之辈，不仅不上尊王命，吊民罚罪，反而挟天子以令诸侯，故“五霸者，三王之罪人也”（《孟子·告子下》）。孟子高扬王道主义，以一天下、致太平为理想目标，自然反对戕贼人道、争夺城池的不义之战，对动辄发起战争霸道主义者，孟子深恶痛绝，他说：“争地以战，杀人盈野；争城以战，杀人盈城，此所谓率土地而食人肉，罪不容于死。故善战者服上刑，连诸侯者次之，辟草莱、任土地者次之。”（《孟子·离娄上》）孟子反对的与战争有关的人，大体上有三种：一是能为国君开辟土地，增加财富，内求富国强兵，外求称霸诸侯的臣子；二是能够利用外交手段为国君结盟他国的臣子；三是为不仁之君谋划发起战争的人。这些人通常被视为“良臣”，孟子称之为“民贼”，如其言“今之所谓良臣，古之所谓民贼也”，与他们在一起“虽与之天下，不能一朝居也”（《孟子·告子下》），厌恶之情溢于言表。

《孟子·公孙丑上》载，孟子游齐时，公孙丑问孟子说，如先生当政于齐，是否能重现管仲、晏子之政绩呢？孟子不屑与管、晏比肩，于是挖苦公孙丑说：“子诚齐人也，知管仲、晏子而已矣。”孟子接着说起与曾西有关的一件事来表达自己对管仲之类霸业的看法：“或问乎曾西曰：‘吾与子路孰贤？’曾西蹴然曰：‘吾先子之所畏也。’曰：‘然则吾子与管仲孰贤？’曾西怫然不悦，曰：‘尔何曾比予于管仲！管仲得君如彼其专也，行乎国政如彼其久也，功烈如彼其卑也；尔何曾比予于是？’管仲，曾西之所不为也，而子为我愿之乎？”这里，孟子借曾西之口说，管仲受到其君那样的信任，而其当政又那样长久，但却只做到使君称霸的地步，其功绩实在平平，不足称道。在孟子看来，当时频繁的战争使百姓生活在水深火热之中，民悦仁政犹解“倒悬”，如果谁能得到管仲那样的机会，帮助齐王推行王道，统一天下易如反掌。孟子分析说：“齐人有言曰：‘虽有智慧，不如乘势；虽有镃基，不如待时’……且王者之不作，未有疏于此时者也；民之憔悴于虐政，未有甚于此时者也。饥者易为食，渴者易为饮。孔子曰：‘德之流行，速于置邮而传命。’当今之时，万乘之国行仁政，民之悦之，犹解倒悬也。故事半古之人，功必倍之，惟此时为然。”（《孟子·公孙丑上》）

二、王道之威在得民心

首先，孟子坚信仁者之师无敌。战争的胜负在很大程度上取决于民心之向背，以至仁伐至不仁，易如反掌。孟子引《尚书》所载的汤征葛而天下顺之的事实说，王者之师所到之处，解民倒悬，救民水火，因此“东面而征，西夷怨；南面而征，北狄怨，曰：‘奚为后我?’民望之，若大旱之望云霓也。归市者不止，耕者不变，诛其君而吊其民，若时雨降。民大悦”（《孟子·梁惠王下》）。这样的王者之师怎么能不所向披靡呢？武王伐纣也是这样，当时在无道纣王统治下的殷民已不堪其苦，对于王师到来，迎之尚恐不及，何忍与之相抗？故孟子说：“国君好仁，天下无敌焉。”（《孟子·尽心下》）尽管孟子对王者之师的威力有些夸大其词，对仁义道德的感化力量也不免有些绝对化，但他看到了民心向背在政治、军事活动中的巨大作用，将战争最早区分为正义与非正义的不同性质，从而提出以“仁”反对不仁之军事政治观点，无疑具有历史的进步性。

其次，得民心者得天下。这里着重分析一下“民”在孟子王道论中的地位。理解了这一点，就明白了孟子王道主义的思想前提，也就会明白孟子思想有时不为封建政统所推重，甚至有反感的原因。《孟子·离娄上》中有一段孟子著名的话：“桀纣之失天下也，失其民也；失其民者，失其心也。得天下有道，得其民斯得天下矣；得其民有道，得其心斯得民矣；得其心有道，所欲与之聚之，所恶勿施，尔也。”这段话，确实道出了古今中外概莫能外的一条治国安邦的根本规律，孟子与梁惠王、齐宣王、滕文公多次讲到这个问题。

再次，天时、地利不如“人和”。孟子认为，社会历史活动的成功与失败，受三大条件的制约，这三个条件即天时、地利和人和。在制约历史活动的三大条件中，天时、地利属于客观条件，而战争胜败的决定性因素不是那些客观条件，而是“人”的主观因素，具体说也就是人心的向背。“人和”是决定历史活动成败的首要因素。孟子论证说：“天时不如地利，地利不如人和。三里之城，七里之郭，环而攻之而不胜。夫环而攻之，必有得天时者矣；然而不胜者，是天时不如地利也。城非不高也，池非不深也，兵革非不坚利也，米粟非不多也，委而去之，是地利不如人和也。故曰：域民不以封疆之界，固国不以山溪之险，威天下不以兵革之利。得道者多助，失道者寡助。寡助之至，亲戚畔之；多助之至，天下顺之。以天下之所顺，攻亲戚之所畔，故君子有不战，战必胜矣。”（《孟子·公孙丑下》）“人和”与“不和”，关键取决于历史活动（战争）是符合人道（仁义）还是背离人道。

三、王道之基在惠民之政

孟子以推行王道平治天下为己任，在周游列国与各国君主谈论王道理想时，总是不忘“仁政”惠民的问题。“仁政”是孟子所设想的实现王道蓝图的政治纲领，其惠民立场主要体现在如下三个方面：

其一，省刑薄敛。孟子指出，要“一天下”就必须得民心，而得民心之道在于省刑罚，薄税敛，发展经济，改善人民的生活。孟子说：“市，廛而不征，法而不廛，则天下之商皆悦，而愿藏于其市矣；关，讥而不征，则天下之旅皆悦，而愿出于其路矣；耕者，助而不税，则天下之农皆悦，而愿耕于其野矣；廛，无夫里之布，则天下之民皆悦，而愿为之氓矣。”（《孟子·公孙丑上》）在市场储藏货物而不征税，对积压的货物，如果滞销，则依法加以收购；对于关卡，只加以稽查而不征税；对于耕田的人只要助耕公田，不另征税；对于一般的集镇居民，不收额外的劳役钱和地税，这样便可以减轻百姓的负担，提高他们从事经济活动的积极性。百姓一旦安居乐业，民心便会归顺，邻国之民也就会来投奔。因此，孟子认为，如能推行上述惠民政策，“然而不王者，未之有也”（《孟子·公孙丑上》）。

其二，制民之产。孟子认为，没有固定的产业收入却有恒定的道德观念和行为准则的，只有“士”才能做到。至于一般的人，如果没有稳定的经济来源，便不会有恒定的道德观念和行为准则。这样，就会胡作非为，违法乱纪，什么事都干得出来，等到他们犯了罪再去加以惩罚，这就等于陷害。为了使老百姓具有恒定的道德观念和行为准则，执政的君主就应当给民分配一定的产业，使其有固定的收入，此种举措即“制民之产”。孟子说：“是故明君制民之产，必使仰足以事父母，俯足以畜妻子，乐岁终身饱，凶年免于死亡；然后驱而之善，故民从之也轻。”（《孟子·梁惠王上》）“制民之产”的具体做法是，依照古代井田制把每平方里的土地按照“井”字形平均分为九块，每块百亩。中心一块为公田，周围八块为私田。这种用共耕公田代替赋税的劳役制，大概就是周文王治岐时“耕者九一”的助法。这种分田制禄的制度使老百姓有了固定的产业和收入，为其安居乐业提供了物质保证。

其三，使民以时。在制民之产的基础上，孟子主张不违农时，适时发展经济，使百姓过上不饥不寒的生活。他写道：“五亩之宅，树之以桑，五十者可以衣帛矣。鸡豚狗彘之畜，无失其时，七十者可以食肉矣。百亩之田，勿夺其时，八口之家可以无饥矣。谨庠序之教，申之以孝悌之义，颁白者不负戴于道路矣。老者衣帛食肉，黎民不饥不寒，然而不王者，未之有也。”（《孟子·梁惠王上》）这里孟子为我们描绘了自给自足的自然经济生活方式，近乎完美的古代田园牧歌。在方里而井的土地上，有五亩大小的农家宅院，八户人家比邻相居，男耕女织，安居乐业。吃着自己种的粮，穿着自己织的布，年长的老人还可以衣帛食肉。这种田园牧歌式的生活，千百年来一直成为中国小农孜孜以求的理想，也构成东方宗法伦理秩序的物质基础。这种生活方式在今天看来已经封闭落后了，但在两千年前的中国社会正在由奴隶制向封建地主制嬗变的时代，它的确是一种历史性进步。孟子制民之产、不违农时发展小农经济的设想，力求将封建地主阶级的国家利益同小生产者的个体利益统一起来，通过稳定社会基层生产力来稳定整个社会的政治秩序和伦理关系，此种创举在很长一个历史时期内曾起到了推进社会进步和生产力发展的作用。

其四，兴庠序之教，申孝悌之义。在做到“黎民不饥不寒”的基础上，孟子所设想的惠民之政还包含积极推行人伦教化的内容。人伦教化的中心是教民孝悌，也就是教民亲亲、敬长，以确立社会伦理秩序。教民亲亲，其目的是建立家庭伦理秩序；教民敬长，其目的是建立社会上的伦理秩序。一统天下之君王如能建立好家庭与社会的伦理秩序，天下自然会安定和谐，人民也就能乐享太平。孟子说：“设为庠序学校以教之：庠者，养也；校者，教也；序者，射也。夏曰校，殷曰序，周曰庠；学则三代共之，皆所以明人伦也。人伦明于上，小民亲于下。有王者起，必来取法，是为王者师也。”（《孟子·滕文公上》）朱熹注：“庠以养老为义，校以教民为义，序以习射为义，皆乡学也。学，国学也。共之，无异名也。”① 孟子认为，夏、商、周三代学校名称虽殊，而三者的教育职能和内容是一样的，皆是以“明人伦”为主，也就是“申之以孝悌之义”（《孟子·梁惠王上》），使人们做到“父子有亲，君臣有义，夫妇有别，长幼有序，朋友有信”（《孟子·滕文公上》），这样从家庭关系到其他社会关系便有了秩序，而稳定的伦理秩序是“王天下”的基础。所以，孟子把孝悌之道看作是平治天下最简易便捷的道路，故其言：“道在迩而求诸远，事在易而求诸难；人人亲其亲，长其长，而天下平。”（《孟子·离娄上》）孟子认为，“尧舜之道，孝悌而已矣。子服尧之服，诵尧之言，行尧之行，是尧而已

① 朱熹：《四书章句集注》，北京：中华书局，1983年，第255页。

矣。"（《孟子·告子下》）等到人人成为以孝悌为本的尧舜时，便是王道主义圆满实现之日。

四、王道之情在与民偕乐

这里进一步分析孟子所设想的推行王道主义的方法。孟子说："人皆有不忍人之心。先王有不忍人之心，斯有不忍人之政矣。"（《孟子·公孙丑上》）"不忍人之心"即"恻隐之心"，它指的是人类的同情心。王道不是别的什么，推行王道的关键在于当政者将心比心，而恻隐之心又只有通过爱的行为来完成和发展。而爱的行为又只不过是"善推其所为"，也就是实行推己及人、将心比心的"恕"道。王道不是别的，只是圣王发自仁爱之心实行恕道的结果。

其一，"推恩"可以保四海。孟子认为，王道既然根于人性，本于人道，那么推行王道并无奥妙，也不难。《孟子·梁惠王上》载，有一次齐宣王看见一头牛被人牵去作牺牲，他"不忍其觳觫，若无罪而就死地"，因而命令用羊替换它。于是孟子对宣王说，这就是他的"不忍人之心"的发现，如果能将此心推广到人事上，他就是在行王道。为了启发宣王觉悟，孟子接着讲了一番"不能"与"不为"的道理。孟子说："今恩足以及禽兽，而功不至于百姓者，独何与？然则一羽之不举，为不用力焉；舆薪之不见，为不用明焉；百姓之不见保，为不用恩焉。故王之不王，不为也，非不能也。"齐宣王问："不为者与不能者之形何以异？"孟子说："挟泰山以超北海，语人曰：'我不能。'是诚不能也。为长者折枝，语人曰：'我不能。'是不为也，非不能也。故王之不王，非挟泰山以超北海之类也；王之不王，是折枝之类也。老吾老，以及人之老；幼吾幼，以及人之幼。天下可运于掌。……故推恩足以保四海，不推恩无以保妻子。古之人所以大过人者，无他焉，善推其所为而已矣。今恩足以及禽兽，而功不至于百姓者，独何与？"（《孟子·梁惠王上》）在孟子看来，宣王既然能对一只牛发出恻隐之心，为什么不能对人加以仁爱呢？可见，宣王不推行王道，是不想推行（不为），而不是不能推行。孟子的言中之意是在告诉宣王，只要把对禽兽的同情心推及人事上，像爱怜那只可怜的牛一样去关心老百姓的疾苦，那就是在推行王道和仁政了。而文王治岐时就是这样做的。孟子说："昔者文王之治岐也，耕者九一，仕者世禄，关市讥而不征，泽梁无禁，罪人不孥。老而无妻曰鳏，老而无夫曰寡，老而无子曰独，幼

而无父曰孤。此四者，天下之穷民而无告者。文王发政施仁，必先斯四者。”（《孟子·梁惠王下》）

其二，好货好色与民百姓同之。对于孟子所说的王道，齐宣王嘴上说“善哉”，心里并不想实行。说：“寡人有疾，寡人好货。”孟子说：“王如好货，与百姓同之，于王何有?”齐王又推辞说：“寡人有疾，寡人好色。”孟子说：“王如好色，与百姓同之，于王何有?”孟子对齐王说的一切，没有别的，就只是“善推其所为”，即推行恕道。在孟子看来，王如果知道自己的欲望（好货好色），从而也想到所有人的欲望，并采取措施尽可能满足之，那么，好货好色不仅不能算作毛病，简直是在推行王道了。冯友兰先生在论及孟子王道论中“善推其所为”的方法时，认为这是将孔子恕道由内圣之层面推及为外王之学。他说：“在这里我们可以看出，孟子如何发展了孔子的思想。孔子阐明忠恕之道时，还只限于应用到个人自我修养方面，而孟将其应用范围推广到治国的政治方面。在孔子那里，忠恕还只是‘内圣’之道，通过孟子的扩展，忠恕又成为‘外王’之道。”① 其实，并不只限于“善推其所为”这一点，孟子整个王道论，均是根据其心性论而推演出来的，是其道德人本主义学说在政治观上的表现而已。这一思路后世儒家谓之以内圣启外王。

其三，以天下之忧乐为忧乐。为了推行仁政，孟子反对统治者荒淫无度，但他并不否定当权者可以有自己的园囿楼台等物质享乐。孟子提出一个原则，用以衡量统治者的“乐”是正当的还是不正当的。这个原则便是“与民同乐”。他说：“不得而非其上者，非也；为民上而不与民同乐者，亦非也。乐民之乐者，民亦乐其乐；忧民之忧者，民亦忧其忧。乐以天下，忧以天下，然而不王者，未之有也。”（《孟子·梁惠王下》）一次，齐宣王问孟子：听说文王之囿（狩猎场）有方圆七十里，有没有这回事?孟子回答说：在史籍上有这样的记载。齐王接着问：真的有那么大吗？他的意思是想按照文王的规模扩大自己的园囿。孟子看透了齐王的心思，便欲擒故纵地说：文王的园囿那么大，老百姓还以为太小了呢！齐王不解地问：我的园子才四十里见方，可百姓还抱怨太大呢，这是为什么呀？孟子回答说：文王的园子尽管大，可是打柴割草的人，捕鸟打猎的人都可以进去，老百姓以为小，这不是很自然吗？你的园囿不能与民共之。人们进去打一只鹿就犯了杀人一样的大罪。你的园子尽管不如文王的大，但却像一

① 冯友兰：《中国哲学简史》，北京：北京大学出版社，1986年，第88页。

个四十里见方的陷阱，“民以为大，不亦宜乎?”孟子的意思是说，乐民之乐者，民亦乐其乐；忧民之忧者，民亦忧其忧。只有与民共乐，与民共忧，才能得到老百姓的支持与同情，才能获得真正的乐。

孟子与齐宣王还讨论了“独乐乐，与人乐乐，孰乐”的问题。一日，孟子见齐王问：王曾经告诉庄暴爱好音乐，有这件事吗？齐王不好意思地说：寡人不是爱好先王之乐，只不过是爱好世俗之乐罢了。孟子说：王之好乐甚，则齐国也便会很不错。先王之乐与世俗之乐是一样的。齐王说：能把其中的道理讲给我听听吗？孟子说：一个人单独地求快乐，与跟别人一起追求快乐，究竟哪一个更快乐？齐王说：当然是与人一起更快乐。孟子说：与少数人在一起追求快乐与跟多数人在一起追求快乐，究竟何者更快乐？齐王说：当然是跟多数人更快乐。孟子接着给齐王讲与民同乐方是真正快乐的道理。大意是说，如果王能与民同乐，那么当你鼓乐和田猎的时候，百姓听到你的音乐，看到你田猎的旌旗，便会发自内心高兴地说：我们的王一定很健康呀，不然怎么会奏乐和打猎呢？相反，如果你不能与民同乐，那么，当你鼓乐和田猎的时候，百姓就会愁眉苦脸地相互转告说，我们的王寻欢作乐，怎么搞得我们这么痛苦啊！可见，只有与民同乐，才是真正的快乐。孟子说：“今王与百姓同乐，则王矣。”从与民同忧乐的思想出发，孟子尖锐地批评了当时一些当权者一味寻欢作乐而置民于水深火热而不顾的丑恶现象，指斥他们是“率兽食人”，“上慢而残下”。他说：“庖有肥肉，厩有肥马，民有饥色，野有饿莩，此率兽而食人也。兽相食，且人恶之；为民父母，行政不免于率善而食人，恶在其为民父母也?”（《孟子·梁惠王上》）

孟子“与民同乐”和“乐民之乐者，民亦乐其乐”“忧民之忧者，民亦忧其忧”的忧乐观，其中包含着一个极普通而又极深刻的人生哲理：只有有道德的人，才是真正快乐的人。人生的快乐多种多样，但归根到底，真正的快乐，能使人感到充实，感到精神舒展、毫无愧怍的快乐，当是那种能够与民休戚与共、共忧共乐的道德快乐。有德之人，能与人分享快乐，这种乐本身既可以使自己快乐，也可以使别人快乐，因而是精神舒展的乐，是真乐；无德的人只顾自己一身之乐，甚至以别人的痛苦换取自己的淫乐，这种自私的寻欢作乐转瞬便会转变为内心的愧怍，这种自私自利的快乐不如说是一种精神的折磨。孟子把“乐以天下，忧以天下”当作仁政的一部分，因为他真实地感悟到了“与民同乐”的力量。

五、王道之德在贵民之义

在孟子的王道论体系中，人民居于首要的地位，是决定国家政治活动乃至其他一切历史活动的主体。因此，处理一切问题均应以民为本，把人民的利益放在突出的地位。孟子的民本论可以从以下几个方面加以认识：

其一，民贵君轻。孟子云："民为贵，社稷次之，君为轻。"（《孟子·尽心下》）国家是由人民、土地、政权所组成的。从孟子所持的"性与天道"的观点来看，人是与天相感通的，故其言："尽其心者，知其性也；知其性，则知天矣。"（《孟子·尽心上》）在孟子王道主义学说中，天视自我民视，天听自我民听，人民居于首要的地位，社稷（土谷之神）次之，君为轻。这可以从两个方面加以观察：一是从天下之组织系统来看，天下是由众多国组成的，国是由众多的家组成的，而家是由单个的人组成的。所以孟子说："天下之本在国，国之本在家，家之本在身。"（《孟子·离娄上》）个人是组成天下的基本元素。个人即人或民。无人民，便无天下国家。二是从组成国家的要素来看：国家是由人民、土地组成的。（《孟子·万章上》）民以食为天，而"食"是由土谷之神（社稷）来供应，可见社稷是十分重要的，没有它，人民的生活就没有保障。但社稷之神毕竟是为人民服务的，因而是第二位的。人们平时要以上等的礼仪祭祀土地和谷神，但是，当社稷之神不负责任，神性不灵验时，人民则有权改立社稷之神，用孟子的话说就是"牺牲既成，粢盛既洁，祭祀以时，然而旱干水溢，则变置社稷"（《孟子·尽心下》）。而国君不过是上天暂时委任的保民官。如失去民的信任，上天就会改立另外的有德之人当天子。正如《诗》所云："天命靡长，惟德是辅。"

其二，人民有权推翻暴君。由于人民乃上天之骄子，历史之主体，因此，只有得到人民的拥护，天子才能成其为天子。这叫作"得乎丘民为天子"。如果贵为天子，而不能与万民共忧乐同甘苦，相反，为个人的享乐而置人民于水深火热之中而不顾，那么人民就可以像汤推翻夏桀、武王伐纣那样奋起革命，推翻暴君的统治。这种行为是替天行道，诛伐独夫民贼，完全是正当的行为。《孟子·梁惠王下》载："齐宣王问曰：'汤放桀，武王伐纣，有诸？'孟子对曰：'于传有之。'曰：'臣弑其君，可乎？'曰：'贼仁者谓之贼，贼义者谓之残。残贼之人谓之一夫。闻诛一夫纣矣，未闻弑君也。'"孟子认为"汤放桀、武王伐纣"的行为，完全是顺乎天意、得乎民心的正义之举。对于这样的暴乱之君，如有人奋起而诛之，则是替天行道，诛杀独夫民贼，而不是“弑君”。黄宗羲“君为天下之大害”“天下为主君为客”的思想，正是是从孟子这里脱胎而来的。

其三，君臣关系相对论。孟子从人民历史主体性出发，提出了民本主义君臣关系论。孟子指出，君有君道，臣有臣道。“欲为君，尽君道；欲为臣，尽臣道。二者皆法尧舜而已。”（《孟子·离娄上》）“法尧舜”也就是以尧舜之道为立身行政之本。这样，作为人君就必须礼贤下士，仁政爱民，为政以德，居仁由义，正己而后正人。“君仁，莫不仁；君义，莫不义。”（《孟子·离娄下》）人君要成为天下人的道德楷模。这样的人才配站在人君的地位上，否则必被人民推翻。孟子援引《尚书·太甲》中的话告诫人君要好自为之：“天作孽，犹可违；自作孽，不可活。”（《孟子·离娄上》）国之君王只有推行王道，落实仁政，才能得到人民的拥戴。而作为大臣，不可唯君之好是投，唯君之命之从，而要牢牢记住“不以尧舜之所以事尧事君，不敬其君者也”（《孟子·离娄上》）。因此，人臣不可一味讨好人君，做逢迎之臣，而应做“以安社稷”为己任的社稷之臣，做时时刻刻敢于“格君心之非”的大人君子之臣。孟子进而强调，臣事君之道当以君对臣的态度而定。“君之视臣如手足，则臣之视君如腹心；君之视臣如犬马，则臣之视君如国人；君之视臣如土芥，则臣之视君如寇仇。”（《孟子·离娄下》）这种以民为本的君臣相对论，在历史上无疑具有进步性，在整个封建社会中，它往往为非正统思想家所继承，成为批判封建君主专制制度的思想火种。

孟子以人民为本位的历史主体意识在儒家道统中深深埋下了民本主义思想的火种，为儒家思想在捍卫封建政统的同时又限制封建政统提供了某种可能性。在封建社会中，不可能产生近代意义上的民主意识，即使是最具有批判意识的思想家也不可能超越这种历史限制。但是，民本主义在封建文化传统中，相对于神本主义和君本主义，无疑具有更大的历史进步性。等到历史进入封建社会后期，当新的历史条件出现后，它便会成为启蒙时代进步思想家促发民主意识的文化基因。孟子以道德人本主义为内在根据的王道主义社会政治理想，尽管带有某些空想性，尽管过分夸大了道德力量在社会历史活动和国家政治生活中的作用，但理想主义在本质上是批判的和超越的。千百年来，它一直成为历代开明君臣所追求的治国安民的理想，并对封建制度自我完善提供着某些示范作用。每当封建专制制度偏离这一理想太远时，它便会诱发人民对苛政的反抗，这正是孟子王道主义理想的历史进步性之所在。

当代儒学的理论建设

中国人民大学哲学院/孔子研究院　彭永捷

弘扬优秀传统文化，建设社会主义核心价值，是我们当今时代文化建设的主旋律。作为传统文化主流的儒家思想文化，无疑是中华优秀传统文化最为重要的部分之一。这一点是需要明确的。我们不能指望绕开儒家文化，而单纯通过弘扬书法、绘画、围棋、太极拳等某些具体文化样式来建设社会主义核心价值，也不能指望回避儒家文化，单纯去弘扬吃斋念佛、遁入山林的佛教文化、道教文化来建设社会主义核心价值。“讲仁爱、重民本、守诚信、崇正义、尚和合、求大同”这些传统文化的核心价值，最集中体现在儒家的思想文化中。脱离开儒家文化来谈论弘扬优秀传统文化，那是无益的空谈和空中楼阁。儒家文化是支撑我们建设社会主义核心价值和实现中华民族伟大复兴最重要的文化传统。近代以来，正是儒家文化所倡导的自强不息的民族精神，支撑着一代又一代中国人，不断自强自救，先后以欧为师、以日为师、以俄为师，向外部世界寻求成功经验。在改革开放的时代，我们依靠自己人民的勤奋和智慧，而不是像西方民族依靠武力掠夺，实现中华民族伟大复兴，开创了中国特色社会主义建设的新道路。基于中华民族自古以仁义立国的传统，我们认为，未来的全球化时代，必将是一个与西方民族所主导的殖民、掠夺、杀戮，甚至毁灭非西方民族的截然不同的全球化时代。

当前我们国家对待中国传统文化的正确做法和积极态度，理顺了当代文化和传统文化的关系，理顺了执政党和传统文化的关系，也理顺了执政党和儒家文化的关系。弘扬以儒家文化为主流的中国传统文化，已成为当今意识形态建设的新变化，文化建设各领域应积极适应这种变化和顺应这种转变，尤其是在教育和宣传领域，应大力弘扬和普及以儒家文化为主体的优秀传统文化，清除和摆脱过去形成的以反传统为传统、以妖魔化和拒斥儒家为先进的幼稚做法和恶劣态度。与此同时，儒学研究也应积极适应和顺应这种变化。儒学研究不能仅局限于对儒家典籍的整理和对儒家思想历史的研究，还应大力开展儒学理论建设。儒学研究也不应再局限于哲学领域，而应向社会科学进军，为当代中国社会科学的本土化和创新性提供基于中国传统的思想价值和人文基础，重建以儒家仁义价值为基础的儒家社会科学，以克服当代中国社会科学领域令人担忧的抄袭、模仿、创造力缺失和丧失底线与人性的极端功利化倾向。儒学研究和儒学理论建设也不再仅是儒学研究专业从业者的工作，而是文化研究和理论研究队伍的共同工作。在当今时代，每一位理论工作者都可以通过对儒学理论的研究和创新来提出新儒学，每一位继承者、研究者、创新者都可以成为新儒家。当代新儒学是复数的，不是单数的。当代新儒家是我们这个以儒家文化作为传统文化、在长期共同的文化背景下生活形成的中华民族命运共同体，不必只是少数专业研究者。儒学并不专属于少数人，而是我们共同的文化传统和共同的思想财富。无论党内党外、学院内学院外、官方和民间，我们每个人都有权利去继承、体认、践行和发展儒家文化。弘扬以儒家文化为主体的优秀传统文化，就是我们当今时代发生在中国的"文艺复兴"，我们重新回归和发扬传统的经典、传统的精神，来解决我们所面临的问题，克服时代的病症，实现当代文化的创新和中华民族的伟大复兴。这符合中国文化历史发展要求和中国开创新的发展道路现实要求的大势与洪流，是一个以当代中国的发展为背景，以中华优秀传统文化为底色，在思想文化上大融合、大创新的崭新时代，值得人们从中展现个人的聪明才智和创造力。

儒家的理论建设，也就是儒学自身的创新，说起来既复杂又简单。说其复杂，至少有三点理由：一是儒学自身的系统包罗万象，涉及整个人文与社会科学的各个领域。儒学在过去既曾和佛、道二教分担着治世、治身和治心的不同功能（人们以儒治世，以道治身，以佛治心），也曾集治世、治身、治心于一身；既经邦济民，又修身养性，陶冶身心。二是儒学在当代面临的问题日趋复杂。儒学既要传递千百年来中华民族推崇和践行的仁、义、礼、智、信等普世价值，教化父慈子孝兄友弟恭的家庭伦理和君臣有义、朋友有信的社会伦理，重新收拾被以"贵斗""贵利"思想为指导而物欲横流、自私自利、良知泯灭、人性堕落的人心，确立当代人借由儒学安身立命的精神信仰和价值追求，拯救日益失落、离轨的家庭生活秩序和社会生活秩序，又要从儒家的民本、均平、匡正、中正、和合等思想出发，讨论如何通过各自端正和相互匡正，构建表达民意和权力制约的民主政治，彻底回归为人民服务的正确轨道，保护最广大人民群众的正当利益，追求一个适宜人生存和发展，培养人高贵品质的人道世界。三是由于历史的原因，我们同自身的传统文化隔膜太久，儒家文化曾处在被妖魔化、被边缘化、被扫荡和被打倒的地位，儒家文化在当代的发展极需资源配置和大力投入，儒学自身理论的发展也相对落后需要更新。以往通行的儒学研究多是通过儒学史的回顾总结出几条干巴巴的儒家原则，现在更需要的是将儒家的义理、价值和原则，合理转化为当今时代人们的基本社会生活价值观，并且提供实现这些价值的具体规则和操作指南。这对儒学研究者提出了很高的要求，不仅要熟悉儒家思想的历史，具有从儒学史上获得灵感的敏锐度，以及发现、提炼思想价值的能力，而且要对当今世界人文社会科学的发展具有相当的了解。同时，还要把握当今中国社会发展的现状与脉搏，洞察儒家思想传统为当今时代提供有益引导和支撑的各种潜在的与现实的可能性，努力回应历史赋予的文化使命和时代提供的重大课题。儒家的理论建设是需要深厚学术与思想功力来驾驭的重大理论课题，这方面还需要更多的重量级理论人才，提供更多的理论创新成果。

说儒家的理论创新简单，是因为上述这些工作虽然范围广阔，创新性强，但万变不离其宗，都离不开儒家的基本义理和基本价值。儒家的核心义理、价值，用儒学的固有词汇讲就是“道统”，用我们现在的话来说就是核心价值。学术界当前聚焦讨论儒家道统，探讨从儒家道统出发开展儒学理论建设的历史经验和当代形式，这应该是抓住了儒学理论建设的工作重点。儒家道统，我们可以用仁、仁爱、仁义礼智信等多种方式来表达，不同表达之间的关系，是“理一分殊”的关系，其内涵都是相同的。相对于先秦的经典儒学，其后每一代的儒学都是新儒学，其表现形式为阐释和论证儒家仁学思想的新仁学，发扬、贯彻新仁学来落实于现实生活的新礼学。今天，我们的社会生活相较传统有了巨大的改变，我们需要通过儒学与庞大的社会科学的联盟替代过去礼学所担负的落实儒学于现实生活的功能。

当代儒学理论建设，需要具体完成众多理论论证任务。儒学理论建设面临着一个长长的任务清单，需要对其中的每个任务都做出合理的分析论证。

首先，通过对仁爱本身的论证以形成新仁学。我们都熟悉《三字经》开篇的“人之初，性本善。性相近，习相远”两句。人性善是孟子的观点，“性相近，习相远”是孔子的话，《三字经》的作者把孟子的观点放在孔子说的话前面，可见对于性善论在儒学理论上功能重要性的认识。如何论证“人之初，性本善”呢？孟子举了一个“乍见孺子将入井”的典型情境来论证“人皆有之”的“恻隐之心”，或称作“不忍人之心”。宋代理学则讲“性即理”，人之性善以其禀受了“天理”，而所谓“天理”，是在气化的宇宙中主导、宰制着万物生生不已的必然之理，这“生理”便是仁，亦可称作“仁理”。人性来自天地之性、宇宙之性，是生生的本性。时至近代，西学传入，在气化的世界观被取代之后，如何对儒家所讲的“仁”给出论证，始终是没有解决好的最根本的理论难题。谭嗣同曾用当时流行于科学界的“以太”“电子”诸说来论证“仁”，他的论证在今天看来更像是哲学爱好者的做法，但他很早就认识到，随着中国人自然观、世界观的变化，儒家对于仁也应当给以符合时代认识的新论证。在今天，在我们不假思索地把仁爱或仁义当作既定的前提而由此出发的时候，如何论证仁本身实际上成了儒学最基础、最根本的理论难题，其重要性就如同基督教把对上帝存在的论证看作是基础性、根本性的神学理论问题一样。试想，在一个生活中被高新技术和网络信息所包裹的时代，如果人们连儒学所说的“仁爱”本身都不信奉，竖立其上的种种理论学说如何能打动人心呢？在我们这个时代，谁率先给出了令人信服的关于仁本身的论证，谁就奠定了当代儒学理论的基础。

其次，通过对人性与人权的研究形成新人学。儒家在人性问题上有各种各样的观点，但以孟子为代表的性善论逐渐成为被后世认可的主流。在“天下之无道也久矣”的时代，时人认为孔子这样的人存在之意义，就相当于警醒世人的“木铎”（警钟），告诉人们生活的常道、正道何在。在更为混乱的战国时代，孟子在一个最难以做人的时代，告诫和勉励人们要努力去做一个人。宋儒一扫汉唐儒学迷雾，重读先秦儒学经典，其结论也不过是这样一句话，“圣贤千言万语，只是教人如何做人”。《易传》这样表述了儒家对人为什么要做一个人的逻辑，“乾道变化，各正性命”，乾道即天道，天生万物，万物各有其性，人有人性，物有物性，各依其性。人有人性，人自然要按人的本性生活。失却人性，人就堕落为禽兽。人之所以为人，在于人有区别于禽兽的高贵本性，教育或教化之道就在于培养、扩充这些本性，从而教化也就是“成人之教”，使人成为一个真正的人。在今天，我们不得不老实承认，我们所面对的是又一个“礼崩乐坏”的混乱时代。为了结束这个混乱时代，努力开启一个具有文明、高贵、秩序特征的新的生活时代，我们不仅要接续先贤的教诲，激励每一代人发扬人性的光辉，追求高贵的品质，避免人在俗世的沉沦和堕落，更要发扬儒学的人权视角，并和当代的人权理论相结合，捍卫人的各种基于人类文明发展成果，从而成为人类文明通则的各种权利。我们要致力于发展一种激励人、提升人、使人更高贵而非更堕落的新型人权学说，使人主观上追求、客观上有条件过一种符合人性的生活。我们需要从人的本性，从仁爱的思想和学说出发，重新去阐释一切伦理价值，让仁爱成为重建和调理家庭秩序和社会秩序的根基，而不是像一些流行的教科书那样，非常另类地把道德解释为"调整人与人利益的规范"。

再次，由仁义出发，引申出种种社会价值，渗透于社会科学，形成新实学。儒学不是空谈，而是实学，讲究"正德、利用、厚生"。儒学不离人伦日用，儒学的价值落实为组织家庭生活和社会生活，具有可操作性的组织原理，正如仁爱的核心价值具体落实于人际关系，体现为"父子有亲，兄弟有爱，夫妇有别，朋友有信，君臣有义"。社会主义核心价值经过理论界、思想界的长期酝酿，最后形成包罗各种正面价值和美好诉求的十二种价值，即"富强、民主、文明、和谐，自由、平等、公正、法治，爱国、敬业、诚信、友善"。多数人都很难说全的这二十四个字，从儒家的视角来看，"仁义"二字就已经将之全部概括了。社会主义核心价值这二十四个字，反映了人们对美好生活的追求，是放之四海而皆准的普世价值。反过来说，一切普世价值，如果真是普世的，那么就必然为一切人所追求，也必然在一切文明中都有它的根芽。事实上，作为社会主义核心价值，每一种价值都能在中国传统文化中，尤其是在儒家文化中找到它的根基，也能够从仁义的价值方面获得对它的阐释和支持。仅以"民主"为例，托名于周文王之师鬻熊言论的《鬻子》一书，就提出了官员应由人民选举的思想。而明末清初的思想大家黄宗羲，提出"公其是非于学校"，认为皇帝不要做任何决策，决策必出于士人讨论，然后以皇帝的名义颁布就可以了。在当代中国，面对着发展所带来的种种社会问题，诸如分配不公、贫富悬殊、权势横行、正义难得、良善难行，都需要秉持儒家仁义、民本、王道、仁政与善政的种种思想加以对治，透过体现上述价值的儒家社会科学的兴起，制定针对社会各领域的合情合理、合乎人性、合乎仁义的社会政策，去浊扬清。

为什么要回到儒家的仁义之道来阐释一切社会价值？第一个理由在于：如果离开了以儒家文化为主体的传统文化，我们所言说的多种社会价值，将成为无源之水、无本之木，失却坚实的本土文化根基，缺乏基于传统文化滋养的基础性、本土性、持久性和亲和性。这正如为什么西方票选的民主制度推行到一些非西方国家之后，却成了国家与社会动乱的根源，使政治生活完全无序化，而那些由本国政治生活演化出来的民主制度，却是持久和稳定的。第二个理由在于：离开了以仁义之道作为核心价值的儒学，反映人性与价值的人文学就丧失了其关于人性与价值的文化依托，正像我们在当前的人文学术中所看到的，脱离人文价值的实证研究已不再担负传递价值、评判价值的文化功能。同样，脱离体现人性与价值的人文学渗透和支撑的社会科学，无以由价值理性来驾驭工具理性。没有仁义的价值，没有价值理性的视角，可以为一切利益集团服务的社会科学及其产生的社会决策，表面看起来是那么的言之凿凿、冠冕堂皇，但对整个社会、对良善的人们却形成实质的损害。第三个理由在于：以儒家仁义之道为核心的传统文化体系，是实现人文社会科学创新的必要前提。欧美国家社会科学勃兴的年代，都是欧洲或北美社会呈现大变革、大转折的年代。但同样出现大变革、大转折的中国，人文与社会科学却患了严重的贫血症，除了照搬照抄西方学术理论，拿不出多少具有创新性的东西，更很少产生诸多基于中国传统、体现中国经验、具有中国特色的创新性的人文与社会科学理论。宋代的儒者"出佛入老，返之六经"，今天我们也需要在"出入西学"之后，"返之六经"，海纳百川，把吸收的一切文明成果建立在自己文化传统的坚实根基上。

"为天地立心，为生民立命，为往圣继绝学，为万世开太平。"这是宋代儒学家张载留下的经典。对于我们今天致力于儒学理论建设而言，它仍然可以作为当代理论工作者借以自勉的四句箴言。

张载“横渠四句”的人文情怀与现代性问题

西安电子科技大学　常　新

在世界的各种宗教传统中都有其核心的崇拜对象，无论是人格神还是超越性观念，都被赋予了绝对的物质权威（宇宙的建构者）和精神权威（价值评判者）。儒家的出发点是人生社会，其思考和情怀都集中于此，但他们往往对人生社会寻根问底，直至终极的神秘顶点——“天命”或“天理”，儒家知识分子对此怀有一种神圣的超越理念。对这个超越理念的执着，使他们能够摆脱一切世俗的困苦或诱惑，在高尚的精神世界充分实现自己的价值。张载“横渠四句”——“为天地立心，为生民立命，为往圣继绝学，为万世开太平”[①]，是其哲学理论的大纲，其以儒家的“天命”观为开端，其要义即是“内圣外王”之道。“横渠四句”具体内容虽有局限，但其所涉及的问题却充满了儒家式的宗教精神，这种宗教精神或宗教情怀是超越时代的，是普世的。

一、现代性问题：儒学的梦魇抑或机遇

“现代性”是一个充满争议的话题，按照解释学所谓的文本的可解释性与多义性，学者对这一问题从不同的角度进行了解读。吉登斯将“现代性”看作是现代社会或工业文明的缩略语，着眼于“从制度层面上来理解现代性”[②]。他认为现代性是一个系统，它包括世界观、经济制度、政治制度等社会元素的运行机制。吉登斯还用“断裂”来说明现代性问题，其所说的断裂，是指现代的社会制度在某些方面是独一无二的，其在形式上异于所有类型的传统秩序。[③] 在吉登斯看来，现代与传统的区别主要在于对现实、行为的“反思”方式的不同。哈贝马斯认为，现代性问题自18世纪

① 张载：《张载集》，北京：中华书局，1978年，第376页。

② ［英］安东尼·吉登斯：《现代性与自我认同》，赵旭东等译，北京：生活·读书·新知三联书店，1998年，第1页。

③ ［英］安东尼·吉登斯：《现代性的后果》，田禾译，南京：译林出版社，2000年，第3页。

后期开始已经成为“哲学”讨论的主题，它到目前为止仍是一项“未完成的设计”，它是由宗教衰落后人们寻找新的替代物这一行为所引起。“现代”是前行的，是向未来开启的时间概念，是对过去的断裂和克服。这种新的时代意识具有高度的“自我敏感”，面对着不断的“自我确证”的要求，因为“现代不能或不愿再从其他时代样本那里借用其发展的准则，而必须自力更生，自己替自己制造规范”①。福柯将现代性理解为“一种态度”，而不是一个历史时期，“所谓态度，我指的是与当代现实相联系的模式；一种由特定人民所做的志愿选择；最后一种思想和感觉的方式，也就是一种行为和举止的方式，在一个相同的时刻，这种方式标志着一种归属关系，并把它表述为一种任务。无疑，它有点像希腊人所称的社会的精神气质”②。

从上面的材料可以看出，现代性曾被作为一种具有道德价值的观念，也曾被作为一种对生活世界所做的谋划方案。随着人们对现代性的深入了解，现代性更主要地被作为一个难以解决的问题来看待。现代社会的征候就是现代性的问题，时间体验、人心秩序、政治秩序基本上可以概括为现代性问题的诸方面。

艾恺曾指出，现代性具有侵略性，这就是西方作为现代性的发源地与东方作为现代性的扩散、传播之处的关系而言的。③ 作为传统文化的儒学在现代性问题面前的命运极具代表性。儒家在现代中国的遭遇及命运是中国文化转型过程中的一种必然。尽管作为一种有着悠久历史，并长期居于中国文化中心位置的文化，在现代性面前也难逃厄运，当然从“连续性”和“断裂性”的层面来理解。传统，只有用并非以传统证实的知识来说明的时候，才能够证明是合理的。这意味着，甚至在现代社会中最现代化的东西里面，传统与习惯结合在一起，还在扮演着某种角色，并不如那些关注当代世界中传统与现代整合论者们所设想的那般重要。因为，所谓已证明为合理的传统，实际上已经是一种具有虚假外表的传统，它只是从对现代性的反思中才能得到认同。④ 儒学即便退出中心位置之后，也不可能立

---

① ［德］哈贝马斯：《现代性的哲学话语》，曹卫东等译，南京：译林出版社 2004 年，第 8 页。

② ［法］福柯：《何为启蒙》，汪辉等主编《文化与公共性》，北京：生活·读书·新知三联书店，1998 年，第 430 页。

③ ［美］艾恺：《世界范围内的反现代化思潮——论文化守成主义》，贵阳：贵州人民出版社，1991 年。

④ ［英］安东尼·吉登斯：《现代性的后果》，第 33—34 页。

即消失，它在中国人生活和思维中仍发挥着特殊作用，这一点在鲁迅身上有明显的体现。在中国的现代性过程中，出现了所谓的反传统主义，鲁迅在强调现代的重要性时曾说："明明是现代人，吸着现代的空气，却要勒派朽腐的名教，僵死的语言，侮辱尽现在，这都是'现在的屠杀者'。"[①]这种意识表明了中国人"无历史的存在能力"，表明了中国人在新的历史环境求存的决心。这种激烈的反叛和批判并没有导致他对传统价值观的全盘否定。相反，在鲁迅那里，对于传统价值观念的认识和把握，其基本点是中国知识分子特有的忧国忧民的思想情怀，是"寄意寒星荃不察，我以我血荐轩辕"式的内在激情。[②] 但有一部分人浅薄地、彻底地反传统，则又导致历史虚无主义的滋长，虚妄地反对了历史共同体赖以确立的"共同拥有的东西"。

面对来势凶猛的全球化浪潮，儒家的余绪——当代新儒家虽承担了儒家文化的捍卫者和守成者的角色，但就目前所看，他们无法抵御外来文化的凌厉进攻，他们要做的除了如 A. 德里克所说的，试图在全球化进程中谋得一席位置之外，似乎还看不出他能拿出更好的应对策略。[③] 面对这一困境，问题解决的方案只能是回归儒家的"世俗文化"的传统，传承孔子所谓的"人能弘道，非道弘人"，在现代性的视域之下，把握儒家的深意，依靠人自身的力量，把儒家精英文化向当下现代性世俗生活渗透，要清楚儒家文化的两个层次——文献典籍和风俗习惯在现代中国所扮演的角色和承担的任务。以儒道为期许的少部分知识分子掌握着文献典籍的诠释权，他们应对儒家文化做出符合现代需要的解释。

二、"立心"之学与"立人"之学

对于"为天地立心"之意，张载本人并未做出直接而明确的解释和说明，时贤多以此作认识论的命题，但此命题中的伦理学方面的内涵也很深刻，张载本人曾说过"天无心，心都在人之心"[④]，"天本无心，及其生成万物，则须归功于天，曰：此天地之仁也。仁人则须索做，始则须勉勉，

---

① 鲁迅：《鲁迅全集》第一卷，北京：人民文学出版社，1981 年，第 350 页。

② 黄健：《价值重构——论鲁迅与新儒家在现代价值观构建上的本质区别》，《鲁迅研究月刊》2001 年第 6 期。

③ 黄健：《价值重构——论鲁迅与新儒家在现代价值观构建上的本质区别》，《鲁迅研究月刊》2001 年第 6 期。

④ 《张载集》，第 256 页。

终则复自然"①。"为天地立心"虽不失其哲学上的意义，但更重要的是他所具有的深刻的宗教情怀。儒学激发的君子意志是一种献身王道的生命热情。君子人格的意志自足实际上不是自足，必须得到王道的认同，与"天命"为一体。而这个"天"不过是"王道"的体现，正如《礼运》所言："故人者，其天地之德，阴阳之交，鬼神之会，五行之秀气也。""人者，天地之心也，五行之端也天地以生物为心，人心以恻隐为本，天地之大德，日生。"②《程氏遗书》所言："一人之心即天地之心，一物之理即万物之理，一日之运即一岁之运。"③ 这是一种道德上的形而上学，它体现了天道或自然秩序，肯定人在现世道德秩序中所依赖的道德理性以及赖以实现自身的中介。

在现代性语境中宗教衰落的背景下，个体原则被提到了突出的地位，尊重个人权利，最大限度发挥个体创造性，成为工业社会的一大特征，但其负面的结果也随之凸显。技术专制及其非人性化导致日益严重的价值危机，存在意义的失落已成为普遍的社会问题。存在主义对人存在的关注，法兰克福学派及海德格尔对技术异化的批判，无不反映这一现象。个体由于从传统的道德枷锁下解放转变为自我走向虚无化，失去了安身立命之所，被置于荒诞虚无和无家可归的境地，诚如一位哲学家所讲的"19 世纪的问题是上帝死了，20 世纪的问题是人死了"④。失去神圣精神庇护的人由于生活上的强制性和精神上的不稳定性，在其最内在的本性中产生了一种深刻的分裂，呈现出反叛和虚无主义的绝望，"人就是命定的虚无"成为现代社会中人的处境的真实写照。

儒家的"天命"虽不指一个至高无上的人格神，但它成为一神圣的超越理念，对这个超越理念的执着使现代人可以在一定程度上摆脱一切世俗的困苦或诱惑，在高尚的精神世界充分实现自己的价值。唐君毅先生对此评论曰："中国古代帝王之直接祀天，而上承天命以施政"，以及"天视自我民视，天听自我民听"，"天意"见于"民意"之思想，天之降命于人，视人所修德而定之思想，即是"天""君""民"与"人之德性"四观念相融摄而难分。亦即使中国古代人之宗教意识、政治意识、道德意识，相容而难分。中国古代之宗教思想，亦即隶属于一整体之人文思想中，不能自

① 《张载集》，第 266 页。
② 王文锦：《礼记译解》，北京：中华书局，2001 年，第 300 页。
③ 程颢、程颐：《二程集》，北京：中华书局，1981 年，第 13 页。
④ ［美］弗洛姆：《健全的社会》，欧阳谦译，北京：中国文联出版公司，1988 年，第 375 页。

成一超人文之思想领域。[①] 唐君毅在此说明了儒家思想的世俗性和超验性之间的关系、出世性和宗教意识之间的关系。

三、“为生民立命”的人生境界

马克思、恩格斯曾说：“作为确定的人、现实的人，你就得有规定，就有任务……这个任务是由于你的需要及现存的世界的联系而产生的。”[②] 理想的人格需要与“现存世界的联系”，就是通过时代使命感映照出来。“以身任天下”的儒家知识分子不是书斋中的“醇儒”，而是对生民的幸福和疾苦如同身受，他们是行动主义者，把自己的理论化为实际行动中的德性。张载提出“为生民立命”实指其对“命的态度”，从根本来说具有“正命”的性质。“正命”就是正确对待命运的态度。张载论命，首先把“命”与“遇”区别开来，“命禀同于性，遇乃适然焉。……行同报异，犹难语命，犹可言遇”[③]。“天所命者，通极于性，遇之吉凶不足以戕之”[④]。冯友兰先生深谙张载之意，他说：“‘命’体现了必然性，‘偶’体现了偶然性，由于张载将偶然性从必然性中剔除，故他特别强调后果的修为。”“立命”既是为人寻求安身立命之道，也包括提升人的精神境界。儒家所谓的“命”，是指人在宇宙间所遭遇的幸与不幸，认为这是人所不能自主的。“人在宇宙间遇到的幸与不幸，是个人力量不能控制的，既然个人不能控制，那就顺其自然，而只做个人所应该做的事，这就是‘夭寿不二，修身以俟之’。人的精神境界达到这样的高度，宗教对于他就失去了作用。”[⑤] 冯友兰在此所指的宗教主要指诸如基督教中具有人格神类型的宗教。马一浮先生对“为生民立命”的理解和冯友兰先生的理解不同，他从事功的角度说：“儒者立志，须令天下无一物不得其所，方为圆成。……今人心陷溺，以人为害天赋，不得全其正命者，有甚于桎梏者矣。仁人视此，若疮痏之在身，疾痛之切肤，不可一日安也。故必思所以出水火而登衽席之道，使得全其正命。孔子曰：‘老者安之，朋友信之，少者怀之。’

① 唐君毅：《中国人文精神之发展》，桂林：广西师范大学出版社，2005 年，第 6 页。
② 《马克思恩格斯全集》第三卷，北京：人民出版社，1972 年，第 329 页。
③ 《张载集》，第 64 页。
④ 《张载集》，第 21 页。
⑤ 冯友兰：《中国现代哲学史》，广州：广东人民出版社，1999 年，第 247 页。

学者立志，合下便当有如此气象，此乃‘为生民立命’也。”① 假如“为天地立心”是为己之学（此处之“己”系指个体道德境界的提高），马一浮先生此句之意则含有“为己”“为公”二意。马一浮先生对此问题的诠释，反映了儒家“抚危定倾，身任天下”的时代使命感。

作为现代知识分子，不须去从事物质资料方面的生产或创造，在现代性的语境下“为生民立命”的使命就是要培养他们的群体批判意识。他们由于在政治权利中已经不居核心地位，不能只为特殊压力集团服务，而是发挥“公众新闻”的积极作用，为沟通理性创造公共空间，通过民间社会而为公共利益痛切陈辞，他们要通过各种反馈渠道来调整策略以适应社会复杂的动态过程，为广大的人民群众积累“社会资本”。这种关心政治、参与社会、注意文化儒家式的公众知识分子，是以“为生民立命”为己任的传统儒家知识分子在现代社会最理想的衣钵继承者。他们通过对传统文化进行重新整理，传播儒家传统中具有现实意义或还能进行创造转化的真精神，从“文化认同”的角度来检视我们的民族性格、社会心理和价值取向。当然，现代社会中由于知识分子被分解为一个个独立的共同体，这些共同体各自有自己的知识范式和知识传统，他们其中的一部分丧失了超越性的公共良知，不再具有公共性，“称之为以捍卫诸如正义和理性等永恒不变的和大公无私的价值为己任的知识分子已经为了实际利益而背叛了自己的使命”②。他们认同世俗价值，“好名、好利、好色、好权、好势，无一不好”③。他们只是某个领域的专家，或是一个缺乏人文关怀的技术性专家。

四、“绝学”的现代命运

儒家从孔子起，即有很强的文化传承意识，“文王既殁，文不在兹乎?”“天下无道也久矣，天将以夫子为木铎。”“吾非斯人之徒与而谁与?”④ 这些话都表示其对时代的担当。张载的“为往圣继绝学”的使命意

① 马一浮：《马一浮集》第一册，虞万里校点，杭州：浙江古籍出版社、浙江教育出版社，1996年，第4—5页。

② ［法］朱立安·班达：《知识分子的背叛》，佘碧平译，上海：上海世纪出版集团，2005年，第5页。

③ 刘述先：《刘述先新儒学思想论著辑要》，北京：中国广播电视出版社，1992年，第212页。

④ 朱熹：《四书章句集注》，北京：中华书局，1983年，第68、110、184页。

识，体现了一位儒学知识分子对儒学当下处境的深切担忧，这种思想自韩愈以来在儒家知识分子身上表现得尤为突出。北宋初期的儒者即是从强烈的文化意识开始的，“孙泰山、石徂徕、胡安定三人讲《春秋》，重夷夏之辨，转而辟佛老，具有民族意识，重文化意识（如韩愈）”[①]。张载自以为孔孟的继承者，故曰“为往圣继绝学”，当代新儒家认为传统典范“天道性命相通”，生生不已的天道思想也渗透到其思想的传承中，因此儒家的思想能吐故纳新。

自近代以来，中国传统文化的衰败和崩溃百有余年，儒门淡泊，马一浮以一个儒家知识分子的文化自觉对此诠释道：“‘为往圣继绝学’在横渠绝非夸词。今当人心晦盲否塞，人欲横流之时，必须研究义理，乃可以自拔于流俗，不致戕贼其天性，学者当知圣学者即是义理之学，切勿以心性为空谈，而自安于卑陋也。”[②] 冯友兰对此句解释道：“他（张载）自觉地在精神上，上与古代相感通，下与后世相呼应。”[③] 这种自觉是“人之所以异于禽兽者”的事，因为“对于禽兽者，只有现在，没有过去，也没有将来，也无所谓‘为往圣继绝学，为万世开太平’”。[④] 以“继绝学”为核心的及时入世的道德精神表明儒家对时间有一个清晰的理解，他们这种强烈的道德情怀扬弃了整体历史的明晰观念，从生存的意义上看，时间仍是人与天本真共在的时间，同时就是天命的展开，天理流行的进程，又是人自身内部的时间。儒家尽管在漫长的历史发展过程中表现各种形态，且在二十世纪遭到了来自内外压力的冲击，但其伦理精神没有消失，已深深地积淀在中国人的心灵中，从现在以来的一些文本中可以发现这种潜在的影响。

在现代知识界，一方面是西方霸权主义话语占优势，另一方面，多元的倾向，解构论、多文化主义变成了流风世俗，这些又助长了传统分崩离析的倾向。要回应现代性的挑战，我们有必要回溯传统的儒家精神，因此儒家知识分子用一种宗教般的虔诚，义不容辞地担当起在现代性面前重新诠释儒家传统的使命。他们利用儒家文献，凭借阐释的艺术将生命力注入其中，将儒学的文化主张落实为社会化、制度化、世俗化的文化整合形式，并用一种宗教般的虔诚将之作为神圣的使命，这种宗教情怀激发出历

① 牟宗三：《蔡仁厚辑录·人文讲习录》，桂林：广西师范大学出版社，2005年，第51页。
② 马一浮：《马一浮集》第一册，第4—5页。
③ 冯友兰：《贞元六书》，上海：华东师范大学出版社，1996年，第639页。
④ 冯友兰：《中国现代哲学史》，第247页。

代儒家知识分子身上所具有的崇高的历史使命感。孔子的“日月逝矣，岁不我与”，孟子的“当今之世，舍我其谁也”，顾炎武的“天下兴亡，匹夫有责”等情怀绝非是一个精英文化的主张。无论是精英还是匹夫都表达出对所有活着的人所面临的这种无可逃避的、背负着责任的处境的领悟。不管他们信奉什么文化、什么思潮，都应对中国文化持有一份温情与敬意，把中国文化，尤其是儒家文化作为“继绝学”的基础，把圣贤经书中关于生命生存、生活经验、智慧情感内化到人们的心灵中，内化到风俗习惯和人伦日用层面，避免使传统由于过分的“纯学术式的深玄妙理、高头讲章，至今未能跨出狭小学院门墙，与大众社会几毫无干系”①。当然，在“继绝学”的使命意识中，我们同时还要有一个理智清醒的头脑，我们必须认清，我们历经曲折，从对传统文化的偏激态度和西方文化中心主义走出来后，也不能让传统文化中有价值的东西又去经历中国古代文化经历的偏激风暴，要警惕文化守旧主义的老路，不能把民族主义的自信建立在古代文化的辉煌上。

五、“为万世开太平”的淑世情怀

“太平”是中国人根深蒂固的社会理想。《礼记》曰：“大道之行也，天下为公。选贤与能，讲信修睦。故人不独亲其亲，不独子其子……使老有所终，壮有所用。”② 舜甚至说“维予从欲而治”③，这或许是儒家“治国，平天下”思想的滥觞。许复观说：“儒道两家的基本动机，虽同出于忧患，不过儒家面对忧患而要求加以救济，道家则是面对忧患而要求得到解脱。”④ 以“救济”与“解脱”来区别儒道的忧患意识是相当深刻的。“救济”是入世的精神，见的多是人间的苦难，由忧患意识而来的“救济”要求是这一人格形成的内驱精神力。为万世开太平的人文精神主要来源于儒家的“淑世”情怀。所谓“淑世”情怀，是指儒家厚生济世的学说，其根本思想是以天下为己任。

儒家对人类困境的体验表现为一种忧患意识，《易大传》说：“鼓万物而不与圣人同忧，此直谓天也。天则无心，神故可以不诎，圣人则岂忘其

① 李泽厚：《己卯五说》，北京：中国电影出版社，1999年，第11页。
② 王文锦：《礼记译解》，第287页。
③ 王先谦：《荀子集解》，北京：中华书局，1988年，第489页。
④ 徐复观：《中国艺术精神》，北京：春风文艺出版社，1987年，第115页。

思虑忧患?”“圣人所以有忧者，圣人之仁也；不可以忧言者，天也。”① 人的道德责任是与他的特定身份分不开的，所以忧患意识往往与负有更大责任的在位者联系在一起。这种忧患意识主要着眼于人对自身道德的觉悟。在中国文化中，无论从源头看还是过程看，儒家的这种“淑世”情怀都来自自我期许和对民众的承诺，不过，厚德济世作为政治的性质不是今天的学术，尤其是西方形而上学中所讲的客观性质，它作为统治者（无论是远古的圣王还是后世的皇帝百官）的承诺，实际上是对政治的人力设定。“太平不是乌托邦，乃是实有之理”，学者须知孔孟之言政治，其要只在贵得而不贵力，然孔孟有德无位，其道不行于当时，而其言则可重法于万世，故横渠不曰“致”而曰“开”者，则是实现之称，开则期待之谓。② 这种设定有两个特征：第一，应然性，即政治应该为人民服务；第二，公共性。对政治性质的设定不是统治者或人民单方面的设定，而是由关涉双方共同赋予政治以性质，使之为大家共同接受。③ 在当前儒学已不是主流文化之时，张载作为一个儒家知识分子，他所提出的“为万世开太平”只是一个儒者提出的一种理论，或是一种期许。

结　语

现代性的最终结果就是全球化，这种全球化是由西方主导的，这一过程使其他弱势文化遭到了毁灭性的破坏。“横渠四句”对中国儒家知识分子身上的“终极关怀”或“宗教情怀”对于调整和解决人与自然、人与社会、人自身的矛盾与冲突具有现实意义，这种意义在冯友兰的身上得到了淋漓尽致的体现。他在《新原人》自序篇首说：“‘为天地立心，为生民立命，为往圣继绝学，为万世开太平。’此哲学家所自期许者也。况我家国民族，值贞元之会，当绝续之交，通天人之际，达古今之变，明内圣外王之道者，岂可不尽所欲言，以为我国家致太平、我亿兆安心立命之用乎？虽不能至，心向往之，非曰能之，愿学焉。”④ 我们在现代性问题面前认真领悟冯友兰先生之深旨，或许可以看出这一思想也是中国当代儒者面对现代性问题的一种“终极关怀”方面的期许吧！

---

① 《张载集》，第 1890 页。

② 《马一浮集》第一册，第 5 页。

③ 邓曦译：《正德、利用、原生：从政治合法性到儒学公共性》，引自《儒家、儒教与中国制度资源》，南昌：江西人民出版社，2007 年，第 178 页。

④ 冯友兰：《贞元六书》自序。

“友善”价值观培育视野下荀子哲学的现代价值

复旦大学马克思主义学院　唐明燕

“友善”在社会交往领域，主要指的是人们在待人接物的过程中基于善意所展现出来的友好、和善、互助的态度和行为方式。尽管“友”与“善”在古代汉语中往往被分开使用，但是，友好待人、与人为善的思想内涵在中国古代却并不缺乏，它在诸多典籍，尤其是儒家典籍中有大量体现。荀子是先秦大儒，细致研读《荀子》一书，会发现其中蕴含着诸多与当代友善理念的相通之处，这些相通之处是我们培育友善价值观的宝贵资源，值得人们重视。纵观近年来学界的研究，鲜见以友善为视域对荀子哲学进行诠释的成果。本文即拟借鉴社会心理学的相关理论，结合当代中国进行道德治理的现实需要，从心理动因、心理环境保障和具体行为方式三个方面对荀子哲学所蕴含的有助于在当代培育友善价值观的思想资源做一番探索梳理，力图赋予传统命题以新的诠释。

一、礼——激发“友善”行为的心理动因

社会心理学的研究表明，“规范”能够驱动人的利他行为，很多时候，我们帮助别人是“因为某些东西告诉我们应该这样做”。告诉我们应该做什么、不应该做什么的“某些东西”就是规范，规范“规定了我们生活中适宜的行为和应尽的义务”。规范尤其是社会责任规范会唤起人们对处于困境中人的社会责任，在社会责任规范的驱动下，“即使帮助者不为人知，或他们不能期待任何回报，他们仍会经常帮助那些有需要的人”①。这一点已被大量心理学实验所证实，受到社会心理学界的普遍认可。

在荀子思想中，实际上也存在着上述社会心理学所讲的“社会责任规范”，当然，荀子所用的词汇并非“社会责任规范”，而是类同于“社会责任规范”的另一个词汇——礼。“礼”在荀子思想中的地位十分重要，它

① ［美］戴维·麦尔斯：《社会心理学》（第八版），张智勇、乐国安、侯玉波译，北京：人民邮电出版社，2006年，第354、356页。

是荀子哲学的核心范畴。与先秦儒家所倡导的“仁”“义”等无形的道德观念相比，“礼”在荀子思想体系中是一种制度性的存在，是有形的，它更为具体、更有章法可循，因而也就具备更强的约束力。荀子对“礼”的重视根源于他对人性的认识。在荀子看来，人的自然本性有向“恶”发展的趋势，这也就是荀子所讲的：“今人之性，生而有好利焉，顺是，故争夺生而辞让亡焉；生而有疾恶焉，顺是，故残贼生而忠信亡焉；生而有耳目之欲，有好声色焉，顺是，故淫乱生而礼义文理亡焉。”① 既然“顺是”即顺着人的自然本性任意发展的后果如此严重，那么应该怎么办呢？荀子想出的办法就是用“礼”来对人的自然本性进行约束，通过“礼”来明晰人的责任和义务、来调节人的思想和行为，即谓“起礼义、制法度，以矫饰人之情性而正之，以扰化人之情性而导之”，进而通过“礼”使社会秩序得以安顿，“始皆出于治、合于道者也”。② 在人伦道德领域，尽管荀子认为人性恶，但是荀子和其他儒家一样，其终极目标仍然是引导人向善，以期塑造德化的理想人格和营造德化的理想社会。“礼”就是为这个目标服务的，在这个意义上，“礼”在荀子思想中就是引导人的行为使之符合“善”的“社会责任规范”。

关于“礼”能够引发“利他行为”这一点，荀子做了明确的表述，荀子曰：“今人之性，饥而欲饱，寒而欲暖，劳而欲休，此人之情性也。今人饥，见长而不敢先食者，将有所让也；劳而不敢求息者，将有所代也。夫子之让乎父，弟之让乎兄，子之代乎父，弟之代乎兄，此二行者，皆反于性而悖于情也；然而孝子之道，礼义之文理也。”③ 荀子这段话表明，就自然本性来看，饿了就想吃东西，冷了就想穿衣服，累了就想休息，这是毫无疑问的。但是在实际社会生活中，我们一般不会不假思索、不顾周围环境就去吃、穿、休息，而是会判断一下，是不是还有人比自己更应该先吃、先穿、先休息，而引导我们去进行这个判断的力量，在荀子看来就是“礼”。因为有了“礼”的规范和激励，很多人克制了自然本能，把吃、穿、休息的机会让给了“礼”所规定的更需要这些福利的人，从而做出了“代长者劳”“让长者先食”的利他行为。

那么，这种具有“社会责任规范”意味的“礼”在荀子这里仅仅是“规范”吗？不是的，在荀子哲学中它具有更崇高、更重要的地位。关于

① 方勇、李波译注：《荀子》，北京：中华书局，2011年，第375页。
② 方勇、李波译注：《荀子》，第376页。
③ 方勇、李波译注：《荀子》，第377—378页。

这一点，需要联系荀子对“人性”与“人的本质”之间关系的认识来加以说明。在荀子看来，“人的本质”和“人性”是不一致的，尽管人性有向恶的趋势，但人的本质却仍然是善，人应该是一种道德性的存在，在对“人的本质”的认识上，荀子与儒家其他主流学者的态度一致。这正如荀子所说：“人之所以为人者，何已也？曰：以其有辨也。饥而欲食，寒而欲暖，劳而欲息，好利而恶害，是人之所生而有也，是无待而然者也，是禹、桀之所同也。然则人之所以为人者，非特以二足而无毛也，以其有辨也。……夫禽兽有父子而无父子之亲，有牝牡而无男女之别，故人道莫不有辨。辨莫大于分，分莫大于礼……”① 荀子的这段话告诉我们，人之所以为人、人与禽兽的区别以及人品的高下，不在于外观如何，也不在于“饥而欲食、劳而欲息、好利而恶害”这些自然本能，而在于能否“有辨”，即是否具备辨别是非、善恶、当为与不当为的能力，而辨别的标准就是“礼”。这样一来，人对“礼”的遵循，就不再单纯意味着对一种道德规范的遵循，而是“必要性”进一步提升，上升到了保障“人之为人”的高度，“成人的程度”与“对礼的践履程度”直接相关。荀子对礼的这样一种安置方式，显然能促使人更自觉地去遵循礼，礼也因而具备了对人更强大的约束力，更能够成为激发人利他行为的心理动机。

荀子的上述思想值得在当代进行弘扬，荀子礼学思想对“人的本质”的看法、对“人性”的规约，有助于唤醒当代人的羞耻心并增强道德自觉性，从而有利于当代中国道德风尚的好转。此外，荀子以“礼”来激发“善行”的理念，还对我国培育友善价值观在路径方面提供了启示，即：可尝试将道德引导与制度建设结合起来。一方面，国家可通过制度安排对道德行为建立“制度保障”，以更强有力的手段来保护人们的友善行为，遏制诬陷好人的不良风气，让人们没有后顾之忧地去做好事。这对当下中国来说特别重要，如果人们实施友善却总得不到好下场，就会在社会上产生极坏的影响，许多人会因为畏惧可能给自己带来的负面结果而不得不选择袖手旁观，从而导致社会患上严重的“友善恐惧症”②，这将大大阻碍人们将善德转化为善行。近年来，经常被人们讨论的“老人摔倒该不该扶”就是典型案例。另一方面，可尝试将道德引导与“制度支持”结合起来。国家可通过制度安排，利用多种渠道、采用多种方式包括物质奖励的方式对社会上有影响的友善行为进行褒扬，从而在全社会形成一种扬善抑恶的

① 方勇、李波译注：《荀子》，第59页。

② 黄显中：《友善何以成为一种核心价值观》，《伦理学研究》2004年第4期。

风气，让人们以友善为荣，以榜样的力量带动更多人去践行“友善”。制度保障与制度支持双管齐下，道德引导的效果才能得到落实。

二、不怨天不尤人——确保“友善”施行的心理环境

社会心理学的研究还表明：快乐的人更乐于帮助别人，积极的心境会产生积极的想法，从而导向积极的行为，许多心理学实验都证实，积极轻松的心境能够显著地促进利他行为，而处于愤怒中的人，则很难对别人产生同情。①

这一社会心理学的研究结果启示我们，要在全社会培育友善价值观，就应该重视对社会各阶层愤懑、不平、不满、怨恨等不良情绪的疏导，如果社会中大多数人在大多数时候都能够对自身境遇和未来发展充满信心和希望，那么大家也就会更有心情去关注他人的需要，互助和谐的社会氛围才更有可能形成。当然，不少社会怨气的产生，是基于社会运行过程中的一些深层次矛盾，要通过社会各部门的通力合作、要通过社会的不断发展才能够解决，很多时候并非是一蹴而就的事情。但是，人的心境也在很大程度上与自身调控情绪的能力、看待问题的人生态度有关系，在这方面，荀子为我们提供了一些有益的思想资源，值得当代社会借鉴。

在面对人生的不如意时，荀子有时也会像生活中的许多人一样，把其归结为“命运”的安排，说过“节遇谓之命”② 之类的话，但是，荀子又秉承了先秦儒家“尽人事，听天命”的一贯立场，一方面承认“有命”，另一方面又“不认命”，甚至相较于先秦时期的孔子、孟子等其他儒者，荀子表现出更积极的态度。例如在个人学识和人品的完善上，荀子认为人“皆有可以知仁义法正之质，皆有可以能仁义法正之具”，因而可以通过后天“积”和“渐”的主观努力，使精神境界逐渐提高，甚至达到圣人的层次，“涂之人可以为禹”。③ 再例如，在天人关系上，荀子明确宣称：“强本而节用，则天不能贫；养备而动时，则天不能病，修道而不贰，则天不能祸……本荒而用侈，则天不能使之富；养略而动罕，则天不能使之全；倍道而妄行，则天不能使之吉。”④ 可见，在荀子的视野中，人自身的努力至

① ［美］戴维·麦尔斯：《社会心理学》（第八版），第352—354页。
② 方勇、李波译注：《荀子》，第358页。
③ 方勇、李波译注：《荀子》，第385页。
④ 方勇、李波译注：《荀子》，第265页。

关重要，人在很大程度上可以把握自己的命运。在这样的基调之下，荀子对待不如意境遇的基本态度就是不怨天、不尤人，即谓："自知者不怨人，知命者不怨天，怨人者穷，怨天者无志。失之己，反之人，岂不迂乎哉！"① 也就是说，有自知之明的人不会埋怨别人，对命运有正确认识的人不会埋怨上天，越是埋怨别人，处境越会困窘；越是埋怨上天，越是没有志气的表现。失误在自己，却反过来责难自己之外的人和事，这就背离事实太远了，于事无补。

那么，面对不如意，人应该怎么办呢？荀子提出了两种应对策略，其一是端正态度，修身俟命。所谓"修身俟命"，就是要做好准备，耐心等待。荀子曰："夫贤不肖者，材也；为不为者，人也；遇不遇者，时也；死生者，命也。今有其人不遇其时，虽贤，其能行乎？苟遇其时，何难之有！故君子博学、深谋、修身、端行以俟其时。"② 也就是说，在面临时遇不济时，君子应该比处于顺境时更努力、更小心、更严格要求自己，"博学、深谋、修身、端行"，然后"以俟其时"，即等待机会的降临。等到时来运转的那一天，因为君子事先已经做好了充分的准备，"苟遇其时，何难之有"，一切困难也就迎刃而解了。其二是调整行为，与时屈伸。所谓"与时屈伸"，就是要随着时势的变化，随机应变。荀子认为面对不同的境遇，明智的人应该随时调整自己的行为，有时候可以柔顺得像香蒲和芦苇一样，但这并不是出于懦弱胆怯，即谓"与时屈伸，柔从若蒲苇，非慑怯也"；有时候又可以刚强坚毅，但这也并不是出于骄傲横暴，即谓"刚强猛毅，靡所不信，非骄暴也"。③ 向时而动、当曲则曲、当直则直、灵活应对才是荀子视野中明智的处世方式，这也就是荀子所说的"君子时诎则诎、时伸则伸也"④，"以义变应、知当曲直故也"⑤。

荀子"不怨天、不尤人"的人生态度，既渗透着对生活的豁达，又包含着积极进取的精神；荀子"修身俟命、与时屈伸"的行为方式是一种务实理性、饱含人生智慧的处事方式，对当代人调节心情、调整行为颇有启发。荀子所倡导的这种人生态度和行为方式值得在当代社会进行宣传和普及，若能将这样的理念内化到心中，则有助于我们在面临逆境时，理性地思考自身的遭遇，保有心境的平和，并激发进取的动力。在这样一种平

① 方勇、李波译注：《荀子》，第 41 页。
② 方勇、李波译注：《荀子》，第 480 页。
③ 方勇、李波译注：《荀子》，第 28 页。
④ 方勇、李波译注：《荀子》，第 89 页。
⑤ 方勇、李波译注：《荀子》，第 28 页。

和、积极的心境下，我们就会减少对周围人和事的偏见，即使遭遇不顺也不会轻易迁怒别人。怨气减少了，以友善的态度待人、以友善的行为助人的良好心理基础也就奠定了。

三、君子之道——实施“友善”的具体方式

荀子十分推崇“君子”，在荀子看来，“君子”就是在日常生活中对“礼”践履程度较高的人格形象。荀子为“君子”规定了诸多具体的行事方式，其中，有如下几点对引导当代人的行为使之符合友善的标准仍具有借鉴价值。

其一，戒争斗。

人与人之间动辄就争斗，是对“友善”的戕害。最近几年，经常有报道说有人为了在公共交通工具上争抢座位、为了在排队时争抢有利位置等小事就大打出手，有些人为了几句气话、一点摩擦就暴力相向，甚至闹出伤人性命的恶性事件，这都是十分不应该的，严重伤害了友善的社会风气。那么，对于争斗，荀子是如何来看的呢？

在荀子看来，即使你认为自己有理也不应该争斗，即使你认为自己很强大、能战胜别人也不能争斗，即谓：“君子力如牛，不与牛争力；走如马，不与马争走；知如士，不与士争知。”① 荀子之所以反对争斗，主要基于两方面的原因。一方面，在荀子看来，争斗是自降人格，是把自己降到了和对手一样的层次，所谓“彼争者，均者之气也”②。言外之意就是君子与牛争力气就是把自己等同于牛，与马比行走就是把自己等同于马，以此类推，与思想境界不如自己的人争斗，就是把自己降到了和对方一样的层次，真正的君子也因此不屑于与人争斗。另一方面，荀子反对争斗，是因为争斗会激化矛盾，容易把自己陷入危险的境地。因为一时的怒气而耽误自身所肩负的更重要的使命，在荀子看来这是不顾自己、不顾家人、不顾国法的鲁莽行为，真正的君子也因此不愿意与人争斗，用荀子的话来说就是：“行其少顷之怒，而丧终身之躯，然且为之，是忘其身也；室家立残，亲戚不免乎刑戮，然且为之，是忘其亲也；君上之所恶也，刑法之所大禁也，然且为之，是忘其君也；忧忘其身，内忘其亲，上忘其君，是刑法之所不舍也，圣王之所不畜也。乳彘不触虎，乳狗不远游，不忘其亲也。人

① 方勇、李波译注：《荀子》，第506页。
② 方勇、李波译注：《荀子》，第506页。

也，忧忘其身，内忘其亲，上忘其君，则是人也，而曾狗彘之不若也。”①

总之，荀子反对“争饮食、无廉耻、不知是非、不辟死伤、不畏众强，恈恈然唯利饮食之见”的争斗，反对“为事利、争货财、无辞让、果敢而振、猛贪而戾，恈恈然唯利之见”的争斗，反对“轻死而暴”的争斗②，这是荀子心目中的真君子不屑于做、不愿意做的事情。荀子为君子所规定的这种行事方式，对培养当代人的友善意识和友善行为具有重要意义。当然，荀子让人戒争斗，戒的只是不符合道义的或只顾个人眼前利益的争斗，而不是让人事事都无原则的退让。荀子认为如果是为了社会正义，那么士君子不顾自身利益、不屈服于权势去争，是应该的，是勇敢的表现，这正如荀子所说：“义之所在，不倾于权，不顾其利，举国而与之不为改视，重死、持义而不桡，是士君子之勇也。”③

其二，接纳、宽容他人。

能接纳、宽容他人，既是施行友善行为的前提，本身又是友善待人的表现。在这方面，荀子也提出了诸多真知灼见，在荀子的视野中，接纳、宽容他人是君子的必备素质。

能接纳他人，在荀子看来，首先是能接纳那些看上去不如自己的人或者与自己生存状态不一样的人。在日常生活中，与“争斗”这种极端不友善的行为相比，更经常发生的不友善行为则来自傲慢与偏见。比如一些健康的人在残疾人面前，一些自认为有权有势者在贫弱阶层面前，一些自认为学识丰富者在文化程度较低的人面前。总之，怀有高人一等心态的人更容易对他人冷漠无礼。荀子对这种心态持批判态度，荀子认为，即使你真的比别人优越，也应该展现出兼容并蓄、包容他人的胸怀，要懂得“兼术”，即谓：“君子贤而能容罢，知而能容愚，博而能容浅，粹而能容杂，夫是之谓兼术。”④ 也就是说，君子贤能而能容纳无能的人，聪明而能容纳愚昧的人，博闻多识而能容纳孤陋寡闻的人，道德纯洁而能容纳品行驳杂的人，这就叫作兼容并蓄之法。这是荀子所认可的为人处世的方法，这也是当代中国培育友善价值观所需要的处世方法，因为随着社会结构的不断变化，社会的多样性也表现得愈发充分，能够在道德原则之内从内心接纳与自己的社会生活方式不同的其他社会成员也便成为友善的题中应有

① 方勇、李波译注：《荀子》，第 39 页。
② 方勇、李波译注：《荀子》，第 40 页。
③ 方勇、李波译注：《荀子》，第 41 页。
④ 方勇、李波译注：《荀子》，第 63 页。

之义。[①]

此外，能接纳他人，在荀子看来，还要能接纳比自己强的人，不嫉妒他人。这正如荀子所讲的那样："君子能，则宽容易直以开道人；不能，则恭敬繜绌以畏事人。小人能，则倨傲僻违以骄溢人；不能，则妒嫉怨诽以倾覆人。"[②] 可见，在荀子看来，若能力比人强，就应该去引导帮助别人；若能力比人弱，就应该接受现实，向他人虚心学习，这才是君子的行为。反之，若比别人强，就欺凌别人；若比别人弱，就用嫉妒怨恨诽谤来搞垮别人，那就是小人的表现了，荀子对此持厌弃的态度。

除接纳他人之外，宽容他人也是荀子所大力倡导的一种君子的处世方式。宽容他人，在荀子这里包含待人和待己两个相互关联的方面。荀子曰："君子之度己则以绳，接人则用抴。度己以绳，故足以为天下法则矣；接人用抴，故能宽容，因求以成天下之大事矣。"[③] 可见荀子认为：君子对待自己要像木工用墨线来取直一样严格要求，即"度己以绳"，这样才能成为天下人效仿的榜样；而对待别人却应宽容，要以舟船似的胸怀待人，不能斤斤计较，即"接人用抴"。宽容他人的过失、缺点，归根结底意味着要以同情心和同理心待人，能体谅他人，荀子曰："千人万人之情，一人之情是也。"[④] 人与人的相处，若能设身处地、将心比心地换位思考，常怀宽容之心，摩擦定会减少，友善的行为定会增多。

其三，柔和谦恭且真诚

就行为的外在表现而言，柔和谦恭的态度无疑是友善的一个重要表现。关于柔和谦恭的分寸，荀子做了很好的说明，荀子曰："君子宽而不僈，廉而不刿，辩而不争，察而不激，寡立而不胜，坚强而不暴，柔从而不流，恭敬谨慎而容，夫是之谓至文。"[⑤] 也就是说，君子宽宏大量，但不懈怠马虎；方正守节，但不尖刻伤人；能言善辩，但不去争吵；洞察一切，但不过于激切；卓尔不群，但不盛气凌人；坚定刚强，但不粗鲁凶暴；宽柔和顺，但不随波逐流；恭敬谨慎，但待人宽容，这就是最文雅最合乎礼义的行为了。可见，在荀子的心目中，君子能很好地拿捏为人处世的"度"，他们能采取最恰到好处的方式、以让人接受的态度去表达自己的意见，去开展自己的工作。

---

① 参见李建华《论友善何以成为一种核心价值观》，《伦理学研究》2013 年第 2 期。

② 方勇、李波译注：《荀子》，第 67 页。

③ 方勇、李波译注：《荀子》，第 63 页。

④ 方勇、李波译注：《荀子》，第 34 页。

⑤ 方勇、李波译注：《荀子》，第 28 页。

荀子还引用了《诗经》中的话对温和谦恭的人表达了赞美，称赞这样的人掌握了道德的根本，即谓“《诗》曰：温温恭人，惟德之基。此之谓矣”①。

“友善”是善意与善举的统一，与人柔和谦恭，要出自真心才有意义，否则就流于虚伪，真诚可以说是友善不可或缺的一个方面。关于“真诚”的价值，荀子做了高度的肯定，荀子说：“君子养心莫善于诚，致诚则无它事矣，唯仁之为守，唯义之为行。”② 在这里，荀子把“真诚”视为道德修养最重要的方式。那么，“真诚”落实到为人处世上，其具体表现应该是什么样子呢？对此，荀子举了几个例子加以说明，荀子曰：“君子崇人之德，扬人之美，非谄谀也；正义直指，举人之过，非毁疵也；言己之光美，拟于舜、禹，参于天地，非夸诞也。”③ 即君子赞扬他人是发自真心，而不是出于谄媚阿谀；批评他人，力求公正，而不是为了挑剔、诋毁别人。同样，君子若夸赞自己，也会做到有根有据，而不是为了欺骗别人。荀子对“真诚”的推崇提示我们，当我们在生活中展现自己友善的一面时，要出自真心才有意义，友好的行为与真诚的心意结合在一起，才是我们这个社会所需要的友善。

结　语

马克思说：“假定人就是人，而人对世界的关系是一种人的关系，那么你就只能用爱来交换爱，只能用信任来交换信任。”④ 近年来，“中国社会呈现出价值多元、普遍竞争和社会冷漠的现象”⑤，党的十八大报告把“友善”列为社会主义核心价值观之一，反映了中国社会良性发展以及公民道德建设的迫切要求。培育友善价值观离不开传统文化的滋养，经过对荀子哲学中有助于培育友善价值观的思想资源进行梳理和萃取，可以发现：荀子“礼”的思想对当代中国以“规范”促友善风气的养成有启发；荀子“不怨天、不尤人”的人生态度对引导当代人树立积极的社会心态、营造有利于“友善”实施的心理环境有借鉴；荀子所倡导的君子行为方式对指导日常生活中的友善行为有教益。

---

① 方勇、李波译注：《荀子》，第 28 页。
② 方勇、李波译注：《荀子》，第 31 页。
③ 方勇、李波译注：《荀子》，第 28 页。
④ ［德］马克思：《1844 年经济学哲学手稿》，北京：人民出版社，2000 年，第 146 页。
⑤ 曹刚：《团结与友善》，《伦理学研究》2015 年第 1 期。

总之，荀子的这些道德资源应该在培育“友善”这一社会主义核心价值观的过程中“赋予新的时代内涵，使之与中国特色社会主义相适应，让优秀传统文化在新的时代条件下不断发扬光大”。[①]

① 本社：《关于培育和践行社会主义核心价值观的意见》，人民出版社，2013年。

五常的现代意义

韩国江原大学哲学系　［韩］高在旭

引　言

当今社会面临的最严峻的问题莫过于全球各地的杀戮、贫困及环境问题。引起这些问题的主要原因，从外在的显性因素上来看，是宗教问题、民族问题和经济问题等，但若从内在的隐性因素上来看，又难道不是因为个人及社会价值观的颠覆、人性的丧失及道德秩序的崩溃？现在已经到了建立并健全适应当今社会的全新伦理思想及体系的时刻了。

当今世界被称为“地球村”，但尽管如此，以固有传统和文化为基石，大多数东西方国家仍在各自的文化冲突中经受着伦理上的混乱。在现代社会里，既不能一味地固守各自的传统伦理，亦无法强求接受文化背景互不相同的其他伦理。究其缘由，尽管西方伦理思想在强调自由或权利上占有优势，但若论隐性绝对自由传统这一方面，仍弱于儒家伦理，而儒家伦理亦在显性相对自由上略逊于西方。

1997 年 12 月，孔汉思（Hans Kung）在他本人起草的“全球伦理宣言”中，将现代社会伦理的最大问题归并为杀人、偷盗、妄语及邪淫行为。为解决这些问题，他提出“全世界应共同履行如下义务：一、对于非暴力文化及尊重生命的义务；二、对于团结文化与公正经济秩序的义务；三、对于包容文化和真诚生活的义务；四、对于平等权利文化和男女伙伴关系的义务”①。

孔汉思在此提出的各种“义务”，小到个人，大到国家，是应当站在国家及国际视角共同商讨并实践的问题。这些问题实则与人性、价值观及道德问题相关联，若将其外延略做适当扩大，则又与宗教、民族、环境和经济问题密不可分。当今，对于杀人、偷盗、妄语及邪淫行为，从小的方面来说，是每个人做出的行为；从大的方面来说，同时也是国家肆意妄为而引发的问题。如今，对于我们来说，有义务将地球村变为平等与和平的“村”，同时所有人类及国家基于各自的文化与传统，在认同其互有差异的前提下，拥有共同的责任及义务。

本文的目的在于探讨儒家对现代社会所做的贡献这一话题。并通过将儒家伦理理论依据之一的五常与孔汉思所提出的现代社会的伦理问题做一比较，从中找出解决问题之方法。

一、传统儒家伦理的特性及现代意义的转化

儒家伦理在西周时代最早展露萌芽，后经春秋末期及战国时代，形成了基本框架。儒家伦理产生初期，儒家哲学以家族伦理、社会伦理及政治伦理共存的状态为主，这一时期所形成的儒家思想，通过《周书·洪范》可以得到证实。此后，中国古代社会的伦理体系形态基本以此为主要基础建立起来。

在《洪范》里，夏、商、周三朝的伦理规范体系贯穿全篇。若从伦理思想这一侧面来说，《洪范》说的主要是把当时统治者的道德修养及以对百姓的教化作为主要内容的政治伦理，强调个人道德修养的个人伦理，将百姓与上天联系起来，意欲将上天作为政治伦理的形而上学基础的政治伦

① 参见刘述先《世界伦理与文化差异》（台北：《哲学杂志》23辑，1998. 2），第59页。1997年，联合国教科文组织在金丽寿的主持下建立了“全球伦理计划”。1997年3月末，依照这一计划，从世界各国邀请的12位学者在巴黎的联合国教科文组织本部召开了第一次会议。商议起草“全球伦理宣言”问题，在取得了基本共识后，决议在意大利那不勒斯继续召开会议。1997年12月初，在那不勒斯召开了第二次会议，有30余位哲学者参加。在那里，孔汉思提出了他本人起草的“人类义务（责任）全球宣言”，这份文件得到几位代表的签署认同，9月提交联合国。此次会议想以此为原本起草“全球伦理宣言”，但是这一目标未能实现。经各地会议后，决定1999年报交联合国。

理与宗教伦理的结合等。①

说到儒家伦理思想，便不能不从儒家的创始人孔子开始说起。孔子的哲学及伦理思想，历经2500余年，到今天已发展成为东方文化的一个重要因素，并作为当今地球村的一种新的伦理思想为人广为探讨。下面，将历经孔孟、宋明时代形成的儒家伦理的特性，从以下六个方面进行探讨。

（一）对象的全体性

儒家伦理认为，人类社会与宇宙是一个有机结构。也正因为如此，儒家伦理讲究在结构上以宇宙的整体结构作为其伦理行为的对象。因而，在这一伦理结构中，不拘泥于有限的人类社会，认为人类社会是与天地万物在同一体系内建立起来的关系。这就意味着人类的伦理体系与宇宙合二为一。这种思维方式可以归结于天人合一的观念。《中庸》之“万物并育而不相害，道并行而不相悖”② 及孟子的“尽其心者，知其性也。知其性，则知天矣”③ 便是很好的例证。将伦理行为的对象扩大到整个世界，虽说是儒家伦理规范的一般特性，但也正由于这一特性，使得儒家伦理思想未能脱离出规范伦理学的范畴。

（二）伦理根据的内在性

这是从思考伦理行为是根据什么而产生的这一问题上而得出的特性。自古以来，中国人就相当重视人类在宇宙中所占有的位置。比如，《易经》“天地人，三才之道”④，《老子》“道天地人四大”⑤，《礼记·礼运》“故人者，天地之心也，五行之道也”⑥ 等，虽表达各不相同，但皆意在重视宇宙中人类所占有的位置。

从古至今表现出来的这种重视人类的倾向，意味着儒家伦理的产生根源是人类自身，也就是说从人类的本性中去寻找。这种倾向在儒家伦理中要比其他任何一种思想都更为突出。

孔子的“仁说”和孟子的“性善说”都体现了伦理以人类内在之性为

① 参见《尚书·周书·洪范》。《洪范篇》在今文尚书与古文尚书中都有，“洪范”的“洪”意味着“大”，“范”意味着“法”。因此，“洪范”这一词汇便代指天地间最为完整的法。这里所说的“五行”“五纪”与自然秩序有关，“五事”为处事的个人伦理，“三德·稽疑·庶征·五福·六极·皇极”为政治伦理，“八政”是有关农事的指南。洪范的这一思想事实上可以说是古代中国的伦理体系及中国社会与文化形成的基石。

② 《中庸》第30章。

③ 《孟子·尽心上》第1章。

④ 《易·系辞下传》“易之为书也，广大悉备，有天道焉，有人道焉，有地道焉，兼三才而两之……三才之道也”。

⑤ 《老子》第25章“故道大天大地大王（=人）亦大，域中有四大”。

⑥ 《礼记·礼运》。

根据这一观点。现代新儒学者将此本性亦称为生命之根据或道德之主体。本性即是伦理规范的根源，又是引发伦理行为的原动力。一个典型的例子是《中庸》之第一句“天命之谓性”。天是生命的根源，包载万物，天所命令的便是生命，亦使生命有了实现的可能性。这也是我们自身的一种本性。因此，“性”便是生命，是实现生命的可能。

最终，伦理不可避免地要扩展到天地万物上。这是因为，人类将自身的本性原封不动地付诸社会实践，并进一步将本性扩展到他人或他物上，结果，本应参与到天地的变化与生成便成了儒家伦理的要求。

（三）宗法体系的伦理结构

宗法制度是传统社会里所体现的儒家伦理体系的一种结构上的特性。儒家伦理体系从整体上来说是依照以家族伦理为基础的宗法制度而形成的。所谓宗法，在古代社会是一种区分嫡统与庶统的制度。在古代社会，人类区分嫡统与庶统的亲疏关系并形成系统，进一步扩大到国家和社会中，旨在建立国家社会的统治秩序。

儒家的家族伦理以孝弟作为人伦道德的出发点，孝弟是宗法社会里所要求的最基本的伦理品德。由此而形成的伦理规范进一步扩大到“长幼有序、朋友有信”的社会伦理，并再次形成“君臣有义”的政治伦理。这样，可以说以家族伦理为基础的儒家“五常”便形成了。

（四）个人修养的重视

儒家在个人的修养上找到了伦理行为的必要条件。因此，作为伦理行为的条件，儒家首先要求“修身”。这是因为，“修身”被认为不仅是个人伦理的出发点，也是家族伦理和社会伦理的源头。孔子说“君子务本，本立而道生，孝弟也者，其为仁之本与”①，《大学》有“格物、致知、诚意、正心、修身、齐家、治国、平天下”②。这里，可以说孝弟是基于修身的一种伦理品德，格物、致知、诚意、正心是个人所应具备的修身的条件。《大学》因“格物、致知”发展到“诚意、正心”，故认为这是修身的完成。通过这种修身过程并扩大开去，便成了“修身、齐家、治国、平天下”，这也意味着通过心性修养的家族伦理、社会伦理、国家伦理，进一步扩展成宇宙伦理。在这种伦理结构中，可以看到通过个人的心性修养，想要实现“天人合一”或“天人合德”这一儒家伦理的整体思维结构。

不过，通过这一点，可以知道传统儒家始终一贯地将家族伦理作为社

---

① 参见《论语·学而》。

② 参见《大学》中“八条目”。

会伦理的典型，并未从本质上明确区分家族伦理与社会伦理的区别。另外，还有一点，正是由于这种家族伦理的基本要求，使得儒家伦理走向世世代代消除个人过度道德义务的义务伦理之路。

（五）内圣外王的理想主义追求

儒家伦理以家族伦理为基本框架，并通过对此进行扩展，具备了发展到政治、经济、社会伦理体系的整体伦理结构。从这种整体结构上看，可以知道儒家伦理的目标在于从内圣延续到外王。如《洪范》所示，中国的政治思想，不管与事实是否相符，都要完完全全基于统治者的伦理道德，这种现象一直延续到近代。这一方面是政治权力的道德化，另一方面也是道德的政治权力化。

儒家认为，只有具备道德素质的人才能得到天命。另外，天命与本性一致，若通过心性修养具备了道德，这个人也就得到了普通百姓的信任，掌握了政治权利的基础。非但如此，政治权利的执行亦应当聚焦于百姓的教化。在这一点上，儒家伦理是政治家的一种必备品德，同时也是政治的一种手段。换句话，也可以说儒家伦理与政治是同一个物体的两面。通过这一点，可以知道中国的政治权利无论如何都应当用道德来装饰，执政者也同样，利用这种伦理体系实现专制统治这一目的。

当然，根据各个时代和社会情况，不发生任何变化是不可能的，但儒家伦理仍然坚持了其基本构造。换句话说，儒家伦理具备包括从个人伦理到世界（宇宙）伦理全过程的整体性、统一性及连续性。因此，儒家伦理体系将个人内在的道德性作为建立并执行整体伦理体系的出发点，通过这一点达到天人合一的境地。实际上，儒家的个人伦理和世界伦理拥有道德性这一共同存在根据，世界伦理是个人伦理的最高目标，个人伦理受益于世界伦理的启迪。最终，这种儒家伦理思想也必然具有伦理发生的必然性、不受历史流向及社会结构变化影响的不变性、伦理的绝对性等缺点。

如此看来，儒家伦理在应对现代社会的多样性上，也许会存在不足之处。现代社会因其结构及职业的多样性，需要与此相配的知识结构和适合各体系的伦理形成及实践。不过，要维系这样的社会，只靠个人的道德性和教化是否可行是第一个问题。第二个问题是产生在农业经济结构中的儒家伦理，将权利的问题转向个人的道德性或上天，对于权利的认识相对薄弱，但是，在现代多样化的职业当中，权利和责任问题主要被视为每个个人的问题。现代人对于权利的主张非常强硬，但是，责任意识也同样要强化。第三个问题是法律和自由的问题。现代人强调法律面前人人自由平等。不过，儒家伦理思想上的自由与个人道德性成比例地发展，那么，在具备多样化的伦理体系与结构的现代社会中，儒家对这一自由问题将如何给予调和？

这些问题，在现代西方伦理思想上也同样可以被提出。当然，在现代社会里，个人具备自身的知识及理性能力，一方面强烈主张自身的权利，一方面又自由自在地生活着。但是，他们的知识和能力大部分都来自对从事职业中效率与效果的追求，在这样的结构中，现代人动辄沦为机器的附属品或商品化，他们的权利主张或自由也同样受限于法律的性质非常突出。因此，对于他们来说，在儒家中所能看到的以个人道德性为基础的无穷的自由或人类的主体性、尊严性相对更易于弱化。

如今，我们有必要对儒家伦理思想的作用进行再次权衡。毋庸置疑，我们要维系被称为儒家伦理优势的正直、信义、爱情、协同之心和人类的主体性及尊严性。这里，笔者将对传统儒家伦理的五常进行再诠释，并努力找出儒家伦理所具有的现代意义。

二、儒家伦理与多文化主义伦理的重组

在现代，西方伦理的优势之一便是对人权的重视。但是，人权重视仅提供脱离外来限制的某种解放，而儒家伦理则更进一步要求内心态度的变化。因此，儒家伦理思想在现代人的内心态度变化上可以提供丰富的资源，此时，儒家伦理思想与西方伦理思想作用相同。

西方站在引领世界的位置上，对自身的传统及文化批评都是十分积极的。他们有着帝国主义这样一个不好的过去，在学术研究上也表现出强烈的倾向西方的偏见。① 但尽管如此，如果我们断绝与西方的交流，无异于因噎废食，只会让彼此间的距离更遥远。

东方虽然无法摆脱儒家文化的制约，但也没有理由全盘否定儒家伦理传统，主张全盘西化。当时，西方人的观点只是聚焦于传教及对中国文物的考证上，他们并不知道中国历史及文化是活生生的客观精神生命这一事实。

因此，在儒家思想中，应该以自己为主体，发扬传统优势，吸收西方的优势元素，发展并提高自己。当然，在儒家伦理当中，也应该去除拥护

① 爱德华·萨义德所言“东方学”是很好的例证。

阶级的封建时代的伦理，在传统伦理当中去粗取精。问题在于我们如何进行正确的选择。

孔子最大的贡献在于找到了生命的内在根源——“仁”，开启了“为己”之学的学问传统。[①] 孟子继承了孔子的思想，并进一步论争了告子与“仁义内在”的问题。[②] 不过，他们在主张“为己”的同时，并没有区分个人和集团。[③] 反而是孟子，一面排斥杨朱的极端个人主义，一面又排斥墨子的极端集团主义。孟子只是想舍弃“私”而已，并未想消灭“己”，宋儒所称“存天理，去人欲”也同样，并不是断绝所有欲望，而是抵制不正当的“私欲”。因为“私欲”是与“天理”相对立的。特别是伊川继承张载“西铭”的“民吾同胞物吾与也”[④]，建立了“理一分殊”的伦理，为后代性理学做出了典范。[⑤]

事实上，孔孟的儒家伦理到董仲舒时被歪曲，孔子“君君臣臣父父子子”[⑥] 的正名论本是有着双方关系的伦理，但董仲舒建立所谓的“三纲”伦理体系，将双方关系变为单方面的纵向关系。之后，在被歪曲的儒家伦理中再也找不到孟子的批判精神，导致在此后的两千年里，人权思想最终无法抬头。

实际上，孔子的“德治”与孟子的“仁政”至今未能付诸实施，因此，牟宗三才主张“三统说”。他主张内心方面的道统一定要得到继承，要打开“新外王”，只有这样，才能实现自我的扩大与扩充，建立学统和政统，吸收西方的科学和民主。[⑦] 我们是否认同牟宗三的话暂且不论，但可以明确的是，至少他为儒家伦理提供了新的导向。

今日，西方学者认为儒家的传统伦理缺少人权意识。这种想法虽不无一定的道理，但他们也同样因偏重外在的人权而不可避免地出现了偏斜倾向。正是在这一点上，传统儒家伦理能够为现代世界提供丰富的资源。在这里，单纯的复古是绝对行不通的。

---

① 参见《论语·颜渊》“为仁由己而由人乎哉?”及《论语·里仁》“夫子之道忠恕而已矣”。

② 参见《孟子·告子》。孟子曰：“恻隐之心，人皆有之；羞恶之心，人皆有之；恭敬之心，人皆有之；是非之心，人皆有之。恻隐之心，仁也；羞恶之心，义也；恭敬之心，礼也；是非之心，智也。仁义礼智，非由外烁我也，我固有之也。”

③ 孔子通过忠恕之“一贯之道”（《论语·里仁》）及“仁者，己欲立而立人，己欲达而达人”（《论语·雍也》），孟子通过四端之心的扩充展示了类似的例子。

④ 参见《张载全书》卷1《西铭》。

⑤ 参见刘述先《世界伦理与文化差异》，第230页。

⑥ 参见《论语·颜渊》。

⑦ 参见牟宗三《道德的理想主义》（台北：台湾学生书局，1982年，修订第5版）第2页及260—262页。

从今日多文化主义的观点来看，世界上的所有文化都应该以各自为中心，互相尊重，平等交流。在这一点上，刘述先建议从现代意义上重新诠释并借用宋儒的“理一分殊”论。他认为，现在我们接受多文化社会的这样一种本质上的思维为“理”，在各个文化中，坚持的伦理形式可能互有不同，但又要互相尊重之义就应为“分殊”。这绝不是要全世界消除彼此间的差异，共同形成一个伦理体系。宋儒的“理一分殊”虽从形而上学的概念出发，但意在将此运用于将“相互平等”作为重要原理之一的现代社会伦理体系，这才是初衷。①

现在，西方人对传统意义上的真理或道德观抱有十分怀疑的态度。这大概是由于过分单一而呆滞的传统伦理标准产生负效应，这意味着应当打破这座壁垒。但是，时至今日，我们还面临着一个新的问题，那就是整个地球村变成一个和平地带后应如何建立单一的全球伦理的问题。与此相关，该如何做才能解开这个问题也是我们不容忽视的。为此，我们应当在各自的宗教道德伦理之上，开启新的世界。笔者也欲在此找出儒家伦理的现代意义，特别是通过对五常观念的重新诠释找出儒家伦理的现代意义。

三、五常的现代意义

1997 年 12 月，孔汉思在“全球伦理宣言”中提出为实现世界和平，在任何一种文化内都能得以通用的一个金律。

“无论是何种宗教传统，虽然其表达方式各不相同，但均能找到一个金律。经过数千年，我们在人类众多的宗教和伦理传统中，可以找到一个不断延续的金律，即‘自己不想要的，勿指使他人’。或者用一个更积极的方式表现为‘把自己想要的给予他人’。这在家庭、社会、种族、国家、宗教等所有的生活领域中均是一条无法取消的无条件的规范。”②

这一金律既可以看作是支配我们个人行为的一种具体标准，也可以扩大到世界范围，看作是国家与国家间的一种伦理标准。进而言之，作为这一金律的实践准绳，他又提出“对于非暴力文化及尊重生命的义务”“对于团结文化与公正经济秩序的义务”“对于包容文化和真诚生活的义务”“对于平等权利文化和男女伙伴关系的义务”等四大义务，并解释为“尊重生命不杀生”“诚实公平交易不偷盗”“言行真实不妄语”及“互敬互爱

① 参见刘述先《世界伦理与文化差异》，第 232 页。

② 参见刘述先《世界伦理与文化差异》，转引自 234 页。

不邪淫”。①

孔汉思在起草这一“宣言”时，努力找寻一种贯通古今中外而又合乎世界伟大精神传统的理论。因此，他找到了“人一定要以人相待”这一根本要求。值得一提的是，一个有趣的现象就是儒家虽不隶属于有组织的宗教，但孔汉思无论何时都会将孔子放在第一位，放在最前面。②

在这一金律中，“自己不想要的，勿指使他人”及“把自己想要的给予他人”这样的表达与《论语》“己所不欲，勿施于人”及“己欲立而立人，己欲达而达人”一脉相通。③ 孔子的这一言论实为实践仁的一大前提条件，日后，有关仁，孟子重新诠释为“仁义礼智”，董仲舒又在此基础上加一“信”，发展成五常。④ 在这种前提下，笔者力求通过对五常的现代诠释而指出“宣言”中所提到的有关解决现代社会问题的一个方案。

第一，“对于非暴力文化及尊重生命的义务”建议禁止杀生及暴力并主张尊重生命。这一问题可以通过位于五常之首的“仁”得到启示。现代社会存在的最严重的问题莫过于轻视生命、乱用暴力。在世界各处引发的宗教战争或是民族战争都应以非暴力的方式予以解决，重视生命的思想也应扩展到植物和动物世界中去。孟子认为“仁”通过“恻隐之心”有所表现。当然孟子当时的“仁”主要适用于人类伦理。虽然未能启蒙西方近代式的人权观念，但它仍顽强地维系着人类之尊严。之后，宋儒们将“仁”这一概念上升至形而上学的角度进行诠释，范围也随之扩大到了人类生命与万物生存之意志上。⑤ 他们的这一哲学同时包括现代社会重视自然保护之义。

因此，人类应当从小学习尊重生命及非暴力文化，应当意识并实践孕育在“仁”里的爱及万物平等的价值观。否则，我们将付出沉重代价。

第二，“对于团结文化与公正经济秩序的义务”建议协同应对因践踏

① 参见刘述先《世界伦理与文化差异》，第235—236页。

② 参见刘述先《世界伦理与文化差异》，第236页。论者将此原理与五常联系，欲找寻五常之现代化意义。

③ 参见《论语·卫灵公》“己所不欲，勿施于人”及《论语·雍也》“己欲立而立人，己欲达而达人”。

④ 笔者之所以将此“宣言”看作是现代社会问题的集中体现，是因为此宣言得到了当时代表全球的30余位哲学家的认同。提出“三纲”的董仲舒在孟子的“仁义礼智”上又加了一个“信”发展成了“五常”。他所谓的五常依据的是五行的道，规定其五常与三纲同为天之意，为不变之伦理规范。

⑤ 程颢与程颐将《易传》的“生生”解释为“仁”，认为“天地之大德曰生”。在中国的文化传统中，无论何时，都未能对自然与非自然之间的界限做一划分。所谓自“亲亲而仁民，仁民而爱物”至宋明儒的“天地万物一体之仁”，在中国哲学里，均为扬名声势而得的重要价值。

人权、不义、贪欲及榨取行为等而导致经济秩序一片混乱的独裁国家和资本主义。这一问题通过“义”的现代诠释可以找到解决线索。现在，地球村一方面饱受贫穷、饥饿，另一方面则充斥着无穷无尽的贪心、欲望。贫富分化日益严重，仇恨日益加深。现在，强大国家应当停止抢劫行为，发达国家应当停止浪费资源，发展中国家应当遵从良心采取行动。因此，孔子早就说过“不义而富且贵，于我如浮云”①，孟子则严格区分“义”与“利”，认为“苟为后义而先利，不夺不餍”②。

现在，市场经济不可阻挡，新自由主义更是肆虐嚣张。然而，这一竞争方式的缺点也已经显露。资源是有限的。我们所有人要想在未来和平共存，就应当思考以“义”为原则的“调和与共存”这一原理。

第三，“对于包容文化和真诚生活的义务”建议停止互相欺骗。我们应当接受彼此的差异，相互调和，互相给予真切言行及宽容。现在的企业接二连三地弄虚作假，只为谋求他们自己的利益，甚至学者们不遵守研究伦理及道德之事也时有发生。五常之“信”在这一点上就有了十分重要的道德性。孔子所言“一贯之道”就是对己诚实对人宽容。③ 因此，他认为“信”比军队或饮食都重要，主张“自古人人皆有一死，但百姓不信执政者则国家不存”④。

第四，“对于文化的平等权和男女伙伴关系的义务”建议取消人类出现以来所不断发生的男女之间的性差别及虐待，恢复爱及平等。孟子早就说过“恭敬之心，礼也”⑤。我们通过圣经或古典文献可以找到有关种族歧视或性差别的文章，也知道汉代政治化的儒家所强调的“三纲”已由君臣与父子之间的双方关系变为重视君权、父权、夫权的纵向关系。实际上，这是在歪曲孔子的“正名”思想，是在玷污儒家的本质。

走进现代社会，西方首先实行民主主义，给予妇女投票权，实施男女平等，并传播至全世界。不过，到目前为止，性剥削和歧视还未得到根除。我们应当在传统中超越时代，果断舍弃不适合现代社会的东西。现在，我们应当做的最重要的事情之一，就是在日益狭小的地球村上，建立不存在种族、性别差异的新礼仪秩序，营造所有人都能够平等、和平相处的文化氛围。大自然当然也应包括在内。这是21世纪儒家伦理应当向往的

---

① 参见《论语·述而》。
② 参见《孟子·梁惠王上》。
③ 参见《论语·里仁》“吾道一以贯之……夫子之道忠恕而已矣”。
④ 参见《论语·颜渊》“足食，足兵，民信之矣。……自古皆有死，民无信不立”。
⑤ 参见《孟子·告子上》。

和谐与大同。

最后，笔者想提出“智”。无论何时，和知识相比，儒家都更重视智慧。孟子将“是非之心”说成是“智之端也”，孔子将“智仁勇”说成是“三达德”，这里所言的“智”即是属于为所有行为而做的判断力之智慧。①

从概念上来说，知识与智慧存在着差异。智慧并非依照感官直觉与机械测量而获得的知识，而是通过个人修养而获得的高尚人格。实际上，知识若能被智慧地引用，也将具有普遍意义。

当然，这种儒家伦理归属于价值领域。尽管西方的伦理实证论者主张“伦理价值纯粹相当于个人主观情绪的选择”，但事实上，经验主义者休谟又何尝不是认同“同情”这一共同价值?② 我们应当坚持，伦理绝不是个人能够随心所欲进行取舍的价值。

道德上的决定不同于自然科学，一定要依靠个人的自觉与判断，通过经验观察而得的推论和概括对此不具有任何约束力。换句话说，归纳是任何道德法则都无法给予充分证明的。这明确意味着，文化习俗绝不像想象的那样可以随心所欲进行取舍，亦无法展现普遍之至的方式。③

结　　论

我们应当将上面提到的“仁义礼智信”用来教导年轻人，引导他们不要只拘泥于教室内的学习，而应成为在生活中进行实践的全新文化人。事实上，这与《大学》中“修身、齐家、治国、平天下”的理想相呼应。当然这并不是能够轻易实现的。我们应当从中选取适合现代社会的，舍弃与现代社会不相协调的。无论是儒家传统抑或是西方传统，我们应当接受两者之间的差异，无论是东方还是西方，我们应力争将各自所具有的伦理优势转变成在整个地球村都能够进行疏通的普遍伦理。尽管这并不是现代社会完备的指南针，但全人类应当形成共识，致力于伦理上的沟通。

孔子的“仁”，即忠恕精神是一种超越时空的大教诲。孟子称孔子为“圣之时者”④，这同时也暗示我们对儒家伦理进行现代的重新诠释是有可能的。今日，无论何种伦理体系，都不得不受到特定时空及文化传统的限

① 参见《孟子·公孙丑》“是非之心智之端也”及《中庸章句》二十章“智仁勇三者，天下之达德也”。

② 参见刘述先《世界伦理与文化差异》，第244页。

③ 参见刘述先《世界伦理与文化差异》，第246页。

④ 参见《孟子·万章下》“孔子圣之时者也”。

制，单一伦理体系的绝对化不再可能。我们虽然不能接受汉代董仲舒政治化的“三纲”，但两千年前孔孟起草的伦理体系亦不能全盘照搬。就像新的文化会随着时代的到来而形成一样，儒家伦理也必然有适应时代而再解释的部分。

现在，我们虽然没必要强行寻求伦理上的统一，但是对于对方伦理的宽容，一定应该加以强调并进行号召。在不同的文化传统之间，为寻求共同价值进行沟通，彼此协调努力。这正是孔子的“忠”“恕”精神，植根于此的“五常”的现代化将实现其具体的实践标准与精神作用。

儒道关系

先秦道家“圣人”观探略
——以老子、庄子为线索*

洛阳师范学院政法与公共管理学院　王敏光

一系列有关先秦道家①文献的出土为我们进一步研究老子②与庄子提供了更多佐证材料。本文认为从思想义理、传世文献与出土材料等方面综合考辨老子、庄子及其“圣人”观，当为可行。基于此，本文认为《老子》基本反映了老子的思想主张，《庄子》基本展现了庄子的思想倾向及价值观。

圣人③是先秦诸子共同关注的重要话题之一，但呈现的面向同中有异。先秦道家的圣人观为老子所首倡，后经庄子深入阐释，先秦道家圣人观变得更为高蹈。故考究老子与庄子之圣人观需结合其所处时代背景与整体思想意涵，以多重向度加以深究，方能彰显老子与庄子圣人观的深意。

一、老子哲学视域中的圣人与道

圣人在老子哲学中既是不同层次体道者所追求的理想境界，又是大道落实在人世间的化身之一。那么，圣人与道在老子哲学视野中有着什么样

* 基金项目：国家社会科学基金后期资助项目（15FZX016）；河南省高校科技创新人才支持计划项目（人文社会科学类）（2017-cxrc-012）；河南省高等学校青年骨干教师资助计划项目（2014GGJS -117）；河南省哲学社会规划青年基金项目（2014CZX004）的阶段性成果。

① “道家”之称谓，并非首现于先秦时期，据现有文献记载，司马谈在其《论六家要旨》中最早提出儒、道、墨、名、法、阴阳六家之说，是出于研究上之方便，遂把先秦诸子学说中主张相近者归为一类，称之为某一家，后人多承袭之。

② 对于老子与庄子关系的定位，笔者认同老子为春秋末期人及庄子为战国中期人的说法。

③ “圣”出现早于“圣人”，许慎《说文解字》释为：“圣（圣），通也，从耳，呈声。”李孝定《甲骨文字集释》云：“圣，象人上着大耳，从口，会意。”“圣”在殷商时期之内涵主要与通达至上神意志的能力或技艺有关，主要不在于通达者自身的内在品质；而周文化突出了对“德”的认识，出现了“圣人”概念，《尚书》《诗经》《左传》《国语》中均有出现，使得“圣人”内涵变得日益丰富，具有高度智慧、美好品德、人间生活规范与秩序的维护者、德福统一等特征，故“圣人”自诞生起就是德才兼备的化身。（成云雷：《先秦儒家圣人与社会秩序建构》，上海：上海古籍出版社，2007 年，第 1—12 页）

的关联呢？依据《老子》文本可做如下厘析：“是以圣人抱一，为天下式”①，此句帛书本为“是以圣人执一，以为天下牧”②，楚简本无此句，“一”在此句中应当是指道，而河上公对此释为：“抱，守法式也。圣人守一乃知万事，故能为天下法式也。”③ 此说重在阐发圣人能守法则之意，而非指道，今人陈鼓应认为一指道，此说可榷。王弼则把一释为“一，少之极也”④。王氏此解乃言圣人治理天下，最大限度减少外在因素对人的束缚，意在突出圣人与世无争的品格，启发世人同样应该处下不争，此解显得牵强。今人高亨在解释一时，认为：“一，指道。第三十九章：‘天得以以清，地得一以宁。’可证。”⑤ 高先生此说指明了老子在此句中之意图在于彰显圣人与道的关联，圣人深谙宇宙变化之道，意在引导世人勘破此种隐含之规律与准则，此说可谓深得老子之旨。

高明依据帛书本《老子》认为抱一与执一有着明显区分，他认为执一就是执道，意指圣人能体悟到一系列规律及准则，并引《文子·符言篇》《管子·心术篇》《管子·内业篇》《荀子·尧问篇》《韩非子·扬权篇》等加以佐证；而对抱一之内涵，高先生引贾谊《新书·道术篇》言：“言行抱一谓之真，指言与行一致，并认为作为哲学概念，抱一与执一有着明显不同⑥，高先生此番论证，具有较大启发性。但笔者以为，执一与抱一在老子思想中无质的区别，执一是指圣人把握到天地间的法则，并依此治理天下，意在突出圣人依规律治国的一面；抱一则是指圣人言行一致的另一面，圣人依此一原则“作为天下事理的范式”⑦，观此两版本的解释，均仅拘泥于圣人单一面向而致。其实我们在理解老子的圣人观时，应当注意到圣人的多重面向，也就是说圣人在不同情境中可呈现为不同面目，因此，笔者以为这两说都有其合理性。第二十三章明确阐述了圣人与道之关系，在老子看来，圣人所体现的人道是大道落实在每一个生命中真实之体现，而非世俗意义上的人道。总之，老子言圣人重在观人事，故《老子》其余三十一处谈圣人均围绕治世而展开，老子期望由圣人此理想人格，通过“无为”等方式生发出对理想社会之向往。因此，圣人境界体现了道在域

① 王弼：《老子道德经注》，楼宇烈校释，北京：中华书局，1980 年，第 56 页。
② 高明：《帛书老子校注》，北京：中华书局，1996 年，第 340 页。
③ 河上公：《河上公章句》，北京：故宫博物院影印，1932 年，第 36 页。
④ 王弼：《老子道德经注》，楼宇烈校释，第 56 页。
⑤ 高亨：《老子注译》，北京：清华大学出版社，2010 年，第 44 页。
⑥ 高明：《帛书老子校注》，第 340—341 页。
⑦ 陈鼓应：《老子今注今译》，北京：商务印书馆，2003 年，第 162 页。

中所现之一切真、善、美。

二、老子圣人观的多重面向

圣人作为老子哲学体系中的最高理想人格，其突出特征一是善体道、悟道，是大道在人世间之至高境界的体现；二是在特定语境中圣人与统治者合二为一，显示为圣王之倾向。在《老子》八十一章中有二十六章谈到圣人，多以积极形象出现，而在《老子》第八章虽无圣人语词出现，但却较为全面表达、展示了圣人之多重面向①，曰：

> 上善若水。水善利万物而不争，处众人之所恶，故几于道。居善地，心善渊，与善仁，言善信，正善治，事善能，动善时。夫唯不争，故无尤。

王弼本、帛书本均有此章，但笔者认为以王本为优。水有形，圣人兼具德与形，而道无形无体，故不可言说，老子以水喻上善之德，上善即上善之人，而上善之人即为圣人②，圣人如水，能随物流转，又不失却自我本真。对此，今人张松如认为："水德的写状，又是实指上善之人，亦即通过水的形象来表现'圣人'乃是道的体现者。"③ 此说诚是，但对于圣人在现实层面如何体道，我们当作进一步深究。《老子》第八章首先通过综合展现水利万物而不争及处众人之恶的特性来展现圣人的特征，接着具体分析圣人所具备之七德，即善地、善渊、善仁、善信、善治、善能、善时等，以此来彰显圣人所备之面向的九个向度④，这也意味着圣人应时、应人、体道，面向异同相应。

圣人之治世方略落实到现实层面，具体关怀方式是无为，如"是以圣人处无为之事，行不言之教"⑤。此句王弼本、帛书本、楚简本均有，且基本一致，重在言圣人治国之关键在于依无为等方式行事。对此，今人蒋锡昌认为："圣人一面养成自完；一面以自完模范感化人民，让人民自生自

① 王奕然：《试论孔孟、老庄之"圣人"面向》，《孔孟学刊》第46卷，第9、10期，第3—4页。

② 蒋锡昌：《老子校诂》，上海：商务印书馆，1937年，第83页。

③ 张松如：《老子校读》，长春：吉林人民出版社，1981年，第50页。

④ 高亨先生认为"上善之人"当有九个优点，较富启发性。

⑤ 王弼：《老子道德经注》，楼宇烈校释，第6页。

营，自作自息。”① 此论阐述了针对不同层次的体道者无为展现出的不同内涵，但蒋先生进一步认为老子所言的圣人均为理想之人君，似不妥。笔者以为，理想人君自是圣人的一个面向，但不能仅仅僵固于此，圣人在老子思想体系中应有多重之显示，此章与“故圣人云：我无为而民自化”“是以圣人无为，故无败；无执，故无失”② 等章内涵呼应且一致。

圣人在面对世俗中人时，采取的方式依然是无为，但就具体面向而言，乃是针对世俗社会对人之束缚而论。如“是以圣人之治，虚其心，实其腹；弱其志，强其骨”，王弼本与帛书本同，楚简本无此句，此为圣人深察现实层面的人被世俗社会所窘惑时有感而发。春秋末季，世俗之人对名利、财货之无尽追逐，导致欺诈伪作充斥世间，故此当是针对“民”而言，而非针对“侯王”而言，今人张舜徽认为“四‘其’字，皆指人君自己而言”③。此论非是，原因在于上句明确谈民在面对尚贤、财货而丧失自我之情形，因此，“其”当指民而言。圣人之治在于使民生活在“无知无欲，甘食肚饱，健强体魄，而无愤无争，安居乐俗”④ 之状态中，这才是老子思想中人真实生活情形之写照，此方合乎老子思想义理。《老子》第十二章、二十九章、五十七章、七十九章等与此章义理相合，均强调圣人如何引导世俗之人摆脱外在世俗之价值约束，以回归自我、体认大道。

老子言圣人多以正面言之，但通行本《老子》第十九章却有“绝圣弃智，民利百倍；绝仁弃义，民复孝慈；绝巧弃利，盗贼无有”之论，此句王弼本与帛书本《老子》内容基本相同，楚简本亦有此句，但具体内容与以上两个版本差异较大。郭店楚简本《老子》出土之前，有学者认为《老子》对圣、仁、义持否定态度，且据此认为老子晚于孔子。笔者以为依此而得出此结论有失偏颇，原因如下：第一，仁虽是孔子哲学之核心概念，但仁的思想出现并非始于孔子，今人刘翔从文字学视角出发，从字形与字义两方面对仁进行了详细考证，认为“仁字初义是心思爱惜人的身体”⑤，后来才发展为仁爱观念，孔子从哲学高度对此给予了提升，遂成为儒家人本思想之核心根基；第二，老子哲学多是针对周文之弊而发，并非针对某单一学派而论。因此，即使依据通行本与帛书本，亦不能据此言老子晚于孔子。老子所批判的对象是对人形成禁锢、被异化了的世俗文化与体制，

---

① 蒋锡昌：《老子校诂》，第 15 页。

② 王弼：《老子道德经注》，楼宇烈校释，第 150、166 页。

③ 张舜徽：《周秦道论发微》，北京：中华书局，1982 年，第 165 页。

④ 高明：《帛书老子校注》，第 237 页。

⑤ 刘翔：《中国传统价值观诠释学》，上海：华东师范大学出版社，2010 年，第 168 页。

并非对圣、仁义本身之遗弃。楚简本《老子》此句为："绝智弃辩，民利百倍。绝巧弃利，盗贼无有，绝伪弃诈（廖明春认为该处应为'虑'），民复孝慈。"①

有学者②据此认为老子与孔子思想在初创时期相通之处应占据主导，主要依据即是此章。但我们全面审视楚简本《老子》会发现，甲、乙、丙三组《老子》虽然不及通行本整体文字三分之一，但整体思想倾向与通行本、帛书本基本一致，故老子在"文教政治的各个领域，形成和儒家思想的根本性的对立"③，当是可信之论。故老子及道家之圣人与孔子及儒家之圣人有着根本不同，儒家所指之圣人多侧重伦理道德之楷模而论，而老子所言的圣人是"体任自然，拓展内在的生命世界，扬弃一切影响身心自由活动的束缚"④ 的理想人格，不可与儒家圣人观混而视之。

老子在看待人时，采取的态度是首先树立人在宇宙中的地位，然老子树立人之地位并非处处以人为中心，而是站在道的立场上，采取自然与无为方式视之，并在此基础上注重人与万物生命的自化。如第二章"天地不仁，以万物为刍狗；圣人不仁，以百姓为刍狗"。大道对万物无任何偏爱，万物依顺自然，依道而化，秉承大道之圣人在治理国家过程中对待百姓亦复如是。

综上观之，老子对圣人之诠释侧重于政治哲学视角，落实与展现的重点在于现实世界，即使如此，老子开辟的此一向度对道家后学产生了莫大影响，尤其对庄子圣人观影响甚深。庄子不但拓宽了圣人观的内涵，而且在凸显万物平等意识基础上把诠释之重点落实在了精神领域，凸显人精神性向度中超拔的倾向。

三、庄子对老子圣人观之拓展

庄子高扬的圣人多是指得道之人在精神层次上对于大道之体悟，是达

① 李零：《郭店楚简校读记》（增订本），北京：中国人民大学出版社，2009 年，第 5 页。

② 聂中庆《郭店楚简〈老子〉研究》（北京：中华书局，2004 年，第 187—188 页）认为老子不但不反对"圣"，亦不反对"仁义"，并认为古史辨派怀疑通行本《老子》激烈反对"仁义"是有道理的，进而认为春秋晚期儒、道并非势同水火；侯才《郭店楚墓竹简〈老子〉校读》（大连出版社，1999 年，第 6 页）认为孔、老关系并非后人所描述截然对立；金春峰《〈周易〉经传梳理与郭店楚简思想新释》（北京：中国言实出版社，2004 年，第 176—179 页）认为即使从楚简本出发来看老子、道家与孔子、儒家的对立是根本性，我们并不能据局部之论而失整体之义理。

③ 金春峰：《〈周易〉经传梳理与郭店楚简思想新释》，北京：中国言实出版社，2004 年，第 181 页。

④ 陈鼓应：《老子今注今译》，第 82 页。

于“心”与“物”、“形”与“神”内外合一境界之人，对此，庄子称之为至德之人，具体展现为“天人”“至人”“神人”“圣人”“真人”[①] 等，此五种理想人格在庄子哲学中并非在境界上有着高低层次之区分[②]，只不过是庄子在针对世俗社会中不同陋弊之见方便说法而已。此五种理想人格在融通基础之上且兼具独特性。他们共通之处在于：均能摆脱功名利禄之束缚，以自然之态，行无为之道，以达“逍遥”之境。故此五种得道之人在庄子思想中既是至高之人生境界，又是现实社会中独立、理想人格之代表，让我们一一展开，给予分别爬梳。

对于天人之界定，庄子曰：“夫复謵不馈而忘人，忘人，因以为天人矣。”[③] 此对天人之界定，显然是从老子对“天之道”与“人之道”的区分而来，老子曾有言：“天之道，损有余而补不足。人之道，则不然，损不足以奉有余。”[④] 庄子所言之天人正是因顺天道之人，人道是文明社会在推动自身行进过程中人为设立起来，约束人自身的种种外在藩篱，此人道使得人类陷入俗世社会礼、法、刑、名之中不可自拔。在庄子看来，从名、利之中超脱，返归自我之本根，做到不偏离大道，只有具有此等境界之精神个体，方可谓之天人。

从字面意思理解至人，即是言世俗社会中，达精神极致而论，且能够做到无所待，可谓是无己之人。对于至人，其超越于世俗之人及价值之处在于面对外物之诱惑而不为所动。在庄子看来，至人的典型特征在于“乘云气，骑日月，而游乎四海之外。死生无变于己”[⑤]，世俗之人的“有待”是有心为之，无形中对自我及万物形成了伤害，而“至人之游”虽有所待，但均是以无心应之，是以一种与万物协调共存之态度待之，看似有待实则无待。世俗之人往往喜生、恶死，但在至人看来，生、死乃自然之流转，生时自然生，死时顺然而死，生、死之间不过是自然流变而已，至人在看透生、死中达到逍遥之境界。庄子对至人的这种看法，在《庄子》中

① 崔大华教授对此有甚为细致的区分，有“至人”“神人”“圣人”“德人”“大人”“天人”“全人”。（参见崔大华《庄学研究》，北京：人民出版社，1992年，第143、151—152页）

② 清代学者宣颖在解释四种得道之人时，认为天人是第一等人，神人为第二等人，至人为第三等人，圣人为第四等人。此四等人，皆原于一也，但推及其至，有此等杀耳。（参见（清）宣颖：《南华经解》，曹础基校点，广州：广东人民出版社，2008年，第197页）郭象释解为：凡此四名，一人耳，所自言之异也。成玄英阐释为：以上四人，只是一耳，随其功用，故有四名也。（参见郭象《南华真经注疏》，成玄英疏，曹础基、黄兰发点校，北京：中华书局，1998年，第604页）

③ 郭庆藩：《庄子集释》，王孝鱼点校，北京：中华书局，1961年，第815页。

④ 王弼：《老子道德经注》，楼宇烈校释，第186页。

⑤ 郭庆藩：《庄子集释》，第96页。

有多处应之，如言至人养生之经时，庄子曰：

“相与交食乎地而交乐乎天，不以人物利害相撄，不相与为怪，不相与为谋，不相与为事，翛然而往，侗然而来。”①

至人之境界与天地相往来，不会在实然状态上与万物产生冲突，但至人内外一体，顺乎自然，以无心应万物。在谈到至人之修养时，庄子曰：

“忘其肝胆，遗其耳目，芒然彷徨乎尘垢之外，逍遥乎无事之业，是谓为而不恃，长而不宰。”②

庄子所言之至人对自身形体、世俗之智，采取一种“忘”的方式看待，至人之忘，并非世俗意义之忘却，而是对世俗之人执于自我形体，囿于“小知”的一种超越。唯其如此，至人方能悠然逍遥于世俗之中。此种境界层次上的至人，与老子所指圣人有着相似性，这也表明，庄子是怀着一颗赤诚之心对现实社会给予着持续的真切关怀，只不过此情结中饱含着无奈与隐晦。可见，庄子对于至人之阐释，归于一点当为“无己”，而又不失其真，正是在无己境界中，人才能真正发现自我及自身之价值。

神人是庄子所谈得道之人中相对言及较多的一个理想人格形象。有学者认为庄子所言之神人相较于至人而言，“至人还在‘流俗世界’（尽管他至于其他边界），而神人则滑入另一个隔绝于世俗世界的莫测世界（借用宗教的概念可以称之为彼岸世界）”③。笔者认为此说则是对神人内涵的误读，观庄子所言之神人之“神”在乎精神上对俗世之超拔，而不在于其是否具有人格意味上的神性，神人只是庄子针对俗世之蔽时，为阐述之方便而塑造的一种理想人格。④ 神人并非超越于世俗之人的特殊存在，而是芸芸众生中一员，只不过神人特异之处在于其精神境界高于世俗之人。神人不但能做到自我逍遥，而且可与天地、万物共逍遥。庄子对神人有着两处描写，一是着眼于对神人外在形象及行为之写状，此番之描写使得神人近乎具有神性，但庄子之描写落脚点在于神人能“游乎四海之外”，神人自身不但实现了自身之逍遥，而且使得天地自育，万物自化；二是从神人自身之修为层面上来讲，神人可做到：“上神乘光，与形灭亡，此谓照旷。致命尽情，天地乐而万物销亡，万物复情，此之谓混冥。”⑤

---

① 郭庆藩：《庄子集释》，第 789 页。

② 郭庆藩：《庄子集释》，第 663 页。

③ 郭美华：《出离与返回：作为过程的逍遥——〈庄子·逍遥游疏解〉》，《中国哲学史》2009 年第 4 期。

④ 暴庆刚：《千古逍遥——庄子》，南昌：江西教育出版社，2008 年，第 264—265 页。

⑤ 郭庆藩：《庄子集释》，第 443 页。

神人虽有身，但从不执念于身，而能使外物顺自身本性而为，不受外物之累，而与道冥合于一。对于神人，宋代林希逸对此疏解为具有“出乎天地之外……以天地之道自乐，而万事无所累于我”① 之人，可谓精到。正是因为神人通过精微之方，达到一种混冥之境，所以庄子认为神人在无形中成就了万物，神人把自身之功用消弭于无我之境界，但对大道之精微又体悟至深。

圣人是庄子所推尊的得道之人中论述最多的理想人格形象与人生境界。在庄子视野中，其他诸家尤其儒家之圣人多为礼、义、刑、法制定者之典型代表，尤其在精神层面对人本然心灵上的桎梏，已至无以复加之地步，所以庄子批判儒家圣人着重突出于伪善、虚假一面。在对儒家圣人观批判的同时，庄子也着力展示承老子而来之圣人观。从上文论述可知，老子所言之圣人，多是在治国、治世中实现对人的关怀，而庄子所论之圣人，多把关注目光转移到了精神领域，落实到了对个体生命精神层面的关怀之上。

庄子对圣人之定位在于其“无名”，在无名这一点上，老子与庄子所言之大道均是以无名为其主要特征，圣人在俗世中，不仅能洁身自好，能够保持较高道德修养，做到与大道为一，与万物和谐相处，而且在顺化万物这一点上，与至人、神人等一样采取春风化雨方式，协同万物自我生长。

圣人身存俗世之中，而能游于尘世之外，庄子集中对道家圣人之论述体现如下：

“圣人之生也天行，其死也物化；静而与阴同德，动而与阳同波；不为福先，不为祸始；感而后应，迫而后动，不得已而后起。去知与故，循天之理。故无天灾，无物累，无人非，无鬼责。其生若浮，其死若休。不思虑，不豫谋。光矣而不耀，信矣而不期。其寝不梦，其觉无忧。其神纯粹，其魂不罢。虚无恬淡，乃合天德。”②

此段论述是庄子对道家圣人集中而又全面之展示，在庄子思想其他各处虽亦有较多论及圣人之处，但笔者以为此段最能反映庄子对圣人之高扬，其他各处对圣人之论述，皆可与此段论述相映照。我们从此段长论中可以看出，圣人对于生、死、阴阳、动静、祸福、是非、形、神、天德等

① 林希逸：《庄子鬳斋口义校注》，周启成校注，北京：中华书局，1997 年，第 202—203 页。

② 郭庆藩：《庄子集释》，第 539 页。

方面均有自己独到之看法，依此庄子所树立之圣人，对于人生于世可谓是给予了深度审视。庄子认为以圣人眼光视之，万物应顺乎大道，当视生死为“物化”①，其实庄子所言之物化，当是指人应从容面对自身之死，应把死看成与生同是顺应大道之化的体现，而不必起执于生、死；对于俗世之中福祸、名利及言辞之争，圣人独到之处在于对于这些均等同视之，这样圣人才无所系、无所累，而这些皆可归结于圣人以虚、静之心看待天下万物。可见，庄子所论之圣人是德、精、神合一的精神境界，圣人以不言之教行感化之功，与万物顺然相处，圣人之功泽被天下而不被知。依此来看，庄子所言圣人行事之方式完全超脱于世俗价值之外，在于其“以天为宗，以德为本，以道为门，兆于变化”②。

庄子思想视野中的另一得道之人为真人，庄子认为真人有以下特异之处：第一，真人通达知与真知之分际，真人并非对所有知给予否定，对于大道运行之理，以及与大道运行轨迹相一致之理，庄子视之为真知，此真知与偏于一物之知、执于一言之论显是有着质的区别。对于真人与真知之关系，郭象注解为：“有真人而后有天下之知皆得其真而不可乱也。”③ 郭象认为真人是获得真知的前提与基础，从这一点上来看，真人、真知与圣人在与世俗世界之距离方面似乎更为接近，对此，成玄英进一步疏解为：“夫圣人者，诚能冥真合道，忘我遗物。怀兹圣德，然后有此真知，是以混一而无患累。”④ 真人与圣人之共同特点在于身处世俗世界而无所执系，把外在之知转化为内在之知（真知），从而实现真知与真人合二为一；第二，真人之独特性在于能够合理对待世俗中的事与物，在看待由此引发的一系列行为之时，皆能顺应万物本性而为。而真人对真的把握，是缘于对外在于自我世界的不执着、不缘求，以平常心看世界，在于真人可以“不

① 对于“物化”，古今解庄者意见纷呈，大体分为两派：一是以郭象、成玄英、林希逸为代表，他们主张“物化”为万物变化而相通；二是以陈景元、褚伯秀、王敔为代表，他们认为“物化”当释为万物皆一源之所化。（参见崔大华《庄子岐解》，郑州：中州古籍出版社，1988 年，第 108—109 页）陈鼓应从第一种观点中进一步解释为万物的转化。（参见陈鼓应注译《庄子今注今译》上、中、下，北京：中华书局，2009 年，第 102 页）方勇则把“物化”释解为两义：一是指一种泯灭事物差别，彼我浑然同化的和谐境界；二是指像万物一样蜕然而无系念。（参见方勇译注《庄子》，北京：中华书局，2010 年，第 43、249 页）

② 郭庆藩：《庄子集释》，第 1066 页。

③ 郭象：《南华真经注疏》，成玄英疏，曹础基、黄兰发点校，北京：中华书局，1998 年，第 136 页。

④ 郭象：《南华真经注疏》，成玄英疏，曹础基、黄兰发点校，北京：中华书局，1998 年，第 136 页。

以心捐道，不以人助天”[①]，故能在认识世界的过程中观察到世界之本质一面；第三，真人身处俗世之中，与万物相处时，既能“适人之适”，又能“自适其适”，真人面对大千世界，以浑然之态审视世界，在庄子看来，万物应然的生存状态当为自然、虚静、无为，这显然超越了善、恶之分。[②]面对世俗社会中是非、言辞之争，真人视之，这些无端之争皆是源于对事物本身之偏见，真人只是以自然之心应时而发，视“天与人不相胜”。

小　结

从以上对老子圣人观及庄子天人、真人、圣人、神人、至人之爬梳来看，他们虽身处俗世之中，但以上得道之人，从其所蕴含的本质内涵来看，他们在不同情境中虽名不同但蕴含的内在本质却相通，可谓是多位一体。老子与庄子所言的理想人格，向世人展现了一种至高境界与价值体现，圣人及其他相通人格是特立独行、具有明晰自我特征的精神境界与理想人格，他们悠然处于世界之中。尤其是庄子所论之圣人深谙天道，贯通人道，知天知人，深谙与道合一方是人生存之最高价值。进一步而言，庄子视野中之真正逍遥，不仅仅是自我之逍遥，更是与天地万物共通之道遥。总之，老子的圣人观开辟了先秦道家极富特色的关于宇宙、治国、人生等方面之理念；庄子则在承继老子圣人观之上，把先秦道家之圣人观拓展得更为宏阔、超拔，为人之生存开创出了一个全新的视界。

① 郭象：《南华真经注疏》，成玄英疏，曹础基、黄兰发点校，第229页。

② 张松辉认为庄子对人性本然的看法应当是性善，他认为庄子明确认为人性是清静朴实、仁义友爱的，而清静朴实、仁义友爱就是一种值得保护的品性，因此，把庄子所言清静无为的品性称之为性善。（参见张松辉《庄子研究》，北京：人民出版社，2009年，第98页）

论先秦道家之“不知之知”

中国人民大学哲学院　［韩］崔基勋

关于道之知，先秦道家以否定形式表现知之状态，此就是其知论的独特之处。他们不关注在认识论意义上知如何成立的问题，而关注通常的知如何不可，由此分知之所知与所不知之别。道家以把握宇宙整体统一状态的道为指向，在此过程中，知之所不知的领域有着关键性的作用。为了辨析道家的“不知之知”，首先需要理解知之所不知的内涵，以此分明知之所不知与“不知之知”的内在关联性。明白知之所知的限制后，采取的行为是知止，知止后可至无知，无知是没有以彼此之分为特征的、俗知之所知的表现。依据上说的论据，试探《老子》第七十一章的“知不知”之意涵。

一、知之所不知

就先秦道家而言，知之所知与所不知之分，在“知”的问题上，成为至关重要的环节。道家的知论，在承认通常的知（可称之为俗知）的有限性之下，展开其独特的知之思想。先秦时期的其他学派，如儒家以及墨家，肯定认识主体的知之能力，而其知论以知如何成立的问题为关注点。荀子把知界定为：“所以知之在人者，谓之知，知有所合谓之智。”（《荀子·正名》）知之能力本身在于人，其认识能力与客体对象结合才成为知（智），此就是通常知成为知的基本结构。[①] 此知，以感官认识为基础：“心有征知。征知，则缘耳而知声可也，缘目而知形可也。”（《荀子·正名》）心有征知，征即辨察之意，心有验而知之之能，当簿即接触之意，心之征

① 孔子曰：“生而知之者，上也；学而知之者，次也。”（《论语·季氏》）就孔子而言，除了与生俱来的知以外，学是得到知之途径。学也是以能知与所知结合为基本结构，其所知主要为学文，古代典籍，即学到先王之德性。与荀子不同，孟子更重视“生而知之”方面，提倡本有的道德意识之“良知”。

知必须缘天官与物接触才成立。[1] 就荀子而言，“不知”之状态具有两个条件：“然而征知必将待天官之当簿其类，然后可也。五官簿之而不知，心征之而无说，则人莫不然谓之不知，此所缘而以同异也。”（《荀子·正名》）征知必须缘五官，以五官接触而没有同异之识别，或者虽心辨察，但不能以语言表达出来，此就是“不知”之状态。此“不知”不是在肯定意义上讲的，是因为知者之本分在于明贵贱、辨同异：“知者为之分别，制名以指实，上以明贵贱，下以辨同异。”（《荀子·正名》）在荀子看来，“知”离不开事物之贵贱同异等分别，也离不开知之名言的形式，所谓“知”指的是：能知缘感官接触所知之外物，以名分别事物，关于物之理，心辨察而无不喻之状态。后期墨家也有类似的思想，在能所的结合之上，以感官认识为知之根据，加以心之思辨能力，知才可以成立：“知：知也者，以其知过物而能貌之，若见。”（《墨子·经说上》）“智，智也者，以其知论物，而其知之也著，若明。”（《墨子·经说上》）在关于物的论辩过程中，其对象知加以显著，即以语言形式的心之思虑、分辨，是成知的主要组成部分。

先秦道家的知观，与儒、墨等别的学派有不一样的看法，其主要特征为反知、无知等趋向。他们的重点不在于知如何成立，而在于通常的知如何不可，由此提倡“不知之知”。关于知之所知与所不知，庄子曰：“计人之所知，不若其所不知；其生之时，不若未生之时。以其至小，求穷其至大之域，是故迷乱而不能自得也。”（《庄子·秋水》）有限的俗知不能至知之所不知，只能发生迷乱而不能自得，庄子又曰：“人之于知也少，虽少，恃其所不知而后知天之所谓也。”（《庄子·徐无鬼》）虽然人之知至小，但恃其知之所不知的时候，可知天之所谓。就知之所不知的具体内容而言，庄子曰：“化其万物而不知其禅之者，焉知其所终？焉知其所始？正而待之而已耳。”（《庄子·山木》）“化其万物而不知其禅之者”，成玄英注：“禅，代也。夫道通生万物，变化群方，运转不停，新新变易。日用不知，故莫觉其代谢者也。”[2] 化其万物者，其禅之者，此造化者，即是就道而言的。“正而待之而已耳”，即与“恃其所不知”之义相通。化育万物之道，就是知之所不知的主要领域，例如：“已而不知其然，谓之道。”（《庄子·齐物论》）在由道至物的过程中，道落实在物之层次的德，即内

① 参见张岱年《中国哲学大纲——中国哲学问题史》下册，北京：昆仑出版社，2010 年，第 563 页。

② 成玄英：《庄子注疏》，北京：中华书局，2011 年，第 370 页。

在于物中的道，亦成为知之所不知的对象，庄子曰："故天下诱然皆生，而不知其所以生；同焉皆得，而不知其所以得。"（《庄子·骈拇》）关于德，庄子提出："物得以生谓之德。"（《庄子·天地》）物得一而生，物得以生谓之德，德亦是通常的心知活动无法把握的："道不可致，德不可至。"（《庄子·知北游》）就人之性而言，内在于物中的德，成为人的本然之性①，关于知之所不知的性，庄子曰："圣人达绸缪，周尽一体矣，而不知其然，性也。"（《庄子·则阳》）与道、德、性一起，道家之命也成为知之所不知的领域，庄子曰："不知吾所以然而然，命也。"（《庄子·达生》）命具有两种主要含义：其一，是禀受于道的性命之情；其二，道在世中运行的运命之行。无论性命还是运命，都是"知之所无奈何"的对象。② 知之所无奈何，故只能"知不可奈何而安之若命"（《庄子·德充符》）。安之若命，即表示因循其命，也具有"恃其所不知"之意涵。

综上所述，知之所不知的领域主要分为道、德、性、命等。虽然通常的知无法把握，但这才是道家所求知的对象。"恃其所不知而后知"，否定俗知而肯定道知，其得知的方式在于"恃其所不知"，即无为而自然，因循内在之德、性、真，安之若命，此结果是"后知"，即明道。对于把握道、德、性、命等的肯定，老子表现为："吾言甚易知，甚易行。天下莫能知，莫能行。"（《老子》第七十章）老子所说的事情，不是不可能把握，而是天下莫能知、莫能行而已。对于知道、知德等的肯定，《鹖冠子》亦提出："知宇故无不容也，知宙故无不足也，知德故无不安也，知道故无不听也，知物故无不然也，知一而不知道，故未能里也。"（《鹖冠子·天权》）就命之把握而言，文子曰："故通道者不惑，知命者不忧。"（《文子·符言》）③ 庄子亦说："达命之情者，不务知之所无奈何。"（《庄子·达生》）荀子把"不知"之状态界定为"五官簿之而不知，心征之而无说"，即没有同异之识别、不能以语言来表达的时候，称之为"不知"。此"不知"之状态，恰是"道"的状态：无形之道，以五官无法感知；以道观之，以分别心做出的事物、物我之间的区别，自然地消失。道不可言，言而非也④，此道以语言无法正确地表达。在此意义上，"不知"之状态是以知的角度描述的道之形容。

① 徐复观："《老子》一书无性字，《庄子》内七篇亦无性字；然其所谓'德'，实即《庄子》外篇、杂篇之所谓'性'。"（《中国人性论史·先秦篇》，北京：九州出版社，2013年，第378页）

② "达生之情者，不务生之所无以为；达命之情者，不务知之所无奈何。"（《庄子·达生》）

③ 《列子》中亦提出："乐天知命故不忧。"（《列子·仲尼》）

④ "道不可闻，闻而非也；道不可见，见而非也；道不可言，言而非也。"（《文子·微明》）

二、无知与不知

道家认为，由五官得到的感觉认识与思虑等心知活动有明显的局限，以此获得的关于对象世界的知（包括是非判断、善恶等价值判断）只是人的感官限制内、由名言构成的意识结构内、思维框架内的事情，这与以有限的工具、不正确的测量方式衡量对象物一样。“知止”所追求之处，就是“知之所不知”的领域。换言之，知“知之所知”的限制是至“知之所不知”的条件。探索知之所不知的领域，以承认知之所知的限制为开端，即“计人之所知，不若其所不知”。

以知止而可至的状态，即是无知。无知与无为一样，具有道家的特殊含义。在先秦道家的典籍中，无知意味着没有俗知的状态，即没有分别心，没有以分别为质的语言来衡量世界，静下以彼此之分为主的心之对象化活动，进入彼此为一的齐物状态，由此获得关于道的真知。关于无知与不知，《列子》曰：“得意者无言，进知者亦无言。用无言为言亦言，无知为知亦知。无言与不言，无知与不知，亦言亦知。亦无所不言，亦无所不知；亦无所言，亦无所知。”（《列子·仲尼》）

道知是由本心、常心、天心而生，此心是语言发生之前的心，彼此之分、是非之分之前的心，与外物不杂乱而保持禀受于道的先天的纯粹性。无言与不言，无知与不知，道知是，以无言、无知为特征：无言而无法以语言来表达，故不言；无知而无法俗知来论辩，故不知。无言为言，虽然不言，但无言之中，意还是存在的；无知为知，虽然不知，但不知之中，知还是存在的。此知，就是关于道的真知，无知而无所不知，也没有俗知之所知，故亦无所知。不言是无言的表现；不知是无知的表现。关于道的知，得道者只能以“不知”来表现出来，正如《庄子·齐物论》中三不知的故事。道家的不知，不意味着“不知道”，它表示与道合一的、超于语言形式的知之状态。文子曰：“不道之道，芒乎大哉……故能穷无穷，极无极，照物而不眩，响应而不知。”（《文子·道原》）反知而知止，知止而无知，无知而不知，不知则明道。不知是无知的结果，明道之表现，游于超语言的、通常的知之领域的形容。关于不言与不知，《庄子·知北游》中写道：“知谓黄帝曰：吾问无为谓，无为谓不应我，非不我应，不知应我也。吾问狂屈，狂屈中欲告我而不我告，非不我告，中欲告而忘之也。……黄帝曰：彼其真是也，以其不知也；此其似之也，以其忘之也；

予与若终不近也，以其知之也。”

知问无为谓关于道，无为谓不答（不言），非不给知答，而是不知答、如何答。问狂屈，狂屈说自己知道，欲告他而不告，非不给他告，欲告而忘其言。无为谓，完全脱离于分别心，不能以分别为质的语言来对待万物，非不愿意告诉他，而是不知如何答应、如何形容、如何表达。换言之，完全是达到无知的状态，即没有以俗知来分辨、判断、界定。达到无知了，如何再以知来思考、思辨而传达，即不知而不言，不言而知之。

无知与不知由于反知与知止，即是否定俗知之知而提出的。明白知之所知的限制，不留于依靠五感与思虑的心知活动，而探索知之所不知（道、德、性、命等）的领域。俗知与道知的区别，就以知与不知来表现，文子曰：

> 知之浅，不知之深，知之外，不知之内，知之粗，不知之精，知之乃不知，不知乃知之，孰知知之为不知，不知之为知乎！（《文子·微明》）①

俗知是对于由感官显现的现象世界，界定、分辨、判断，故知之浅；道知是对于由本有之明显现的本根世界，探索、融入、合一，故不知之深。俗知是主客二分的前提下，能知对于外在之所知进行求知，故知之外；道知是主客未分的状态下，能知对于内在之德、性、真进行内观，故不知之内。俗知离不开语言，其知是对于有形之物而言的②，故知之粗；道知与语言不相干，其知是对于无形之道而言的③，故不知之精。知之乃不知，意味着常人自以为知、自以为觉，而其知是就有限的心知活动之内的分别认识，无法涵盖整体之道，故不知；不知乃知之，意味着真人不以俗知之分别认识对待世界，即没有俗知，则能把握超语言的不道之道，故知。常人的知不是真正的知，不知止的话，无法达到无知与不知的状态，故庄子亦曰：“弗知乃知乎！知乃不知乎！孰知不知之知？”（《庄子·知北游》）关于知与不知，郭像说：“夫为为者不能为，而为自为耳；为知者不能知，而知自知耳。自知耳，不知也。不知也，则知出于不知矣。自为耳，不为也。不为也，则为出于不为矣。为出于不为，故以不为为主；知

① 相关的论述，《庄子》亦有。

② “可以言论者，物之粗也。”（《秋水篇》）

③ “以本为精，以物为粗。”（《天下篇》）

出于不知，故以不知为宗。是故真人遗知而知，不为而为，自然而生，坐忘而得。”① 无为而无不为的状态，不以有为而达到；无知而无不知的状态，不以有知而达到。道家的真知，在否定俗知之下，即反知而知止之后，进入无知的状态，这样才可以获得，此知（无不知）出于不知，就像为（无不为）出于无为。真人遗知而知，不为而为，即遗知与不为是真知与无不为的先决条件，由此自然而生。

无知与不知，得到道知的过程与表现：知止而无知，无知而不知，不知则明道。不知是脱离于俗知的状态，既然说不知，不知有其内容。就具体而言，不知指的是什么呢？庄子在《齐物论》中三不知的故事中，尝言之：“庸讵知吾所谓知之非不知邪？庸讵知吾所谓不知之非知邪？且吾尝试问乎女：民湿寝则腰疾偏死……三者孰知正处？……四者孰知正味？……四者孰知天下之正色哉？自我观之，仁义之端，是非之涂，樊然淆乱，吾恶能知其辩！啮缺曰：子不知利害，则至人固不知利害乎？……死生无变于己，而况利害之端乎！”

庄子首先强调知与不知的区别，不知是超于知（俗知）的道知之状态。俗知是以人的语言、人的角度衡量万事万物，所谓正处、正味、正色都是如此，即知之标准在于人。换句话说，以知对待万物而所理解的对象世界，不超于人的意识结构内的事情，即人的分别意识构造出来的。是非判断也是以自以为是的标准做出，仁义之端亦如此，庄子曰：“至德之世，不尚贤，不使能；上如标枝，民如野鹿；端正而不知以为义，相爱而不知以为仁；实而不知以为忠，当而不知以为信。”（《庄子·天地》）仁义是人应当遵守的道德标志，则在至德之世里，端正而不知以为义，相爱而不知以为仁，不标榜此标志，只不得已而如此地生活，自然符合于道德，而不知仁义之端。关于生死，庄子曰：“古之真人，不知说生，不知恶死。”（《庄子·齐物论》）是因为真人把生死存亡视为一体，而不知死生之别。俗人好利而恶害，则真人不知利以为利、病以为病，而不知利害、利病之端，文子曰：“众人皆知利利，而不知病病，唯圣人知病之为利，利之为病。”（《文子·符言》）以道观之，事物之贵贱等价值判断随着消失；齐物之中，万物之长短、高低等分别亦如此，这都是俗知之知的领域。

不知是，与无为一样，以否定方式表达道家的知之状态。无为而自然，无为而无不为；不知则明道，不知而无不知。虽然把握道，但不能语

---

① 郭象：《庄子注疏》，北京：中华书局，2011年，第124页。

言来表达，只能以不言的方式、不知的方式表现而已。不知，与无知一样，也成为为道的表现，同时得到道之状态的形容，以不知为道，以不知为本。① 知之乃不知，其知是就俗知而言的，其不知是就不知“道知”；不知乃知之，其知是就道知而言的，其不知是就不知“俗知”。庄子曰：“彼假修浑沌氏之术者也：识其一，不知其二；治其内，而不治其外。”（《庄子·天地》）与道合而为一的状态，此就是不知的状态，不知仁义之端、是非之分、死生之别、利害之异，对于由分别心做出的任何分别判断，为道者不知其二，而识其一，故道知之知即是“不知之知”。

三、知不知之义

“不知之知”是道知、真知、大知，与道合而为一的状态的描述，其知不是以彼此之分为前提的对象化的知，不是把道当成对象物而获得此知，而是与万物中内在化的道不分离的、非对象化的知。“不知”是以知的角度描述复归于道的形容，“万物云云，各复其根，各复其根而不知”（《庄子·在宥》）。同时，以知的角度描述道之状态的形容，“惛然若亡而存，油然不形而神，万物畜而不知。此之谓本根，可以观于天矣”（《庄子·知北游》）。故庄子曰：“孰知不知之知？无始曰：道不可闻，闻而非也；道不可见，见而非也；道不可言，言而非也。”（《庄子·知北游》）知“不知之知”，是知不可闻的、不可见的、不可言的“道”。

关于“知不知”之说法，《老子》第七十章曰：“知不知，上；不知知，病。夫唯病病，是以不病。圣人不病，以其病病，是以不病。”

关于“知不知，上”，最通常的解释是：1. 知道却不自以为知道；2. 知道自己（有所）不知道。② 关于第一种解释，张松辉说：“如果一个人知道了某种道理，而自己还以为自己不知道，这实际上是一种糊涂的表现，是不明智的表现。”大部分学者采取第二种解释，此义与孔子的“知之为知之，不知为不知，是知也”相同，即“知不知”之义为“知不知为不知”。他说：“‘知道自己不知道’，充其量算得上有理智，但无论如何也谈不上是‘上’；如果‘知道自己不知道’就算是最上层的思想境界，那

① “不伐之言，不夺之事，循名责实，使自有司，以不知为道，以禁苛为主，如此则百官之事，各有所考。”（《文子·上仁》）庄子亦曰：“有德者以不知也，而况有道者乎！”（《庄子·列御寇》）

② 参见陈鼓应《老子注译及评价》，北京：中华书局，1984 年，第 316 页。

么懂得大道的圣人又该算是什么呢？”① 在《老子》中，“上”的用法通常表示在某种领域内最高级别，或者形容与道相关的词，例如：“上善若水”（第八章），“太上，下知有之”（第十七章），“恬淡为上”（第三十一章），“上德不德，是以有德”（第三十八章），“上士闻道，勤而行之”（第四十一章），“上德若谷”（第四十一章），“柔弱处上”（第七十六章）等。由此可说，“知不知，上”之“上”意味着知之最高级别，如此其知与道相关。关于此句，吴澄注：“知而若不知，上智之人，聪明睿知，守之以愚，故曰上。不知而以为知，下愚之人，耳目聋瞽，自谓有所闻见，故曰病。”②吴澄将其知之状态解释为若不知，而达到其知以“愚”来可至，作为无知的表现，“愚”表示与天地为合的、玄德的状态，庄子曰：“性修反德，德至同于初。同乃虚，虚乃大。合喙鸣，喙鸣合，与天地为合。其合缗缗，若愚若昏，是谓玄德，同乎大顺。”（《庄子·天地》）无知而不知，不知则明道，不知而后能知之也，不知就是道知的表现，正如：“恃其所不知而后知天之所谓也……则其解之也似不解之者，其知之也似不知之也，不知而后知之。”（《庄子·徐无鬼》）知天之所谓，其知也，似不知之也。关于天的真知，不是不知道，而似不知，不是没有真知，但不能以语言来表达，不能以俗知来衡量交流，故不知。

关于“知不知，上”之义，憨山注：“然世人之知，乃敌物分别之知，有所知也。圣人之知，乃离物绝待，照体独立之知，无所知也。故圣人之无知，非断灭无知，乃无世人之所知耳。无所知，乃世人所不知也；世人所不知，乃圣人之独知。人能知其所不知之地，则为上矣，故曰‘知不知，上’。”③ 圣人之无知，无世人之所知，无所知而知世人之所不知。就知之所知与所不知而言，知之所不知为道、德、性、命等，此就是世人所不知的事，则圣人独知天之所谓，知万物之本根之道，人能知其所不知，则为上矣，即知的最高境界。文子曰：“为无为，事无事，知不知也。”（《文子·道原》）无为是一种行为，没有人之有为的行为，由无为可至道之无为，即为无为，无为而无不为也；不知是一种智慧，没有人之俗知的智慧，由不知可至道之不知，即知不知，不知而无不知也。“知不知”之义，实际上是知“不知之知”，把握世人所不知的道、德、性、命而无所不知的状态。其知正如儒、墨将不知界定为没有同异之识别、不能以语言

① 参见张松辉《老子研究》，北京：人民出版社，2009 年，第 230 页。
② 吴澄：《道德真经吴澄注》，上海：华东师范大学出版社，2010 年，第 101 页。
③ 憨山：《老子道德经解》，武汉：崇文书局，2015 年，第 141 页。

表达一样，若昏、若愚、似不知，但这才是缘五感不能感知的、以思虑不能辨察的、超于语言形式的道之属性，才是道家的知论所探求之处。

文子曰："其用之乃不用，不用而后能用之也，其知之乃不知，不知而后能知之也。"（《文子·微明》）不用之用，即不以人之用的角度来衡量其物之用途，强调超于以人之视角分别判断以及界定万物；不知之知，即不以人之知的角度来衡量其物之为物，强调超于以人之小知分别判断以及界定万物。俗知或小知，是本身以彼此之分、主客二分的前提下做出的心知活动，难离开于以己为主的立场对待对象物。用亦是如此，有用与无用都是以己为主的立场的反映。道知或大知，是以彼此为一、主客未分的状态下发生的内在自化，以无己与物无际。常人，以用为知，以不用为愚；[1] 真人，为是不用，而寓诸庸。以不用为得，此就是道知之显现。[2] 不用而后能用之也，此就不用之用也；不知而后能知之也，此就不知之知也。去小知而大知明，知止而后能无知，无知而后能不知，不知而后能知之，知之乃是不知，如此不知就是明道的一种途径，也是此状态的表现，就像以不用为大用，以不知为大知。

① "若然者，以用为知，以不用为愚，以彻为名，以穷为辱。"（《庚桑楚》）

② "唯达者知通为一，为是不用而寓诸庸。庸也者，用也；用也者，通也；通也者，得也"，"为是不用而寓诸庸，此之谓以明"。（《齐物论》）

儒道贯通，至乐逍遥

——林希逸口译庄子的逍遥思想

中国人民大学哲学院　彭焱姝

引　言

林希逸，字肃翁，号鬳斋，又号竹溪，福清渔溪人。生于南宋光宗绍熙四年，卒于度宗咸淳七年。① 其著《庄子鬳斋口义》是一部极富特色的庄子注本。林希逸以“口义”形式注解庄子，用通俗浅近的语言，近似于口语讲授的方式，使读者能够轻松了解《庄子》一书的篇章脉络及大体思想。作为艾轩学派创始人，南宋名儒林光朝的三传弟子，林希逸认为庄子思想与儒家并不冲突，“大旨与圣人无异”。故林希逸接续郭象以来“以儒解庄”思维理路，在宋代“理学”繁荣发展的背景下，以“理学”来解释庄子，寻找二者之间的共通之处。

如杨黛所说：“林希逸从理学观点出发探讨庄子学说，常能突破前人藩篱，另辟蹊径。”② 而林希逸以儒学解《庄》的注解方式，不仅仅只是援引儒学章句作为诠释庄子文本的依据，更是以一儒者的立场出发，而将理学的重要观念与思维模式带入对于庄子哲学的理解与建构中。

① 日本学者池田知久考证：林希逸于绍熙四年（1193 年）或绍熙五年（1194 年）生于福清县。（池田知久：《道家思想的新研究：以〈庄子〉为中心》，第 647 页。河南：中州古籍出版社，2009 年）2007 年 7 月“福建之窗”报道《宋理学家林希逸墓志铭现身》，林希逸的墓志铭在福清渔溪被发现，墓志铭记载：“……林公讳希逸，字肃翁，世为福清县人。高祖赠朝请郎，讳与权。始自仙榉迁渔溪……先君生绍熙四年癸丑岁八月十九日……辛未岁（即咸淳辛未年，1271 年）九月十五日以疾终于家，年七十有九……”

② 杨黛：《〈庄子口义〉的注庄特色》，《中国文学研究》1997 年第 4 期。

一、“乐”与“至乐”

“乐”是儒家思想的重要特征之一。“乐”包含礼乐教化与心灵感受两个层面，孔子本人虽更倾向于礼乐教化施行的层面，也未忽视心灵之“乐”。孔子的理想人格也在“乐”得以达成。《论语·泰伯》云：“兴于诗，立于礼，成于乐。”荀子认为：“乐者，乐也。君子乐得其道，小人乐得其欲。”（《荀子·乐论》）正如蒙培元所指出的：“这个‘乐’不仅指音乐，而且是心灵体验和精神快乐。”① “成于乐”不仅是在“礼乐”中感受自身所践行的仁义道德，也包含着“仁”所向内发散的精神之乐。

及至宋代，“乐”的概念作为“孔颜之乐”正式被理学家所重申和关注。而林希逸也是在此语境之下提出以“乐”解“逍遥”的创意。《论语》中对此层面“乐”的阐述主要有以下几处：

《论语》开篇云：“学而时习之，不亦说乎？有朋自远方来，不亦乐乎？人不知而不愠，不亦君子乎？”（《论语·学而》）这里的“悦”“乐”与“不愠”是“乐”在不同层面的体现。钱穆认为“学能时习，所学渐熟，人之日深，心中欣喜”，相对于“乐”来说，“悦在心，乐则见于外”。② 心得道则悦，表现出由内心而发的快乐。故此处的“悦”是“乐道”的表现。有志同道合的友人与自己相互切磋交流；学问日进，体道日深，或许无法得到他人的理解，但内心依然快乐。“不愠”从反面体现出“以道为乐”的快乐。

《论语》中孔子对自己的描述是：“发愤忘食，乐以忘忧，不知老之将至。”（《论语·述尔》）“饭疏食饮水，曲肱而枕之，乐亦在其中矣。不义而富且贵，于我如浮云。”（《论语·述而》）又提到“智者不惑，仁者不忧，勇者不惧”（《论语·子罕》）。这里的“乐以忘忧”与“仁者不忧”，相结合来看，仁者怀仁故可以不忧，是他者对仁者的客观评价，而作为仁者的孔子自述乐以忘忧，是仁的内在主观体验。仁是乐的原因，乐是仁的结果。

颜回是孔子最得意的弟子，也是孔子思想的践行者，孔子评价他说：“贤哉回也。一箪食，一瓢饮，在陋巷。人不堪其忧，回也不改其乐。贤哉！回也！”（《论语·雍也》）孔子认为颜回这种“乐而不忧”正是他领

---

① 详请参阅蒙培元《心灵超越与境界》。

② 详请参阅钱穆《论语新解》。

会到“仁”的结果，孔子“乐以忘忧”，颜回亦“乐而不忧”，“孔子之乐”与“颜回之乐”异曲同工。伊川云：“颜子在陋巷，人不堪其忧，回也不改其乐，箪瓢陋巷，非可乐，盖自有其乐也。‘其’字当玩味，自有深意。”（《河南程氏遗书》卷十二）故冯友兰认为：“程颢和周敦颐所说的‘孔颜乐处’就在于‘仁’，所乐之事也就是‘仁’。‘仁’这一精神境界内在的体验便是‘乐’。”①

在《庄子》一书中，“乐”出现121次，所指也包含礼乐之乐与情感之乐两个方面，但意义更偏重于心灵体验层面，故下文所探讨的内容，也围绕这个层面展开。

在庄子这里，“乐”的含义偏重于体“道”后的一种状态，而非一般的快感之乐。庄子认为普通意义上的快感和享乐总是伴随痛苦，让人陷入外物的烦扰纠缠而无法摆脱，所以庄子反对追求世俗之乐，而宣扬与道契合、一以应万的“至乐”——得道之人超脱福祸、是非甚至生死的局限，不为喜怒哀乐所拘，在外物万变中保持内心的宁静。故曰：“至乐无乐，至誉无誉。”天下是非果未可定也。虽然，无为可以定是非。至乐活身，唯无为几存。（《庄子·至乐》）至乐并不与苦对应，而是超越乐与苦、荣与枯、兴与衰“虚静恬淡寂寞无为”的状态。刘笑敢认为：“富贵寿善都有其不可逃避的反面困扰，而庄子之所以为庄子，不仅在于他看到别人看不到的人世之苦，且在于它能化苦为乐，追求另一种怡悦之乐，转化并提升自己的境界，这种超越，相信可以胜过世俗的价值。”②

人心如能依归天地之道，与道融为一体，就能跳出对立，恬然自得，故也可称为“天乐”。

> 夫明白于天地之德者，此之谓大本大宗，与天和者也；所以均调天下，与人和者也。与人和者，谓之人乐；与天和者，谓之天乐。庄子曰：“吾师乎，吾师乎！齑万物而不为戾，泽及万世而不为仁，长于上古而不为寿，覆载天地、刻雕众形而不为巧。”此之谓天乐。故曰：“知天乐者，其生也天行，其死也物化。静而与阴同德，动而与阳同波。”故知天乐者，无天怨，无人非，无物累，无鬼责。故曰：“其动也天，其静也地，一心定而天地正；其魄不祟，其魂不疲，一心定而万物服。”言以虚静推于天地，通于万物，此之谓天乐。天乐

① 冯友兰：《中国哲学史新编》第五册，北京：人民出版社，1988年，第65页。

② 刘笑敢：《庄子之苦乐观及其启示》，《汉学研究》第23卷第1期。

者，圣人之心以畜天下也。（《庄子·天道》）

天乐之所以不同于世俗之乐，是其与天和、顺自然、合乎于道。不以俗乐为乐，故不为不乐所苦，生与天行，死则物化，生死之间皆可存其真而不失其本。能够达到至乐境界的人，可以称之为至人。“夫得是，至美至乐也。得至美而游乎至乐，谓之至人。”（《庄子·田子方》）圣也者，达于情而遂于命也；天机不张而五官皆备，无言而心说，此之谓天乐。（《庄子·天运》）这里的至人与《逍遥游》中“至人无己，神人无功，圣人无名”相对照，可以看出至乐与逍遥之间的紧密联系。如台湾学者陈品卿所言：“得道之人知晓至乐无乐，至誉无誉，忘情知命，忧患得失不能撄扰其怀，故随所遇，逍遥于人间之世，大化之中，其所识者本也。知乎无为之乐，乃天下至乐，则随在以逍遥，随处以修道，卒至天人真人之至分，则乃道术之乐也。”① 在庄子看来“乐”是得道之人体道之人（至人、神人、圣人）的生存状态，他们虽生活于人世之间却不为世事、世物所扰，与道相合，无为而乐，怡然“逍遥”于人世间。

通过以上分析可以看出，孔子之乐是对“仁”的追求，是体“仁”者的内心感受，是需要在修习过程中逐渐体会的，需要做加法；庄子至乐是对“道”的追求，是得道者的生存状态，是跳出对立的超越，需要“忘”和“丧”的减法；孔子之乐是心灵所感觉到的愉悦，是在平凡中体会的快乐，而庄子至乐却并非一般意义上的快乐感觉，是无乐之乐，是超脱平凡、超越相对的状态。二者相似之处在于内求于己的模式，是向内的工夫。②

二、庄学史上的“逍遥”义

在庄学兴起与发展中，各代注家都根据自己的不同理解，对“逍遥”做了不同的诠释。从汉代《淮南子》以黄老之术对逍遥的述评，到向、郭

① 陈品卿：《庄学新探》，台北：文史哲出版社，2005 年，第 191 页。

② 笔者认为在孟子那里，儒家之乐有由内而外的转向，君子三乐以一种较为具体的形式出现，而不再是“仁”在内心的发散：“君子有三乐，而王天下不与存焉。父母俱存，兄弟无故，一乐也；仰不愧于天，俯不怍于人，二乐也；得天下英才而教育之，三乐也。君子有三乐，而王天下不与存焉。”《孟子·尽心上》与孔子相比，孟子所推崇的快乐具有浓烈的伦理意识、使命意识，有一个向外的追求对象。

对逍遥义的改造，支遁汇通佛庄，成玄英对郭象思想的发展，及至宋代以易解逍遥，逍遥义的演变发展不断充实着庄学内容，亦对后学产生影响，林希逸在前人思想基础之上提出“乐”解“逍遥”之创新。

秦汉大一统王朝的建立，君主集权统治终结了先秦百家争鸣的思想氛围，学术转向为唯一的皇权服务，《淮南子》一书就是淮南王刘安召集学者为汉武帝所编纂的。[①]《淮南子》中大量引述庄子思想，对于其中的引述问题，学者们亦有不同看法：白光华认为，《淮南子》具有强烈的“综合”色彩，而“《庄子》对《淮南子》的思想影响最大，《淮南子》的宇宙观、人生论、坐忘说皆源于《庄子》”；[②] 陈广忠认为，《淮南子》对《庄子》的吸收主要表现在它的宇宙起源论、齐物论、养生论、理想人格观以及书中提到的道家人物、道家故事等方面；[③] 孙纪文认为，《淮南子》与《庄子》的密切关系包括三个方面：频繁引用《庄子》；《庄子》的诸多术语成为《淮南子》的重要概念；《庄子》思想成为《淮南子》某些篇的立意支撑点。[④] 总而言之，皆把庄子的逍遥解释为君主在政治活动中遵循“无为而又无不为”的法则，在个人生活中保持一种逍遥自得的状态。而《逍遥游》中的至人、神人、圣人，也不再是普遍性的理想人格范式，而变为黄老道家的君主、圣王。[⑤] 而“逍遥”是圣王所应该达到的境界[⑥]。显然《淮南子》对“逍遥”的解释与庄子思想是有极大差距的，而这种把庄子形上、超拔的逍遥义拉入形下、现实的世界，却对后世郭象以“圣人居庙堂之上而心在山林之中”来解释“逍遥”的思想做出了铺垫。

魏晋时代，统治阶级内部争权夺势加剧，政治斗争日趋激烈，现实的不堪使士人纷纷归入玄学，郭象《庄子注》是庄学史上影响最大最深远的著作，是后学者理解“逍遥义”的重要依据。郭象题解《逍遥游》：“夫小大虽殊而放于自得之场，则物任其性，事称其能，各当其分，逍遥一也，岂容胜负于其间哉!”万物形体会有小大的差别，是因为“物各自造而无

① 关于《淮南子》的编撰情况，《汉书》云，汉武帝时，刘安“招致宾客方术之士数千人，作为《内书》二十一篇，《外书》甚众，又有《中篇》八卷，言神仙黄白之术，亦二十余万言”。书成后，“安入朝，献所作《内篇》，新出，上爱秘之”。

② 白光华：《我对〈淮南子〉的一些看法》，《道家文化研究》第六辑，上海：上海古籍出版社，1995 年。

③ 陈广忠：《刘安评传——集道家之大成》，广西：广西教育出版社，1996 年，第 38 页。

④ 孙纪文：《淮南子研究》，北京：学苑出版社，2005 年，第 132 页。

⑤ “是故圣人内修其本，而不外饰其末，保其精神，偃其智故。漠然无为，而无不为也；澹然无治也，而无不治也。所谓无为者，不先物为也；所谓无不为者，因物之所为。所谓无治者，不易自然也；所谓无不治者，因物之相然也。”（《淮南子·原道训》，第 24 页）

⑥ “（圣人）闲居而乐，无为而治。”（《淮南子·诠言训》，第 468 页）

所待焉”的“天地之正”，也是“同焉皆得而不知所以得”的“自得”，万物如果能因此“物任其性”“事称其能”“各当其分”的，“放于自得之场”，就可以“宗于体中而不待乎外、外无所谢而内无所矜”，都可以达到“适性”的逍遥境界。可以说，郭象以“适性说”诠释《逍遥游》，并非切合于庄子原义，乃是为解决政治现实的问题。而又确实成就其一家之言，深刻地影响了后世学者。

唐代没有出现对“逍遥义”义理层面进一步的解说，存世的也仅有陆德明《经典释文·庄子音义》与成玄英《南华真经注疏》。陆著式的校勘是当代注庄的音义学资料。① 而成疏则是以郭注为底本，并没有太多不同于郭象的发挥。

及至宋代，学者接续郭象儒道合一的理论，并偏爱以象术理论来解释“逍遥”。

在吕惠卿《庄子义》中，逍遥的核心思想是儒家的经世致用，手段是易学象术，把“有为”思想导入庄子“无为”之中，以发明庄子的“治世精义”。这种通过阴阳数术所推衍出的“逍遥义”与庄子原义相去较远。所呈现的也是儒者气象而并非道家风骨。②

王安石之子王雱，援引“无方”来解释道与逍遥。并将“无方是道”作为其核心思想，列之于《逍遥游》的开篇首段③，提醒读者要有“道之始终”的完整体会。王雱的个性“傲然自恣”，用这样的眼光去体察庄子“自然”的旨意，虽亦套用易学，但在体悟层面突破了前人设下的藩篱，开辟了汇通儒道的独特视角。④

三、林希逸以“乐”解“逍遥”的创新

林希逸对逍遥义的诠释并没有继承北宋以来以易解庄的传统。他认为

① 陆德明在其《经典释文·序》中提到：“汉魏迄今，遗文可见，或专出己意，或祖述旧音，各师成心，制作如面。楚夏声异，南北语殊……辄撰集五典、《孝经》《论语》及《老》《庄》《尔雅》等音，合为三袟三十卷，号曰《经典释文》。……既‘述而不作’，言其所用，复何伤乎云尔。”

② “吕惠卿等人以易学象数派理论来阐释庄子逍遥义，拘于阴阳之说，生搬硬套，而明显偏离了庄子逍遥游思想的本意。”（方勇：《庄子讲读》，第282页）

③ 《易·系辞上》第四章中有：“神无方而《易》无体。”王雱在《逍遥游》注篇首提到：“夫道，无方也，无物也，寂然冥运而无形器之累。惟至人体之而无我，无我则无心，无心则不物于物而放于自得之场而游乎混茫之庭，其所以为逍遥也。”

④ 简光明：《王雱“南华真经新传”析论》，《中国文化月刊》1999年第228期。

郭象对庄子的解释偏离了庄子原义，要为“南华老仙人洗去向郭之漏”。对于吕惠卿、王雱等人，林希逸认为他们的注解虽比郭象注有所补益，但仍“大旨不明，因王吕之言而愈使人有疑于《庄子》”①。(《庄子口义·发题》) 在此背景之下，林希逸以一儒者的身份，以宋代理学为其思想背景，发现了理学“天理之乐”与庄子“逍遥”的汇通之处，另辟蹊径，以“乐”解释逍遥。

林希逸在《逍遥游口义》发题中论述：

> 游者，心有天游也；逍遥，言优游自在也。论语之门人形容夫子只一乐字；三百篇之形容人物，如南有樛木，如南山有台，曰：乐只君子。亦止一乐字。此之所谓逍遥游，即诗与论语所谓乐也。②

林希逸释“逍遥”为“优游自在”，并以《论语》《诗经》所言之“乐”来诠释庄子“逍遥”之境，对于《逍遥游》中叙述北冥之鲲化而为鹏，扶摇直上九万里，徙于南冥的寓言，也解释为“形容胸中广大之乐”。如上文提到，儒家“乐”的概念在孔子那里并没有和礼乐之乐做出明确的区分。乐者，乐也。君子之乐是仁的发散，是礼乐遍行的感受，礼乐是乐的表达，这与庄子逍遥义联系不甚紧密。而林希逸援引《诗经》《论语》是站在理学家的立场上，对“乐”进行更进一步的诠释，使其与庄子逍遥有所联系。

而在庄子这里，是以“道”贯穿着全部思想的。整个《庄子》一书就是告诉人们“道”之为何，如何得“道”而“逍遥”，“逍遥游”分解为“逍遥”与“游”，就是寻“真性”而游于“道”，“逍遥”是“道之境界”，“游于逍遥”是“得道的状态”一种理想的境界。

林希逸从“逍遥”所体现的精神境界入手，把它与宋明理学的人文精神相联系。理学家与先秦汉唐儒者不同，他们格外重视精神层面的修养，对自己的评价最先注重的不是经世济民的事功，而是精神层面的乐道。这种对超越境界的追求使林希逸以“乐”解“逍遥”成为可能。

宋代理学家对“乐”重视自周敦颐提出“孔颜之乐”开始。“孔颜之

① 林希逸在《庄子口义·逍遥游》中认为，以易学象数之说来注解庄子完全是穿凿附会，逍遥游中的“九万里”“六月息”并非阳数之极与阴数之极，而是形容风极厚，时间很长的意思。

② 林希逸：《庄子鬳斋口义校注》，周启成校注，北京：中华书局，1997年，第1页。

乐”的提出，是自“从事迹上立功名”[①] 转向对“内圣”的关注，在心性上做功夫，通过心性修养工夫，超越功名利禄所带来的俗乐，以获得人生的终极关怀。

《二程遗书》中记载，明道尝言：“昔受学于周茂叔，每寻颜子、仲尼乐处，所乐何事。”可知周敦颐要学子深思，孔子与颜回二人在“饭疏食、饮水，曲肱而枕之” “一箪食，一瓢饮，在陋巷”的处境中为何仍能“乐”，又为何事所乐。

周敦颐对颜回评价为：

> 颜子，一箪食，一瓢饮，在陋巷，人不堪其忧，而不改其乐。夫富贵，人所爱也，颜子不爱不求，而乐乎贫者，独何心哉？天地间有至贵至爱可求而异乎彼者，见其大而忘其小焉尔！见其大则心泰，心泰则无不足，无不足则富贵贫贱处之一也。处之一，则能化而齐，故颜子亚圣。（《通书·颜子第二十三》）

颜子于择天地间“至贵至爱”其“大”者，而不在意“小”者，所以心里安宁、通畅。“大”者充盈于胸，世俗所谓富贵贫贱在颜回看来没有什么区别，可以化而齐之的。

在《逍遥游》当中庄子列举了许多大小对举的例子。《逍遥游》以鲲化为鹏的寓言开篇，带领读者从现实的视角中脱离，随着大鹏“扶摇而上”在九万里之上俯瞰世界，高空所见与地面看到的景象当然是不同的，

---

① 王夫之在《读四书大全说·论语·公冶长篇》中讲到：“盖自秦以后，所谓儒学者，止于记诵词章，所谓治道者，不过权谋术数，而身心之学，反以付之释、老。故程子于此说，吾道中原有此不从事迹上立功名，文字上讨血脉，端居无为而可以立万事万物之本者。为天德、王道大意之存，而二子为能见之也。”从“事迹上立功名”原本是儒家“外王”包含的内容，是治国为民的理想，但当时的人们也多打着这个旗号，而做的却是求得个人的功名利禄之事。儒学某种层面成了获取功名的手段。

这是一种境界的超越。① 远徙之后所见又回到地面，以蜩与学鸠之“笑”形容世俗之人，蔽于小己而不自知，反而嘲笑大者，引出“小大之辨”的论述。② 在庄子这里，小与大显然是不可同日而语的，安于“小”者，对“大”的不解与嘲讽，是境界高下的不同，如同“朝菌不知晦朔，蟪蛄不知春秋”。普通人在现实生活中为种种局限，困境所拘，而又毫无知觉，取得世俗意义上的一点成就就“自得”，③ 这种管锥天地的认知是可悲的，也是庄子所批驳的。庄子希望人们能超越现实境界，破“小”见“大”，超越“己观”进入“道观”，并给出了达到“道观”后的状态：“至人无己，神人无功，圣人无名。”

周敦颐这里也出现“小”“大”之辨，亦认为世俗的富贵贫贱之见是“小”，希望可以“见大忘小”，这与《逍遥游》中的观点在理解层面有近似之处。

在“气象”上或就“所见”处而言，二者亦有相似之处。如同朱熹说曾点：“曾点意思，与庄周相似，只不至如此跌荡。”（《朱子语类》卷四十）但真正的“孔颜之乐”则是落在“实”处，要达到“孔颜乐处”，需要修养工夫的“落实”，只有循“理”才能“乐道”，才能在功名利禄与道德修养之间做出“大”“小”的价值的判断，“理”也就是“乐”中的

① 方东美在辅大讲座教授就职演说中详细谈论过中国哲学的精神问题，他有一个坐飞机的比喻，来说明境界的提升与超越，虽然与庄子逍遥的意蕴不同，但却是对超越的一种感悟：“学哲学的人穷一课题先要请他坐一次飞机。平常由常识看法，吾人生在人间世，但对人间世并没有充分的了解。甚至生在此世，对世界也不知欣赏，只知诅咒。稍不如意，便由痛苦经验去误解、诅咒世界，认定它为荒谬。在飞机上，由高空俯视所谓黑暗痛苦的世界，却有许多光明面。我曾经五次在美加交界的大湖区，由两万呎以上高空再俯视人间世，看到这个世界周遭被极美丽的云霞点着了，成为一个光明灿烂的世界，这种美满的意象，正如 Heaven on Earth（天国降临世间）实现了。关于这点，庄子很清楚，他的精神化为大鹏，抟扶摇而上者九万里，在未上之时，昂首天空，苍苍茫茫，而一上之后，再俯视此世，由时空相对的观点看来，‘天之苍苍，其正色邪？其视下也，亦若是则已矣’。因此，人间世亦是美丽的，这可以纠正我们对世界的误解。尤其今天航天员已经指点出了，吾人在地球上看月亮（尤其中秋节），便以种种诗的幻想去欣赏。但是航天员身临其境，看月亮只是荒土一片。反之，由太空视地球，却是五颜六色，辉煌美丽。学哲学的人，如果只认识此世之丑陋、荒谬、罪恶、黑暗，就根本没有智慧可言。应该由高空以自由精神回光返照此世，把它美化，在高空以自由精神纵横驰骋，回顾世界人间，才能产生种种哲学和智慧。”

② 黄庭坚在《豫章集·庄生内篇论》里谈道：“彼鲲鹏之大，蜩鸠之细，均为有累于物而不能逍遥，惟体道者乃能逍遥耳。”

③ 庄子之逍遥与郭象之逍遥有某种根本的对立。从庄子的理论角度看郭象，可以说郭象将超越的逍遥游拉到了现实的泥淖之中，完全没有精神的、超越的追求，是对逍遥游的严重歪曲和庸俗化，将批判的、超越的庄子哲学转化为安于现实、维护现实的郭象哲学。从郭象的理论看庄子，可以说庄子的逍遥只是少数个人的精神享受，与现实社会和人生毫不相干，对一般人毫无意义，对社会秩序的维系毫无贡献。〔刘笑敢：《两种逍遥与两种自由》，《华中师范大学学报》（人文社会科学版）2007 年第 6 期〕

“实”。程颐对此解释为：颜子在“道”中自有其乐，实际便是“循理”而乐。他说：“若勉强，只是知循理，非是乐也。才到乐时，便是循理为乐，不循理为不乐，何苦而不循理，自不须勉强也。”① 在“天理”中自有“乐”。

林希逸以“乐”解“逍遥”，也是在循“天理”中自乐。

无何有之乡、广莫之野，言造化自然至道之中，自有可乐之地。（《逍遥游口义》）

乘乎云气，在造化之上也；养乎阴阳，言以天地之道自乐也。（《天运口义》）

所学夫子之道足以自乐，乐者何物也？故二程每教人求颜子乐处，此不可草草看过也。（《让王口义》）

穷万物之理以自乐，故曰其于物也，与之为娱。其于人世，循乎万物之理，而略无窒碍，以自保其真为乐，故曰乐物之通而保己。（《则阳口义》）②

“孔颜之乐”在一定程度上可以看作是儒家对人生的终极关怀，达到这一境界的儒者，来体会“逍遥”，在“乐”感觉的层面是可以达到共鸣的。究其而言，相比其他时代儒者，在生命态度上，理学家有一种柔情和优雅。整个气质是优游涵泳，境界是鸢飞鱼跃，在胸中光风霁月、一无渣滓时感受那种澄明与自由，这是深入理学修养的人常能体会到的，也是林希逸以“乐”解释“逍遥”的立足之处。理学家多少有着道家的生命情调，这也是理学家对庄子不厌恶的原因，林希逸以这样一种眼光来体悟庄子，很难不有所感触。

其实理学一直都具有庄子性格，自足和谐不与万物相对立，“鸢飞鱼跃，活泼泼地”，都带有庄子的味道。“乐”在理学家这里，是关乎人生境界和修养的问题，儒者为学最先讲求的应该是“为己”与“知行合一”。正所谓“修齐治平”，“修身”是第一位的，做学问首先要解决的是自己的

① 程颢、程颐：《二程集》，王孝鱼点校，北京：中华书局，1981年，第186页。
② 林希逸：《庄子鬳斋口义校注》，周启成校注，第12、241、447、398页。

思想和精神问题，而不是改造他人，改造世界。“知”需要“行”，不行就是不知，“孔颜之乐”是理学家所探讨的，也是他们所需要实践的。而庄子之学重在安顿人心，对于精神自由的渴求比儒家更为强烈。理学家希望进一步安顿生命，在精神提升的层面上，与庄子有某种程度的接近，对“孔颜之乐”的向往，也具有庄子气息。如此看来，宋明理学与庄子不是不能相容的，林希逸正是在这一点上给二者加以会通，突显了他敏锐的眼光，也使其开创了一条新的理论道路。